자바 웹 프로그래밍
Next Step

하나씩 벗겨가는 양파껍질 학습법

자바 웹 프로그래밍 Next Step : 하나씩 벗겨가는 양파껍질 학습법

지은이 박재성 **1판 1쇄 발행일** 2016년 9월 19일 **1판 5쇄 발행일** 2022년 5월 18일
펴낸이 임성춘 **펴낸곳** 로드북 **편집** 장미경 **디자인** 이호용(표지), 박진희(본문)
주소 서울시 관악구 신림로 29길 8 101−901호
출판 등록 제 2011−21호(2011년 3월 22일) **전화** 02)874−7883 **팩스** 02)6280−6901
정가 30,000원 **ISBN** 978−89−97924−24−0 93000

ⓒ **박재성, 2016**
책 내용에 대한 의견이나 문의는 출판사 이메일이나 블로그로 연락해 주십시오.
잘못 만들어진 책은 서점에서 교환해 드립니다.

이메일 chief@roadbook.co.kr **블로그** www.roadbook.co.kr

사랑하는 아내와 딸, 아들이 있어 오늘도 행복한 개발자입니다.

박재성

추천, 베타 리뷰어 글 _

소프트웨어를 만들 때 사용하는 오픈소스 프레임워크는 개발자와 뗄래야 뗄 수 없는 사이다. 여러 명의 손을 거치며 다듬어지고 발전해온 만큼 개발자의 효율을 높여주기 때문이다. 일반 사용자용 소프트웨어를 만들 때에 우리는 주로 이러한 프레임워크의 사용자이다. 이미 만들어진 바퀴를 이용해 자전거를 만드는 것이다. 하지만 우리는 기술적인 호기심에, 또 더 좋은 자전거를 만들기 위해, 종종 바퀴가 어떻게 만들어졌는지 궁금해한다. 하지만 프레임워크와 같이 복잡한 프로그램의 원리를 이해한다는 것은 쉬운 일은 아니다.

이 책은 이런 궁금증 해소를 위한 방향을 제시한다. 아주 기초적인 개념에서 시작해 복잡한 프레임워크까지 직접 구현할 수 있게 해준다. 이 과정에서 맞닥뜨리는 문제들은 정답을 맞추기 위한 것이 아니다. 문법을 사용해 답을 찾기보다 스스로 해결해 나가는 힘을 길러준다. 또한 이 책은 지식을 전달하는 딱딱한 개념서적이 아니다. 선배 개발자가 후배에게 전하는 경험의 이야기다. 때로는 코드리뷰 해주는 친절한 선배 같이, 때로는 열정적인 동료처럼, 내가 고민했던 내용을 공감해주는 친구처럼 다가올 것이다.

책의 실습을 하는 내내 퀴즈를 푸는 것 같은 재미를 느꼈다. 이 책을 읽는 여러분도 실습의 요구사항을 하나씩 해결하다 보면 나와 비슷한 느낌을 받을 것이다. 나 또한 그랬듯, 이 책을 통해 프로그래밍에 대한 자신감을 얻고 무엇보다도 즐거운 경험을 하길 바란다.

— 정윤성/넥스트 1기, 카카오 개발자

2016년 3월 3일, 각자의 업무로 서로 바빠 드문드문 만나는 한 친구와 함께 이 책의 저자를 만났다. 우리에게 웹의 세상을 열어준 구루와의 저녁 약속은 바쁜 친구와 모이기에도 적당한 구실이었다. 그 자리에서 우리는 스승에게 새 책의 리뷰어가 되어줄 것을 요청 받았다. 그리고 시간은 정신 없이 흘러 거의 석 달이 지난 오늘에서야 이 글을 적고 있다.

시간을 더 거슬러 올라가 2015년 3월 2일, 사설 교육기관 넥스트에서 박재성 교수의 강의를 듣는 첫 날이었다. 그는 자신을 "포비"라 부르길 요구했는데, 이는 그의 교육에 관한 여러 실험의 일환이었다. 포비의 첫 강의는 몹시 힘겨웠다. 문제와 힌트를 주고 우리(다양한 배경의 6인의 남자였다)를 한 방에 넣어둔 뒤, 사라졌다. 우린 화장실이 어디 있는지도 몰랐다. 포비가 다시 나타난 건 몇 시간 뒤였다. 상황을 살펴본 뒤, 그는 다시 어딘가로 가버렸다. 포비가 기대한 건 무엇이었을까? 우리들 중 몇은 결국 모든 문제를 풀어냈고, 몇은 그러지 못했다. 가장 뒤떨어진 건 나였다. 배울 것이 정말 많았다.

다시 수십여 일이 지났다. 많은 논쟁이 있었다. null을 비교 연산자 앞에 둘 것인가 뒤에 둘 것인가? 대체 왜 이 자리에 스크롤이 필요한가? 그 변수의 가장 완벽한 이름은 groupCaptainUserId다! 개행을 두 번 연달아 하지 말지어다…. 많은 버그가 있었다. …를 연속으로 치면 십여 분 간 멈추는 markdown parser, 불과 수 분만 지나면 덜덜 떨기 시작하는 페이지 레이아웃…. 엔터키를 칠 때마다 점점 더 어두워지는 화면은 잊을 수도 없다. 우리는 때때로 물가를 산책하거나 소풍을 나가기도 했다. 할 수 있는 것이 정말 많았다.

포비로부터 다시 첫날의 문제가 주어졌다. 다음 단계의 시작이었다. 내가 공부하면서 가장 좋았던 것은 포비의 코드 리뷰 시간이다. 과장을 보태자면 치열한 논쟁 끝에 만든 코드를 포비가 한번 리뷰해줄 때마다 시력이 좋아지는 수준이었다. 보는 세상이 달라졌다. 나와 함께한 친구들은 웃으며 이 말에 동의해줄 거라 믿는다.

이 책에는 나와 친구들이 박재성 교수에게 웹을 만들어내는 기술과 개발자의 삶에 대해 배우면서 보고 느꼈던 그의 교육 스타일이 녹아있다. 그의 방식이 최고인지 아닌지는 아직 잘 모르겠다. 그러나 그를 만나서 얻은 경험, 교훈, 지식들은 분명 내가 얻은 것 중 가장 값진 것들 중 하나로 남을 것이다. 이 책으로부터 박재성 교수, "포비"의 생각과 지혜를 만나는 경험들을 얻기를 바란다. 아주 괜찮은 시간이 될 것이다.

– 이성천/넥스트 3기, 라인 개발자

자바 웹 개발을 처음 접하는 경우 어떤 원리로 내부 구현이 되어 있는지에 대해 이해하는 것은 쉽지 않다. 이미 개발을 하고 있는 초보 개발자의 경우도 마찬가지다. 어렵기도 하고 많이 사용해 보지 않아서인지 어떤 점이 좋다고 설명을 들어도 공감하기가 쉽지 않다. 코드를 많이 구현해보고 경험이 쌓이면 이해할 수 있다. 하지만 답답한 마음이 있는 건 여전하다.

이 책은 지식을 직접 전달하는 방식이 아니라 요구 사항을 먼저 제시한 후 힌트와 동영상을 통해 문제를 스스로 해결할 수 있도록 도움을 주고 있다. 바로 해설을 보며 요구 사항을 해결하는 것도 지식을 쌓는다는 점에서 도움이 되긴 한다. 하지만 스스로 고민하여 코드를 구현하고 리팩토링 하는 과정에서 내가 구현한 방법과 책에서 제시한 방법의 차이를 이해한다면 저자가 주려고 하는 깨달음의 기쁨과 감동을 온전히 느낄 수 있을 것이다.

예전에 포비가 "처음부터 장난감의 원리를 알고 장난감을 만들어 가지고 노는 사람은 없다."라는 말을 한 적이 있다. 장난감의 동작 방법은 알고 있지만 장난감의 원리를 잘 모른다면 이 책을 꼭 읽어보시기를 추천한다.

포비의 수업 진행 방식과 유사하여 매우 흥미를 가지고 책을 읽었다. 이번 베타 리뷰를 진행하면서 예전 수업에서 느꼈던 감동이 다시금 일어났고, 그땐 이해하지 못했던 많은 부분을 이번 기회에 채울 수 있었다. 사실 이번에 읽을 때는 잘못 알고 있던 부분, 어림짐작으로 이럴 것이다 하고 넘어갔던 부분에 대해서 좀 더 깊게 고민하며 읽었다. 아마 앞으로도 매번 읽을 때마다 새로운 깨달음을 얻을 수 있을 것 같다.

마지막으로 좋은 책을 먼저 읽을 수 있는 기회를 주셔서 매우 매우 감사한다!

— 류성현/넥스트 3기, 네이버 개발자

지은이의 글 _

이 책을 쓴 동기 및 목적

개발자의 길을 걷기 시작한 지 3년 정도 되었을 즈음 나는 커뮤니티를 운영하고 있었으며, 책도 2권 정도 집필한 상태였다. 책을 쓰게 된 계기는 커뮤니티를 운영하면서 내가 학습한 지식을 온라인으로 공유하다 출판사의 제안으로 우연히 시작하게 되었다. 3년 경력밖에 되지 않은 상태에서 책도 2권씩이나 냈으니 나의 자만심은 하늘을 찌를 정도였다. 무서울 것이 없었고, 내가 아는 것이 전부라고 생각했다. 하지만 지금 생각해보면 내가 알고 있는 지식이 얼마나 편협하고 협소했는지 깨닫고는 부끄러움을 느낀다.

나는 3개월 동안 학원에서 자바 전문가 과정을 마치고 개발자의 길을 걷기 시작했다. 내 주위에는 어떤 로드맵을 가지고 학습하는 것이 좋은지, 학습해야 할 지식이 무엇이 있는지, 각 지식의 우선순위가 어떻게 되는지에 대한 정보를 얻을 수 있는 곳이 없었다. 어쩔 수 없이 독학으로 하나씩 학습해 나갈 수밖에 없었다. 느낌으로 이 길이 맞겠지라고 생각하고 파고 들었다가 난이도가 너무 높아 포기한 경우도 부지기수다. 그렇게 끊임없이 도전했다가 좌절하고, 포기하기도 많이 했지만 성공했을 때의 성취감은 그 어느 것과도 바꿀 수 없었다.

성공하는 순간의 강렬한 성취감을 후배 개발자도 느끼도록 기회를 주는 것이 선배로서의 역할이다. 하지만 성취감 이전에 느꼈던 좌절감과 실패감이 너무 컸기 때문에 좌절감과 실패감을 좀 줄이고, 성공의 맛을 더 많이 느꼈으면 하는 바람으로 이 책을 시작하게 되었다.

웹 개발자의 학습 로드맵을 제시하는 책이 나오면 좋겠다는 생각은 하고 있었지만 실행에 옮길 수 있도록 동기부여를 한 세 가지 이유가 있다.

가장 큰 기폭제는 2016년 1월 경희대에서 진행한 5일짜리 방학 특강이었다. 5일 동안 "자바 웹 프로그래밍"을 주제로 강의를 마치고 설문을 했는데 설문 피드백이 나의 마음을 울렸다. 내가 진행한 강의가 의미있고, 즐거웠다는 피드백을 받고 기분도 좋았지만 한편으로는 이런 강의를 들을 수 있는 환경이 되지 못한다는 것에 마음이 아팠다. 나의 마음을 울린 가장 감동적인 피드백은 다음과 같다.

"게임하는 것 같았다. 일방적으로(단방향으로) 수업을 듣고 주어진 코드를 따라서 작성하는 게 아니라 게임하듯이 내가 하나의 단계를 완료하고 다음 단계로 나가는 게 재밌었다. 내가 이렇게 집중할 수 있구나라는 것도 새삼 느꼈고 할 수 있다는 자신감이 생겼다."

두 번째 동기는 나와 같이 학원과 같은 교육 기관에서 짧은 기간 학습한 개발자에 대한 연민 때문이다. 짧은 기간에 너무 많은 내용을 학습하다 보니 그 많은 내용을 소화하기 힘들다. 이런 상태에서 바로 현장에 투입되다 보니 바쁜 일상 속에서 더 깊이 있는 학습을 하는 데 어려움이 있다. 의지를 가지고 다음 단계의 학습을 하고 싶지만 무엇부터 어떻게 학습할 것인지에 대한 로드맵이 없다 보니 도전했다가 포기하는 경우를 많이 봤다. 내가 커뮤니티를 운영하면서 스터디를 지속하고 있는 이유는 이런 친구들에게 조금이나마 도움이 되었으면 하는 바람 때문이다. 커뮤니티 스터디라도 참여해 다른 개발자와 소통하고 학습하는 개발자라면 그나마 괜찮다. 훨씬 더 많은 개발자들은 바쁜 일상 속에서 묵묵히 혼자 학습하는 것이 일반적이다. 한 단계 더 성장하고 싶지만 방법을 몰라 방황하고 있는 이 친구들에게 벗이 되는 책을 쓰고 싶었다.

세 번째 동기는 소프트웨어 교육, 더 나아가 대한민국 교육에 작으나마 변화를 만드는 데 기여했으면 하는 바람 때문이다. 이 무슨 거창한 이야기냐고 의아해 할 수 있다. 나는 2012년 말부터 네이버에서 설립한 넥스트(공식 명칭은 NEXT institute이다)라는 교육 기관에서 학생들과 함께하고 있다. 3년 동안 소프트웨어 교육을 하면서 소프트웨어 교육이 가지고 있는 문제점에 대해 느낄 수 있었고, 이 문제점을 깨기 위한 노력과 시도를 해왔다. 이 3년의 경험으로 완전한 해결책을 제시하기 힘들지만 약간의 방향성은 제시할 수 있지 않을까라는 생각을 했다. 나의 도전은 아직도 진행중이다. 이 책을 통해 현재 진행중인 과정을 공유한다면 독자들의 피드백을 통해 더 완성된 모습을 담고 있는 교육 모델을 제시할 수 있지 않을까라는 기대감 때문이다.

너무 큰 목표를 가지고 도전한 것은 아닌지 두렵고, 걱정되는 마음이다. 하지만 이 글을 쓰고 있는 아침에 읽은 건명원(세상에 없던 학교를 만들자는 목적으로 세워진 학교)에 대한 인터뷰 기사를 보며 용기를 얻는다. "1년간 건명원이 걸어온 길에 점수를 주자면"이라는 질문에 최진석 교수는 다음과 같이 말했다.

"100점이다. 다른 사람들은 안 했는데 우리는 했으니까. 머릿속 구상만으로는 하루 동안 나라 100개도 세울 수 있지 않나. 우리나라 지식인들은 비판에는 일류지만 실천력이 약하다. 이게 문제다 저게 문제다 말로만 비판하지, 덤비는 사람이 없다. 우리나라에는 일류 비판가보다 삼류라도 행동가가 필요하다."

나는 일류 비판가보다 삼류 행동가가 되기로 마음 먹으면서 이 책을 쓴다.

감사의 글 _

이 책은 나 혼자만의 힘으로 쓴 책이 아니라 NEXT institute(이하 넥스트)가 있었기 때문에 태어날 수 있었던 책이다. 부족한 강의에도 불구하고 꾸준한 피드백을 통해 강의를 개선할 수 있는 용기를 준 넥스트 교수, 선생님, 학생들이 있었기에 이 책이 나올 수 있었다. 지금까지 넥스트와 함께 했던, 앞으로도 함께할 넥스트 구성원에게 감사드린다.

이 책을 만들기 위해 많은 사람들의 도움을 받았다. 이 책 1장의 내용을 사용할 수 있도록 흔쾌히 허락해 준 정호영님, 웹 프론트엔드에 대한 로드맵을 제시해 준 윤지수, 전용우님에게 감사드린다. 이 세 분은 넥스트 교수로도 활동했으며, 교육에 대한 관심과 열정을 보면서 나 또한 많이 성장할 수 있었다. 이 책에 대한 실습을 직접 진행하고, 뜨거운 피드백을 주어 책의 완성도를 높여준 정윤성, 이성천, 류성현님에게 감사드린다. 베타 리뷰어로 참여한 이 친구들은 넥스트에서 스승과 제자로 만난 친구들이다. 이제는 프로그래머의 길을 같이 걷는 선후배 개발자가 되었다. 삶 속에서 상대방의 부족한 점을 진솔하게 이야기해 줄 수 있는 친구는 많지 않다. 이번 책에 대해서도 신랄하게 비판하고 피드백을 준 채수원, 차민창님에게도 감사드린다. 언젠가 이 친구들이 책을 쓴다면 나 또한 신랄하게 피드백을 하고 싶다.

이 책의 기획자인 임성춘님과의 인연은 10년이 넘었다. 어느 날 우연히 스트럿츠를 주제로 책을 쓰자는 제안을 했던 것이 지금까지의 인연을 만들고 있다. 오랜만에 한 권의 책을 처음부터 끝까지 같이 고민하면서 달려올 수 있어 너무 즐거웠다. 프로그래머가 아님에도 불구하고 이 책의 실습을 직접 진행하는 모습을 보면서 책에 대한 열정이 대단하다는 것을 다시 한번 느낄 수 있었다.

내가 책을 쓸 수 있는 용기를 낼 수 있었던 것은 아내와 주고 받았던 수많은 연애 편지 때문이다. 내 삶의 긍정적인 변화에 가장 많은 영향을 주었으며, 아직도 주고 있는 영정, 항상 고맙고 사랑해. 아직까지 자신이 하고 싶은 일을 찾지 못하고 있는 예은아, 아빠는 아직도 아빠가 하고 싶은 일을 찾고 있단다. 너무 조급해하지 말고, 여유로운 마음을 가지고 미래를 꿈꾸기를 바래. 중학생이 되었음에도 아직까지 피카츄와 같이 꿈나라로 떠나는 주한아. 아빠는 너의 순수한 마음을 더 오래 유지해 나가는 모습을 보고 싶다. 주변 사람들의 말과 시선에 휘둘리지 말고 너의 색깔을 유지하며 살기를 바래.

내 자신의 색깔을 유지하면서 살아가는 데 영향을 준 모든 분들에게 감사드린다.

목차

추천, 베타 리뷰어 글   4

지은이의 글   7

감사의 글   10

1장 첫 번째 양파 껍질 벗기기

1.1 대한민국 IT 개발자 직군의 종류   24

1.2 개발자들에게 유용한 웹사이트들   25

1.3 처음에 배워야 하는 것들   27

1.4 일단 시작해 보자   29

1.5 본격적으로 웹 프로그래밍에 도전하기   30

1.6 학습 방법   34

두 번째 양파 껍질 벗기기

38

2장 문자열 계산기 구현을 통한 테스트와 리팩토링

2.1 main() 메소드를 활용한 테스트의 문제점   43

2.2 JUnit을 활용해 main() 메소드 문제점 극복   47

2.3 문자열 계산기 요구사항 및 실습   54

2.4 테스트와 리팩토링을 통한 문자열 계산기 구현   59

2.5 추가 학습 자료   72

3장 개발 환경 구축 및 웹 서버 실습 요구사항

3.1 서비스 요구사항   77

3.2 로컬 개발 환경 구축   80

3.3 원격 서버에 배포   81

3.4 웹 서버 실습   90

3.5 추가 학습 자료   102

4장 HTTP 웹 서버 구현을 통해 HTTP 이해하기

4.1 동영상을 활용한 HTTP 웹 서버 실습   114

4.2 HTTP 웹 서버 구현   114

4.3 추가 학습 자료   142

5장 웹 서버 리팩토링, 서블릿 컨테이너와 서블릿의 관계

5.1 HTTP 웹 서버 리팩토링 실습   146

5.2 웹 서버 리팩토링 구현 및 설명   153

5.3 서블릿 컨테이너, 서블릿/JSP를 활용한 문제 해결   178

5.4 추가 학습 자료   184

6장 서블릿/JSP를 활용해 동적인 웹 애플리케이션 개발하기

6.1 서블릿/JSP로 회원관리 기능 다시 개발하기   188

6.2 세션(HttpSession) 요구사항 및 실습   195

6.3 세션(HttpSession) 구현   198

6.4 MVC 프레임워크 요구사항 1단계   205

6.5 MVC 프레임워크 구현 1단계   211

6.6 쉘 스크립트를 활용한 배포 자동화   218

6.7 추가 학습 자료   222

7장 DB를 활용해 데이터를 영구적으로 저장하기

7.1 회원 데이터를 DB에 저장하기 실습   226

7.2 DAO 리팩토링 실습   232

7.3 동영상을 활용한 DAO 리팩토링 실습   243

7.4 DAO 리팩토링 및 설명   245

7.5 추가 학습 자료   274

8장 AJAX를 활용해 새로고침 없이 데이터 갱신하기

8.1 질문/답변 게시판 구현   278

8.2 AJAX 활용해 답변 추가, 삭제 실습   279

8.3 MVC 프레임워크 요구사항 2단계   287

8.4 MVC 프레임워크 구현 2단계   292

8.5 추가 학습 자료   302

9장 두 번째 양파 껍질을 벗기기 위한 중간 점검

9.1 자체 점검 요구사항(필수)   306

9.2 자체 점검 요구사항(선택)   308

9.3 자체 점검 확인   309

10장 새로운 MVC 프레임워크 구현을 통한 점진적 개선

10.1 MVC 프레임워크 요구사항 3단계   334

10.2 MVC 프레임워크 구현 3단계   347

10.3 인터페이스가 다른 경우 확장성 있는 설계   358

10.4 배포 자동화를 위한 쉘 스크립트 개선   362

11장 의존관계 주입(이하 DI)을 통한 테스트하기 쉬운 코드 만들기

11.1 왜 DI가 필요한가?   371

11.2 DI를 적용하면서 쌓이는 불편함(불만)   375

11.3 불만 해소하기   382

11.4 DI 프레임워크 실습   398

11.5 DI 프레임워크 구현   403

11.6 추가 학습 자료   407

12장 확장성 있는 DI 프레임워크로 개선

12.1 필드와 setter 메소드에 @Inject 기능 추가   410

12.2 필드와 setter 메소드 @Inject 구현   416

12.3 @Inject 개선   420

12.4 설정 추가를 통한 유연성 확보   432

12.5 외부 라이브러리 클래스를 빈으로 등록하기   440

12.6 초기화 기능 추가   448

12.7 인터페이스, DI, DI 컨테이너   451

12.8 웹 서버 도입을 통한 서비스 운영   458

13장 세 번째 양파 껍질 벗기기

13.1 스프링과 ORM 프레임워크   464

13.2 성능과 보안   466

13.3 프론트엔드 학습   470

13.4 설계, 테스트, 리팩토링   472

13.5 빌드, 배포 자동화 및 지속적 통합   474

13.6 개발 문화 및 프로세스 학습   475

이 책의 특징

대상 독자

이 책이 핵심으로 다루고 있는 주제는 자바 기반으로 웹 프로그래밍할 때 알아야 할 지식이다. 웹 프로그래밍 전체 영역 중에서도 대부분의 내용이 서버측 프로그래밍에 집중되어 있다.

이 같은 기준으로 볼 때 이 책을 읽기에 가장 적합한 대상 독자는 다음과 같다.

- 실무에서 스프링 프레임워크 기반으로 자바 웹 프로그래밍을 하고 있는 개발자로 내부 기술의 동작 원리를 학습하고 싶은 개발자. 경력으로 본다면 최소 1년 이상의 경험을 가진 자바 웹 개발자.

- 다른 개발자가 구현해 놓은 라이브러리, 프레임워크를 사용만 하는 것이 아니라 본인이 직접 라이브러리와 프레임워크를 구현하는 경험을 하고 싶은 개발자. 라이브러리와 프레임워크를 구현하면서 테스트, 리팩토링, 객체지향 설계 연습을 하고 싶은 개발자.

- 필자의 학습 방식과 자신의 학습 방식을 비교해 보면서 새로운 학습 방식을 찾고 싶은 개발자. 학습 방식을 비교해 보면서 자신의 현재 상태를 점검하고 부족한 부분을 찾아 다음 단계의 학습 로드맵을 설계하고 싶은 개발자.

다음 단계로 적합하다고 생각하는 대상 독자는 다음과 같다.

- 이미 파이썬, 루비, PHP 기반으로 웹 프로그래밍을 해본 경험이 있는 개발자로 자바 기반의 웹 개발자로 전향하고 싶은 개발자. 자바 웹 개발자로 성장하기 위해 학습해야 할 지식과 로드맵을 찾고 있는 개발자.

- 웹 프로그래밍 경험은 없지만 C, C++ 등의 프로그래밍 경험이 있는 개발자로 자바 기반 웹 개발자로 전향하고 싶은 개발자.

이 책은 웹 프로그래밍 경험이 없는 개발자가 웹 개발자로 성장하기 위해 필요한 학습 과정에 대해 1장에서 다루고 있다. 아직까지 웹 프로그래밍 경험이 없다면 1장 내용을 참고해 기본적인 웹 개발 환경 이해와 자바 웹 프로그래밍 경험을 쌓은 후에 도전하도록 가이드하고 있다. 프로그래밍에 자신이 있다면 1장의 과정을 거치지 않고 2장부터 학습하면서 모르는 내용을 거꾸로 학습하는 것도 가능하다. 효과적인 학습을 위해 내가 추천하는 방법 중의 하나이지만 누구에게나 적합한 것은 아닐 수 있기 때문에 도전해 보고 아니라고 판단되면 1장의 과정을 거친 후 다시 도전할 것을 추천한다.

이 책을 추천하지 않는 독자는 프로그래밍을 처음 시작하는 독자이다. 이 책은 프로그래밍 기초를 학습하기 위한 책은 아니다. 프로그래밍을 학습할 수 있는 좋은 책들이 많으니 다른 책으로 시작할 것을 추천한다.

이 책의 내용 및 구성

이 책은 일방적으로 지식을 전달하기 위한 책이 아니다. 책을 읽는 독자가 직접 무엇인가를 구현해 가면서 이와 관련한 지식을 학습하는 방식으로 구성되어 있다. 그렇다고 아무것도 없는 상태에서 무엇인가를 구현하라고 요구하는 것이 아니라 힌트를 통해 혼자 힘으로 문제를 해결할 수 있도록 도움을 주고 있다.

나 또한 아무것도 없는 상태에서 무엇인가를 구현하라고 하면 경험이 없는 상태에서는 두려움이 앞서 시도조차 하지 않는 경우가 많았다. 이 책은 두려움보다는 문제를 해결해 가면서 자신감을 얻고, 성공의 맛을 느낄 수 있도록 설계했다.

이 책의 전체 구성은 다음과 같다. 낯선 기술적 용어나 표현이 있다고 어려워하지 말자. 우선은 이 책이 전체적으로 어떻게 구성되어 있는지를 파악하는 데 집중하자.

1장은 프로그래밍을 처음 시작하는 개발자가 첫 번째 단계를 극복하기 위해 참고할 내용에 대해 다룬다. 스스로 학습할 수 있는 자료부터 어떤 단계로 어떻게 시작하는 것이 좋은지에 대한 방향을 제시한다.

2장은 문자열 계산기 구현을 통해 테스트와 리팩토링의 중요성에 대해 다룬다. 테스트와 리팩토링에 대한 주제를 다루는 것도 목적이지만 자바 개발환경을 익히고, 이 책의 실습 방식을 경험하게 하기 위한 목적도 있다.

3장, 4장은 HTTP 웹 서버를 직접 구현하는 경험을 한다. HTTP 웹 서버를 직접 구현함으로써 웹 클라이언트와 웹 서버가 HTTP를 통해 데이터를 어떻게 주고 받는지에 대해 다룬다.

5장은 앞에서 구현한 HTTP 웹 서버를 리팩토링하는 경험을 한다. 3장에서 구현한 소스코드를 리팩토링하면서 서블릿 컨테이너와 서블릿의 관계에 대해 자연스럽게 이해할 수 있도록 했다.

6장은 세션을 직접 구현해보고 MVC 프레임워크 초기 버전을 구현하는 경험을 한다. 세션과 MVC 프레임워크를 직접 구현해 봄으로써 세션과 MVC 패턴에 대한 이해도를 높이고 있다.

7장은 JDBC API를 사용하는 과정에서 발생하는 중복 코드를 리팩토링을 통해 제거하고, 공통 라이브러리를 구현하는 경험을 한다.

8장은 AJAX를 지원하기 위해 JSON API를 제공하는 과정을 다룬다. 이 과정에서 MVC 프레임워크의 한계점을 찾아 MVC 프레임워크를 개선하는 과정을 다룬다. 새로운 기능을 추가하기 위해 객체지향 설계와 개발이 가지는 의미에 대해 다룬다.

9장은 지금까지 학습한 과정을 제대로 이해했는지 검토하기 위해 자체 점검을 진행한다. 자체 점검을 진행하면서 자신이 부족한 부분을 파악하고, 다음 단계를 위한 준비 단계로 삼는다.

10장은 지금까지 구현한 MVC 프레임워크의 부족한 부분을 찾아 개선하는 경험을 한다. 이 경험에서 가장 중요한 점은 기존의 MVC 프레임워크를 그대로 유지하면서 새로운 MVC 프레임워크로 점진적으로 개선해 나가는 경험을 한다. 이 경험은 특히 레거시 코드를 리팩토링해야 하는 개발자들에게 많은 도움이 될 것이라 판단된다.

11장, 12장은 싱글톤 패턴 기반 개발의 한계점을 파악하고, 이를 개선하기 위해 의존 관계 주입(Dependency Injection, 이하 DI)을 지원하는 프레임워크를 구현하는 경험을 한다. DI 프레임워크를 구현하면서 DI도 중요하지만 그보다 객체지향 설계와 개발이 더 중요하다는 것도 느낄 수 있다.

13장은 지금까지의 학습 단계를 넘어 다음 단계로 학습할 주제와 각 주제별로 참고할 자료들을 공유하는 것으로 책을 마무리한다.

이 책이 다루고 있는 대부분의 내용은 지금까지 자바 웹 애플리케이션을 개발하기 위해 사용한 웹 애플리케이션 서버와 프레임워크를 직접 구현하면서 내부 동작 원리를 이해하는 것에 초점을 맞추고 있다. 또한 웹 애플리케이션 개발에서 사용하지 않았던 다양한 자바 API도 사용하고, 객체지향 설계와 개발에 대한 경험도 부수적으로 얻을 수 있다.

이 책을 효과적으로 학습하는 방법

이 책은 일방적으로 지식을 전달하는 것을 목표로 하지 않는다. 이 책은 먼저 해결해야 할 문제에 대한 요구사항을 제시하고, 이 요구사항을 스스로 해결할 수 있도록 단계를 나누고 힌트를 주는 방식으로 구성되어 있다. 즉, 독자가 먼저 요구사항에 대한 실습을 진행해야 한다. 실습을 마친 후 필자가 구현한 코드와 비교 분석하면서 학습할 때 가장 큰 학습 효과를 볼 수 있다.

이와 같은 방식으로 진행하다 보니 기존의 다른 책과 비교해 몇 배의 시간과 노력을 투자해야 한다. 처음 몇 번의 실습은 진행할 수 있겠지만 반복되는 실습은 사람을 지치게 만들어 중도 포기할 가능성이 높다. 따라서 이 책을 다음과 같이 학습할 것을 추천한다.

- 한 번에 처음부터 끝까지 읽겠다는 욕심을 버리고, 2주 또는 한 달에 실습 하나를 마치겠다는 목표를 세우고 도전하는 것이 좋겠다. 실습 하나를 마쳤으면 일정 기간 쉬었다 다음 단계의 실습에 도전하는 방식으로 진행할 수 있다.

- 책을 반드시 처음부터 순서대로 읽지 않아도 된다. 관심있는 실습 주제부터 진행해도 괜찮다. 실습은 문자열 계산기 구현, HTTP 웹 서버 구현 및 리팩토링, 세션 구현, JDBC 중복 제거를 통한 공통 라이브러리 구현, MVC 프레임워크 구현(1, 2, 3단계로 나뉘어 있다), DI 프레임워크 구현, 배포 자동화 단위로 나눠 독립적으로 실습하는 것이 가능하다.

- 이 책을 읽다 관심 있는 주제의 책 또는 주제가 생긴다면 이 책과 같이 병행해서 학습하는 것도 좋다. 문제를 해결할 때 한 번에 문제를 해결할 수도 있지만 그렇지 않은 경우가 대부분이다. 일단 도전해보고 해결하기 힘들면 관심있는 다른 주제를 학습하면서 문제에 대한 해결책을 찾아보고, 머릿속으로 설계해 보는 과정을 통해 문제에 대한 해결책에 근접할 수 있다. 문제에 대한 해결책을 찾기 위한 간절함이 있다면 찾을 수 있을 것이다. 해결책을 찾는 그 순간이 새로운 깨달음을 얻거나 한 단계 성장하는 순간이다.

- 이 책을 학습하는 가장 좋은 방법은 스터디를 만들어 학습하는 방법이다. 매 스터디마다 이 책의 실습 주제를 하나 선택해 소스코드를 구현하고 각자 구현한 코드를 비교하면서 토론하는 방식으로 진행한다면 이 책이 담고 있는 내용보다 훨씬 더 많은 것을 얻을 수 있을 것이다.

각 장에서 진행하는 실습에 대한 요구사항과 단계별 힌트는 이 책을 참고할 수도 있지만 https://github.com/slipp/jwp-book 저장소에서 제공하는 문서를 활용할 수도 있다.

이 책에서 다루고 있는 이론적인 내용 한 줄을 읽는 것보다 문제를 해결하기 위해 생각을 하고, 소스코드 한 줄을 더 구현해 보는 것이 더 많은 것을 얻을 수 있는 더 빠른 길이다. 다른 지름길은 없다. 머리가 아니라 몸이 경험하도록 해야 한다.

추가 학습할 문서, 책 및 동영상 정보

이 책은 책의 내용뿐 아니라 추가적으로 학습할 문서, 책, 동영상 내용을 포함하고 있다. 책은 괜찮지만 온라인 문서, 동영상 URL을 직접 입력하고 접근하는 것은 귀찮은 작업이다. 이 같은 불편함을 덜기 위해 https://github.com/slipp/jwp-book 저장소에서 각 장별로 참고할 문서, 책, 동영상에 대한 정보를 제공하고 있다.

이 책이 가이드하고 있는 로드맵에 부족한 부분과 추가적으로 학습할 좋은 컨텐츠가 많을 것이다. 또한 시간이 지나면서 더 좋은 컨텐츠도 새롭게 추가될 것이다. 이와 같이 부족한 부분을 개선하면서 더 좋은 자바 웹 개발 로드맵 문서를 같이 만들어 나갔으면 하는 바람이다.

로드맵에 부족한 부분이 있거나 더 좋은 컨텐츠가 추가되었다면 위 GitHub 저장소에 Pull Request를 전달해주었으면 한다. Pull Request는 자신이 변경한 내용을 원본 저장소에 반영해 줄 것을 요청하는 작업으로 현업에서 코드 리뷰를 할 때 많이 사용하는 방법이다. 이번 기회를 통해 자신이 학습하면서 경험한 내용도 다른 개발자와 공유하고 Pull Request도 경험해 보기 바란다.

의견 개진, Q&A

이 책과 관련해 의견 개진할 부분이 있으면 https://github.com/slipp/jwp-book 저장소에 Pull Request 전달, 이슈로 등록할 수 있다. 책과 관련한 질문이 있다면 필자가 운영하고 있는 https://slipp.net 서비스에 질문을 남겨주면 좋겠다. 질문을 남길 때 "jwp-book" 태그로 남겨주면 이 책과 관련한 질문이라 판단해 의견을 남기도록 하겠다.

내가 모르는 내용은 다른 사람도 모를 가능성이 높다. 부끄러워하지 말고 의견을 남기고, 질문을 해주었으면 한다.

1장

첫 번째
양파 껍질 벗기기[1]

이 책의 여기 저기에 "양파 껍질을 벗긴다.", "첫 번째, 두 번째 양파 껍질"과 같은 표현이 등장한다. 나는 학생들에게 양파 껍질을 벗기듯이 학습하라고 이야기한다. 이 무슨 뚱딴지 같은 소리인가?

나는 한 번에 한 가지 지식을 깊이 있게 학습하는 것에 집중하기보다 다양한 분야의 얕은 지식을 학습한 후 일정 수준이 되면 다음 단계의 깊은 지식으로 서서히 깊이를 더해가라는 의미이다. 예를 들어 웹 애플리케이션을 개발하기 위해 이산수학, 자료구조/알고리즘, 네트워크, 데이터베이스, 운영체제, 자바, 서블릿/JSP, HTML/CSS/자바스크립트를 모두 학습한 후에 접근하기보다는 웹 애플리케이션을 개발하기 위한 최소한의 지식을 습득해 일단 만들어 보는 경험을 해 첫 번째 양파 껍질을 벗긴 후 두 번째 양파 껍질을 벗기기 위해 도전하는 방식으로 학습하라는 조언이다. 이 책 또한 완벽하지는 않지만 이 같은 접근 방식으로 설계하고 진행하려는 시도를 하고 있다.

---

1 이 글은 넥스트에서 함께 학생들을 가르쳤던 정호영 님이 "초보 웹 개발자를 위하여"(https://github.com/honux77/practice/wiki/web-developer)라는 내용으로 작성한 문서를 기반으로 작성하였다.

이 장은 웹 프로그래밍을 처음 시작하는 개발자가 첫 번째 양파 껍질을 벗길 수 있도록 도움을 주기 위한 가이드 문서를 제공하고 있다. 다음과 같은 경험이 있는 독자라면 바로 2장으로 건너 뛰어도 괜찮다.

- 웹 프론트엔드Front End부터 웹 백엔드Back End까지 자바 기반으로 웹 애플리케이션 개발을 한 번이라도 경험해본 개발자.
- HTML/CSS/자바스크립트/자바/JSP/서블릿/웹 서버/데이터베이스에 대한 각각의 역할을 알고 이 기술 기반으로 웹 애플리케이션 개발을 한 번이라도 경험해본 개발자
- 자바 기반 웹 애플리케이션 개발을 위한 통합 개발 환경, git과 같은 버전 관리 시스템 활용 경험이 있는 개발자
- 개발한 웹 애플리케이션을 맥 또는 리눅스 운영체제에 한 번이라도 배포해 본 경험이 있는 개발자

웹 개발자의 길을 걷기로 마음 먹은 친구들에게 환영의 메시지를 전한다. 개발자의 길을 걷는다는 것에 많은 장애물과 어려움이 있겠지만 그보다 더 큰 즐거움이 있다. 아직까지 웹 애플리케이션을 개발한 경험이 없다면 1장의 가이드 문서를 참고해 기본적인 내용을 학습할 것을 추천한다. 1장은 기술적으로 학습할 내용뿐만 아니라 개발할 때 참고할 웹사이트, 학습 방법 등에 대해서도 다루고 있다. 이 가이드 문서에서 제공하는 모든 내용을 한번에 학습하려고 하기보다 현재 자신의 관심사에 초점을 맞춰 학습 계획을 세운 다음 마음의 여유를 가지고 도전해 볼 것을 추천한다.

1.1 대한민국 IT 개발자 직군의 종류

본격적인 내용을 다루기 전에 현재 대한민국(전세계적으로도 비슷하다) IT 산업에서 개발자 직군으로 어떤 종류가 있는지 살펴보도록 하겠다. 대한민국 산업의 형태로 볼

때 과거에는 대다수가 자바를 기반으로 하는 웹 서버 개발자였는데 현재는 다양한 직군이 늘어나고 있다.

- **웹 백엔드 개발자:** 자바, C#, 루비, 파이썬 등의 언어로 서버 쪽의 로직을 개발하는 역할을 한다. 대부분의 경우 데이터베이스도 잘 알아야 한다. 일부 프론트엔드 개발 작업도 담당하는 경우가 일반적이다.
- **웹 프론트엔드 개발자:** HTML/CSS, 자바스크립트를 주로 사용하며 디자이너와 협업을 하는 개발자이다. 센스와 끈기가 필요하다. 최근에는 jQuery, Angular.js, React.js와 같은 라이브러리도 잘 사용해야 하고, node.js를 통해 웹 백엔드 개발까지 가능하다.
- **모바일 앱 개발자:** 글을 쓰는 요즘은 자바 기반의 안드로이드 개발자와 오브젝티브 C(또는 Swift) 기반의 iOS 개발자가 이 범주에 속한다. 안드로이드 개발자 수요가 더 많은 반면 iOS 개발자가 조금 더 멋있어 보인다.
- **기타:** 시스템 프로그래머, 모바일 게임 개발자, 게임 서버 및 게임 클라이언트 개발자가 있는데 이 직군들은 상대적으로 높은 실력에 비해 구직이 어렵고 대우가 좋지 않다. '이 직군이 매력적이다'라고 생각하면 해외 취업을 권하고 싶다.
- **비개발자 직군:** 중요한 비개발자 직군으로 DBA, 시스템 엔지니어, 빅데이터 전문가가 있다. 빅데이터 전문가가 최근 매우 유망하고, 시스템 엔지니어들도 클라우드가 나타난 이후로 과거에 비해 대우가 좋아진 듯하다. DBA는 실력과 연륜에 따라 연봉의 차이가 매우 크게 나는 직업으로 알려져 있다.

1.2 개발자들에게 유용한 웹사이트들

소프트웨어 분야는 정말 빠르게 발전하고 있기 때문에 모든 지식을 알 수 없다. 빠르게 바뀌는 기술의 흐름을 파악하려면 온라인을 통해 지식을 습득하고 다양한 개발자와 소통해야 한다. 또한 모르는 문제는 검색을 통해 해결할 수 있어야 한다. 그런 측면에서 개발자들이 좋아하는 사이트를 소개해 본다. 이들 사이트에 방문해서 익숙하게 사용할 수 있도록 노력해 본다.

- **google.com:** 모르는 내용에 대한 검색은 구글을 사용한다. 네이버 지식인, 페이스북 그룹, 빙 등의 사용은 추천하지 않는다. 프로그래밍을 시작하는 개발자 중에 검색을 부끄러워 하는 친구들이 있는데 검색은 절대로 부끄러워 할 일이 아니고 개발자가 키워야 할 능력 중의 하나이다.

- **stackoverflow.com:** 개발자들의 지식인 같은 곳이다. 구글에서 프로그래밍 문제를 검색하면 상당부분 이쪽으로 연결이 된다. 질문을 올리고 답변을 달아보는 경험을 해볼 것을 추천한다.

- **github.com:** 소셜 코딩이라고 부르기도 한다. Git의 사용법과 함께 필수적으로 알아야 한다. GitHub 자체의 사용법을 배우는 게 좋다. 참고로 Git과 GitHub은 전혀 다르다. 전자는 소스코드에 대한 버전관리용 도구이고, 후자는 Git을 지원하는 웹 서비스이다.

- **slideshare.net:** 다양한 기술을 예쁘고 쉽게 볼 수 있다. 깊이가 깊지는 않은 경우가 많지만 그래도 매우 유용하다. 새로운 기술이 무엇인지 보고 싶을 때 우선적으로 검색해 볼 것을 권한다.

- **trello.com:** 칸반이라는 툴을 적용할 수 있는 도구이다. 프로젝트를 진행할 때 프로젝트 관리를 위한 협업 도구로 유용하다.

- **페이스북 그룹, 다양한 온라인 커뮤니티:** 생소한 분야인 소프트웨어를 독학으로 학습하는 것은 쉽지 않다. 특히 학습을 지속하는 데 한계가 있다. 이 같은 한계를 극복할 수 있는 길이 다양한 온라인 커뮤니티이다. 온라인 커뮤니티는 항상 열려있다. 문을 두드리면 된다. 최근 개발자 커뮤니티 그룹의 상당수가 페이스북 그룹으로 활동하고 있으니 페이스북을 통해 개발자들과 친구를 맺고 소통할 것을 추천한다.

- **MOOC 사이트들:** 최근에는 다양한 MOOC 사이트들을 통해서 공짜로 공부할 수 있는 곳이 많아졌다. codecademy, codeschool, khanacademy 등을 통해 신규 언어를 직접 실습으로 익히길 권한다.

1.3 처음에 배워야 하는 것들

프로그래밍을 처음 학습하는 학생들을 보면 프로그래밍 언어를 학습하는 데 어려움을 느끼기도 하지만 컴퓨터를 사용하는 것이 아직 익숙하지 않아 어려움을 느낀다. 예를 들어 소프트웨어 설치/삭제, 터미널 사용 등이 익숙하지 않아 어려움을 겪는다. 이에 대한 해결책은 정도가 없다. 일단 많이 사용해보고 새로운 시도를 두려워하지 않아야 한다. 컴퓨터에 무슨 짓을 하더라도 폭발하지 않는다. 너무 조심 조심 다루지 않아도 된다. 사용하다 문제가 생기면 청소하듯이 깨끗하게 밀어버리고 처음부터 다시 시작하면 된다. 소프트웨어가 하드웨어와 다른 점이 그것이다. 언제든지 초기화하고 다시 시작할 수 있다. 겁내지 마라.

- **맥 / 리눅스 사용법:** 개발자 커뮤니티에 초보 개발자들이 가끔 떡밥으로 '맥을 사용하면 개발이 잘 되나요?'라는 글을 던지고 싸움이 일어난다. 답은 yes이다. 맥에서 맥 OS를 사용하는 것 자체가 개발자에게 도움이 된다. 더불어 리눅스를 배워야 한다. 예쁜 맥을 사서 부트캠프 + 윈도우를 사용하는 건 자제했으면 한다. 맥이 비용 측면에서 부담이 되어 구매하기 힘들다면 아마존 웹 서비스ᴬᵂˢ와 같은 클라우드 서비스를 통해 무료로 리눅스 서버를 경험할 수 있다.

- **다양한 프로그래밍 언어:** 쉽고 재미있는 프로그래밍 언어를 배우는 것을 추천한다. 개인적으로 파이썬을 선호하는데, 웹 개발자라면 시작 언어로 자바스크립트와 루비, 모바일 개발자라면 파이썬을 배우면 좋을 것 같다. 나중에 실력이 조금 붙으면 반드시 C 언어와 포인터에 대해 배우길 권한다. 그리고 모바일 개발자라면 Objective-C, Swift도 공부하길 추천한다. 마지막으로 내공이 쌓이면 함수형 프로그래밍 언어(Scala, Haskell, Rust 등)를 배우는 게 좋겠다. 웹 개발자에게 기본적으로 추천하는 언어는 HTML, CSS, 자바스크립트, 루비, 파이썬, 자바, 쉘 스크립트이다.

- **내 전문 분야에 대한 방향성을 결정하자:** 웹 개발자라 하더라도 전문 분야는 앞서 본 것처럼 백엔드 개발자와 프론트엔드 개발자로 나뉘게 된다. 사물의 내면이나 돌아 가는 원리를 생각해 보는 걸 좋아한다면 백엔드 개발자가 되는 걸 권장한다. 디자 인 감각이 있고 꾸미는 걸 좋아하고 반복 작업도 질리지 않고 잘할 수 있다면 프론 트엔드 쪽일 가능성이 높다.

웹 애플리케이션 개발에 대한 학습을 시작하는 단계에서는 가능하면 웹 프론트엔드 와 웹 백엔드 모두 학습할 것을 추천한다. 이는 웹뿐만 아니라 모바일, 게임 모든 분 야에 해당한다. 자신이 프론트엔드와 백엔드를 직접 경험하기 전에 어느 쪽에 성향이 맞는지 정확하게 파악하기 힘들기 때문이다. 또 다른 이유는 같은 작업을 프론트엔드 와 백엔드 모두에서 구현할 수 있는데 각 상황에 따라 프론트엔드에서 구현하는 것이 효과적인 경우가 있고, 백엔드에서 구현하는 것이 효과적인 경우가 있다. 이와 같이 내가 백엔드 개발자라 하더라도 프론트엔드에 대해 알고 있어야 효과적인 해결책을 찾을 수 있고, 반대의 경우도 발생한다. 애플리케이션 개발에 대한 참 맛을 느끼려면 프론트엔드부터 백엔드까지 혼자 힘으로 구현해보는 경험을 하는 것도 큰 의미가 있 고, 애플리케이션에 대한 전체적인 큰 그림을 그릴 수 있다는 측면도 있다.

웹 애플리케이션 개발에서 프론트엔드는 HTML, CSS, 자바스크립트 학습에 집중하 면 된다. 하지만 웹 백엔드의 경우 자바, 루비, 파이썬, 자바스크립트와 같이 다양한 언어 기반으로 개발이 가능하다. 웹 백엔드의 경우 어떤 언어로 시작할 것인지 추천 하기 힘들다. 현재 자신이 목표로 하고 있는 지향점에 따라 달라질 수 있기 때문이다. 국내 대부분의 큰 회사들은 웹 백엔드 언어로 자바를 사용하는 경향이고, 스타트업의 경우 파이썬과 루비를 사용하는 경향이 강하다. 이와 관련해 선택하기 어렵다면 학습 비용 측면만 고려해보면 프론트엔드와 같은 언어인 자바스크립트를 웹 백엔드 언어 로 시작하는 것도 좋은 선택이 될 수 있다.

이 책이 다루고 있는 자바 기반 웹 개발자가 되는 것을 목표로 학습한다면 공부의 순서는 (1) HTML (2) CSS (3) 자바스크립트 (4) 자바 (5) 자바 웹 프로그래밍 (6) 데이터베이스 순으로 학습할 것을 추천한다.

1.4 일단 시작해 보자

소프트웨어를 만든다는 거창한 계획을 세우기보다 일단 무엇이라도 만드는 작업을 시작해 보자. 굳이 책을 사지 않아도 온라인으로 학습할 수 있는 좋은 컨텐츠가 많다. 일단 온라인으로 시작해보고 관심이 생기고 더 깊이 있는 학습을 하고 싶다면 본격적으로 도전해 보자.

앞으로 추천하는 실습들은 상당 부분 내용이 중복된다. 하지만 코딩이라는 우리에게 필요한 작업은 머리와 손이 함께 배우는 부분이 많다. 반복이 매우 중요하기 때문에 아는 거 또 나왔네?라고 넘어가지 말고 반복해서 학습을 하길 권한다.

- 제일 먼저 시도해 볼 것으로 1시간 정도 투자해서 http://code.org/learn의 hour of code로 놀아 본다. "안나, 엘사와 함께하는 코드"가 재밌는 것 같다. 컴퓨터에서 중요한 기초 개념인 순차, 반복, 조건문의 개념을 배우기 바란다. 프로그래머는 바보같은 일을 하는 천재적인 사람이다. 컴퓨터는 위대한 일을 하는 바보같은 기계이다. 이 둘은 그래서 찰떡궁합! 출처는 기억이 안 난다.

- 칸 아카데미의 컴퓨터 교육(https://www.khanacademy.org/computing/computer-programming): 자바스크립트의 감을 잡게 해준다. 참고로 이 강의는 자바스크립트 분야의 세계 최고의 대가 중 한 분인 John Resig 님이 만들었다. John Resig 님은 유명한 jQuery도 만들었다.

소프트웨어를 학습하는 좋은 방법 중의 하나는 일단 무엇인가 만들어보는 경험을 한 후 이론적인 개념을 학습하고, 다시 다음 단계의 경험을 하고 이론적인 개념을 학습하는 과정을 반복하는 것이라 생각한다. 앞의 온라인 과정이나 또 다른 과정을 통해 따라하기 식으로 무엇인가 만들어 보는 경험을 했다면 다음 단계는 과정 속에 담겨 있는 이론적인 내용, 소프트웨어 업계에서 사용하는 용어들에 친숙해지는 시도를 해보자.

앞의 경험을 하면서 등장했던 새로운 용어들이 무엇이며, 이 용어들이 왜 등장했으며, 무엇인지, 프로그래밍을 하는 과정 등에 대한 기본적인 내용에 대해 "기초 튼튼 코드 튼튼 다 함께 프로그래밍"(타니지리 카오리 저/타니지리 토요히사 감수/정인식 역, 제이펍/2016년) 책을 통해 학습해볼 것을 추천한다.

소프트웨어에 대한 개념을 조금 확실하게 잡기 위한 목적으로 하버드 대학교의 CS50 수업(https://cs50.harvard.edu)을 들어보는 것도 추천한다. 기사에 따르면 "정의란 무엇인가?" 강의보다 인기가 많은 수업이었다고 한다. 영어를 잘 못한다고 기죽을 필요는 없다. 한 번에 모든 동영상을 듣기보다 재미삼아 하루에 한편씩 보다보면 나름 재미도 있으며, 우연히 배우는 내용도 생긴다. 특히 우리나라 대학 교육과 비교해 보는 재미도 있다.

1.5 본격적으로 웹 프로그래밍에 도전하기

1.5.1 온라인 강의를 통한 학습

- https://opentutorials.org/course/1688: 생활코딩의 작심 40시간 라이브, 웹 프론트 엔드부터 백엔드까지 전체를 경험해 볼 수 있다. 단, 서버측 언어가 자바가 아닌 PHP이지만 웹 애플리케이션 개발의 전체 흐름을 이해할 수 있다.

- https://www.codecademy.com/learn: 웹 애플리케이션 개발과 관련해 필요한 지식을 각 지식별로 학습할 수 있다.

- **http://www.w3schools.com/:** codecademy와 같이 병행해 학습할 수 있는 곳으로 프론트엔드 지식을 학습할 수 있다.

1.5.2 책을 통한 학습

책은 개인마다 선호하는 스타일이 다르기 때문에 이 책에서 추천하는 책이 반드시 좋은 책은 아니다. 자신의 현재 수준과 맞고, 자신이 선호하는 스타일과 맞는 책이 좋은 책이다. 이 책에서 추천하는 모든 책들은 학습을 하기 위한 참고 자료로 활용했으면 한다. 자신에게 맞는 책을 고르는 것도 능력이고, 연습이 필요하다. 누군가 추천하고, 좋다고 이야기하는 책을 무조건 구매하기보다 자신이 직접 선택할 수 있는 능력을 기를 것을 추천한다.

- **"프로가 되기 위한 웹 기술 입문"(고모리 유스케 저/김정환 역, 위키북스/2012):** 처음 웹 애플리케이션 개발에서 어려운 점 중의 하나는 기본적으로 사용하는 용어와 기본적인 흐름에 대한 이해가 없기 때문이다. 웹 애플리케이션 개발에 대한 기본적인 용어와 흐름을 이해하는 데 좋다.

- **웹 프론트엔드 학습[2]**
  - **"자바스크립트 & 제이쿼리: 인터랙티브 프론트엔드 웹 개발 교과서"(존 두켓 저/장현희 역, 제이펍/2015년):** 이 책은 프로그래밍을 처음 시작하는 개발자가 읽어도 괜찮은 책이다. HTML, CSS, 자바스크립트 기초 지식에 대해 잡지 책을 읽는 느낌으로 구성되어 있어 지루함도 적다. 이 책을 통해 HTML, CSS, 자바스크립트에 대한 기초 지식을 쌓은 후 좀 더 깊이 있는 내용을 다루는 책으로 넘어가도 좋겠다.

---

2 이 3권의 책은 현업에서 프론트엔드 웹 개발을 하고 있는 윤지수, 전용우님이 추천한 책이다. 프론트엔드 웹 개발에 입문하는 독자들에게 추천한다.

- ○ "웹 표준 가이드: HTML5 + CSS3"(존 앨섭 저/김지원, 홍승표 공역, 한빛미디어/2010년): HTML과 CSS에 대해 한 단계 더 깊이 있는 지식을 다룬다.

- ○ "자바스크립트를 말하다 : 가장 간결하면서도 완벽한 자바스크립트 입문서"(악셀 라우슈마이어 저/한선용 역, 한빛미디어/2014년): 자바스크립트에 대해 한 단계 더 깊이 있는 지식을 다룬다.

- **웹 백엔드 학습:** 백엔드 웹 개발로 자바, 파이썬, 루비, 자바스크립트와 같이 많은 언어가 사용되고 있다. 이 책은 다양한 백엔드 개발 언어 중 자바에 대해서만 살펴보도록 하겠다.

  - ○ 국내에 자바 언어를 학습할 수 있는 많은 기본서가 있다. 기본서마다 각자 다른 색깔을 가지고 있기 때문에 자신에게 적합한 책을 골라 학습한다. 인기 있는 책이 무조건 좋은 책은 아니다. 자신의 학습 스타일과 맞는 책이 좋은 책이다. 나는 좀 오래된 책이지만 "자바 프로그래밍"(Jeff Langr 저/권오근 역, 교학사/2005) 책과 같이 무엇인가를 만들어 가면서 관련된 내용을 학습하는 방식을 선호한다. 이 책이 번역 품질이 나쁘지만 책 진행 방식은 마음에 든다.

  - ○ "열혈강의 자바 웹 개발 워크북 – MVC 아키텍처, 마이바티스, 스프링으로 만드는 실무형 개발자 로드맵"(엄진영 저, 이한디지털리/2014): 서블릿, JSP에서부터 시작해 스프링 프레임워크까지 자바 웹 애플리케이션 개발 전반에 대해 따라하기 식으로 구성되어 있다. http://blog.eomjinyoung.com/2014/05/blog-post.html 문서를 보면 각 장별로 동영상 강의도 제공하고 있다. 일단 이 책 한 권으로 자바 기반 웹 애플리케이션 개발에 대한 전반적인 내용을 파악할 수 있다. 하지만 자바 프레임워크를 직접 구현하는 내용도 포함하고 있기 때문에 다소 난이도가 있는 책이다. 따라서 이 책 또한 자신의 색깔과 맞는지 검토할 것을 추천한다. 단순히 따라하기 식의 책이라도 자신의 현재 역량에 맞는 책이 가장 좋은 책이다.

○ 백엔드 웹 개발자가 반드시 학습해야 할 주제 중의 하나가 데이터베이스이다. 데이터베이스 책으로 추천하고 싶은 책은 "SQL 첫걸음 : 하루 30분 36강으로 배우는 완전 초보의 SQL 따라잡기"(아사이 아츠시 저/박준용 역, 한빛미디어/2015년) 책이다. 데이터베이스에 대한 학습을 시작할 때 유명하지만 엄청 어려운 책을 사 놓은 후 거의 읽지 않은 기억이 난다. 이 책은 SQL문의 작동 원리에 대해 그림을 통해 설명하고 있어 초보 개발자가 읽기에 적합하다.

웹 애플리케이션 개발을 시작할 때 모르는 내용이 많더라도 일단 무엇인가를 만드는 경험을 해볼 것을 추천한다. 모르는 것이 많다는 것이 반드시 나쁜 것은 아니다. 내가 무엇을 모르는 것인지 알 수 있기 때문에 일단 무엇인가를 만드는 경험을 하면서 웹 애플리케이션 개발에 대한 재미를 느껴본 후 모르는 부분에 대해 추가적으로 학습해 나가면 된다. 웹 애플리케이션 개발에 대해 조금씩 눈이 뜨이면 모르는 내용은 점점 더 많아질 것이다. 이와 같은 단계가 정상이다. 알면 알수록 학습할 내용이 더 많아지고, 더 깊이 있게 알고 싶은 욕구가 생긴다. 이 같은 상황이 발생하면 개발자로 잘 성장해 가고 있구나라고 생각하면 된다.

일단 시작하지 않으면 내가 무엇을 모르는지조차 모른다. 내가 모르는 것이 무엇인지에 대해 알고, 다음 단계로 학습할 것이 무엇인지 인식할 수 있다는 것만으로도 한 단계 성장한 것이다. 이 책은 자바 웹 애플리케이션 개발에 대해 시작 단계를 벗어나 한 단계 더 깊이 있는 지식을 학습하고 싶은 개발자를 위한 책이다. 웹 애플리케이션 개발에 대한 기본적인 학습이 끝나고 라이브러리, 프레임워크의 내부가 어떻게 동작하는지 알고 싶은 마음, 내가 만든 코드를 좀 더 깔끔하게 구현하고 싶은 마음, 내가 만든 웹 애플리케이션을 배포하는 과정에 대해 학습하고 싶은 마음이 드는 단계에서 읽으면 학습 효과가 가장 높을 것이다.

1.6 학습 방법

우리가 지금까지 학습하는 방식을 보면 이론적인 기초부터 탄탄하게 다진 후 무엇인가를 만드는 경험을 하는 방식으로 학습을 해왔다. 대표적으로 음악과 미술 같은 경우에도 경험을 통해 음악과 미술에 대한 즐거움을 먼저 느끼는 것이 아니라 이론적인 학습에 치중함으로써 음악과 미술에 대한 즐거움을 느끼는 것이 아니라 거부감을 가지도록 만든다.

물론 기초부터 탄탄하게 쌓는 것도 하나의 학습 방법이지만 경험을 통해 즐거움을 느낀 후 이론적인 학습을 하는 것 또한 좋은 학습 방법이다. 하지만 초, 중, 고등학교를 거치면서 기초부터 이론 위주의 학습 습관이 우리 몸에 자연스럽게 베어 있어 소프트웨어 학습 또한 같은 방식으로 접근하는 것이 일반적이다. 하지만 나는 소프트웨어를 학습하는 데 있어 이런 접근방식이 맞는 학생도 있지만 그렇지 않은 학생이 대부분이라고 생각한다. 사람들은 내가 현재 학습하고 있는 지식이 어느 곳에 활용될 것인지 공감이 될 때 깊이 있게 몰입할 수 있으며, 몸으로 체화할 수 있다. 그런데 어느 곳에 활용될 것인지도 모르는 상태에서 전달하는 지식은 사람을 고통스럽게 할 뿐이며, 쓰레기 지식이 될 수도 있다. 이는 소프트웨어뿐만 아니라 다른 분야를 학습하는 데 있어서도 같다.

지금부터라도 이 같은 접근 방식을 깨고 이론적인 지식은 모르더라도 일단 무엇인가를 만들면서 즐거움을 느껴보는 경험을 하면 어떨까? 특히 양파 껍질을 깨는 첫 번째 단계에서 가장 중요한 것이 프로그래밍을 통해 무엇인가를 만들어 보는 즐거움이다. 이런 즐거움을 느낀 후 두 번째 양파 껍질을 벗겨 나가는 단계에서 이론적인 지식을 조금씩 쌓아나가면 된다. 앞의 "일단 시작해 보자" 절에서 제안한 온라인 자료들을 활용해 일단 무엇이라도 만들어 보자. 일단 무엇이라도 시작해 프로그래밍, 컴퓨터에 대한 두려움을 깨야 한다. 프로그래밍, 컴퓨터가 만만해 보이고, 이 만만한 놈을 활용해 내가 원하는 무엇인가를 만들어낼 수 있다는 것에 대한 즐거움과 흥분된 경험을 해봐야 한다. 이 즐거움과 흥분이 있어야 앞으로 두 번째, 세 번째 양파 껍질을 벗기면서 경험하게 될 힘든 산을 슬기롭게 넘길 수 있다. 처음부터 기초 이론에 집중하면 프로그래밍과 컴퓨터는 거대한 산처럼 느껴져 넘지 못할 산이라 생각하고 넘을 시도조차 하지 않게 된다.

프로그래밍과 컴퓨터는 정말 만만한 놈이다. 누구나 정복할 수 있다. 정복할 수 없는 것은 두려움 때문이다. 첫 번째 양파 껍질을 깨기 위해 가장 중요한 것은 두려움이 자신을 압도하기 전에 즐거움과 자신감이 충만하도록 자신을 탄탄히 하는 것이다.

"코딩을 지탱하는 기술"(니시오 히로카즈 저/김완섭 역, 비제이퍼블릭/2013)이라는 책을 보면 다음과 같이 학습할 것을 추천한다. 나 또한 공감하는 부분이 많아 인용해본다.

첫 번째 단계, 필요한 부분부터 흡수한다

책이나 자료 전체가 동일한 정도로 중요하다고 말할 수 없다. 목적이 명확하고, 목적 달성을 위해서 어디를 읽어야 할지 알고 있다면 다른 페이지는 신경 쓰지 말고 바로 그곳을 읽도록 한다.

전체 모두 읽지 않은 것이 꺼름칙한가? 하지만 좌절하고 전혀 읽지 않는 것보다는 낫다. '전부 읽지 않으면'이라는 완벽주의가 배우고자 하는 동기를 짓누르고 있다면, 버려버리는 것이 낫다. 동기는 매우 중요하다.

이 전략을 사용하기 위해서는 읽고 싶은 부분이 어디인지 대략적으로 전체적인 구조를 파악하고 있어야 한다. 만약 그게 어려우면 다음 전략인 '대략적인 부분을 잡아서 조금씩 상세화한다.'를 시험해보도록 하자.

두 번째 단계, 대략적인 부분을 잡아서 조금씩 상세화한다

책이나 문서에는 목차가 있다. 목차를 보면 전체 구조를 대략적으로 알 수 있다. 그리고 나서 본문을 속독으로 읽어나간다. 자세히 보지 않고 우선은 소제목이나 강조 부분, 그림과 그림 제목 등을 본다.

소스코드를 읽을 때는 우선 디렉토리 구조와 파일명을 본다. 그리고 파일을 속독으로 읽고 거기서 정의하고 있는 함수나 클래스 이름, 자주 호출되는 함수명 등을 본다.

이 방법들에는 '우선 대략적인 구조를 잡고, 조금씩 상세한 정보로 접근한다'는 공통점이 있다. 이것이 기본 원칙이다.

소스코드에는 다른 방식의 독해 방법이 있다. 디버거의 과정을 사용해서, 실행되는 순서나 호출 계층으로 읽는 방법이다. 이 경우도 동일하게 우선은 대략적인 처리 흐름을 따라가고, 조금씩 깊이를 더해서 함수 안의 처리를 따라가는 것이 중요하다.

이 방법으로 읽어도 정보가 한쪽 귀로 들어와서 한쪽 귀로 나가버리는 느낌을 받는 경우가 있다면, 마지막 방법인 '끝에서부터 차례대로 베껴간다'를 시도해보자.

세 번째 단계, 끝에서부터 차례대로 베껴간다

명확히 '하고 싶은 것', '조사하고 싶은 것'이 없이 '대충 읽으면' 읽은 내용이 뇌를 그냥 스쳐 지나갈 뿐이다. 이런 상태에서 어떻게 배울까를 고민한다고 해도, 판단을 위한 지식 자체가 없기 때문에 무의미하다.

그래서 지식의 밑바탕을 만들기 위해서 교과서를 그대로 베껴 쓴다. 이것이 '베끼기'라 불리는 기술이다. 지식이 없는 상태에서 고민하는 것은 무익하기 때문에 우선 아무것도 생각하지 않고 지식을 복사하는 것이다.

이 이상의 방법은 없다. 저자는 시간을 정해서 '25분간 어디까지 베낄 수 있는지' 도전하는 것을 좋아한다. 분량으로 나누는 것도 좋은 방법이다. 중요한 것은 간격을 적절히 해서 목표를 이루었다는 만족감을 얻을 수 있도록 하는 것이다.

대부분의 학습은 첫 번째 단계(필요한 부분부터 흡수한다)만 잘 습관화해도 지치지 않고 학습을 지속할 수 있다. 처음 시작 단계부터 모든 부분을 완벽하게 이해하고 넘어가겠다는 마음을 버리고 현재 상태에서 이해할 수 있는 부분까지만 이해하고 이해하지 못한 부분은 6개월, 1년이 지난 후 다시 도전하겠다는 마음가짐으로 접근하면 좋겠다. 프로그래밍이 0과 1로 나뉘고, 정확하게 정답이 떨어지는 디지털의 세상이지만 우리 사람은 아날로그적인 성향을 가진다. 자기 자신을 너무 완벽함 속으로 밀어 넣기보다 한 번에 모두 이해하지 못해도 괜찮다는 너그러운 마음으로 자기 자신을 다독이면서 학습할 때 오랜 시간 동안 지속할 수 있다. 지금까지 가지고 있던 자신의 학습 스타일을 프로그래밍을 학습하면서 깰 수 있다면 이는 프로그래밍을 학습하는 것보다 자신의 삶의 틀을 깨는 더 중요한 학습이 될 것이다.

"코딩을 지탱하는 기술" 책은 위 학습 방법과 관련한 내용 이외에도 프로그래밍 언어가 어떻게 변화 발전해 왔는지에 대해 흥미롭게 풀어내고 있기 때문에 읽어볼 것을 추천한다.

학습에 도움이 될 만한 책을 추천하면서 이 장을 마친다.

- "습관의 힘"(찰스 두히그 저/강주헌 역, 갤리온/2012): 삶에 있어 가장 중요하면서도 힘든 일이 좋은 습관을 만드는 것이다. 배움 또한 좋은 습관을 만들 때 가능하다.

- "이너 게임-배우면 즐겁게 일하는 법"(티머시 골웨이 저/최명돈 역,오즈컨설팅/2006): 배움에 대하여 다른 관점을 느낄 수 있는 책이다. 특히 다른 사람과 비교하고 경쟁하는 것에 집중하지 않고 자기 자신에게 집중함으로써 몰입하는 방법에 대해 다루고 있다.

- "몰입의 즐거움"(미하이 칙센트미하이 저/이희재 역, 해냄/2007): 행복한 삶을 살기 위해 몰입하는 것이 얼마나 중요한 것인지에 대해 다루고 있는 책이다. 몰입하는 것이 왜 어려운지에 대해서도 다룬다. 개발자에게 있어 몰입은 특히 즐겁고도 재미있는 경험이다.

많은 독자들이 첫 번째 양파 껍질을 벗기고 두 번째 양파 껍질을 벗기기 위한 도전을 했으면 좋겠다. 두 번째 양파 껍질을 벗기는 도전에 이 책이 조금이나마 도움이 되었으면 한다.

두 번째 양파 껍질 벗기기

1장에서 다룬 첫 번째 양파 껍질의 목표는 프로그래밍이 무엇인지에 대한 경험을 하고, 웹 애플리케이션을 프론트엔드부터 백엔드까지 개발하는 경험을 하면서 웹 애플리케이션을 구성하는 요소, 역할을 이해하는 데 집중했다. 웹 애플리케이션 개발에 필요한 최소한의 내용을 학습하는 단계이다.

프로그래밍에 도전하는 사람들을 보면 첫 번째 양파 껍질은 소프트웨어에 대한 흥미를 가지면서 나름 재미있는 경험을 한다. 초급자가 학습할 컨텐츠도 많고 따라하기 식의 쉽고 재미있는 컨텐츠가 많기 때문이기도 하다. 하지만 첫 번째 단계에서 두 번째 단계로 도전하는 사람보다 포기하는 사람이 더 많다. 따라서 두 번째 양파 껍질에 도전한다는 것만으로도 한 단계의 어려움을 극복한 것이기 때문에 스스로를 대견하게 생각해도 괜찮다.

하지만 첫 번째 양파 껍질을 벗겨냈다고 안심하기에는 이르다. 두 번째 양파 껍질은 첫 번째 양파 껍질보다 훨씬 더 두껍고, 알아야 할 지식도 폭발적으로 늘어나는 경향이 있기 때문이다[3]. 이 두 번째 양파 껍질 단계에서 더 많은 도전자들이 중도 포기하거나, 현재 상태에 만족하고 다음 단계로 성장하지 못한다. 이 두 번째 양파 껍질을 벗는 순간 소프트웨어 개발과 관련한 대략적인 그림도 그릴 수 있으며, 앞으로 무엇을 학습해야 할 것인지에 대한 통찰도 얻을 수 있다. 쉽지 않은 과정이 될 것이다. 두 번째 양파 껍질을 벗는 험난한 여정에 이 책이 작으나마 도움이 되었으면 한다.

이 책의 두 번째 양파 껍질은 1장에서 다룬 첫 번째 양파 껍질과 자연스럽게 연결되는 단계는 아니다. 이 책의 첫 번째 양파 껍질과 두 번째 양파 껍질 사이에는 다음과 같은 단계가 추가되어야 좀 더 자연스럽다. 이 단계는 1장에서 다룬 지식을 기반으로 하여 웹 프론트엔드부터 백엔드까지의 개발에 깊이를 더한 후 일정 기간 동안 웹 애

---

3 https://www.vikingcodeschool.com/posts/why-learning-to-code-is-so-damn-hard 문서에서 "Phase II: The Cliff of Confusion"을 보면 시작 단계를 벗어나 다음 단계로 도약할 때 학습해야 할 지식의 양이 급격하게 증가하는 것을 알 수 있다.

플리케이션을 개발한 현장 경험을 의미한다. 취업을 통해 경험하든, 스스로 독학을 통해 경험하든 몇 개의 웹 애플리케이션을 자바 기반으로 개발한 경험을 쌓은 후 이 책의 두 번째 양파 껍질에 도전할 때 학습 효과를 높일 수 있다. 이 같은 이유 때문에 이 책을 읽는 가장 적합한 대상 독자를 최소 1년 이상의 현장 경험을 가진 자바 웹 개발자로 정했다.

어쩌면 이 책의 두 번째 양파 껍질은 세 번째 양파 껍질로 표현하고, 두 번째 양파 껍질을 첫 번째 양파 껍질에서 경험한 것에 이론적인 지식을 더하고, 반복적인 웹 애플리케이션 개발을 통해 개발 경험을 쌓는 단계로 보는 것이 더 적합하다. 하지만 이 책은 현장 경험을 쌓는 두 번째 단계를 고려하지 않고, 학습 로드맵 측면에서 학습할 지식 단계만을 고려해 두 번째 양파 껍질로 표현했다.

2장부터 시작되는 이 책의 두 번째 양파 껍질은 첫 번째 양파 껍질에서 한 단계 더 깊이 있는 경험을 하는 것에 초점이 맞추어져 있다. 두 번째 양파 껍질의 학습 목표는 다음과 같다.

- 첫 번째 단계에서 경험한 지식(특히 자바)에 더해 좀 더 깔끔한 코드를 구현하는 코딩 관례, 사용법에 대해 경험한다. 공통 라이브러리와 프레임워크를 직접 구현해 봄으로써 자바를 더 깊이 있게 사용하는 경험, 객체지향 설계와 개발, 리팩토링 경험을 한다.

- 개발자가 학습해야 할 지식은 순수하게 애플리케이션 개발만으로 국한되지 않는다. 개발자는 자신이 개발한 소스코드를 효과적으로 빌드, 배포하고 운영할 수 있어야 한다. 이에 대한 학습이 선행되지 않으면 주객이 전도되어 애플리케이션 개발에 투자하는 시간보다 빌드, 배포, 운영에 투자하는 시간이 더 많아질 수도 있다. 따라서 개발한 소스코드를 개발 서버, 실 서버에 배포하는 경험을 한다. 단순히 배포하는 경험만 하는 것이 아니라 단순, 반복적으로 발생하는 빌드, 배포 과정을 쉘 스크립트를 활용해 자동화하는 과정을 경험한다.

- 두 번째 양파 껍질부터 웹 애플리케이션을 지탱하고 있는 기술, 보안, 성능에 대해서도 서서히 눈을 떠야 하는 시기이다. 내가 개발한 애플리케이션이 컴퓨터 내부에서 어떻게 동작하는지, 웹 브라우저와 웹 서버가 HTTP를 통해 어떻게 데이터를 주고 받는지, 안전한 웹 애플리케이션을 개발하기 위해 알아야 하는 지식에 대한 학습을 시작할 수 있는 동기부여를 할 수 있도록 한다.

위 세 가지 목표가 두 번째 양파 껍질의 핵심 목표이다. 이 책 한 권을 통해 위 세 가지 목표를 모두 달성할 수 없다. 이 책은 이 세 가지 목표 각각에 대해 일부 내용을 포함하고 있다. 따라서 두 번째 양파 껍질을 극복하기 위해 이 책과 같이 읽었으면 하는 책은 다음과 같다.

첫 번째 책은 "이펙티브 자바, 2판"(조슈아 블로크 저/이병준 역, 인사이트/2014년)이다. 외국어를 배우려면 언어의 구조를 알아야 하고(문법), 사물의 이름들을 알아야 하며(단어), 일상적인 필요를 표현하는 관례와 효과적 전달 방법을 알아야 한다(용례). 학교에서는 보통 앞 두 가지만 가르치는 경우가 많다. 프로그래밍 언어에 있어서도 상황은 비슷해서 대부분의 책이 앞의 두 가지 주제에 집중하고 있다[4]. 자바와 관련해 기본적인 문법과 단어를 학습했다면 다음 단계로 코딩 관례와 효과적인 사용법을 학습하기 위한 목적으로 이 책을 읽었으면 한다. 이 책은 자바 개발자가 반드시 읽어야할 필독서 중의 하나이다.

두 번째로 추천하고 싶은 책은 빌드, 배포, 운영과 관련해 알아야 할 도구들에 대한 전반적인 학습을 할 수 있는 "성공으로 이끄는 팀 개발 실천 기술"(이케다 타카후미, 후지쿠라 카즈아키, 이노우에 후미아키 공저/김완섭 역, 제이펍/2014년) 책이다. 이 책은 개발한 애플리케이션을 효과적으로 배포하고, 운영하기 위해 알아야 할 도구들과 각 도구들 간의 효과적인 활용 방법에 대해 다루고 있다. 각 도구들에 대해 깊이 있게 다루기보다는 다양한 도구들을 활용해 어떻게 효과적인 개발 환경을 구축할 수

---

4 이 내용은 "이펙티브 자바, 2판"(조슈아 블로크 저/이병준 역, 인사이트/2014년) 책의 헌사에서 발췌한 내용이다.

있는지에 대한 큰 그림을 그릴 수 있도록 해준다. 이 책을 추천하는 이유는 이 책이 제안하는 개발 환경 구축을 주도하라는 것이 아니다. 현재 자신의 개발 환경과 비교해보고 부족하다고 생각하는 부분이 있으면 하나씩 시도해 봤으면 하는 바람 때문이다. 개발자가 애플리케이션 개발 업무에 더 집중하기 위해서는 프로그래밍과 관련한 학습과 더불어 개발 문화와 개발 환경을 개선하는 시도를 지속적으로 해야 한다.

웹 애플리케이션 개발자가 반드시 학습해야 할 주제 중의 하나가 HTTP이다. 물론 다른 중요한 지식들도 많지만 웹의 근간을 지탱하는 HTTP는 좀 더 깊이 있게 학습했으면 하는 바람으로 세 번째로 추천하고 싶은 책은 "HTTP & Network : 그림으로 배우는 책으로 학습"(우에노 센 저/이병억 역, 영진닷컴/2015)이다.

마지막으로 소개하고 싶은 책은 "IT 인프라 구조 : 그림으로 공부하는"(야마자키 야스시, 미나와 요시코, 아제카츠 요헤이, 사토 타카히코 공저/오다 케이지 감수/김완섭 역, 제이펍/2015년)이다. 내가 이 책을 소개하는 이유는 대부분의 개발자가 프로그램이 동작하는 시스템, 운영체제에 대한 관심이 높지 않기 때문이다. 시스템과 운영체제를 이해하는 것이 생각보다 쉽지 않고 몰라도 소프트웨어 개발이 가능하기 때문이다. 나 또한 그렇게 살아왔다. 하지만 경험이 쌓이고, 한 단계 더 깊이 있는 지식을 학습하다보면 항상 막히는 부분은 시스템, 운영체제와 관련한 부분이었다. 그런데 이 책을 보면서 깊이 있는 지식은 아니라도 시스템과 운영체제 뿐만 아니라 서버 아키텍처까지 전반적인 내용에 대해 이해할 수 있겠다는 생각이 들었다. 또한 이 책은 우리가 흔히 사용하는 많은 이론들에 대해 정리하고, 이 이론들이 어떻게 활용되고 있는지에 대해 설명하고 있다. 그런데 이 이론이 시스템, 운영체제 뿐만 아니라 웹 애플리케이션 개발자가 한 단계 성장하는 데 반드시 알아야 할 내용을 포함하고 있어 필독서로 추천한다.

두 번째 양파 껍질을 벗기 위해 최소한 이 책들이 담고 있는 내용은 학습할 것을 추천한다. 이 몇 권의 책으로 모두 소화하기 힘들다. 두 번째 양파 껍질 단계에서 읽었으면 하는 다른 책들은 각 장을 진행하면서 관련된 내용의 책들을 추천할 계획이다. 각장에서 추천하는 책까지 모두 학습하기 힘들다면 최소한 위에서 추천한 4권의 책만이라도 학습할 것을 추천한다. 위 4권의 책을 통해 시야를 넓힌 후 더 깊이 있게 학습할 주제를 직접 찾아가는 것도 좋은 선택이다.

2장

문자열 계산기 구현을 통한
테스트와 리팩토링

두 번째 양파 껍질을 벗기기 위한 첫 번째 과정으로 추천하는 학습은 테스트와 리팩
토링이다. 테스트와 리팩토링은 개발자가 갖추어야 할 중요한 역량이다. 리팩토링의
즐거움을 한 번 맛보면 프로그래밍하는 즐거움과 재미를 느낄 수 있다.

이 장은 테스트와 리팩토링을 학습하는 것과 더불어 자바 개발 환경에 익숙하지 않은
개발자가 자바 개발 환경을 익히고, 이 책의 실습 진행 방식을 경험하는 것을 목표로
한다.

2.1 main() 메소드를 활용한 테스트의 문제점

소스코드를 구현한 후 정상적으로 동작하는지 확인하는 일반적인 방법은 main() 메
소드를 활용해 우리가 의도한 결과 값이 정상적으로 출력되는지를 콘솔을 통해 확인
하는 것이 일반적이다.

이 과정을 살펴보기 위해 덧셈add, 뺄셈subtract, 곱셈multiply, 나눗셈divide를 구현하는 간
단한 사칙연산 계산기 구현 코드를 보면 다음과 같다.

```java
public class Calculator {
    int add(int i, int j) {
        return i + j;
    }

    int subtract(int i, int j) {
        return i - j;
    }

    int multiply(int i, int j) {
        return i * j;
    }

    int divide(int i, int j) {
        return i / j;
    }

    public static void main(String[] args) {
        Calculator cal = new Calculator();
        System.out.println(cal.add(3, 4));
        System.out.println(cal.subtract(5, 4));
        System.out.println(cal.multiply(2, 6));
        System.out.println(cal.divide(8, 4));
    }
}
```

계산기 코드는 실제로 서비스를 담당하는 프로덕션 코드production code와 이 프로덕
션 코드가 정상적으로 동작하는지 확인하기 위한 main()으로 나뉜다. 일반적으로
main()은 프로그래밍을 실행하기 위한 목적과 프로덕션 코드가 정상적으로 동작하
는지 확인하는 테스트 목적으로 나뉜다. 이 책에서는 main()의 목적을 테스트로 생
각해 테스트 코드로 부르도록 하겠다.

위 계산기 코드의 첫 번째 문제점은 프로덕션 코드와 테스트 코드(main() 메소드)가 같은 클래스에 위치하고 있다는 것이다. 테스트 코드의 경우 테스트 단계에서만 필요하기 때문에 굳이 서비스하는 시점에 같이 배포할 필요가 없다.

이 문제를 해결하기 위한 첫 번째 단계로 프로덕션 코드(Calculator 클래스)와 테스트 코드(CalculatorTest)를 분리할 수 있다.

```java
public class CalculatorTest {
    public static void main(String[] args) {
        Calculator cal = new Calculator();
        System.out.println(cal.add(9, 3));
        System.out.println(cal.subtract(9, 3));
        System.out.println(cal.multiply(9, 3));
        System.out.println(cal.divide(9, 3));
    }
}
```

테스트를 담당하는 별도의 클래스를 추가했지만 main() 메소드 하나에서 프로덕션 코드의 여러 메소드를 동시에 테스트하고 있다. 이는 프로덕션 코드의 복잡도가 증가하면 증가할수록, main() 메소드의 복잡도도 증가하고, 결과적으로 main() 메소드를 유지하는 데 부담이 된다. 이 같은 문제를 해결하기 위해 다음과 같이 테스트 코드를 각 메소드별로 분리할 수도 있다.

```java
public class CalculatorTest {
    public static void main(String[] args) {
        Calculator cal = new Calculator();
        add(cal);
        subtract(cal);
```

```
        multiply(cal);
        divide(cal);
    }

    private static void divide(Calculator cal) {
        System.out.println(cal.divide(9, 3));
    }

    private static void multiply(Calculator cal) {
        System.out.println(cal.multiply(9, 3));
    }

    private static void subtract(Calculator cal) {
        System.out.println(cal.subtract(9, 3));
    }

    private static void add(Calculator cal) {
        System.out.println(cal.add(9, 3));
    }
}
```

하지만 이 또한 최종적인 해결책이 될 수 없다. 그 이유는 개발자가 프로그래밍하는 과정을 살펴보면 된다. 우리는 프로그래밍을 할 때 한 번에 메소드 하나의 구현에 집중한다. 클래스가 가지고 있는 모든 메소드에 관심이 있는 것이 아니라 현재 내가 구현하고 있는 메소드에만 집중하고 싶다. 하지만 위 테스트 코드는 Calculator 클래스가 가지고 있는 모든 메소드를 테스트할 수밖에 없다. 그렇다고 테스트하는 메소드만 남기고 다른 메소드를 주석처리하는 것 또한 불합리한 작업이다.

main() 메소드를 활용한 위 테스트가 안고 있는 다른 문제점은 테스트 결과를 매번 콘솔에 출력되는 값을 통해 수동으로 확인해야 한다는 것이다. 위와 같이 로직이 간단한 경우에는 결과 값을 쉽게 예측할 수 있다. 하지만 로직의 복잡도가 높은 경우, 구현을 완료한 후 한 달이 지난 시점이라고 생각해 보자. 이 때 프로덕션 코드의 복잡한 로직을 머릿속으로 계산해 결과 값이 정상적으로 출력되는지 일일이 확인해야 하는 번거로움이 있다.

main() 메소드를 활용한 테스트의 이 같은 문제점을 해결하기 위해 등장한 라이브러리가 JUnit이다. JUnit은 내가 관심을 가지는 메소드에 대한 테스트만 가능하다. 또한 로직을 실행한 후의 결과 값 확인을 프로그래밍을 통해 자동화하는 것이 가능하다. JUnit을 활용해 문제를 해결하는 방법에 대해 살펴보자.

2.2 JUnit을 활용해 main() 메소드 문제점 극복

JUnit(http://junit.org)은 단위 테스트 프레임워크 중 하나이다. JUnit은 앞 절에서 언급한 것처럼 main() 메소드의 한계를 해결해 줄 수 있는 도구이다. 자바 진영에 많은 라이브러리들이 있지만 JUnit 만큼 사용하기 쉽고 학습 비용이 낮은 라이브러리는 많지 않으니 큰 부담 없이 접근해도 된다.

책보다 동영상을 통해 학습하는 것이 익숙한 독자는 다음 동영상을 통해 이클립스 개발 환경하에서 프로젝트 추가, 실행, 이클립스 활용 팁, JUnit 사용법을 학습할 수 있다.

— You Tube —

https://youtu.be/vrUGCv80xqI 이클립스 활용, JUnit 3 버전 사용방법
https://youtu.be/tyZMdwT3rIY JUnit 4 버전 사용방법

동영상에는 이 절에서 다루는 모든 내용을 포함하고 있다.

2.2.1 한 번에 메소드 하나에만 집중

프로젝트에 JUnit 라이브러리를 추가한 후 main() 메소드로 구현한 CalculatorTest를 삭제하고 새로운 CalculatorTest를 추가한다. JUnit을 사용하려면 라이브러리를 추가해야 한다. JUnit 라이브러리를 추가하는 방법을 모르는 독자는 앞의 동영상을 참고해 추가하고 다음 과정을 실습하기 바란다.

JUnit은 다음 예제 소스와 같이 테스트 메소드에 @Test 애노테이션annotation을 추가한다.

```java
import org.junit.Test;

public class CalculatorTest {
    @Test
    public void add() {
        Calculator cal = new Calculator();
        System.out.println(cal.add(6, 3));
    }
}
```

위와 같이 @Test 애노테이션을 추가한 후 이클립스 메뉴에서 Run 〉 Run As 〉 JUnit Test를 실행하면 add() 메소드를 실행할 수 있다. 다음 단계로 뺄셈subtract에 대한 테스트 메소드도 다음과 같이 추가할 수 있다.

```java
import org.junit.Test;

public class CalculatorTest {
    @Test
    public void add() {
        Calculator cal = new Calculator();
        System.out.println(cal.add(6, 3));
    }

    @Test
    public void subtract() {
        Calculator cal = new Calculator();
        System.out.println(cal.subtract(6, 3));
    }
}
```

위와 같이 JUnit 기반으로 테스트 코드를 구현하면 CalculatorTest 클래스가 가지는 전체 메소드를 한번에 실행할 수도 있으며, add(), subtract() 메소드 각각을 실행할 수도 있다. 이와 같이 각각의 테스트 메소드를 독립적으로 실행할 수 있기 때문에 현재 내가 구현하고 있는 프로덕션 코드의 메소드만 실행해 볼 수 있다. 즉, 다른 메소드에 영향을 받지 않기 때문에 내가 현재 구현하고 있는 프로덕션 코드에 집중할 수 있는 효과를 얻을 수 있다.

2.2.2 결과 값을 눈이 아닌 프로그램을 통해 자동화

main() 메소드의 두 번째 문제점은 실행 결과를 눈으로 직접 확인해야 한다는 것이다. JUnit은 이 같은 문제점을 극복하기 위해 assertEquals() 메소드를 제공한다. 위 CalculatorTest 클래스에 assertEquals() 메소드를 적용하면 다음과 같다.

```java
import static org.junit.Assert.assertEquals;

import org.junit.Test;

public class CalculatorTest {
    @Test
    public void add() {
        Calculator cal = new Calculator();
        assertEquals(9, cal.add(6, 3));
    }

    @Test
    public void subtract() {
        Calculator cal = new Calculator();
        assertEquals(3, cal.subtract(6, 3));
    }
}
```

assertEquals는 static 메소드라 import static으로 메소드를 import한 후 위와 같이 구현할 수 있다. assertEquals() 메소드의 첫 번째 인자는 기대하는 결과 값(expected)이고, 두 번째 인자는 프로덕션 코드의 메소드를 실행한 결과 값(actual)이다. assertEquals() 메소드는 int, long, String 등 다양한 데이터 타입 지원이 가능하다. 위와 같이 구현한 후 JUnit Test를 실행하면 다음과 같은 결과 화면을 확인할 수 있다.

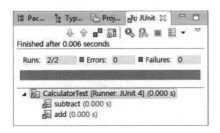

앞에서 구현한 `CalculatorTest` 클래스가 가지는 두 개의 테스트가 모두 성공할 경우 초록색 바가 뜨면서 테스트가 성공했음을 알려준다. 만약 `add()` 메소드의 `assertEquals()` 메소드를 `"assertEquals(8, cal.add(6, 3));"`와 같이 기대하는 값을 9에서 8로 변경한 후 실행하면 다음과 같이 테스트가 실패하는 결과 화면이 나타난다.

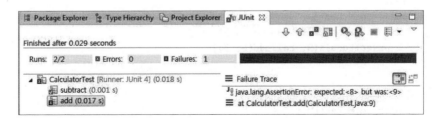

실행 결과 화면에 빨간 바가 뜨면서 테스트가 실패했음을 알려준다. 실패한 테스트 (add)를 선택하면 테스트가 실패한 원인을 알려준다.

이와 같이 JUnit의 `assertEquals()` 메소드를 활용하면 지금까지 수동으로 확인했던 실행 결과를 자동화하는 것이 가능하다. JUnit의 `Assert` 클래스는 `assertEquals()` 메소드 이외에도 결과 값이 true/false 인지를 확인할 수 있는 `assertTrue()`, `assertFalse()` 메소드, 결과 값이 null 유무를 판단할 수 있는 `assertNull()`, assertNotNull() 메소드, 배열 값이 같은지를 검증하는 assertArrayEquals() 메소드를 제공하니 Assert 클래스 Javadoc 문서를 참고하기 바란다[1].

2.2.3 테스트 코드 중복 제거

개발자가 가져야 할 좋은 습관 중의 하나는 중복 코드를 제거하는 것이다. 중복 코드는 프로그래밍의 가장 큰 적 중의 하나이다. 테스트 코드 또한 많은 중복이 발생한다. 앞에서 구현한 CalculatorTest 클래스 또한 Calculator 인스턴스를 생성하는 부분에 중복이 발생한다. 이 중복을 다음과 같이 제거할 수 있다.

```java
import static org.junit.Assert.assertEquals;

import org.junit.Test;

public class CalculatorTest {
    private Calculator cal = new Calculator();

    @Test
    public void add() {
        assertEquals(9, cal.add(6, 3));
    }

    @Test
    public void subtract() {
        assertEquals(3, cal.subtract(6, 3));
    }
}
```

이와 같이 중복을 제거하는 것은 자바 문법에 아무런 문제도 없다. 하지만 JUnit은 테스트를 실행하기 위한 초기화 작업을 위와 같이 구현하는 것을 추천하지 않는다.

---

1 최근에는 JUnit의 Assert를 사용하기보다 테스트의 의도를 더 쉽게 파악할 수 있는 기능을 제공하는 AssertJ(http://joel-costigliola.github.io/assertj/)도 많이 사용한다.

JUnit은 위 구현을 @Before 애노테이션을 활용해 다음과 같이 구현할 것을 추천한다.

```java
import static org.junit.Assert.assertEquals;

import org.junit.Before;
import org.junit.Test;

public class CalculatorTest {
    private Calculator cal;

    @Before
    public void setup() {
        cal = new Calculator();
    }

    @Test
    public void add() {
        assertEquals(9, cal.add(6, 3));
    }

    @Test
    public void subtract() {
        assertEquals(3, cal.subtract(6, 3));
    }
}
```

@Before 애노테이션을 사용하지 않고 필드(field)로 구현하는 방법 모두 각 단위 테스트를 실행할 때마다 Calculator 인스턴스를 생성하는 것은 같다. 이와 같이 Calculator 인스턴스를 매 테스트마다 생성하는 이유는 add() 테스트 메소드를 실행할 때 Calculator의 상태 값이 변경되어 다음 테스트 메소드인 subtract() 테스트 메소드를 실행할 때 영향을 미칠 수 있기 때문이다. 이와 같이 테스트 메소드 간에 영향을 미칠 경우 테스트 실행 순서나 Calculator 상태 값에 따라 테스트가 성공하거나 실패할 수 있다. 그렇다면 앞의 구현 방식보다 코딩량도 더 많아 구현 비용도 더 큰데, 왜 @Before 애노테이션을 사용하는 방식으로 구현할 것을 추천할까? JUnit

에는 @RunWith, @Rule 같은 애노테이션을 사용해 기능을 확장할 수 있는데, @Before 안이어야만 @RunWith, @Rule에서 초기화된 객체에 접근할 수 있다는 제약사항이 있기 때문이다. 따라서 가능한 @Before 애노테이션을 사용해 테스트 메소드에 대한 초기화 작업을 하는 것이 추후 문제가 발생할 가능성을 없앨 수 있다.

JUnit은 @Before 애노테이션을 제공해 초기화 작업을 하듯이 @After 애노테이션을 제공한다. @After 애노테이션은 메소드 실행이 끝난 후 실행됨으로써 후처리 작업을 담당한다. @Before, @After 애노테이션 실행 순서를 확인하기 위해 다음과 같이 구현한 코드를 실행해 보자.

```java
import static org.junit.Assert.assertEquals;

import org.junit.After;
import org.junit.Before;
import org.junit.Test;

public class CalculatorTest {
    private Calculator cal;

    @Before
    public void setup() {
        cal = new Calculator();
        System.out.println("before");
    }

    @Test
    public void add() {
        assertEquals(9, cal.add(6, 3));
        System.out.println("add");
    }

    @Test
    public void subtract() {
        assertEquals(3, cal.subtract(6, 3));
        System.out.println("subtract");
    }
```

```
    @After
    public void teardown() {
        System.out.println("teardown");
    }
}
```

실행결과는 다음과 같다.

```
before
subtract
teardown
before
add
teardown
```

실행 결과를 보면 각 테스트 메소드가 실행될 때 매번 @Before, @After 애노테이션으로 설정한 메소드가 실행되면서 초기화와 후처리 작업을 하는 것을 확인할 수 있다. 이와 같이 매번 초기화, 후처리 작업을 통해 각 테스트 간에 영향을 미치지 않으면서 독립적인 실행이 가능하도록 지원한다.

JUnit에 대한 기본적인 사용법은 여기까지 끝이다. 지금 단계는 이 정도만의 학습으로도 충분하다. 지금까지 학습한 내용을 바탕으로 다음 절의 문자열 계산기를 JUnit으로 구현해 보자.

2.3 문자열 계산기 요구사항 및 실습

2.3.1 요구사항

문자열 계산기의 요구사항은 전달하는 문자를 구분자로 분리한 후 각 숫자의 합을 구해 반환해야 한다.

- 쉼표(,) 또는 콜론(:)을 구분자로 가지는 문자열을 전달하는 경우 구분자를 기준으로 분리한 각 숫자의 합을 반환한다.
  (예 "" => 0, "1,2" => 3, "1,2,3" => 6, "1,2:3" => 6)
- 앞의 기본 구분자(쉼표, 콜론) 외에 커스텀 구분자를 지정할 수 있다. 커스텀 구분자는 문자열 앞부분의 "//"와 "\n" 사이에 위치하는 문자를 커스텀 구분자로 사용한다. 예를 들어 "//;\n1;2;3"과 같이 값을 입력할 경우 커스텀 구분자는 세미콜론(;)이며, 결과 값은 6이 반환되어야 한다.
- 문자열 계산기에 음수를 전달하는 경우 RuntimeException으로 예외 처리해야 한다.

위 요구사항만 보면 그리 복잡하지 않다. 간단하다고 곧바로 구현을 시작하지 말고, 요구사항을 더 작은 단위로 나눠 테스트할 경우의 수를 분리해 본다. 곧바로 구현을 시작하기보다 구현을 시작하기 전에 작은 단위로 나누는 연습을 하는 것이 개발자의 역량을 키우기 위한 좋은 연습이다.

http://docs.oracle.com/javase/8/docs/api/java.lang 패키지의 String 클래스를 보면 String 클래스가 지원하는 수많은 메소드가 있다. String 클래스의 메소드를 활용하면 이 문제를 좀 더 쉽게 해결할 수 있다.

다음 절에 각 구현 단계 및 힌트가 있지만 가능하면 힌트를 보지 말고 직접 구현해 볼 것을 추천한다.

2.3.2 요구사항 분리 및 각 단계별 힌트

프로덕션 코드를 구현할 StringCalculator 클래스와 테스트 코드를 구현할 StringCalculatorTest 클래스를 생성한다. 테스트 클래스 이름은 프로덕션 클래스 이름에 Test 접미사를 붙이는 것이 관례이다. 프로덕션 코드와 테스트 코드를 구현하기 위해 클래스를 분리할 뿐만 아니라 최초 소스코드를 관리하는 디렉토리까지 분리한다. 이렇게 분리한 디렉토리 구조는 다음과 같다.

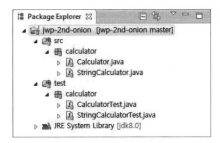

StringCalculator 클래스는 다음과 같은 메소드 구조를 가질 것이다.

```java
public class StringCalculator {
    int add(String text) {
        return 0;
    }
}
```

이 실습을 진행해 보면 각 요구사항 별로 다른 메소드를 생성해 구현하는 경우를 종종 본다. 프로덕션 클래스의 메소드를 여러 개 생성하는 것이 아니라 메소드 하나(위 예의 경우 StringCalculator 클래스의 add() 메소드)에서 문자열 계산기의 모든 요구사항을 구현해야 한다. 여러 개의 메소드를 추가해야 하는 부분은 테스트 구현을 담당하는 StringCalculatorTest에 각 테스트 단위별로 테스트 메소드를 만들어 구현한다.

위 요구사항을 테스트할 수 있는 더 작은 단위로 나눌 수 있다. 각 테스트 단위(테스트 케이스, Test Case라고 한다) 별로 힌트도 제공하고 있으니 자바 API 사용에 익숙하지 않은 사람은 참고해 구현해 본다.

- 빈 문자열 또는 null 값을 입력할 경우 0을 반환해야 한다.(예 " " => 0, null => 0)

```
HINT  if (text == null) {}
      if (text.isEmpty()) {}
```

- 숫자 하나를 문자열로 입력할 경우 해당 숫자를 반환한다.(예 "1" => 1)

HINT `int number = Integer.parseInt(text);`

- 숫자 두개를 쉼표(,) 구분자로 입력할 경우 두 숫자의 합을 반환한다.
  (예 "1,2" => 3)

HINT `String[] numbers = text.split(",");`

- 구분자를 쉼표(,) 이외에 콜론(:)을 사용할 수 있다. (예 "1,2:3" => 6)

HINT `String[] tokens= text.split(",|:");`

- "//"와 "\n" 문자 사이에 커스텀 구분자를 지정할 수 있다. (예 "//;\n1;2;3" => 6)

HINT
```
Matcher m = Pattern.compile("//(.)\n(.*)").matcher(text);
if (m.find()) {
    String customDelimeter = m.group(1);
    String[] tokens= m.group(2).split(customDelimeter);
}
```

- 문자열 계산기에 음수를 전달하는 경우 RuntimeException 예외 처리를 한다.

HINT 구글에서 "junit4 expected exception"으로 검색해 해결책을 찾는다.

2.3.3 추가 요구사항

개발자 대부분의 애플리케이션 구현 과정을 보면 요구사항을 만족하는 코드를 구현하면 개발을 완료하는 것이 일반적이다. 하지만 요구사항을 만족하는 코드를 구현했다고 개발이 완료된 것이 아니다. 소스코드를 구현했으면 반드시 뒤따라야 하는 과정이 중복을 제거하고, 읽기 좋은 코드를 구현하기 위해 구조를 변경하는 리팩토링이다.

리팩토링이란 소스코드의 가독성을 높이고 유지보수를 편하게 하기 위해 소스코드의 구조를 변경하는 것을 의미한다. 리팩토링을 하더라도 기능상의 결과가 변경되는 것은 아니다. 리팩토링 작업 이전과 똑같은 기능을 해야 한다.

다음 요구사항에 맞춰 리팩토링을 진행한다.

- 메소드가 한 가지 책임만 가지도록 구현한다.
- 인덴트(indent, 들여쓰기) 깊이를 1단계로 유지한다. 인덴트는 while 문과 if 문을 사용할 경우 인덴트 깊이가 1씩 증가한다. 예를 들어 다음 소스코드의 인덴트 깊이는 2이다.

```java
void someMethod() {
    while (true) {
        if (true) {

        }
    }
}
```

- else를 사용하지 마라. 프로그래밍을 구현할 때 else를 사용하지 않고 프로그래밍 하는 것이 가능하다. 한번 도전해 본다.

위 3가지 원칙을 제시하는 이유는 소스코드를 최대한 깔끔하게 구현할 것을 요구하지만 초보 프로그래머의 경우 어디서, 어떻게 시작하는 것이 좋을지 막막한 경우가 대부분이다. 글을 쓸 때 처음부터 좋은 글을 쓰기 힘든 것처럼 프로그래밍 또한 마찬가지이다. 이런 막막함을 조금이나마 해소하기 위해 위 3가지 원칙을 제시한다.

위 3가지 원칙만 가지고 프로그래밍을 해도 일정 수준으로 깔끔한 코드를 구현할 수 있다. 물론 모든 코드를 위 원칙을 지키면서 구현할 수 없다. 하지만 최대한 지키려고 노력해보면 좀 더 깔끔한 코드를 구현할 수 있을 것이다.

2.4 테스트와 리팩토링을 통한 문자열 계산기 구현

앞 절의 문자열 계산기를 필자와 같이 구현해 보면서 테스트 코드를 기반으로 리팩토링하는 과정에 대해 살펴보자. 앞 절의 실습을 직접 해본 후 이 절을 학습해야 학습효과를 높일 수 있다. 반드시 앞의 실습을 진행한 후 이 절을 읽을 것을 추천한다.

문자열 계산기를 구현하면서 무엇을 느꼈는가? 문자열 계산기의 요구사항은 현장에서 요구하는 소프트웨어 요구사항의 복잡도에 비하면 상당히 단순하다. 단순한 요구사항임에도 불구하고 소스코드의 복잡도가 금방 증가함을 느낄 수 있었을 것이다. 복잡도가 증가하다보니 새로운 요구사항을 추가 구현하기도 쉽지 않고, 테스트가 깨질 경우 디버깅하기도 쉽지 않음을 느꼈을 것이다. 그런 불편함을 느끼지 않았다면 내가 많이 성장했구나라고 생각하면 된다.

이와 같이 복잡도가 쉽게 증가하는 원인은 요구사항의 복잡도가 높은 것이 가장 큰 원인이다. 개발자들은 이 복잡도와 평생을 더불어 살아갈 수밖에 없는 숙명이다. 평생을 같이할 수밖에 없는 숙명이라면 이 복잡도를 낮출 수 있는 방법을 찾아야 한다. 이 복잡도를 낮출 수 있는 방법 중의 하나가 끊임없는 리팩토링을 통해 소스코드를 깔끔하게 구현하는 연습을 하는 것이다. 앞에서 진행한 문자열 계산기를 리팩토링을 통해 개선해 가면서 리팩토링의 맛을 느껴보자.

2.4.1 요구사항을 작은 단위로 나누기

복잡한 문제를 풀어가기 위해 첫 번째로 진행해야 하는 작업이 복잡한 문제를 작은 단위로 나눠 좀 더 쉬운 문제로 만드는 작업이다. 문자열 계산기의 요구사항을 더 작은 단위로 나눠 구현 가능한 상태로 만드는 작업을 했는데, 이 작업이 정말 중요하다. 이 부분만 잘 정의되어 있다면 문제는 예상보다 쉽게 해결할 수 있다. 하지만 이 부분을 정의하는 것이 쉽지 않다. 다양한 문제를 해결해 봄으로써 끊임없이 연습하는 수밖에 없다.

2.4.2 모든 단계의 끝은 리팩토링

소스코드의 복잡도가 쉽게 증가하는 이유는 하나의 요구사항을 완료한 후 리팩토링을 하지 않은 상태에서 다음 단계로 넘어가기 때문이다. 각 단계에서 다음 단계로 넘어가기 위한 작업의 끝은 내가 기대하는 결과를 확인했을 때가 아니라 결과를 확인한 후 리팩토링까지 완료했을 때이다. 예를 들어 문자열 계산기를 구현할 때 null 또는 " " => 0에 대한 구현 완료 후 "1" => 1로 넘어가기 전에 리팩토링할 부분이 있는지 찾아보고 리팩토링할 부분이 있다면 리팩토링을 진행해야 한다.

즉, 지금까지의 과정이 "구현 => 테스트를 통한 결과 확인"으로 끝났다면 이 절에서는 "구현 => 테스트를 통한 결과 확인 => 리팩토링" 과정으로 진행함으로써 리팩토링 방법과 효과에 대해 살펴보도록 하겠다.

2.4.3 동영상을 활용한 학습

이 절에서 다루는 문자열 계산기 구현 과정 및 리팩토링 과정은 다음 3개의 동영상을 통해서도 학습할 수 있다. 이론적인 부분은 책에서도 모두 다루고 있지만 책을 통해 전달하기 힘든 리팩토링 과정을 볼 수 있기 때문에 책 내용뿐 아니라 동영상도 학습할 것을 추천한다.

https://youtu.be/08YYZ0acYNE 문자열 계산기 구현 및 리팩토링 1단계
https://youtu.be/AAMap-pXXN4 문자열 계산기 구현 및 리팩토링 2단계
https://youtu.be/weE5PVX9D60 문자열 계산기 구현 및 리팩토링 3단계

2.4.4 문자열 계산기 구현

2.4.4.1 빈 문자열 또는 null 값을 입력할 경우 0을 반환해야 한다.(예 " " => 0, null => 0)

```
HINT  if (text == null) {}
      if (text.isEmpty()) {}
```

```java
import static org.junit.Assert.*;

import org.junit.Before;
import org.junit.Test;

public class StringCalculatorTest {
    private StringCalculator cal;

    @Before
    public void setup() {
        cal = new StringCalculator();
    }

    @Test
    public void add_null_또는_빈문자() {
        assertEquals(0, cal.add(null));
        assertEquals(0, cal.add(""));
    }
}
```

```java
public class StringCalculator {
    public int add(String text) {
        if (text == null || text.isEmpty()) {
            return 0;
        }

        return 0;
    }
}
```

첫 번째 요구사항에 대한 구현은 특별할 것이 없다. 한 가지 독특한 점이라면 테스트 메소드 이름에 한글을 사용했다는 것이다. 메소드 이름을 영어로 작성하는 것이 일반 적이지만 테스트 메소드가 어떤 테스트인지를 명확하게 전달하기 위해 영어로 작성 하기 힘들다면 한글로 작성하는 것도 한 가지 방법이다.

2.4.4.2 숫자 하나를 문자열로 입력할 경우 해당 숫자를 반환한다.(예 "1" => 1)

HINT int number = Ineger.parseInt(text);

```
public class StringCalculatorTest {
    […]

    @Test
    public void add_숫자하나() throws Exception {
        assertEquals(1, cal.add("1"));
    }
}
```

```
public class StringCalculator {
    public int add(String text) {
        if (text == null || text.isEmpty()) {
            return 0;
        }

        return Integer.parseInt(text);
    }
}
```

두 번째 요구사항에 대한 구현도 간단하다. 구현을 완료한 후 리팩토링할 부분이 있 는지 찾아본다. 아직까지 복잡도가 낮아 특별히 리팩토링할 부분을 찾을 수 없다. 다 음 단계 구현으로 넘어가자.

2.4.4.3 숫자 두개를 쉼표(,) 구분자로 입력할 경우 두 숫자의 합을 반환한다.(예 "1,2" => 3)

HINT `String[] numbers = text.split(",");`

```java
[...]

public class StringCalculatorTest {
    [...]

    @Test
    public void add_쉼표구분자() throws Exception {
        assertEquals(3, cal.add("1,2"));
    }
}
```

```java
public class StringCalculator {
    public int add(String text) {
        if (text == null || text.isEmpty()) {
            return 0;
        }

        if (text.contains(",")) {
            String[] values = text.split(",");
            int sum = 0;
            for (String value : values) {
                sum += Integer.parseInt(value);
            }
            return sum;
        }

        return Integer.parseInt(text);
    }
}
```

쉼표(,) 구분자를 가지는 문자열 처리까지 완료했다. 위와 같은 로직을 구현할 때 보통 if / else if / else 형태로 구현하는 것이 일반적이다. 하지만 else를 가능한 사용하지 말라는 원칙에 따라 else를 사용하지 않고 구현해 봤다.

구현을 완료하고 결과까지 확인했더니 모든 테스트가 성공했다. 리팩토링할 부분을 찾아보자. 그리 많은 기능을 구현하지 않았음에도 불구하고 소스코드의 복잡도는 빠르게 증가하고 있다. 뭔가 찜찜한 첫 번째 부분은 숫자가 하나인 경우와 쉼표 구분자를 포함하는 경우를 따로 분기해서 처리해야 한다는 점이다.

String의 split() 메소드에 숫자 하나를 가지는 문자열을 전달하면 숫자 하나가 담겨 있는 String[]을 반환하면 이 부분의 분기문을 제거할 수 있겠다. 이를 확인하기 위한 테스트를 추가하고 확인한다.

```java
import static org.junit.Assert.*;

import org.junit.Test;

public class SplitTest {
    @Test
    public void split() {
        assertArrayEquals(new String[] {"1"}, "1".split(","));
        assertArrayEquals(new String[] {"1", "2"}, "1,2".split(","));
    }
}
```

위와 같이 테스트 코드를 추가했더니 테스트가 성공한다. 기대한 대로 동작하는지 확인한 후 다음과 같이 리팩토링을 진행한다.

```java
public class StringCalculator {
    public int add(String text) {
        if (text == null || text.isEmpty()) {
            return 0;
        }

        String[] values = text.split(",");
        int sum = 0;
        for (String value : values) {
            sum += Integer.parseInt(value);
        }
```

```
        return sum;
    }
}
```

if 절을 하나 제거했더니 그나마 깔끔해졌다. 추가적으로 리팩토링할 부분이 있을까? add() 메소드의 복잡도가 증가하고 있다. add() 메소드를 분리할 수 없을까를 고민하다 숫자의 합을 구하는 부분을 별도의 메소드로 분리할 수 있겠다는 생각이 들어 다음과 같이 리팩토링한다.

```java
public class StringCalculator {
    public int add(String text) {
        if (text == null || text.isEmpty()) {
            return 0;
        }

        String[] values = text.split(",");
        return sum(values);
    }

    private int sum(String[] values) {
        int sum = 0;
        for (String value : values) {
            sum += Integer.parseInt(value);
        }
        return sum;
    }
}
```

지금 상태로 만족하나? 더 이상 리팩토링할 부분은 없는가? 각 메소드가 하나의 책임만 가지고 있는가? 새로 분리한 sum() 메소드는 어떤가? sum() 메소드를 한참을 들여다보고 있자니 한 가지 작업이 아닌 두 가지 일을 하고 있다는 생각이 든다. 문자 배열을 숫자로 변환하는 작업과 숫자 배열의 합을 구하는 두 가지 일을 하고 있음을 알 수 있다. 메소드는 한 가지 책임만 가져야 한다는 원칙에 따라 이 두 가지 작업을 다음과 같이 분리한다.

```java
public class StringCalculator {
    public int add(String text) {
        if (text == null || text.isEmpty()) {
            return 0;
        }

        String[] values = text.split(",");
        return sum(toInts(values));
    }

    private int[] toInts(String[] values) {
        int[] numbers = new int[values.length];
        for (int i = 0; i < values.length; i++) {
            numbers[i] = Integer.parseInt(values[i]);
        }
        return numbers;
    }

    private int sum(int[] numbers) {
        int sum = 0;
        for (int number : numbers) {
            sum += number;
        }
        return sum;
    }
}
```

"이게 뭐야?"라고 생각하는 사람이 있을 거다. 이렇게 간단한 로직을 구현하는 데 소스코드 복잡도가 감소하는 것이 아니라 오히려 복잡해진 느낌이 든다. 나 또한 인정한다. 내가 이와 같이 극단적으로 리팩토링을 하는 이유는 연습이기 때문이다. 현장에서 프로젝트를 할 때 모든 소스코드에 대해 이 같은 리팩토링을 진행할 수 없다. 하지만 이 같이 작은 코드로 연습을 할 때 극단적으로 연습해야 현장에서 리팩토링할 부분을 더 쉽게 찾아 개선할 수 있기 때문이다.

이와 같이 리팩토링을 한 후 주의 깊게 봐야 할 부분은 private으로 분리한 메소드가 아니라 public으로 공개하고 있는 add() 메소드가 얼마나 읽기 쉽고, 좋은가가 가장 중요하다. 지금 단계보다 더 극단적으로 리팩토링 한다면 다음 단계까지도 할 수 있다.

```java
public class StringCalculator {
    public int add(String text) {
        if (isBlank(text)) {
            return 0;
        }

        return sum(toInts(split(text)));
    }

    private boolean isBlank(String text) {
        return text == null || text.isEmpty();
    }

    private String[] split(String text) {
        return text.split(",");
    }

    [...]
}
```

정말 극단적으로 리팩토링을 진행해 봤다. 느낌이 어떤가? 아직 많이 어색하고 거부감이 들 수 있다. 당연하다. 하지만 add() 메소드를 처음 읽는 개발자 입장이라면 어떨까? 리팩토링하기 전보다 읽기 좋을까?

내가 이와 같이 극단적으로 리팩토링한 이유는 소스코드를 읽을 때 이 메소드가 무슨 일을 하는 메소드인지 최대한 쉽게 파악할 수 있도록 하기 위함이다. 세부 구현은 모두 private 메소드로 분리해 일단 관심사에서 제외하고 add() 메소드가 무슨 일을 하는지에 대한 전체 흐름을 쉽게 파악할 수 있도록 하기 위함이다. add() 메소드가 무슨 일을 하는지 글로 표현해보면 "text 값이 비어 있으면 0을 반환, 비어 있지 않으면 구분자로 분리split, 숫자로 변환toInts한 다음 이 숫자의 합sum을 구한다."라고 파악할 수 있다. 세부 구현에 집중하도록 하지 않고 논리적인 로직을 쉽게 파악할 수 있도록 구현하는 것이 읽기 좋은 코드라 생각한다.

물론 소스코드를 통해 내 의도를 명확히 드러내는 것은 쉽지 않다. 이 한 가지 예로 모든 것을 설명할 순 없다. 하지만 깔끔하고 읽기 좋은 코드를 구현하기 위해 우리는 끊임 없이 고민하고 연습해야 한다. 가끔은 이런 극단적인 연습을 한다면 리팩토링 실력도 키우고, 좀 더 깔끔한 코드를 구현하는 데 많은 도움을 받을 수 있다.

이 정도까지 극단적인 리팩토링을 진행했으니 다음 단계로 넘어가자.

2.4.4.4 구분자를 쉼표(,) 이외에 콜론(:)을 사용할 수 있다. (예 "1,2:3" => 6)

```
HINT String[] tokens= text.split(",|:");
```

```
[…]

public class StringCalculatorTest {
    […]

    @Test
    public void add_쉼표_또는_콜론_구분자() throws Exception {
        assertEquals(6, cal.add("1,2:3"));
    }
}
```

```
public class StringCalculator {
    public int add(String text) {
        if (isBlank(text)) {
            return 0;
        }

        return sum(toInts(split(text)));
    }

    [...]

    private String[] split(String text) {
```

```
        return text.split(",|:");
    }
}
```

이와 같이 메소드를 잘 분리해 놓으면 새로운 요구사항이 발생할 경우 해당 메소드를 찾아 해당 메소드만 수정사항을 반영하는 것이 가능하다. 상당히 작은 부분이 수정되었기 때문에 추가적인 리팩토링 없이 다음 단계로 넘어가자.

2.4.4.5 "//"와 "₩n" 문자 사이에 커스텀 구분자를 지정할 수 있다. (예 "//;₩n1;2;3" => 6)

```
HINT  Matcher m = Pattern.compile("//(.)\n(.*)").matcher(text);
      if (m.find()) {
          String customDelimeter = m.group(1);
          String[] tokens= m.group(2).split(customDelimeter);
      }
```

```
[...]

public class StringCalculatorTest {
    […]

    @Test
    public void add_custom_구분자() throws Exception {
        assertEquals(6, cal.add("//;\n1;2;3"));
    }
}
```

```
import java.util.regex.Matcher;
import java.util.regex.Pattern;

public class StringCalculator {
    public int add(String text) {
        if (isBlank(text)) {
            return 0;
        }
        return sum(toInts(split(text)));
```

```
    }

    private String[] split(String text) {
        Matcher m = Pattern.compile("//(.)\n(.*)").matcher(text);
        if (m.find()) {
            String customDelimeter = m.group(1);
            return m.group(2).split(customDelimeter);
        }

        return text.split(",|:");
    }

    [...]
}
```

커스텀 구분자는 정규 표현식을 이용해 문자열을 분리하고 있다. 정규 표현식을 활용
하면 복잡한 문자열에서 원하는 문자열을 찾거나 특정한 패턴을 찾는 데 유용하다.
이 단계도 추가적인 리팩토링 없이 다음 단계로 넘어가자.

2.4.4.6 문자열 계산기에 음수를 전달하는 경우 RuntimeException 예외를 throw한다.

HINT 구글에서 "junit4 expected exception"으로 검색해 해결책을 찾는다.

```
[...]

public class StringCalculatorTest {
    [...]

    @Test(expected = RuntimeException.class)
    public void add_negative() throws Exception {
        cal.add("-1,2,3");
    }
}
```

JUnit에서 기대하는 결과 값이 예외Exception인 경우 위 소스와 같이 @Test 애노테이션의 expected 속성에 기대하는 Exception 클래스를 전달할 수 있다.

```
public class StringCalculator {
    [...]

    private int[] toInts(String[] values) {
        int[] numbers = new int[values.length];
        for (int i = 0; i < values.length; i++) {
            numbers[i] = toPositive(values[i]);
        }
        return numbers;
    }

    private int toPositive(String value) {
        int number = Integer.parseInt(value);
        if (number < 0) {
            throw new RuntimeException();
        }
        return number;
    }
}
```

마지막까지 극단적으로 메소드를 분리해봤다. 처음 요구사항에서 메소드를 분리했다면 메소드 이름을 toInt()로 했을 가능성이 높다. 그런데 요구사항이 추가되면서 toPositive()가 더 적합하다는 생각이 들었다. 이와 같이 요구사항이 변경되면서 메소드 이름, 변수 이름을 변경하는 것 또한 중요한 리팩토링이다.

지금까지 문자열 계산기의 모든 요구사항에 대한 구현 작업을 완료했다. 각자가 개발한 소스코드와 어떻게 다른지, 구현하는 과정과 어떻게 다른지 비교해 보는 것도 학습에 도움이 된다. 좋은 점은 배우고, 나쁜 점은 버리면 된다.

마지막으로 지금까지 과정을 정리하고 이 장을 마친다.

- 각 단계의 개발 과정은 구현 => 테스트를 통해 결과 확인 => 리팩토링으로 진행했다. 이 단계에서 개발자들이 소홀히하는 부분이 리팩토링이다. 하지만 깔끔하고 읽기 좋은 코드를 구현하기 위해 개발자가 갖추어야 할 중요한 역량인 만큼 꾸준히 연습하자. 다시는 건드리고 싶지 않은 코드가 아니라 계속해서 관심을 가지고 리팩토링하고 싶은 코드로 만들자.

- 가능하면 앞 절의 추가 요구사항으로 제시한 3가지 원칙을 지키도록 노력하면서 구현했다. 리팩토링을 할 때 가장 막막한 점 중의 하나가 리팩토링할 부분을 찾는 것이다. 리팩토링할 부분을 찾기 힘들 때 이 3가지 원칙을 생각하면서 찾는다면 약간의 힌트는 얻을 수 있을 것이다.

- 리팩토링을 극단적으로 진행했다. 이 같은 리팩토링 연습을 할 수 있었던 것은 테스트 코드가 있었기 때문이다. 리팩토링을 통해 프로덕션 코드를 변경하더라도 테스트 코드를 통해 바로 검증할 수 있기 때문에 부담없이 연습할 수 있었다. 이는 연습할 때뿐만 아니라 현장에서 프로젝트를 진행할 때도 중요하다. 테스트 코드가 없고, 테스트를 수동으로 해야 하는 상황이라면 리팩토링에 대한 부담이 생겨 꺼려진다. 따라서 리팩토링을 통해 소스코드를 개선하는 작업을 하고 싶다면 테스트 코드가 뒷받침 되어야 한다. 테스트와 리팩토링은 분리할 수 없는 동반자 관계이고 같이 연습해야 한다.

2.5 추가 학습 자료

2.5.1 테스트 주도 개발(Test Driven Development, 이하 TDD)과 리팩토링

테스트 관련 내용을 학습하면 반드시 등장하는 것이 TDD이다. TDD를 처음 접할 경우 신선하면서 문화적인 충격을 받는다. 따라서 TDD 방식으로 개발하겠다는 결심을 하고 연습을 한다. 하지만 몸에 익히기 쉽지 않다.

TDD를 바로 연습하는 것도 좋지만 그보다는 JUnit을 활용해 테스트를 검증하는 방식으로 진행하다 한 단계 더 성장하고 싶을 때 도전할 것을 추천한다.

안정적으로 리팩토링을 하려면 반드시 견고한 테스트가 뒷받침하고 있어야 한다. 리팩토링의 첫 번째 단계가 프로덕션 코드에 대한 테스트 코드를 만드는 것인 만큼 두 주제를 같이 학습할 것을 추천한다. 이 두 주제를 학습하는 단계는 다음과 같이 할 수 있다.

- 먼저 "테스트 주도 개발: 고품질 쾌속개발을 위한 TDD 실천법과 도구" 책의 1장 공개 자료인 https://goo.gl/2ny56W를 통해 TDD가 무엇인지, 등장 배경은 무엇이며, 어떤 효과가 있는지 검토해 본다. 이 문서를 읽고 실습해 본 후 이 장의 문자열 계산기를 TDD 방식으로 구현해 본다.

이 문서를 통해 TDD에 대한 대략적인 감을 잡은 후 본격적으로 학습하려면 "테스트 주도 개발"(Kent Beck 저/김창준, 강규영 역, 인사이트/2004년) 책과 "리팩토링 : 코드 품질을 개선하는 객체지향 사고법"(마틴 파울러 저/김지원 역, 한빛미디어/2012년)을 볼 것을 추천한다. 이 두 책은 TDD와 리팩토링에 대한 기본 원리, 실천 방법에 대해 자세하게 다룬다. "리팩토링" 책의 경우 5장부터는 전체 리팩토링에 대한 카탈로그를 제시하고 있기 때문에 책을 끝까지 읽기보다 4장까지는 반드시 읽고 나머지 카탈로그는 자신이 구현한 코드를 리팩토링하면서 카탈로그를 참조하는 방식으로 접근해도 좋다.

TDD와 리팩토링을 연습할 때 너무 복잡한 로직을 포함하고 있거나 외부 의존관계가 많은 코드(웹 UI, 모바일 UI와 연결된 코드, 데이터베이스와 연결된 코드)부터 시작하면 포기하기 쉽다. TDD도 익숙하지 않기 때문에 이전에 구현해 봤던 기능이나 외부와의 의존관계가 없는 코드로부터 시작하는 것이 좋다.

TDD와 리팩토링을 연습하기 가장 좋은 코드는 알고리즘이나 유틸리티 성격의 코드를 구현할 때이다. 알고리즘이나 유틸리티 성격의 소스코드는 크기도 크지 않고 완료 기준이 명확하기 때문이다. TDD로 충분한 연습을 한 후 다음 단계로 점차 복잡도가 높거나 외부와의 의존관계가 있는 코드로 확대해 나가는 방식으로 접근하는 것이 TDD를 체득하고 나만의 습관으로 만들 수 있는 좋은 길이다.

2.5.2 정규 표현식

정규 표현식regular expression은 문자열 조작을 지원하는 도구이다. "손에 잡히는 정규 표현식" (벤 포터 저/김경수 역, 인사이트(insight), 2009년) 책은 정규표현식을 통해 해결할 수 있는 문제들을 다음과 같이 정리하고 있다. 일부 상황을 인용해 본다.

- 대소문자를 구별하지 않고 car라는 텍스트가 포함된 파일을 찾는데, 단어 중간에 car가 들어 있는 경우에는 제외하고 싶다(예를 들어 scar, carry, incarcerate).
- 소스코드를 수정하다가 size라는 글자를 모두 iSize로 치환하고자 한다. 하지만 다른 단어 사이에 size라는 철자가 포함된 경우는 제외하고 오직 size라는 단어만 치환하고 싶다.
- 컴퓨터 파일시스템에 존재하는 파일 목록을 모두 보다가 Application이라는 텍스트가 포함된 파일들만 볼 수 있도록 걸러 내고 싶다.

이 문제를 해결하려면 지금까지 우리들이 흔히 사용한 조건절과 문자열 조작 API를 활용해 해결할 수 있다. 하지만 얼마나 복잡할까? 상상만 해도 머리가 아프다. 정규 표현식은 이 같이 복잡한 문제를 훨씬 더 쉽게 해결하도록 도와준다. 정규 표현식은 언젠가는 개발자가 넘어야 할 산이다. 하지만 너무 조급하게 마음 먹지 말고 더 중요한 부분에 대한 학습을 완료한 후 문자열 조작이 많아지는 시점에 학습할 것을 추천한다.

정규 표현식 연습은 반드시 프로그램 구현을 통해 하지 않아도 된다. http://regexr.com/와 같이 온라인 상에서 연습할 수 있는 곳도 있다.

3장

개발 환경 구축 및
웹 서버 실습 요구사항

개발자의 길을 걷기 시작했을 때의 흥분된 느낌은 아직도 잊혀지지 않는다. C와 자바를 처음 접했을 때는 도대체 지금 학습하는 내용을 어디에 어떻게 활용할 것인지 막막했던 기억이 있는데 개발자로서 월급을 받을 수 있게 되었다는 것만으로도 충분히 즐거웠다. 그런데 이 같은 즐거움과 흥분도 오래가지 못했다. 신입 개발자로서 학습할 것도 많고, 경험도 많지 않은데 도움을 받을 만한 선배 개발자는 거의 없는 상태라 혼자서 문제를 해결하는 것이 쉽지 않았다. 또한 빠듯한 일정 때문에 계속되는 야근은 초반의 즐거움을 빼앗아 버린 것은 당연한 것인지도 모른다.

이런 바쁜 일상 속에서도 개발자로서 희열을 느끼는 순간은 많았다. 특히 어려운 문제를 해결하는 순간의 짜릿함은 그 무엇과도 바꿀 수 없을 것이다. 또 하나 희열을 맛볼 수 있었던 일은 내가 만든 코드를 다른 개발자가 사용하면서 많은 도움을 받았다는 피드백을 받거나 내가 작성한 문서를 통해 다른 개발자가 많은 도움을 받았다는 피드백을 받는 순간이다. 내가 다른 사람에게 도움이 되는 일을 하고 있다는 것은 내가 삶을 살아가는 데 큰 동기부여가 된다.

개발자들은 나에게 "지식을 공유하고, 커뮤니티와 스터디를 운영하는 것이 힘들지 않느냐?", "힘들게 그런 활동을 하는 것이 무슨 의미가 있느냐?"고 묻는다. 하지만 나는 이 모든 활동이 다른 사람을 위한 것이 아니라 나 자신을 위한 활동이라 생각한다. 나는 이 활동을 하면서 빠르게 성장하는 것을 느꼈기 때문이다. 그 중에서도 나의 삶을 바꾼 계기가 된 글은 MVC 프레임워크를 이해하기 위해 초간단 MVC 프레임워크를 만들고 설명한 글[1]이다. 이 글로 인해 나는 출판사의 제안을 받아 "스트럿츠 프레임워크 워크북"이라는 책을 쓰게 되었으며, 내 이름을 다른 개발자에게 알릴 수 있는 계기가 되었다.

내가 갑자기 이런 이야기를 하는 이유는 MVC 패턴 기반의 스트럿츠 프레임워크를 학습하게 되었는데 관련 문서를 읽어도 도저히 이해가 되지 않았다. MVC 구조에 대한 이해도를 어떻게 하면 높일까 고민하다 내가 이해한 수준으로 MVC 프레임워크를 직접 구현해 봤다. 정말 간단한 구조의 MVC 프레임워크였지만 MVC 구조의 핵심을 담고 있었기 때문에 나뿐만 아니라 초보 개발자들이 이해하는 데 부담이 적었다고 생각한다. 이 일을 계기로 새로운 무엇인가를 학습할 때 내가 이해한 수준까지 직접 라이브러리 또는 프레임워크를 구현해봄으로써 학습에 대한 깊이를 더해가는 방식으로 학습을 하고 있다. 직접 구현해 봄으로써 자신이 이해하고 있는 부분과 모르는 부분을 명확히 알 수 있으며, 애플리케이션이 어떻게 동작하는지에 대해 깊이 있게 이해할 수 있는 계기가 된다.

3장부터 12장까지는 내가 자바 기반으로 웹 애플리케이션 개발을 시작한 후 학습을 목적으로 구현한 공통 라이브러리와 프레임워크를 다루고 있다. 자신이 직접 만든 공통 라이브러리와 프레임워크를 활용해 질문/답변 서비스를 구현하면서 공통 라이브러리와 프레임워크를 지속적으로 개선해 나가는 경험을 한다.

---

1 http://www.javajigi.net/pages/viewpage.action?pageId=73 글로 모델1, 모델 2, 스트럿츠 프레임워크에 대해 비교 분석하는 글이다.

하지만 아무것도 없는 상태에서 공통 라이브러리와 프레임워크를 구현하려고 하면 어디서부터 어떻게 시작해야 될 것인지에 대한 막막함이 있다. 이 같은 막막함을 줄이기 위해 2장의 문자열 계산기와 같이 단계적으로 힌트를 제공하면서 실습을 진행할 수 있도록 구성했다. 독자들도 이번 기회를 통해 라이브러리를 만들고, 프레임워크를 구현하면서 학습하는 즐거움을 느껴보기 바란다.

3장은 이를 위한 첫 번째 단계로 로컬에서 웹 애플리케이션을 개발, 버전 관리 시스템에서 소스코드를 관리, 개발한 웹 애플리케이션을 원격 서버에 실제 배포하는 경험을 하고, 우리가 12장까지 구현해야 할 질문/답변 게시판에 대한 서비스 요구사항과 실습 요구사항(실습을 위한 힌트도 포함되어 있다)을 제시하고 있다. 또한 HTTP 웹 서버를 직접 구현하는 경험을 함으로써 웹 클라이언트와 서버 간에 데이터를 어떻게 주고 받는지에 대해 학습한다.

2장의 문자열 계산기 실습은 앞으로 진행할 실습에 비해 난이도가 낮은 실습이었다. 심호흡을 한번 하고 본격적인 실습을 진행해 보자. 먼저 질문/답변 게시판에 대한 서비스 요구사항부터 살펴보자.

3.1 서비스 요구사항

질문/답변 게시판의 요구사항을 사용자의 흐름 순으로 살펴보면 다음과 같다.

질문/답변 게시판에 처음 접근하면 질문 목록을 볼 수 있다. 질문 목록 화면에서 회원가입, 로그인, 로그아웃, 개인정보 수정이 가능하며, 질문하기 화면으로 이동할 수 있다.

위 화면은 회원가입 버튼을 클릭하면 나타나는 화면으로 회원가입을 할 수 있다.

로그인 버튼을 누르면 나타나는 화면으로 회원가입한 사용자는 로그인이 가능하다.

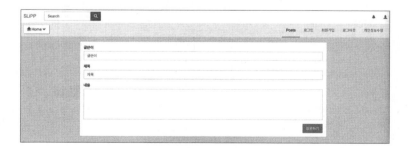

처음 화면에서 질문하기 버튼을 클릭하면 나타나는 화면으로 사용자는 질문을 할 수 있다.

질문 목록 화면에서 각 질문 제목을 클릭하면 각 질문의 상세보기 화면으로 이동한다. 상세보기 화면에서는 답변을 추가할 수 있고, 질문과 답변의 수정/삭제가 가능하다.

이 책의 목표는 지금까지 살펴본 질문/답변 게시판을 자신이 직접 구현한 공통 라이브러리와 프레임워크를 사용해 구현하는 것이다. 두려워하지 말자. 이 책과 함께 한 발자국씩 걸어가다보면 어느 순간 목표를 달성하는 경험을 할 수 있을 것이다.

3.2 로컬 개발 환경 구축

이 책의 모든 실습은 자바 8 버전과 이클립스 통합 개발 환경 하에서 진행한다. 모든 실습 코드는 GitHub을 통해 공유하고 있으며, 메이븐 빌드 도구를 활용해 빌드가 가능하도록 구성되어 있다. 실습을 하려면 먼저 GitHub에서 제공하는 소스코드를 이클립스로 가져와야 한다.

이클립스는 기본으로 Git과 연결할 수 있는 플러그인을 지원하고 있기 때문에 별도의 도구를 설치하지 않아도 GitHub 코드를 이클립스로 가져오기 할 수 있다.

이 책의 실습으로 사용할 GitHub 저장소 URL은 다음 2개의 저장소를 실습으로 사용한다.

> https://github.com/slipp/web-application-server 3 ~ 6장 실습에서 사용할 저장소
> https://github.com/slipp/jwp-basic 6장 ~ 12장 실습에서 사용할 저장소

실습을 진행할 때 위 저장소를 그대로 사용해도 된다. 하지만 이 저장소를 사용할 경우 각자 실습으로 진행한 결과물을 저장할(Git에서는 push라고 한다) 권한이 없다. 자신이 실습한 결과물을 GitHub 저장소의 소스코드로 관리하고 싶을 경우 각 저장소의 우측 상단에 있는 Fork 버튼을 클릭해 자신의 계정으로 저장소를 복사할 수 있다. 가능하면 자신이 실습한 소스코드를 지속적으로 개선할 수 있도록 Fork를 진행한 후 실습할 것을 추천한다.

Fork한 저장소를 이클립스에서 직접 복사(Git에서는 clone이라고 한다.)하고, 이클립스 프로젝트로 가져오는import 작업 후 실습하는 과정은 아래 동영상을 참고한다.

https://youtu.be/xid_GG8kL_w

위 동영상의 실습 과정은 다음과 같다.

- 이클립스의 Git 퍼스펙티브에서 GitHub 저장소를 복사clone한다.
- 복사clone한 저장소를 이클립스 프로젝트로 가져오기import 한다.
- 가져오기한 프로젝트를 메이븐 프로젝트로 변경한다.
- 실습을 진행한다.

만약 이클립스에서 직접 clone하지 않고 터미널에서 저장소를 clone한 후 이클립스 프로젝트로 가져와 실습을 진행할 수 있다. 이 과정은 아래 동영상을 참고해 진행할 수 있다.

https://youtu.be/5hjYe_PggJl

"3.4절의 웹 서버 실습"을 하려면 web-application-server 저장소를 위 동영상을 참고해 세팅한다. 소스 코드 중 webserver.WebServer를 실행한(main 메소드 활용) 후 http://localhost:8080으로 접속해 "Hello World" 메시지가 출력되는지 확인한다. 실습 진행 방법은 2장의 문자열 계산기와 같은 방식으로 진행하면 된다.

이 책의 로컬 개발 환경을 구축, 개발 서버에 소스코드를 배포하는 실습을 하려면 Git, GitHub, 메이븐에 대한 용도와 기본적인 사용법은 알고 있어야 한다. 이에 대해 이미 익숙한 독자들은 실습을 바로 진행해도 괜찮다. Git, GitHub, 메이븐이 생소한 독자들은 "3.5절 추가 학습 자료"에 제공하는 내용을 참고해 학습을 한 후 실습할 것을 추천한다.

3.3 원격 서버에 배포

나는 소프트웨어 개발 경험을 통해 얻는 지식을 내 삶의 다른 분야에도 활용하는 경우가 종종 있다. 가장 많은 곳에 활용하려고 노력하는 것 중의 하나가 애자일 프로세스의 접근 방식이다. 애자일 프로세스는 현 시점에 가장 가치가 있는, 동작하는 소프트웨어를 만드는 것을 원칙으로 하고 있다. 나도 이 원칙에 따라 책을 쓰고, 학습에 응용하려는 노력을 하고 있다.

책의 경우 각 장별로 완벽한 내용을 쓰는 것을 목표로 하지 않는다. 그 보다는 1장부터 끝까지 현재 내가 가지고 있는 역량으로 쓸 수 있는 수준까지 빠르게 끝마치는 것을 목표로 한다. 이와 같이 진행함으로써 한 번의 반복주기를 완료했다는 성취감을 느낄 수 있으며, 편집자 또는 기획자는 책의 전체 흐름이 기획 의도와 맞는지 빠른 시점에 파악하고 피드백을 줄 수 있다. 다음 반복주기에는 앞에서 해결하지 못한 부분을 추가 학습을 통해 해결하거나, 보완하는 방식이다. 이와 같이 몇 번의 반복주기를 통해 책 한권을 완성하는 접근 방법이다. 이 책 또한 몇 번의 반복주기를 통해 완성했다.

학습 또한 같은 방법으로 접근할 수 있다. 각 주제에 대한 깊이는 깊지 않을 수 있지만 프론트엔드부터 백엔드까지 기능을 구현한 후 개발 서버(또는 실 서버)에 배포하는 경험까지를 한 반복주기로 생각하고 학습할 수 있다. 이와 같이 소프트웨어 전체 과정을 빠르게 경험함으로써 현재 상태에서 자신이 모르고 있는 부분이 무엇인지, 부족한 점이 무엇인지 빠르게 파악할 수 있다. 다음 반복주기는 자신이 가장 자신이 없거나 부족한 부분을 보완해 나가면서 새로운 기능을 추가해 나갈 수 있다. 이와 같이 접근할 경우 얻을 수 있는 이점 중의 하나는 자신이 무엇을 좋아하는지를 빨리 파악해 자신이 어느 분야의 전문가가 될 것인지에 대해서도 파악할 수 있다.

로컬 개발 환경을 구축한 후 바로 실습 단계를 진행할 수 있지만 이 같은 목적 때문에 실습을 진행하기 전에 HTTP 웹 서버를 원격 서버에 배포하는 경험을 해보자. 원격 서버에 직접 배포하는 경험을 반복함으로써 터미널 환경에서 작업하는 것에 익숙지도록 해보자. 웹 백엔드 개발자가 되려면 터미널 환경에서 작업하는 것에 대한 두려움을 없애야 한다. 두려움을 없애는 가장 좋은 방법은 반복함으로써 친숙해지는 방법밖에 없다.

이 책의 배포 실습은 리눅스 기본 명령어인 pwd, cd, ls, chmod, cp, rm, mv, ln, ps, kill과 같은 명령은 사용할 수 있고, vi 에디터를 사용할 수 있다는 가정 하에 진행한다. 만약 리눅스 기본 명령어도 모르고 있는 상태라면 "리눅스 커맨드라인 완벽 입문서"(윌리엄 E. 샤츠 주니어 저/이종우, 정영신 역, 비제이퍼블릭/2013년 1월) 책이나 온라인에서 관련 문서를 참고해 학습한 후 배포 실습을 진행할 것을 추천한다. 물론 아무것도 모르는 상태에서 이 책의 동영상을 참고해 따라하기 식으로 학습한 후 더 깊이 있는 경험을 해도 괜찮다.

이 책은 우분투 리눅스 운영체제를 기반으로 하고 있다. 우분투 운영체제를 사용할 수 있는 환경이 준비되어 있다는 가정 하에 진행한다. 만약 사용할 서버가 없다면 일정 사용량까지 무료로 사용할 수 있는 아마존 웹 서비스(이하 AWS)를 활용해 진행할 수 있다.

이 책의 배포 실습을 AWS로 하려면 AWS에 회원가입한 후 EC2 인스턴스를 우분투로 생성하면 된다. 이 책을 쓰는 시점에 AWS가 지원하는 우분투 버전은 Ubuntu Server 14.04 LTS이다. AWS에 대한 회원가입, 우분투 운영체제 설치, SSH를 통한 접근은 https://opentutorials.org/module/1946 문서를 참고해 진행할 수 있다. 만약 배포할 서버로 사용할 수 있는 원격 서버가 있다면 굳이 AWS를 사용하지 않아도 된다.

3.3.1 요구사항

앞에서 로컬 개발 환경에 설치한 HTTP 웹 서버를 물리적으로 떨어져 있는 원격 서버에 배포해 정상적으로 동작하는지 테스트한다.

HTTP 웹 서버 배포 작업은 root 계정이 아닌 배포를 담당할 새로운 계정을 만들어 진행한다.

3.3.2 힌트

3.3.2.1 계정 추가 및 sudo 권한 할당

AWS EC2로 실습을 진행하는 경우 이미 계정이 추가되어 있기 때문에 이 단계는 진행하지 않아도 된다. ssh로 접속할 때 root 계정으로 접근할 경우 다음 단계를 진행한다.

- ssh로 서버에 접속해 개인별 계정을 추가한다. adduser 명령어를 활용한다.
- 추가한 계정에 sudo 권한을 실행할 수 있도록 권한 추가한다. 다른 계정에서 root 권한으로 명령을 실행할 때 필요하다.
  - 구글에서 "ubuntu sudoer 추가"로 검색해서 문제 해결
  - vi /etc/sudoers

3.3.2.2 각 계정별 UTF-8 인코딩 설정해 한글 이슈 해결

다음 명령을 실행해 시스템 전체 계정에서 한글과 관련한 인코딩을 사용할 수 있도록 설정한다.

- sudo locale-gen ko_KR.EUC-KR ko_KR.UTF-8
- sudo dpkg-reconfigure locales

각 계정별 인코딩을 설정한다.

- 각 계정 디렉토리의 .bash_profile에 다음 설정을 추가한다. 처음 접근시 .bash_profile이 존재하지 않을 수 있다. vi .bash_profile 명령으로 파일 생성 후 다음 설정을 추가한다.
  ```
  LANG="ko_KR.UTF-8"
  LANGUAGE="ko_KR:ko:en_US:en"
  ```
- source .bash_profile 명령을 실행해 설정한 내용을 시스템에 바로 반영한다.
- env 명령을 실행해 설정을 확인한다.

3.3.2.3 JDK, 메이븐 설치

먼저 JDK 최신 버전을 설치한다.

- 구글에서 "jdk download"로 검색해 JDK 다운로드 서비스에 접속한다.
- JDK 다운로드 라이센스에 동의하면 각 운영체제별로 다운로드할 수 있는 링크 주소를 복사한다.
- 구글에서 "ubuntu wget jdk 1.8 install"로 검색해 다운로드 방법을 찾은 후 JDK 최신 버전을 설치한다. wget 명령을 실행할 때 라이센스에 승인하는 부분을 HTTP 헤더에 추가하는 구문이 포함되어 있어야 한다.
- 압축만 풀면 설치는 완료된다. gunzip과 tar 명령어를 활용한다.
- 계정 Home 디렉토리의 .bash_profile 파일에 JAVA_HOME/bin 디렉토리를 PATH로 설정한다.
  - 구글에서 "ubuntu java path 설정"으로 검색해 해결 방법을 찾는다.
  - source .bash_profile 명령을 실행해 설정한 내용을 반영한다.
- PATH 설정을 완료한 후 java -version 명령을 실행해 설치한 자바 버전을 확인한다.

다음은 메이븐을 설치한다.

- https://maven.apache.org/에서 메이븐 최신 버전을 다운로드(tar.gz 파일)한다. 다운로드할 때 wget 명령어를 활용한다.
- 압축만 풀면 설치는 완료된다.
- .bash_profile 파일에 MAVEN_HOME/bin 디렉토리를 PATH로 설정한다.
- PATH 설정을 완료한 후 mvn -version 명령을 실행해 설치한 메이븐 버전을 확인한다.

3.3.2.4 Git 설치, clone 및 빌드

Git 설치 및 저장소를 clone한다.

- 구글에서 "ubuntu git install"로 검색 후 해결 방법을 찾는다.
- 계정 Home 디렉토리에 배포할 HTTP 웹 서버의 GitHub 저장소를 clone한다.
- `git clone` 명령어 활용한다.

메이븐 빌드 및 서버를 실행한다.

- clone한 디렉토리로 이동한 후 `mvn clean package` 명령을 실행해 프로젝트를 빌드한다.
- 빌드가 끝난 후 `java -cp target/classes:target/dependency/* webserver.WebServer $PORT &`를 실행한다. $PORT는 1024보다 큰 숫자 중 자신이 원하는 숫자로 지정
- $PORT를 7070으로 실행했다면 `curl http://localhost:7070`을 실행해 콘솔에 Hello World 메시지가 찍히는지 확인한다.

3.3.2.5 방화벽 설정

위 과정을 통해 HTTP 웹 서버 실행 및 로컬 서버에서 접근이 가능한지는 확인했다. 다음 단계는 외부에서 접근 가능하도록 설정해야 한다.

위와 같이 설정한 후 외부에서 접근하면 접근이 되지 않을 수 있다. 접근이 되지 않는 대부분의 이유는 방화벽에서 해당 포트로 접근할 수 없도록 막고 있기 때문이다. 따라서 해당 포트로 접근이 가능하도록 방화벽을 해제해야 한다.

AWS를 사용하지 않고 우분투 서버를 사용하고 있다면 `ufw` 명령을 사용해 방화벽 설정을 할 수 있다.

- http://webdir.tistory.com/206 문서의 `ufw` 명령을 사용해 해제한다.
- 현재 방화벽 상태는 `sudo ufw status verbose`로 확인해 볼 수 있다.

만약 AWS EC2 인스턴스를 사용하고 있다면 https://opentutorials.org/module/1946/ 11278 문서를 참고해 특정 포트로 외부에서 접근이 가능하도록 설정한다. 특정 포트로 설정하려면 설정 타입을 HTTP가 아니라 Custom TCP Rule을 사용하면 된다. 위와 같이 방화벽을 해제한 후 http://서버아이피:PORT로 접근해 접속이 가능한지 확인한다.

3.3.2.6 소스코드 재배포

지금까지 단계를 성공하면 웹 서버는 "Hello World"를 메시지를 출력하게 된다. "Hello World"가 아닌 자신이 원하는 다른 메시지를 출력하도록 수정한 후 자신의 GitHub 저장소에 push하고 다시 배포한다.

- 다시 재배포를 하려면 먼저 현재 실행되고 있는 웹 서버를 종료해야 한다.
    - `ps -ef | grep webserver`로 자신이 실행한 웹 서버의 프로세스 아이디(PID)를 찾는다.
    - `kill -9 $PID`로 웹 서버를 종료한다.

앞의 실습 과정을 참고해 Git pull(clone한 저장소에 변경사항을 업데이트할 때 사용하는 명령어이다), 컴파일, 서버를 실행하면 수정한 소스코드를 반영할 수 있다.

3.3.3 동영상을 활용한 배포 실습

리눅스 서버에 소스코드를 배포한 경험이 없는 독자들은 위 힌트만으로 서버 설정을 하는 데 어려움이 있을 것이다. 위 힌트만으로 성공하지 못한 독자들은 다음 동영상을 참고해 소스코드를 배포한다.

— YouTube

https://youtu.be/dWGzApCuF9M 한글 인코딩 설정, 자바 8 설치 및 설정, 메이븐 설치
및 설정 과정

https://youtu.be/N8iLAuAo-Qw 앞의 동영상에 이어 Git 설치, GitHub 저장소 클론,
메이븐을 활용한 빌드, HTTP 웹 서버 시작, 소스코드 수정 시 재배포 과정을 설명

3장의 실습을 끝내면 GitHub 저장소에 자신이 구현한 소스코드를 push한 후 위 동
영상을 참고해 원격 서버에 직접 배포해 보기 바란다. 자신의 개발 PC에서 테스트할
때와는 다른 느낌이 들고, 내가 개발한 소스코드가 물리적으로 떨어진 곳에서 서비스
가 되고 있다는 느낌이 들 것이다. 이 같은 경험은 서버와 클라이언트의 차이점을 이
해하는 데 도움을 줄 것이다.

아직까지 위 동영상이 익숙하지 않은 독자들은 동영상에 등장하는 리눅스 명령어만
이라도 학습할 것을 추천한다. 특히 vi 에디터가 익숙하지 않으면 실습을 하는 데 어
려움이 많기 때문에 vi 에디터의 기본 명령어만이라도 연습하면 좋겠다.

3.3.4 리눅스, 터미널과 친해지기

초보 개발자가 리눅스와 친해지기는 쉽지 않다. 일단 리눅스 서버에 접속하면 깜깜한
화면 속에서 무엇을 해야 할지 막막하다. 하지만 백엔드 개발자가 언젠가는 넘어야
할 산이다.

리눅스 환경과 친해지려면 먼저 터미널 환경에서 작업하는 것에 대한 두려움을 없
애야 한다. 두려움을 없애는 가장 좋은 방법은 일단 리눅스 환경에 자주 접속해서
무엇이라도 해보는 경험을 하는 것이다. 로컬 개발 PC를 맥 운영체제로 하는 것도
리눅스 환경에 익숙해질 수 있는 한 가지 방법이다. 반드시 맥 운영체제가 아니더
라도 최근 클라우드 서비스가 많아지면서 무료로 사용할 수 있는 리눅스 서버도 있
기 때문에 의지만 있다면 얼마든지 무료로 학습이 가능하다. 클라우드 서비스의 경
우 서버에서 무슨 짓을 해도 다른 사용자에게 영향을 미치지 않기 때문에 마음껏

사용자 요청이 발생할 때까지 대기 상태에 있도록 지원하는 역할은 자바에 포함되어 있는 ServerSocket 클래스가 담당한다. WebServer 클래스는 ServerSocket에 사용자 요청이 발생하는 순간 클라이언트와 연결을 담당하는 Socket을 RequestHandler에 전달하면서 새로운 스레드를 실행하는 방식으로 멀티스레드 프로그래밍을 지원하고 있다.

RequestHandler 클래스는 Thread를 상속하고 있으며, 사용자의 요청에 대한 처리와 응답에 대한 처리를 담당하는 가장 중심이 되는 클래스다.

```java
public class RequestHandler extends Thread {
    private static final Logger log =
                    LoggerFactory.getLogger(RequestHandler.class);

    private Socket connection;

    public RequestHandler(Socket connectionSocket) {
        this.connection = connectionSocket;
    }

    public void run() {
        log.debug("New Client Connect! Connected IP : {}, Port : {}",
            connection.getInetAddress(), connection.getPort());

        try (InputStream in = connection.getInputStream();
             OutputStream out = connection.getOutputStream()) {
            // TODO 사용자 요청에 대한 처리는 이 곳에 구현하면 된다.
            DataOutputStream dos = new DataOutputStream(out);
            byte[] body = "Hello World".getBytes();
            response200Header(dos, body.length);
            responseBody(dos, body);
        } catch (IOException e) {
            log.error(e.getMessage());
        }
    }

    private void response200Header(DataOutputStream dos,
        int lengthOfBodyContent) {
```

```
        try {
            dos.writeBytes("HTTP/1.1 200 OK \r\n");
            dos.writeBytes("Content-Type: text/html;charset=utf-8\r\n");
            dos.writeBytes("Content-Length: " + lengthOfBodyContent +
                "\r\n");
            dos.writeBytes("\r\n");
        } catch (IOException e) {
            log.error(e.getMessage());
        }
    }

    private void responseBody(DataOutputStream dos, byte[] body) {
        try {
            dos.write(body, 0, body.length);
            dos.writeBytes("\r\n");
            dos.flush();
        } catch (IOException e) {
            log.error(e.getMessage());
        }
    }
}
```

앞으로 진행할 모든 실습은 RequestHandler 클래스의 run() 메소드에서 구현할 수 있다. 단, run() 메소드의 복잡도가 증가하는 경우 새로운 클래스, 메소드로 분리하는 방식으로 리팩토링을 하면서 실습을 진행하면 된다. run() 메소드에서 InputStream은 클라이언트(웹 브라우저)에서 서버로 요청을 보낼 때 전달되는 데이터, OutputStream은 서버에서 클라이언트에 응답을 보낼 때 전달되는 데이터를 담당하는 스트림이다. 스트림을 이해할 때 웹 서버 입장에서 입력되는 데이터InputStream와 출력되는 데이터OutputStream를 이해하면 좀 더 쉽게 이해할 수 있다.

위 전체 과정을 그림으로 살펴보면 다음과 같다.

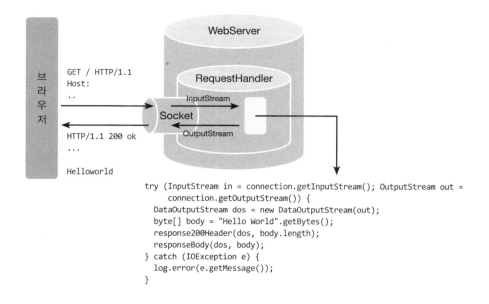

```java
try (InputStream in = connection.getInputStream(); OutputStream out =
        connection.getOutputStream()) {
    DataOutputStream dos = new DataOutputStream(out);
    byte[] body = "Hello World".getBytes();
    response200Header(dos, body.length);
    responseBody(dos, body);
} catch (IOException e) {
    log.error(e.getMessage());
}
```

프로그래밍을 할 때 좋은 습관 중의 하나는 프로그래밍 실행 중 발생하는 로그 메시지를 주의 깊게 살펴보는 것이다. 로그 메시지는 프로그래밍이 정상적으로 실행되고 있는지의 여부를 판단할 수 있는 정보를 제공해 준다. 이번 실습을 하면서도 로그로 출력되는 메시지를 눈여겨 보기 바란다. 로그 메시지를 통해 새로운 지식을 학습할 수 있는 기회도 된다. 아직까지 로그 메시지를 출력하는 방법에 대해 모르는 독자들은 3.5.3절을 참고하기 바란다. 로그 메시지를 적절하게 출력하도록 구현하는 것 또한 연습이 필요한 부분이다. 이 실습을 진행하면서 로그 메시지를 출력하는 연습도 같이 할 수 있다.

3.4.3 실습 요구사항

실습 과정은 요구사항 전체를 한번에 제시하지 않고 요구사항 하나를 제시하고 문제를 해결하면 다음 요구사항을 제시하는 방식으로 진행한다. 반드시 요구사항을 해결한 상태에서 다음 단계로 진행해야 다음 요구사항을 해결할 수 있는 구조로 되어 있다.

3.4.3.1 요구사항 1 – index.html 응답하기

앞에서 설치한 HTTP 웹 서버에 접속하면 어떤 URL로 접속하더라도 "Hello World" 문자열만 출력하고 있는데, http://localhost:8080/index.html로 접속했을 때 webapp 디렉토리의 index.html 파일을 읽어 클라이언트에 응답한다.

HTTP Header 예	GET /index.html HTTP/1.1 Host: localhost:8080 Connection: keep-alive Accept: */*

HINT 1단계	• InputStream을 한 줄 단위로 읽기 위해 BufferedReader를 생성한다.
	  • 구글에서 "java inputstream bufferedreader"로 검색 후 문제 해결
	• BufferedReader.readLine() 메소드를 활용해 라인별로 HTTP 요청 정보를 읽는다.
	• HTTP 요청 정보 전체를 출력한다.
	  • 헤더 마지막은 while (!"".equals(line)) {}로 확인 가능하다.
	  • line이 null 값인 경우에 대한 예외 처리도 해야 한다. 그렇지 않을 경우 무한 루프에 빠진다.(if (line == null) { return;})

HINT 2단계	• HTTP 요청 정보의 첫 번째 라인에서 요청 URL(위 예의 경우 /index.html 이다)을 추출한다. • String[] tokens = line.split(" ");를 활용해 문자열을 분리할 수 있다. • 구현은 별도의 유틸 클래스를 만들고 단위 테스트를 만들어 진행하면 편하다.
HINT 3단계	• 요청 URL에 해당하는 파일을 webapp 디렉토리에서 읽어 전달하면 된다. • 구글에서 "java files readallbytes"로 검색해 파일 데이터를 byte[]로 읽는다. byte[] body = Files.readAllBytes(new File("./webapp" + url).toPath());

1단계 요구사항을 해결했는가? 요구사항에 대한 문제만 해결하는 것이 중요하지 않다. 더 중요한 것은 요구사항을 해결하는 과정에서 무엇을 느끼고 학습했는가를 정리하는 것이다. 잠시 쉬는 시간을 가지면서 지금까지의 과정을 통해 새롭게 알게 된 내용 또는 용어가 있다면 저장소에 첨부되어 있는 README.md 파일에 작성한다.

README.md 파일은 마크다운markdown 문법[2]을 따르기 때문에 이번 기회에 연습하는 것도 좋겠다.

이 단계까지 완료하면 Git 저장소에 변경된 내용을 커밋commit 한 후 쉬는 시간을 가지자. 너무 조급하게 접근하기보다 잠깐 쉬는 시간을 가지면 뇌는 지금까지 학습한 내용을 정리하는 시간을 가진다. 무조건 문제를 빨리 해결한다고 해서 더 많은 것을 학습할 수 있는 것이 아니다. 문제를 해결하는 순간까지 열심히 달렸다면 잠시 쉬는 것도 더 높은 도약을 위해 필요하다.

각 요구사항을 해결한 후 반드시 이 단계를 가질 것을 추천한다. 특히 이 단계에서 Git 저장소에 커밋하는 연습을 병행한다. 복잡한 문제를 작은 단위로 나누고 작업을 완료한 후 Git 저장소에 커밋하는 습관을 키우는 것을 추천한다. 이렇게 커밋까지 끝내고 작업을 완료했다는 느낌을 받은 후 잠시 쉬면서 다음 작업에 대한 계획을 세우고 다시 달려나가는 흐름을 만들어 보기 바란다.

요구사항 1번 문제의 난이도가 다른 요구사항에 비해 높다. 따라서 1번 문제부터 막혀 어려움을 겪은 독자들은 4장에서 제공하는 동영상과 책에 있는 소스코드를 참고해 다시 한번 도전해 보기 바란다. 만약 1번 문제를 해결하고 자신감을 얻었다면 2번 문제부터 혼자 힘으로 도전해 보기 바란다. 그렇게 도전하다 정말 해결하기 힘들면 동영상과 책을 참고해 해결하는 방식으로 진행하면 좋겠다. 포기하지 말고 끝까지 진행할 것을 추천한다. 끝까지 완료했을 때의 성취감을 느껴보기 바란다. 좌절하고 두려워하지 말고 자신감을 쌓을 수 있는 기회로 만들어 보자.

3.4.3.2 요구사항 2 – GET 방식으로 회원가입하기

"회원가입" 메뉴를 클릭하면 http://localhost:8080/user/form.html으로 이동하면서 회원가입할 수 있다.

---

2 마크다운은 텍스트 기반의 마크업 언어로 쉽게 쓰고 읽을 수 있으며, HTML로 변환이 가능하다. GitHub에서 사용할 수 있는 마크다운 문법은 https://guides.github.com/features/mastering-markdown/에서 참조할 수 있다.

회원가입을 하면 다음과 같은 형태로 사용자가 입력한 값이 서버에 전달된다.

```
/user/create?userId=javajigi&password=password&name=JaeSung&email=javajigi
%40slipp.net
```

HTML과 URL을 비교해 보고 사용자가 입력한 값을 파싱(문자열을 원하는 형태로 분리하거나 조작하는 것을 의미)해 model.User 클래스에 저장한다.

HTTP Header 예	GET /user/create?userId=javajigi&password=password&name=JaeSung HTTP/1.1

HINT	• HTTP 요청의 첫 번째 라인에서 요청 URL을 추출한다.
	• 요청 URL에서 접근 경로와 이름=값으로 전달되는 데이터를 추출해 User 클래스에 담는다.
	• 구현은 가능하면 JUnit을 활용해 단위 테스트를 진행하면서 하면 좀 더 효과적으로 개발 가능하다.
	• 이름=값 파싱은 util.HttpRequestUtils 클래스의 parseQueryString() 메소드를 활용한다.
	• 요청 URL과 이름 값을 분리해야 한다.
	`String url = "/?data=234";`
	`int index = url.indexOf("?");`
	`String requestPath = url.substring(0, index);`
	`String params = url.substring(index+1);`

3.4.3.3 요구사항 3 - POST 방식으로 회원가입하기

http://localhost:8080/user/form.html 파일의 form 태그 method를 get에서 post로 수정한 후 회원가입이 정상적으로 동작하도록 구현한다.

HTTP Header와 Body 예	POST /user/create HTTP/1.1 Host: localhost:8080 Connection: keep-alive **Content-Length: 59** Content-Type: application/x-www-form-urlencoded Accept: */* **userId=javajigi&password=password&name=JaeSung**

HINT	<ul><li>POST로 데이터를 전달할 경우 전달하는 데이터는 HTTP 본문에 담긴다.</li><li>HTTP 본문은 HTTP 헤더 이후 빈 공백을 가지는 한 줄(line) 다음부터 시작한다.</li><li>HTTP 본문에 전달되는 데이터는 GET 방식으로 데이터를 전달할 때의 이름=값과 같다.</li><li>BufferedReader에서 본문 데이터는 util.IOUtils 클래스의 readData() 메소드를 활용한다. 본문의 길이는 HTTP 헤더의 Content-Length의 값이다.</li><li>회원가입시 입력한 모든 데이터를 추출해 User 객체를 생성한다.</li></ul>

3.4.3.4 요구사항 4 - 302 status code 적용

"회원가입"을 완료하면 /index.html 페이지로 이동하고 싶다. 현재는 URL이 /user/create 로 유지되는 상태이기 때문에 응답으로 전달할 파일이 없다. 따라서 회원가입을 완료한 후 /index.html 페이지로 이동한다. 브라우저의 URL도 /user/create가 아니라 /index.html로 변경해야 한다.

HINT	<ul><li>HTTP 응답 헤더의 status code를 200이 아니라 302 code를 사용한다.</li><li>http://en.wikipedia.org/wiki/HTTP_302 문서 참고</li></ul>

3.4.3.5 요구사항 5 - 로그인하기

"로그인" 메뉴를 클릭하면 http://localhost:8080/user/login.html으로 이동해 로그인할 수 있다. 로그인이 성공하면 /index.html로 이동하고, 로그인이 실패하면 /user/login_failed.html로 이동해야 한다.

앞에서 회원가입한 사용자로 로그인할 수 있어야 한다. 로그인이 성공하면 쿠키를 활용해 로그인 상태를 유지할 수 있어야 한다. 로그인이 성공할 경우 요청 헤더의 Cookie 헤더 값이 logined=true, 로그인이 실패하면 Cookie 헤더 값이 logined=false로 전달되어야 한다.

HINT 1단계	• 로그인 성공시 HTTP 응답 헤더(response header)에 Set-Cookie를 추가해 로그인 성공 여부를 전달한다.
	• 응답 헤더의 예시
	
	`HTTP/1.1 200 OK`
	`Content-Type: text/html`
	`Set-Cookie: logined=true`

	• 위와 같이 응답을 보내면 브라우저는 다음과 같이 HTTP 요청 헤더에 Cookie 값으로 전달한다. 이렇게 전달받은 Cookie 값으로 로그인 유무를 판단한다.
	• 다음 요청에 대한 요청 헤더 예시
	
	`GET /index.html HTTP/1.1`
	`Host: localhost:8080`
	`Connection: keep-alive`
	`Accept: */*`
	`Cookie: logined=true`

HINT 2단계	• 정상적으로 로그인 되었는지 확인하려면 앞 단계에서 회원가입한 데이터를 유지해야 한다. • 앞 단계에서 회원가입할 때 생성한 User 객체를 `DataBase.addUser()` 메소드를 활용해 저장한다. • 아이디와 비밀번호가 같은지를 확인해 로그인이 성공하면 응답 헤더의 Set-Cookie 값을 `logined=true`, 로그인이 실패할 경우 Set-Cookie 값을 `logined=false`로 설정한다. • 응답 헤더에 Set-Cookie 값을 설정한 후 요청 헤더에 Cookie 값이 전달되는지 확인한다.

3.4.3.6 요구사항 6 - 사용자 목록 출력

접근하고 있는 사용자가 "로그인" 상태일 경우(Cookie 값이 `logined=true`) http://localhost:8080/user/list로 접근했을 때 사용자 목록을 출력한다. 만약 로그인하지 않은 상태라면 로그인 페이지(login.html)로 이동한다.

HINT	• 로그인 여부를 판단하기 위해 Cookie 값을 파싱하는 작업은 util.Http RequestUtils 클래스의 parseCookies() 메소드를 활용한다.
	• String 값을 Boolean으로 변환하는 메소드는 Boolean.parseBoolean()으로 할 수 있다.
	• 자바 클래스 중 StringBuilder를 활용해 사용자 목록을 출력하는 HTML을 동적으로 생성한 후 응답으로 보낸다.
	• 구글에서 "java stringbuilder example"로 검색해 StringBuilder 사용법을 찾는다.

3.4.3.7 요구사항 7 – CSS 지원하기

지금까지 구현한 소스코드는 CSS 파일을 지원하지 못하고 있다. CSS 파일을 지원하도록 구현한다.

HTTP Header 예	GET ./css/style.css HTTP/1.1 Host: localhost:8080 Accept: **text/css**,*/*;q=0.1 Connection: keep-alive
HINT	• 응답 헤더의 Content-Type을 text/html로 보내면 브라우저는 HTML 파일로 인식하기 때문에 CSS가 정상적으로 동작하지 않는다.
	• CSS인 경우 응답 헤더의 Content-Type을 text/css로 전송한다. Content-Type은 확장자를 통해 구분할 수도 있으며, 요청 헤더의 Accept를 활용할 수도 있다.

요구사항 7번까지 완료하는 데 몇 시간이나 걸렸는가? 4장에 있는 완성된 코드를 참고하지 않고 혼자 힘으로 7번까지 완료했다면 개발자로서의 잠재력이 충분하다. 모든 문제를 혼자 힘으로 해결하지 못해도 괜찮다. 역량을 좀 더 키운 후 다시 한번 도전하면 된다.

3장에서는 HTTP 웹 서버 실습을 위한 요구사항만 제시하고 있다. 이 요구사항에 대한 구현 코드는 4장에서 다룬다. 앞의 실습 과정에서 Git, GitHub, 메이븐, 로깅logging이 익숙하지 않은 독자들은 다음 절의 추가 학습 자료를 참고하기 바란다.

3.5 추가 학습 자료

3.5.1 Git과 GitHub

내가 애플리케이션을 개발하면서 지금까지 가장 유용하게 사용하고 있는 툴은 버전관리 시스템(Version Control System, 이하 VCS)이다. VCS와의 첫 번째 만남은 2001년으로 거슬러 올라간다. 개발자의 길을 걷기 시작한 지도 얼마 되지 않았고 개발 환경에 대한 필요성을 느끼지 못하고 있을 때였다. 그런데 어느 날 개발 이사님으로부터 Visual Source Safe[3](이하 VSS)를 설치해서 사용하라는 명령이 떨어졌다. 모두들 VSS를 사용해본 경험이 없었기 때문에 VSS가 정말 필요한 것인지에 대한 의구심이 들었지만 어쩔 수 없이 설치하고 사용을 시작했다. VCS를 처음 사용했을 때 좋은 점보다는 불편한 점을 먼저 느끼게 되었다. 그러나 일단 프로젝트를 시작하고 VCS를 사용하는 것이 습관화되면서 VCS를 사용했을 때 얻게되는 장점을 피부로 느낄 수 있었다. 그 동안 FTP 서버를 활용할 때 발생했던 소스코드를 덮어쓰는 문제들이 발생하지 않았고, 다른 개발자가 개발한 소스코드를 쉽게 통합하는 것이 가능했다. 처음에는 VCS를 사용하라고 강제한 이사님에게 미운 마음도 있었지만, 지금은 VCS를 빨리 경험하게 해준 이사님이 참 고맙다.

Git은 최근에 많이 사용하는 VCS의 한 종류이다. VCS도 시대의 흐름에 따라 계속 발전해왔는데 나 또한 VSS 이후 CVS, SVN을 거쳐 최근에는 Git을 사용하고 있다. Git은 VCS에 대한 기본 기능을 제공하는 도구이고, GitHub(https://github.com/)은 Git이 제공하는 기능과 더불어 개발자들이 유용하게 사용할 수 있는 추가적인 기능을 제공하는 웹 애플리케이션이다.

GitHub을 통해 많은 오픈소스가 제공되고 있기 때문에 다른 개발자가 구현한 코드를 통해 학습하는 데 많은 도움을 얻을 수 있다. GitHub은 자신이 학습하고, 구현한 코드를 공유하면서 개발자들이 서로 소통할 수 있는 개발자들의 소셜 네트워킹을 위

---

3 Microsoft에서 만들어 제공하는 버전 관리 시스템이다.

한 공간이 되고 있다. 회사들은 GitHub의 소스코드를 통해 개발자를 찾는 단계에까지 이르렀다. 또한 개발자들은 자신의 GitHub 저장소를 이력서에 공유함으로써 자신의 실력을 소스코드로 증명할 수 있는 수단이 되고 있다.

이 같은 시대 흐름에 맞춰 이 책의 모든 실습 코드는 GitHub을 통해 제공되고 있으며 Git을 기반으로 실습을 진행한다. 책에서 다루는 코드에 개선사항이 있으면 GitHub의 Pull Request 기능을 통해 제안하고 통합하는 방식으로 진행할 수도 있다.

GitHub 서비스 활용과 Git 활용에 대한 학습은 개발자에게 있어 선택이 아닌 반드시 쌓아야 할 역량이 되고 있다. Git은 다른 도구들에 비해 학습할 좋은 컨텐츠가 많아 생각보다 쉽게 학습이 가능하다. 각 단계별, 상황별로 학습할 컨텐츠를 공유해 본다.[4]

3.5.1.1 Git 학습을 시작하는 개발자에게 추천

- http://backlogtool.com/git-guide/kr/: "누구나 쉽게 이해할 수 있는 Git 입문"이라는 제목으로 공개된 자료로 그림을 통해 Git에 대해 쉽게 설명하고 있다. Git을 시작하는 단계에 참고하기 좋은 내용이며, Git과 관련한 전반적인 내용을 모두 학습할 수 있다.

- http://rogerdudler.github.io/git-guide/index.ko.html: Git 설치, 기본 사용법에 대한 간편 안내서

- http://www.slideshare.net/ibare/dvcs-git: Git의 commit과 push의 개념잡기

3.5.1.2 조금 익숙해졌을 때

앞의 자료를 학습하는 것만으로 Git에 대한 기본적인 사용은 가능하다. 좀 더 깊이 있는 학습을 하고 싶다면 https://www.atlassian.com/git/tutorials 문서를 통해 학습한다.

---

4 이 내용은 https://github.com/honux77/practice/wiki/learngit 문서를 기반으로 작성한 내용이다.

3.5.1.3 직접 해보는 실습

https://try.github.io/levels/1/challenges/1 Git 15분만에 배우는 실습
http://pcottle.github.io/learnGitBranching/ 브랜치 rebase 등을 배우는 실습

3.5.1.4 동영상 강의

http://opentutorials.org/course/1492 생활 코딩 Git 강좌

3.5.1.5 무료 이북

http://dogfeet.github.io/articles/2012/progit.html progit, 공짜책, 거기다 한글!

3.5.1.6 추천하는 Git GUI 도구

http://www.sourcetreeapp.com Mac, 윈도우 모두에서 사용할 수 있는 GUI 도구

3.5.2 빌드 도구 메이븐

자바 웹 애플리케이션을 개발하기 위한 프로젝트를 생성하면 먼저 프로덕션 소스코
드 디렉토리, 테스트 소스코드 디렉토리, 웹 자원을 관리할 디렉토리, 프로젝트에서
사용할 외부 라이브러리를 클래스패스에 추가 등의 작업을 진행해야 한다.

빌드 도구는 프로젝트와 관련한 설정을 관리하면서 소스코드(프로덕션, 테스트 코드)
에 대한 컴파일, 컴파일을 위해 필요한 라이브러리 관리, 테스트, 배포를 위한 패키징
작업 등의 작업을 자동화할 수 있도록 지원하는 도구이다. 프로젝트 디렉토리 구조와
의존성 라이브러리를 관리하고 있기 때문에 프로젝트를 이클립스 또는 인텔리제이와
같은 통합 개발 도구 프로젝트로 변환하는 것도 가능하다. 이처럼 빌드 도구를 활용
하면 웹 애플리케이션 개발에서 발생하는 단순, 반복적인 작업을 자동화할 수 있다.
빌드 도구는 빌드 작업에서 한발 더 나아가 간단한 배포 작업까지 할 수 있는 단계에
이르렀다. 지금까지 프로젝트를 생성, 개발 완료 후 배포하는 과정에서 단순, 반복적
으로 발생하는 작업 때문에 시간을 낭비하는 것이 아깝다고 생각하는 개발자들은 빌

드 도구를 도입할 때다. 빌드 도구는 개발자의 단순, 반복적인 작업을 자동화함으로써 개발자가 핵심적인 업무에 더 많은 시간을 투자할 수 있도록 도와준다.

이 책에서는 빌드 도구 중 메이븐이라는 빌드 도구를 활용하고 있다. 자바 진영에서 널리 활용되고 있는 빌드 도구는 메이븐과 그래들[5]이 있다. 메이븐이 좀 더 오랫 동안 사용해온 빌드 도구로 설정 파일을 XML로 작성한다. 최근에 그래들 빌드 도구에 대한 인기도가 점점 더 높아지고 있다. 그래들은 그루비라는 언어를 기반으로 설정 파일을 관리하기 때문에 설정 파일에 대한 유연성도 높고, 코딩량도 메이븐의 XML에 비해 훨씬 적다.

메이븐과 그래들 빌드 도구의 기본 개념은 비슷한 점이 많다. 따라서 둘 중 하나의 빌드 도구를 익히면 다른 빌드 도구 또한 쉽게 학습할 수 있다. 이 책을 학습할 때 메이븐, 그래들과 같은 빌드 도구에 대해 잘 몰라도 충분히 따라갈 수 있다. 아직까지 빌드 도구를 활용해본 경험이 없는 독자라면 이 책을 읽어나가면서 빌드 도구의 필요성에 대해 느낀 후 더 깊이 있는 학습을 해도 괜찮다. 그렇다고 학습하지 않아도 괜찮다는 것은 아니다. 빌드 도구 활용은 자신의 시간을 소중하게 생각하는 개발자라면 반드시 갖추어야 할 역량 중의 하나이다.

메이븐 빌드 도구를 학습하려면 먼저 https://slipp.net/wiki/pages/viewpage.action?pageId=10420233에서 제공하는 문서를 참고한다. 이 문서는 필자가 쓴 "자바 세상의 빌드를 이끄는 메이븐" 책의 6장까지 공개하고 있다.

동영상을 통해 학습하는 것이 익숙한 독자는 다음 동영상을 활용해 학습한다. 동영상을 통해 학습하면 문서를 통해 전달할 수 없는 부분도 학습할 수 있다는 장점이 있다.

---

5 그래들(http://gradle.org/)은 그루비(groovy) 언어로 빌드 스크립트를 작성하는 빌드 도구로 앤트(http://ant.apache.org/) 빌드 도구의 유연성과 메이븐 빌드 도구의 관례에 따른 편리함을 제공하는 것이 장점이다. 최근에는 안드로이드 빌드 도구로도 활용되면서 그래들에 대한 인기가 높아지고 있는 실정이다.

You Tube

http://youtu.be/Eg1Ebl_KNFg

빌드 도구에 대한 초간단 설명, 이클립스에서 메이븐 디렉토리 구조의 프로젝트 생성, JUnit 라이브러리에 대한 의존성 추가, 메이븐 의존성 전이에 대해 설명한다.

http://youtu.be/A8h1y-qXCbU

이클립스 effective pom 탭을 통해 메이븐 부모 pom 설명, 메이븐 기본 명령어인 compile/test/package 페이즈phase 설명, 이클립스에서 메이븐 명령 실행을 다룬다.

http://youtu.be/58yiJQU0xEY

메이븐의 페이즈phase와 골goal과의 관계 설명, compiler 플러그인과 eclipse 플러그인 재정의 및 빌드, 이클립스에서 메이븐 골 실행 방법을 설명한다.

개발하고 있는 프로젝트의 디렉토리 구조를 변경하지 않으면서 메이븐을 적용할 수 있다. 메이븐을 적용할 경우 GitHub에 공유하던 많은 소스코드를 공유하지 않아도 된다. 특히 이클립스 관련 설정과 jar 라이브러리를 공유하지 않아도 되는 것은 큰 장점이다.

http://youtu.be/ovpVzUaQtSM

메이븐이 적용되어 있지 않은 프로젝트에 메이븐을 적용하는 과정, GitHub에서 jar 파일을 버전 관리하지 않도록 설정하는 과정을 다룬다.

빌드 도구에 대한 학습을 반드시 메이븐부터 시작하지 않아도 된다. 최근 경향은 메이븐에서 그래들로 바뀌어가고 있는 단계이기 때문에 학습 시작 단계부터 그래들로 시작하는 것도 좋은 선택이다. 그래들에 대한 학습은 http://kwonnam.pe.kr/wiki/gradle 문서를 활용해 시작할 수 있다.

3.5.3 디버깅을 위한 로깅(logging)

자바를 처음 학습할 때 콘솔에 값을 출력하기 위한 용도로 사용하는 API가 System.out.println()이다. 아마도 대부분의 개발자가 자바를 처음 시작할 때 "Hello World" 메시지를 출력하면서 자바 학습을 시작하기 때문에 처음 접하는 API일 것이다. 그만큼 자바 개발자에게 친숙한 API이다.

개발자는 애플리케이션이 정상적으로 동작하는지 확인하기 위한 목적, 애플리케이션에 문제가 발생했을 때 원인을 파악하기 위한 디버깅을 목적으로 수많은 메시지를 출력한다. 초보 자바 개발자는 메시지를 출력하기 위한 목적으로 System.out.println()을 사용한다. 하지만 System.out.println()으로 메시지를 출력하는 방법은 애플리케이션 성능을 저하시키는 원인이 된다. 웹 애플리케이션을 개발할 때 System.out.println()으로 디버깅 메시지를 출력하면 파일로 메시지가 출력하게 되는데 파일에 메시지를 출력하는 작업은 상당한 비용이 발생하는 작업이다. 이와 같이 성능에 문제점이 있기 때문에 애플리케이션을 배포하기 전에 소스코드에 포함되어 있는 System.out.println()으로 구현한 코드를 삭제하거나 주석 처리하는 방법으로 해결하는 경우도 있었다. 하지만 이 또한 모두 비용이며, 디버깅을 목적으로 메시지를 출력하고 싶으면 또 다시 원복해야 하는 문제점이 있다.

이 같은 단점을 보완하기 위해 등장한 라이브러리가 로깅logging 라이브러리이다. 필자는 신입 개발자가 왔을 때 처음으로 하는 조언 중의 하나가 지금까지 System.out.println()을 사용했다면 앞으로 이 API를 잊으라는 것이다. 앞으로는 로깅 라이브러리를 활용해 디버깅 메시지를 출력하는 습관을 들이라는 조언을 빠트리지 않고 한다. 그만큼 로깅 라이브러리를 활용해 디버깅 메시지를 출력하는 습관을 가지는 것은 애플리케이션 성능에 중요하다. 아직까지 System.out.println()을 사용하는 독자가 있다면 이번 기회를 통해 로깅 라이브러리를 사용하는 습관으로 바꿀 것을 추천한다. 자바 진영에서 많이 사용하는 로깅 라이브러리는 Logback이다. 과거에는 Log4J 라이브러리를 사용했지만 최근에는 더 좋은 성능을 자랑하는 Logback을 사용할 것을 추천한다. 자바 진영은 많은 로깅 라이브러리 구현체가 존재한다. 그런데 더 좋은 구현체가 등장할 때마다 전체 소스코드에서 로깅 라이브러리 구현 부분을 수정하는 어려움이 있다. 이 같은 어려움을 해소하기 위해 SLF4J라는 라이브러리를 활용해 로깅 API에 대한 창구를 일원화했다. 즉, 자바 소스코드는 SLF4J 라이브러리를 사용해 디버깅 메시지를 남기면 실제로 디버깅 메시지를 출력하는 구현체는 Log4J, Logback

이 담당하는 방식으로 동작한다. 이와 같이 구현할 경우 추후 Logback보다 더 좋은 로깅 라이브러리가 등장할 경우 소스코드는 수정할 필요없이 구현체를 담당할 로깅 라이브러리만 교체하면 된다.

실습을 위해 세팅한 web-application-server 프로젝트의 RequestHandler에서 로 깅 라이브러리를 사용한 부분을 살펴보면 다음과 같다.

```java
import org.slf4j.Logger;
import org.slf4j.LoggerFactory;

public class RequestHandler extends Thread {
    private static final Logger log =
        LoggerFactory.getLogger(RequestHandler.class);

    [...]

    public void run() {
        log.debug("New Client Connect! Connected IP : {}, Port : {}",
            connection.getInetAddress(), connection.getPort());

        [...]
    }
}
```

web-application-server 프로젝트는 로깅 구현체로 Logback 라이브러리를 사용 하고 있다. 하지만 위 소스코드에서는 Logback 라이브러리를 직접 사용하지 않고 SLF4J를 사용하고 있다(import하는 부분을 보면 org.slf4j이다). Logback 라이브러 리에 대한 구현체는 메이븐 설정 파일인 pom.xml에 다음과 같이 설정하고 있다.

```xml
<project [...]>
    <modelVersion>4.0.0</modelVersion>
    <groupId>org.nhnnext</groupId>
    <artifactId>web-application-server</artifactId>
    <version>1.0</version>
```

```xml
<packaging>jar</packaging>

<dependencies>
    <dependency>
        <groupId>ch.qos.logback</groupId>
        <artifactId>logback-classic</artifactId>
        <version>1.1.2</version>
    </dependency>
</dependencies>
</project>
```

자바 진영의 로깅 라이브러리는 메시지 출력 여부를 로그 레벨을 통해 관리한다. 대표적인 로그 레벨은 TRACE, DEBUG, INFO, WARN, ERROR가 있으며, 로그 레벨은 TRACE 〈 DEBUG 〈 INFO 〈 WARN 〈 ERROR 순으로 높아진다. 로그 레벨이 높으면 높을수록 출력되는 메시지는 적어지고, 로그 레벨이 낮을수록 더 많은 로깅 레벨이 출력된다. 예를 들어 WARN 로그 레벨로 설정하면 WARN, ERROR 레벨의 메시지만 출력되고, DEBUG 로그 레벨로 설정하면 DEBUG, INFO, WARN, ERROR 레벨의 메시지가 출력된다.

각 메시지에 대한 로그 레벨은 로깅 메시지를 구현할 때 결정된다. 앞의 Request Handler의 log.debug()로 구현하면 DEBUG 로그 레벨이다. TRACE는 log.trace(), INFO는 log.info(), WARN은 log.warn(), ERROR는 log.error() 메소드를 사용하면 된다.

로그 메시지를 출력할 때 눈여겨 볼 부분 중의 하나는 메시지를 생성하는 부분이다. 로그 메시지를 출력할 경우 다음과 같이 메시지를 구현하는 것이 일반적이다.

```java
log.debug("New Client Connect! Connected IP : " + connection.
getInetAddress() + ", Port : " + cnnection.getPort());
```

그런데 위와 같이 구현할 경우 로그 레벨이 INFO, WARN인 경우 굳이 debug() 메소드에 인자를 전달하기 위해 문자열을 더하는 부분이 실행될 필요가 없다. 자바에서 문자열을 더하는 비용은 예상보다 큰데, 로깅 레벨이 높아 굳이 실행할 필요가 없음에도 불구하고 실행됨으로써 애플리케이션의 성능을 떨어트린다.

SLF4J는 이 같은 단점을 보완하기 위해 동적인 메시지를 구현하기 위한 별도의 메소드를 제공한다. 성능을 떨어트리지 않으면서 동적인 메시지를 구현하려면 다음과 같이 구현할 수 있다.

```
log.debug("New Client Connect! Connected IP : {}, Port : {}", connection.
getInetAddress(), connection.getPort());
```

위와 같이 구현함으로써 debug() 메소드에서 로그 레벨에 따라 메시지를 더할 필요가 있는지의 여부를 판단하게 된다.

Logback은 로그 레벨과 메시지 형식에 대한 설정 파일은 logback.xml이다. web-application-server는 src/main/resources 디렉토리에서 logback.xml을 관리하고 있으며, 설정 내용은 다음과 같다.

```
<?xml version="1.0" encoding="UTF-8"?>
<!DOCTYPE configuration>
<configuration>
    <appender name="STDOUT" class="ch.qos.logback.core.ConsoleAppender">
        <layout class="ch.qos.logback.classic.PatternLayout">
            <Pattern>%d{HH:mm:ss.SSS} [%-5level] [%thread] [%logger{36}] -
%m%n</Pattern>
        </layout>
    </appender>

    <root level="DEBUG">
        <appender-ref ref="STDOUT" />
    </root>
</configuration>
```

로깅 라이브러리를 활용하면 출력한 로그 메시지의 패턴도 변경할 수 있다. 로그 메시지가 출력되는 시간, 스레드 이름, 로그 메시지가 출력되는 소스코드의 위치 등 다양한 패턴 조합을 위 설정 하나만 변경함으로써 설정 가능하다. 위 설정을 통해 출력된 로그 메시지는 다음과 같다.

```
19:51:34.396 [DEBUG] [Thread-0] [webserver.RequestHandler] - New Client
Connect! Connected IP : /0:0:0:0:0:0:0:1, Port : 56078
```

위 설정의 로그 레벨은 DEBUG이다. 보통 개발 단계에서는 DEBUG와 같이 낮은 로그 레벨로 설정하다 실서비스로 배포할 때 INFO, WARN과 같은 로그 레벨로 설정함으로써 개발 단계에서 디버깅을 위해 출력하는 로그를 출력하지 않도록 설정한다.

로깅 라이브러리는 성능 좋은 애플리케이션을 개발하기 위해 반드시 학습하고 사용해야 할 라이브러리 중의 하나이다. 학습에 많은 시간을 투자하지 않아도 사용할 수 있으니 아직까지 사용하지 않는 독자라면 반드시 사용할 것을 추천한다.

동영상을 통해 학습하는 것이 익숙한 독자는 다음 동영상을 활용해 학습한다.

https://youtu.be/TcKEGh7KShl
로깅 라이브러리가 필요한 이유, 로깅 라이브러리 설정 방법에 대해 다루고 있다. 동영상의 모든 내용은 책에서 이미 다룬 내용이다.

https://youtu.be/040Y3MBNnyw
로깅 레벨 설명, 패키지별 로깅 라이브러리 설정, 동적인 메시지 구현 시 주의할 점, 로깅을 위해 반복적으로 추가되는 설정을 이클립스 템플릿template으로 해결, 이클립스 formatter 설정 방법을 설명한다. 특히 로깅 메시지를 추가하기 위해 매번 반복적으로 구현해야 하는 코드를 이클립스 템플릿을 활용해 해결하는 방법은 반드시 익혀두면 좋겠다.

구글에서 "eclipse slf4j logger template"로 검색하면 Log4j, SLF4J 라이브러리별 템플릿을 찾을 수 있다. SLF4J 템플릿은 다음과 같이 추가하면 된다.

```
${:import(org.slf4j.Logger,org.slf4j.LoggerFactory)}
private static final Logger LOGGER = LoggerFactory.getLogger(${enclosing_
type}.class);
```

이와 같이 단순 반복적으로 발생하는 코드를 템플릿 코드로 추가해 놓으면 개발 생산성을 높이는 데 많은 도움을 받을 수 있다.

4장

HTTP 웹 서버 구현을 통해
HTTP 이해하기

웹 애플리케이션 개발자가 반드시 학습해야 할 주제 중의 하나가 HTTP에 대한 이해이다. 하지만 현장에서 애플리케이션 개발에 집중하다 보면 HTTP에 대해 학습할 기회가 많지 않다. 또한 대부분의 경우 책을 통해 HTTP에 대해 학습하는 것이 일반적인데, HTTP가 프로토콜 스펙에 대한 내용인지라 재미가 없는 것 또한 사실이다. 이같은 단점을 보완하기 위해 HTTP 웹 서버를 직접 구현하면서 웹 클라이언트와 서버가 주고 받는 HTTP에 대해 학습해 봤으면 하는 바람으로 이 실습을 설계했다.

이 장에서는 3장에서 요구사항으로 제시한 내용을 직접 구현하면서 HTTP 프로토콜에 대해 이해하는 시간을 가져보도록 하겠다.

HTTP 웹 서버 구현은 동영상을 통해 요구사항을 직접 구현하는 과정과 책을 통해 요구사항을 구현하면서 이론적인 내용을 다루는 부분으로 구성되어 있다. 만약 라이브 코딩을 통해 직접 구현하는 과정을 보고 싶은 독자들은 동영상을 먼저 본 후 책을 참고해 이론적인 부분을 학습할 수 있다.

4.1 동영상을 활용한 HTTP 웹 서버 실습

앞의 요구사항을 직접 구현해 문제를 해결한 독자라면 굳이 동영상을 보지 않아도 된
다. 직접 실습을 통해 구현한 독자들은 자신이 구현한 코드와 각 단계별 이론적인 부
분을 학습하는 단계로 넘어갈 것을 추천한다.

https://youtu.be/xHQ0X_Ails4 요구사항 1 – index.html 응답하기
https://youtu.be/ioOGE8qTa94 요구사항 2 – GET 방식으로 회원가입하기
https://youtu.be/q5bvPKbc_RM 요구사항 3 – POST 방식으로 회원가입하기
https://youtu.be/vfCpgIJU2XU 요구사항 4 – 302 status code 적용
https://youtu.be/wWEW7aYS66A 요구사항 5 – 로그인하기
https://youtu.be/pQhCqu_nQjc 요구사항 7 – CSS 지원하기

이 동영상은 이 책을 쓰기 전에 촬영한 동영상이라 웹 화면이 다르다. 하지만 이 책의
요구사항과 같은 회원 관리 기능을 구현하고 있기 때문에 구현 코드는 같다. 단, 앞의
요구사항 중 "요구사항 6 – 사용자 목록 출력"은 이 책을 쓰면서 추가한 부분이라 동
영상에서는 구현 부분이 빠져 있다. 이에 대한 구현 코드는 https://github.com/slipp/
web-application-server 저장소의 was-step1-bad-version 브랜치에서 참고할 수
있다.

4.2 HTTP 웹 서버 구현

이 절에서는 앞의 요구사항을 하나씩 구현하면서 HTTP와 관련한 이론적인 부분을
다룬다.

4.2.1.1 요구사항 1 - index.html 응답하기

요구사항	http://localhost:8080/index.html로 접속했을 때 webapp 디렉토리의 index.html 파일을 읽어 클라이언트에 응답한다.

이 요구사항을 구현하려면 먼저 클라이언트에서 서버로 전송하는 데이터가 어떻게 구성되었는지 확인할 필요가 있다. 1단계 힌트를 참고해 요청 데이터를 다음과 같이 출력한다.

```java
import java.io.BufferedReader;
import java.io.InputStreamReader;
[…]

public class RequestHandler extends Thread {
    private static final Logger log = LoggerFactory.
getLogger(RequestHandler.class);

    private Socket connection;

    public RequestHandler(Socket connectionSocket) {
        this.connection = connectionSocket;
    }

    public void run() {
        log.debug("New Client Connect! Connected IP : {}, Port : {}",
          connection.getInetAddress(), connection.getPort());

        try (InputStream in = connection.getInputStream(); OutputStream
          out = connection.getOutputStream()) {
            BufferedReader br =
              new BufferedReader(new InputStreamReader(in, "UTF-8"));
            String line = br.readLine();
            log.debug("request line : {}", line);

            if (line == null) {
                return;
            }
```

```
        while (!line.equals("")) {
            line = br.readLine();
            log.debug("header : {}", line);
        }

        DataOutputStream dos = new DataOutputStream(out);
        byte[] body = "Hello World".getBytes();
        response200Header(dos, body.length);
        responseBody(dos, body);
    } catch (IOException e) {
        log.error(e.getMessage());
    }
}

    [...]
}
```

위와 같이 구현하고 웹 서버를 재시작한 후 브라우저에서 http://localhost:8080/
index.html로 요청을 보내면 이클립스 콘솔 화면에 다음과 비슷한 결과가 나타나는
것을 확인할 수 있다.

```
16:10:12.836 [DEBUG] [Thread-0] [webserver.RequestHandler] - New Client
Connect! Connected IP : /0:0:0:0:0:0:0:1, Port : 6217
16:10:12.836 [DEBUG] [Thread-1] [webserver.RequestHandler] - New Client
Connect! Connected IP : /0:0:0:0:0:0:0:1, Port : 6218
16:10:12.839 [DEBUG] [Thread-0] [webserver.RequestHandler] - request line
: GET /index.html HTTP/1.1
16:10:12.839 [DEBUG] [Thread-0] [webserver.RequestHandler] - header :
Host: localhost:8080
16:10:12.839 [DEBUG] [Thread-0] [webserver.RequestHandler] - header :
Connection: keep-alive
16:10:12.839 [DEBUG] [Thread-0] [webserver.RequestHandler] - header :
Cache-Control: max-age=0
16:10:12.839 [DEBUG] [Thread-0] [webserver.RequestHandler] - header :
Accept: text/html,application/xhtml+xml,application/xml;q=0.9,image/
webp,*/*;q=0.8
16:10:12.840 [DEBUG] [Thread-0] [webserver.RequestHandler] - header :
Upgrade-Insecure-Requests: 1
```

```
16:10:12.840 [DEBUG] [Thread-0] [webserver.RequestHandler] - header :
User-Agent: Mozilla/5.0 (Windows NT 6.1; WOW64) AppleWebKit/537.36 (KHTML,
like Gecko) Chrome/48.0.2564.109 Safari/537.36
16:10:12.840 [DEBUG] [Thread-0] [webserver.RequestHandler] - header :
Accept-Encoding: gzip, deflate, sdch
16:10:12.840 [DEBUG] [Thread-0] [webserver.RequestHandler] - header :
Accept-Language: ko-KR,ko;q=0.8,en-US;q=0.6,en;q=0.4
16:10:12.840 [DEBUG] [Thread-0] [webserver.RequestHandler] - header :
16:10:12.876 [DEBUG] [Thread-1] [webserver.RequestHandler] - request line
: GET /favicon.ico HTTP/1.1
16:10:12.876 [DEBUG] [Thread-1] [webserver.RequestHandler] - header :
Host: localhost:8080
16:10:12.876 [DEBUG] [Thread-1] [webserver.RequestHandler] - header :
Connection: keep-alive
16:10:12.876 [DEBUG] [Thread-1] [webserver.RequestHandler] - header :
Pragma: no-cache
16:10:12.876 [DEBUG] [Thread-1] [webserver.RequestHandler] - header :
Cache-Control: no-cache
16:10:12.876 [DEBUG] [Thread-1] [webserver.RequestHandler] - header :
User-Agent: Mozilla/5.0 (Windows NT 6.1; WOW64) AppleWebKit/537.36 (KHTML,
like Gecko) Chrome/48.0.2564.109 Safari/537.36
16:10:12.876 [DEBUG] [Thread-1] [webserver.RequestHandler] - header :
Accept: */*
16:10:12.877 [DEBUG] [Thread-1] [webserver.RequestHandler] - header :
Referer: http://localhost:8080/index.html
16:10:12.877 [DEBUG] [Thread-1] [webserver.RequestHandler] - header :
Accept-Encoding: gzip, deflate, sdch
16:10:12.877 [DEBUG] [Thread-1] [webserver.RequestHandler] - header :
Accept-Language: ko-KR,ko;q=0.8,en-US;q=0.6,en;q=0.4
16:10:12.877 [DEBUG] [Thread-1] [webserver.RequestHandler] - header :
```

위와 같이 콘솔에 출력되는 결과를 통해 확인할 수 있는 내용은 다음과 같다.

- 첫 번째와 두 번째 라인을 확인해 보니 클라이언트로부터 2개의 요청이 발생했으며, 각 요청마다 클라이언트의 포트는 서로 다른 포트port로 연결한다. 서버는 각 요청에 대해 순차적으로 실행하는 것이 아니라 동시에 각 요청에 대응하는 스레드(위 콘솔 결과를 보면 Thread-0, Thread-1)를 생성해 동시에 실행한다.

- 각 요청에 대한 첫 번째 라인은 "GET /index.html HTTP/1.1"과 같은 형태로 구성되어 있다. 두 번째 요청의 경우에도 "/favicon.ico"만 다르고 다른 부분은 같다. 브라우저에 따라 "/favicon.ico" 요청이 없을 수도 있다. 위 테스트는 크롬 브라우저에서 했을 때의 콘솔 화면의 로그이다.

- 첫 번째 라인을 제외한 나머지 요청 데이터는 "〈필드 이름〉: 〈필드 값〉" 형태로 구성되어 있다.

- 각 요청의 마지막은 빈 문자열("")로 구성되어 있다.

웹 클라이언트(대부분 웹 브라우저)는 웹 서버와 데이터를 주고 받기 위해 HTTP라는 서로 간에 약속된 규약을 따른다. 웹 클라이언트가 웹 서버에 요청을 보내기 위한 규약은 다음과 같다.

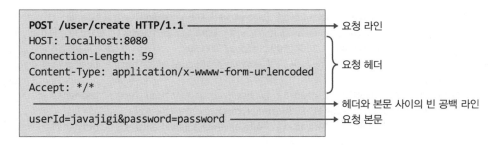

요청 데이터의 첫 번째 라인은 요청 라인Request Line, 두 번째 라인부터 빈 공백 문자열 라인까지 요청 헤더header, 빈 공백 문자열 다음부터 본문body 데이터가 전송된다. 모든 HTTP 요청에 대해 요청 라인, 요청 헤더, 빈 공백 문자열은 필수이고, 요청 본문은 필수가 아니다. 각 요소에 대해 더 자세하게 살펴보자.

요청 라인(Request Line)

요청 데이터의 첫 번째 라인은 요청 라인Request Line이라고 부른다.

요청 라인은 "HTTP-메소드 URI HTTP-버전"으로 구성되어 있다. HTTP 메소드는 요청의 종류를 나타낸다. 이와 관련해서는 잠시 후에 다시 살펴보자. URI는 클라이언트가 서버에 유일하게 식별할 수 있는 요청 자원의 경로를 의미한다. 일반적으로 URI와 URL이 혼용되어 사용되는데 거의 같은 의미라고 생각하면 된다. 이 책에서도 두 개의 의미를 같은 것으로 생각하고 혼용해서 사용하도록 하겠다.

HTTP-버전은 현재 요청의 HTTP 버전으로 현재 HTTP/1.1이 주로 사용되고 있다. 2015년에 HTTP 2.0 버전에 대한 최종 스펙도 확정되어 앞으로 2.0 버전도 사용될 것이다.

요청 헤더(Request Headers)

요청 헤더는 〈필드 이름〉: 〈필드 값〉 쌍으로 이루어져 있다. 만약 필드 이름 하나에 여러 개의 필드 값을 전달하고 싶다면 쉼표(,)를 구분자로 전달할 수 있다.

〈필드 이름〉: 〈필드 값1〉, 〈필드 값2〉

예를 들어 앞의 콘솔 출력 결과 중 "Accept-Encoding: gzip, deflate, sdch"가 Accept-Encoding 필드 이름 하나에 여러 개의 값을 전달하고 있다.

이와 같이 클라이언트에서 요청을 받으면 서버는 클라이언트 요청에 대한 응답을 한다. HTTP 응답 또한 요청과 같이 헤더와 본문으로 구성되어 있다. 서버에서 클라이언트로 보내는 응답 메시지를 분석해 보면 다음과 같다.

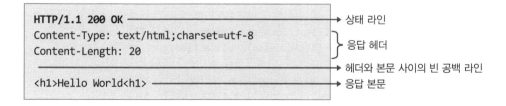

응답 메시지의 첫 번째 라인은 상태 라인Status, 두 번째 라인부터 빈 공백 문자열 라인까지 응답 헤더header이고, 빈 공백 문자열 다음부터 응답으로 보낼 본문body 데이터이다. 응답 메시지의 문법 또한 요청 메시지와 같다. 단지 다른 점이라면 첫 번째 라인의 형식이 다르다는 것이다.

상태 라인(Status Line)

응답 헤더의 첫 번째 라인은 상태 라인이라고 부른다.

응답 라인은 "HTTP-버전 상태코드 응답구문"으로 구성되어 있다. HTTP-버전은 HTTP 요청 라인(Request Line)의 HTTP-버전과 같은 의미이다. 상태코드는 응답에 대한 상태를 의미하는 코드 값으로 200은 성공을 의미한다. 응답 구문은 응답 상태에 대한 설명이다. 상태코드는 200 이외에도 다양한 상태코드가 있다. 이와 관련해서는 잠시 후에 더 자세하게 다룬다.

지금까지 HTTP 요청과 응답 메시지의 기본 구조에 대해 살펴봤다. 요청 메시지의 형태를 살펴봤으니 다음 단계는 요청 라인에서 클라이언트가 요청하는 자원이 무엇인지를 분리할 필요가 있다. 즉, "GET /index.html HTTP/1.1"에서 우리가 필요한 값은 "/index.html"이다. 이와 같이 분리한 "/index.html"에 해당하는 자원을 웹 서버에서 읽은 후 브라우저에 응답으로 보내면 된다. 이 과정을 구현하면 다음과 같다.

```java
import java.io.File;
import java.nio.file.Files;
[…]

public class RequestHandler extends Thread {
    [...]

    public void run() {
        log.debug("New Client Connect! Connected IP : {}, Port : {}",
            connection.getInetAddress(), connection.getPort());

        try (InputStream in = connection.getInputStream();
          OutputStream out = connection.getOutputStream()) {
            BufferedReader br = new BufferedReader(new
                InputStreamReader(in, "UTF-8"));
            String line = br.readLine();
            log.debug("request line : {}", line);

            if (line == null) {
```

```
                return;
            }

            String[] tokens = line.split(" ");

            while (!line.equals("")) {
                line = br.readLine();
                log.debug("header : {}", line);
            }

            DataOutputStream dos = new DataOutputStream(out);
            byte[] body = Files.readAllBytes(new File("./webapp" +
                tokens[1]).toPath());
            response200Header(dos, body.length);
            responseBody(dos, body);
        } catch (IOException e) {
            log.error(e.getMessage());
        }
    }

    [...]
}
```

클라이언트 요청 메시지 구조 분석이 끝나면 이후 구현은 의외로 쉽다. 클라이언트의 요청 URI에 해당하는 자원을 읽어 응답으로 보내면 끝이다. 위와 같이 구현을 끝내고 서버를 재시작한 후 http://localhost:8080/index.html로 요청을 보내면 index.html의 내용을 응답으로 받을 수 있다.

위와 같이 요청을 보낸 후 이클립스 콘솔 결과를 확인해 보기 바란다. 분명히 index.html로 요청을 한번 보냈을 뿐인데 한 번의 요청이 아니라 여러 번의 요청이 발생하는 것을 확인할 수 있다. 앞에서도 /favicon.ico 요청이 있었지만 그보다 훨씬 더 많은 추가 요청이 발생했다. 어떻게 된 일일까?

이를 확인하기 위해 각 요청에 대한 요청 라인(첫 번째 라인)만 분리해서 확인해 보자.

```
[DEBUG] [Thread-0] [webserver.RequestHandler] - request line : GET /index.
html HTTP/1.1
[DEBUG] [Thread-1] [webserver.RequestHandler] - request line : GET /css/
bootstrap.min.css HTTP/1.1
[DEBUG] [Thread-2] [webserver.RequestHandler] - request line : GET /css/
styles.css HTTP/1.1
[DEBUG] [Thread-3] [webserver.RequestHandler] - request line : GET /js/
jquery-2.2.0.min.js HTTP/1.1
[DEBUG] [Thread-5] [webserver.RequestHandler] - request line : GET /js/
scripts.js HTTP/1.1
[DEBUG] [Thread-4] [webserver.RequestHandler] - request line : GET /js/
bootstrap.min.js HTTP/1.1
[DEBUG] [Thread-6] [webserver.RequestHandler] - request line : GET /
favicon.ico HTTP/1.1
```

분명히 /index.html 요청을 한번 보냈는데 위와 같이 여러 개의 추가 요청이 발생했다. 이 같이 많은 요청이 발생한 이유는 서버가 웹 페이지를 구성하는 모든 자원(HTML, CSS, 자바스크립트, 이미지 등)을 한번에 응답으로 보내지 않기 때문이다. 웹 서버는 첫 번째로 /index.html 요청에 대한 응답에 HTML만 보낸다. 응답을 받은 브라우저는 HTML 내용을 분석해 CSS, 자바스크립트, 이미지 등의 자원이 포함되어 있으면 서버에 해당 자원을 다시 요청하게 된다. 따라서 하나의 웹 페이지를 사용자에게 정상적으로 서비스하려면 클라이언트와 서버 간에 한 번의 요청이 아닌 여러 번의 요청과 응답을 주고 받게 된다. 웹 클라이언트와 웹 서버 간에 주고 받는 이 같은 구조를 이해하고 있어야 추후 성능을 개선할 때 개선할 방법을 찾을 수 있다.

4.2.1.2 요구사항 2 - GET 방식으로 회원가입하기

요구사항	"회원가입" 메뉴를 클릭하면 http://localhost:8080/user/form.html으로 이동하면서 회원가입할 수 있다. 회원가입한다. 회원가입을 하면 다음과 같은 형태로 사용자가 입력한 값이 서버에 전달된다. /user/create?userId=javajigi&password=password&name=JaeSung&email=javajigi%40slipp.net HTML과 URL을 비교해 보고 사용자가 입력한 값을 파싱(문자열을 원하는 형태로 분리하거나 조작하는 것을 의미)해 model.User 클래스에 저장한다.

"회원가입" 메뉴를 클릭하면 회원가입 화면에 접근할 수 있다. 회원가입 버튼을 클릭해 회원가입을 한다. 회원가입을 할 경우 사용자가 입력한 데이터를 웹 서버에 전달해야 한다. 이클립스 콘솔을 통해 사용자가 입력한 데이터가 어떻게 전달되는지 확인해 볼 수 있다.

요청 메시지를 분석해 보면 첫 번째 라인에 사용자가 입력한 데이터가 다음과 같은 구조로 전달되는 것을 확인할 수 있다.

```
GET /user/create?userId=javajigi&password=password&name=jaesung&email=java
jigi%40slipp.net HTTP/1.1
```

위와 같이 요청이 보내진 이유는 user/form.html 파일을 열어보면 알 수 있다. form.html 파일의 form 태그를 보면 다음과 같이 구현되어 있다.

```html
<form name="question" method="get" action="/user/create">
  <div class="form-group">
      <label for="userId">사용자 아이디</label>
      <input class="form-control" id="userId" name="userId"
placeholder="User ID">
  </div>
  <div class="form-group">
      <label for="password">비밀번호</label>
      <input type="password" class="form-control" id="password"
          name="password" placeholder="Password">
  </div>
  <div class="form-group">
      <label for="name">이름</label>
      <input class="form-control" id="name" name="name" placeholder="Name">
  </div>
  <div class="form-group">
      <label for="email">이메일</label>
      <input type="email" class="form-control" id="email" name="email"
          placeholder="Email">
  </div>
  <button type="submit" class="btn btn-success clearfix pull-right">회원가입
  </button>
  <div class="clearfix" />
</form>
```

웹 브라우저는 회원가입 버튼을 클릭하면 HTML form 태그 구현에 따라 요청 라인을 생성해 서버에 요청을 보낸다.

요청 라인의 "GET"은 form 태그 method 속성 값이고, 요청 URI는 action 속성 값(/user/create)이다. GET 메소드 방식으로 요청을 보낼 경우 사용자가 입력한 값을 물음표 뒤에 매개변수명1=값1&매개변수명2=값2 형식으로 전송한다.

앞의 회원가입을 위한 요청 URI에 대해 더 자세하게 살펴보자. "/user/create"는 요청 자원의 위치를 나타내는 경로path라 부르고, 물음표 뒤에 전달되는 매개변수를 쿼리 스트링query string이라고 부른다.

회원가입 기능을 구현하려면 먼저 경로와 쿼리 스트링을 분리해야 한다. 이 둘을 분리한 후 쿼리 스트링에서 사용자가 입력한 값은 매개변수와 값으로 분리해 User 객체에 저장하는 방식으로 구현해야 한다. 물음표(?)를 기준으로 경로와 쿼리 스트링으로 분리하는 방법은 물음표 기준으로 split(), 정규표현식 사용, 물음표가 위치하는 위치 값(index)을 사용하는 방법 등 여러가지가 있다. 힌트에서는 물음표가 위치하는 위치 값을 찾아 분리하는 방법으로 구현했다. 쿼리 스트링을 매개변수와 값으로 분리해 Map<String, String>에 저장하는 API는 필자가 구현해 제공하고 있다. 힌트를 참고해 구현한 결과는 다음과 같다.

```
import model.User;
[...]

public class RequestHandler extends Thread {
    [...]

    public void run() {
        log.debug("New Client Connect! Connected IP : {}, Port : {}",
                connection.getInetAddress(), connection.getPort());

        try (InputStream in = connection.getInputStream();
          OutputStream out = connection.getOutputStream()) {
            [...]
```

```
            String url = tokens[1];
            if (url.startsWith("/user/create")) {
                int index = url.indexOf("?");
                String queryString = url.substring(index+1);
                Map<String, String> params =
                   HttpRequestUtils.parseQueryString(queryString);
                User user = new User(params.get("userId"), params.
                   get("password"), params.get("name"), params.get("email"));
                log.debug("User : {}", user);
            } else {
                DataOutputStream dos = new DataOutputStream(out);
                byte[] body = Files.readAllBytes(new File("./webapp" +
                   url).toPath());
                response200Header(dos, body.length);
                responseBody(dos, body);
            }
        } catch (IOException e) {
            log.error(e.getMessage());
        }
    }

    [...]
}
```

위와 같이 구현한 후 회원가입을 하면 사용자가 입력한 값이 서버에 전달되는지 이클립스 콘솔을 통해 확인할 수 있다. 데이터가 서버에 정상적으로 전달되었는지는 확인할 수 있는데 브라우저에서 "수신된 데이터 없음"과 같은 형태로 에러 메시지가 출력된다. 그 이유는 회원가입에 대한 처리를 끝낸 후 응답을 보내지 않았기 때문이다. 위소스코드를 수정해 index.html을 응답으로 보내도록 구현해 본다.

GET 방식으로 사용자가 입력한 데이터를 전달하는 데는 몇 가지 문제점이 있다. 대표적으로 사용자가 입력한 데이터가 브라우저 URL 입력창에 표시된다. 회원가입을하는 경우 비밀번호까지 URL에 노출되기 때문에 보안 측면에서도 좋지 않다. 또한 요청 라인의 길이에 제한이 있다. 따라서 GET 방식으로 사용자가 입력할 수 있는 데이터 크기에도 제한이 있다.

따라서 GET 방식은 회원가입, 블로그 글쓰기, 질문하기 등과 같이 사용자가 입력한 데이터를 서버에 전송해 데이터를 추가할 때는 적합하지 않다. 이 같은 GET 방식의 한계를 극복하기 위해 HTTP는 POST 방식을 지원한다. HTTP의 POST 방식은 어떻게 데이터를 전달하는지 다음 요구사항을 구현하면서 알아보자.

4.2.1.3 요구사항 3 − POST 방식으로 회원가입하기

요구사항	http://localhost:8080/user/form.html 파일의 form 태그 method를 get에서 post 로 수정한 후 회원가입 기능이 정상적으로 동작하도록 구현한다.

요구사항 2의 회원가입 문제를 GET 방식에서 POST 방식으로 데이터를 전달하려면 form.html의 form 태그 method 속성을 get에서 post로 수정하면 된다. method를 post로 수정하면 요청 라인은 다음과 같다.

POST /user/create HTTP/1.1

GET 방식으로 요청할 때 요청 URI에 포함되어 있던 쿼리 스트링이 없어지고 method가 GET에서 POST로 변경되었다. 요청 URI에 포함되어 있던 쿼리 스트링은 어디로 갔을까? 쿼리 스트링은 HTTP 요청의 본문body을 통해 전달된다. POST 방식으로 데이터를 전달하면서 헤더에 본문 데이터에 대한 길이가 Content−Length라는 필드 이름으로 전달된다.

요구사항 3에 대한 구현 과정은 다음과 같다. 먼저 헤더에 포함되어 있는 Content−Length의 값을 구해 본문의 길이를 구한다. 이렇게 구한 길이만큼 본문을 읽은 후 본문 데이터를 Map<String, String> 형태로 변환하면 된다. 본문을 읽는 기능은 IOUtils.readData()로 필자가 구현해 제공하고 있다. 이 과정에 따라 구현한 결과는 다음과 같다.

```java
public void run() {
    try (InputStream in = connection.getInputStream();
        OutputStream out = connection.getOutputStream()) {
        [...]

        String[] tokens = line.split(" ");
        int contentLength = 0;
        while (!line.equals("")) {
            log.debug("header : {}", line);
            line = br.readLine();
            if (line.contains("Content-Length")) {
                contentLength = getContentLength(line);
            }
        }

        String url = tokens[1];
        if (("/user/create".equals(url)) {
            String body = IOUtils.readData(br, contentLength);
            Map<String, String> params =
                HttpRequestUtils.parseQueryString(body);
            User user = new User(params.get("userId"), params.
                get("password"), params.get("name"), params.get("email"));
            log.debug("User : {}", user);
        }

        [...]
    } catch (IOException e) {
        log.error(e.getMessage());
    }
}

private int getContentLength(String line) {
    String[] headerTokens = line.split(":");
    return Integer.parseInt(headerTokens[1].trim());
}
[...]
```

이와 같이 HTTP는 사용자의 요청 형태에 따라 여러 개의 메소드method를 지원한다. 웹 애플리케이션을 개발할 때 우리가 가장 자주 사용하는 메소드는 GET과 POST 두 가지이다. 하지만 HTTP 스펙은 GET, POST 이외에 HEAD, PUT, DELETE, PATCH, TRACE, OPTIONS 메소드도 지원한다. 하지만 웹 애플리케이션 개발 초기에는 GET과 POST만 사용할 가능성이 높다. GET, POST만 사용하는 이유는 HTML에서 GET, POST 메소드만 사용 가능하도록 지원하고 있기 때문이다. 하지만 최근의 경향은 REST API 설계와 AJAX 기반으로 웹 애플리케이션을 개발하는 방향으로 발전하고 있는데 이 기반으로 개발할 때는 PUT, DELETE 메소드까지 활용할 것을 추천하고 있다.

HTML은 기본으로 GET과 POST 메소드만 지원한다. 앞의 콘솔 로그를 통해 확인해 보면 알 수 있겠지만 HTML의 모든 〈a〉 태그 링크, CSS, 자바스크립트, 이미지 요청은 모두 GET 방식으로 요청을 보낸다. POST 방식은 <form> 태그를 통해 요청을 보낼 수 있는데 〈form〉 태그가 지원하는 method 속성은 GET과 POST 뿐이다.

그럼 나머지 메소드는 어디에 사용할 수 있을까? 나머지 메소드는 추후 서버와의 비동기 통신을 담당하는 AJAX에서 사용할 수 있다. AJAX는 8장에서 자세하게 다룬다.

웹 애플리케이션을 개발할 때 GET과 POST를 사용하는 기준이 있어야 한다. 다음과 같은 기준으로 접근한다면 GET과 POST 중 어느 것을 사용할 것인지 판단하는 데 참고가 될 수 있다.

GET은 서버에 존재하는 데이터(또는 자원)를 가져오는 것이고 POST는 서버에 요청을 보내 데이터 추가, 수정, 삭제와 같은 작업을 실행하도록 하는 것이다.

즉, GET은 서버에 존재하는 데이터를 조회하는 역할만 하는 것이지 데이터의 상태를 변경하지 않는다. 하지만 POST는 데이터의 상태를 변경하는 작업을 담당한다. GET과 POST만을 사용해야 하는 상황이라면 이와 같은 기준으로 구분하고 추후 PUT, DELETE와 같은 다른 메소드를 사용할 때 더 세분화해 사용할 수 있다.

4.2.1.4 요구사항 4 - 302 status code 적용

요구사항	"회원가입"을 완료하면 /index.html 페이지로 이동하고 싶다. 현재는 URL이 /user/create 로 유지되는 상태로 읽어서 전달할 파일이 없다. 따라서 회원가입을 완료한 후 /index.html 페이지로 이동한다. 브라우저의 URL도 /user/create 가 아니라 /index.html로 변경해야 한다.

앞의 구현을 통해 회원가입을 완료했다. 회원가입을 완료한 후 사용자에게 첫 화면(/index.html)을 보여주고 싶다. 첫 화면을 보여주는 방법은 의외로 간단하다. 회원가입 요청(/user/create)을 완료한 후 요청 URL 값을 "/index.html"로 변경하면 웹 서버는 index.html 파일을 읽어 응답으로 보낼 수 있다.

```
String url = tokens[1];
if ("/user/create".equals(url)) {
    [...]
    log.debug("User : {}", user);
    url = "/index.html";
}
```

위 코드와 같이 쉽게 구현을 끝낼 수 있다. 그런데 이 구현 방식에 한 가지 문제점이 있다. 이와 같이 구현한 후 브라우저에서 새로고침 버튼을 클릭해 보자. 새로고침 버튼을 클릭한 후 이클립스 콘솔을 확인해보면 앞에서 요청을 보냈던 회원가입 요청이 재전송되는 것을 확인할 수 있다. 분명 내가 현재 보고 있는 화면은 첫 화면(index.html)이다. 그런데 새로고침을 하면 이전과 똑같은 회원가입 요청이 발생한다.

왜 이 같은 현상이 발생할까? 이 같은 현상이 발생하는 이유는 브라우저가 이전 요청 정보를 유지하고 있기 때문이다. 새로고침 버튼을 클릭하면 유지하고 있던 요청을 다시 요청하는 방식으로 동작하기 때문이다. 이전 요청 정보를 확인하려면 브라우저의 URL을 확인해 보면 알 수 있다. 회원가입을 완료한 후 브라우저 URL은 /user/create 이다. 그런데 우리가 보고 있는 화면은 /index.html의 결과 화면을 보고 있다. 이 상태에서 새로고침을 하면 /index.html 화면을 보여주기 전에 회원가입 처리를 한 후

/index.html을 응답으로 전송하게 된다. 이와 같이 구현할 경우 같은 데이터가 중복으로 전송되는 이슈가 발생한다.

이 문제를 해결하는 방법은 회원가입을 처리하는 /user/create 요청과 첫 화면(/index.html)을 보여주는 요청을 분리한 후 HTTP의 302 상태 코드status code를 활용해 해결할 수 있다. 즉, 웹 서버는 /user/create 요청을 받아 회원가입을 완료한 후 응답을 보낼 때 클라이언트(웹 브라우저)에게 /index.html로 이동하도록 할 수 있다. 이 때 사용하는 상태 코드가 302 상태 코드이다. /index.html로 이동하도록 응답을 보낼 때 사용하는 응답 헤더는 Location으로 다음과 같이 응답을 보내면 된다.

```
HTTP/1.1 302 Found
Location: /index.html
```

위와 같이 응답을 보내면 클라이언트는 첫 라인의 상태 코드를 확인한 후 302라면 Location의 값을 읽어 서버에 재요청을 보내게 된다. 이와 같은 과정으로 요청을 보내면 클라이언트의 요청은 회원가입 처리를 위한 /user/create 요청이 아니라 /index.html 요청으로 변경된다. 이 상태에서 브라우저 URL을 확인해보면 /user/create가 아닌 /index.html으로 변경된 것을 확인할 수 있다. 이 과정이 상당히 빠르게 실행되기 때문에 우리가 눈으로 확인하기 쉽지 않다.

요구사항 4를 구현한 결과 코드는 다음과 같다.

```java
public void run() {
    log.debug("New Client Connect! Connected IP : {}, Port : {}",
            connection.getInetAddress(), connection.getPort());

    try (InputStream in = connection.getInputStream();
        OutputStream out = connection.getOutputStream()) {
        [...]

        String url = tokens[1];
        if ("/user/create".equals(url)) {
```

```
        String body = IOUtils.readData(br, contentLength);
        Map<String, String> params =
            HttpRequestUtils.parseQueryString(body);
        User user = new User(params.get("userId"), params.get("password"),
            params.get("name"), params.get("email"));
        log.debug("User : {}", user);
        DataOutputStream dos = new DataOutputStream(out);
        response302Header(dos, "/index.html");
    }

    [...]
} catch (IOException e) {
    log.error(e.getMessage());
}
}

private void response302Header(DataOutputStream dos, String url) {
    try {
        dos.writeBytes("HTTP/1.1 302 Redirect \r\n");
        dos.writeBytes("Location: " + url + " \r\n");
        dos.writeBytes("\r\n");
    } catch (IOException e) {
        log.error(e.getMessage());
    }
}
[...]
```

302 상태 코드를 사용하기 전과 사용했을 때의 클라이언트와 서버 사이의 요청과 응답 흐름을 그림으로 살펴보면 다음과 같다.

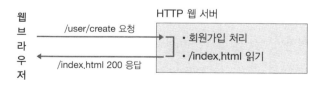

302 상태 코드를 사용하기 전은 위 그림과 같이 회원가입 요청을 하면 회원가입 처리를 완료한 후 index.html 파일을 읽어 응답을 보내는 방식이었다. 클라이언트와 서버 간의 요청과 응답이 한 번만 발생한다. 302 상태 코드를 사용하는 경우는 다음 그림과 같다.

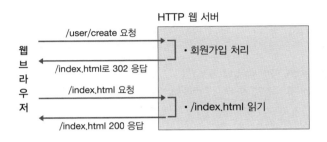

302 상태 코드를 활용해 페이지를 이동할 경우 요청과 응답이 한 번이 아니라 두 번 발생한다. 302 상태 코드를 활용한 페이지 이동 방식은 많은 라이브러리와 프레임워크에서 리다이렉트 이동 방식으로 알려져 있다. 앞으로 웹 애플리케이션을 개발하면서 리다이렉트 방식으로 페이지를 이동한다고 하면 내부적으로 302 상태 코드를 활용해 이동하겠구나라고 생각하면 된다.

이와 같이 HTTP는 서버에서 클라이언트로 응답을 보낼 때 상태 코드를 활용해 요청에 대한 처리 상태를 클라이언트가 인식할 수 있도록 한다. 대표적으로 사용되는 상태 코드는 다음과 같다.

- 2XX : 성공. 클라이언트가 요청한 동작을 수신하여 이해했고 승낙했으며 성공적으로 처리.
- 3XX : 라다이렉션. 클라이언트는 요청을 마치기 위해 추가 동작이 필요함.
- 4XX : 요청 오류. 클라이언트에 오류가 있음.
- 5XX : 서버 오류. 서버가 유효한 요청을 명백하게 수행하지 못했음.

4.2.1.5 요구사항 5 - 로그인하기

요구사항	"로그인" 메뉴를 클릭하면 http://localhost:8080/user/login.html로 이동해 로그인할 수 있다. 로그인이 성공하면 /index.html로 이동하고, 로그인이 실패하면 /user/login_failed.html로 이동해야 한다.
	앞에서 회원가입한 사용자로 로그인할 수 있어야 한다. 로그인이 성공하면 로그인 상태를 유지할 수 있어야 한다. 로그인이 성공할 경우 요청 헤더의 Cookie 헤더 값이 logined=true, 로그인이 실패하면 Cookie 헤더 값이 logined=false로 전달되어야 한다.

HTTP는 요청을 보내고 응답을 받으면 클라이언트와 서버 간의 연결을 끊는다.[1] 이와 같이 클라이언트와 서버 간의 연결을 끊기 때문에 각 요청 사이에 상태를 공유할 수 없다. 이 때문에 HTTP를 무상태 프로토콜이라고 한다.

HTTP가 무상태 프로토콜이기 때문에 서버는 클라이언트가 누구인지 식별할 수 있는 방법이 없다는 문제가 발생한다. 서버가 클라이언트를 식별할 수 없기 때문에 앞에서 클라이언트가 한 행위를 기억할 수 없다. 웹 애플리케이션에서 대표적인 기능 중의 하나인 로그인 기능을 예로 들어보자. 우리는 로그인을 완료하면 매 요청마다 로그인을 다시 하지 않는다. 분명 HTTP는 클라이언트가 한 행위를 기억할 수 없다고 했는데 로그인한 결과는 어떻게 기억할 수 있을까?

HTTP는 로그인과 같이 클라이언트의 행위를 기억하기 위한 목적으로 지원하는 것이 쿠키Cookie이다. HTTP가 쿠키를 지원하는 방법은 다음과 같다. 먼저 서버(클라이언트에서도 가능하지만 이 예는 서버로부터 시작한다)에서 로그인 요청을 받으면 로그인 성공/실패 여부에 따라 응답 헤더에 Set-Cookie로 결과 값을 저장할 수 있다. 클라이언트는 응답 헤더에 Set-Cookie가 존재할 경우 Set-Cookie의 값을 읽어 서버에 보내는 요청 헤더의 Cookie 헤더 값으로 다시 전송한다. 즉, HTTP는 각 요청 간에

---

1 HTTP가 클라이언트와 서버의 연결을 매 요청마다 맺고, 끊는다면 성능이 많이 떨어질 것이다. 이 같은 단점을 보완하고 성능을 높이기 위해 HTTP 1.1부터는 한번 맺은 연결을 재사용한다. 연결은 재사용하지만 각 요청 간의 상태 데이터를 공유할 수는 없는 무상태 프로토콜의 특성을 가진다. HTTP의 무상태 프로토콜에 대해 좀 더 명확히 이해하도록 하기 위해 이와 같이 설명했다.

데이터를 공유할 방법이 없기 때문에 헤더를 통해 공유할 데이터를 매번 다시 전송하는 방식으로 데이터를 공유한다.

이 과정을 코드로 구현하면 다음과 같다.

```java
public void run() {
    log.debug("New Client Connect! Connected IP : {}, Port : {}",
        connection.getInetAddress(), connection.getPort());

    try (InputStream in = connection.getInputStream();
        OutputStream out = connection.getOutputStream()) {
        [...]

        String url = tokens[1];
        if (url.equals("/user/create")) {
            [...]
            User user = new User(params.get("userId"), params.get("password"),
                params.get("name"), params.get("email"));
            DataBase.addUser(user);
        } else if ("/user/login".equals(url)) {
            String body = IOUtils.readData(br, contentLength);
            Map<String, String> params
                = HttpRequestUtils.parseQueryString(body);
            User user = DataBase.findUserById(params.get("userId"));
            if (user == null) {
                responseResource(out, "/user/login_failed.html");
                return;
            }

            if (user.getPassword().equals(params.get("password"))) {
                DataOutputStream dos = new DataOutputStream(out);
                response302LoginSuccessHeader(dos);
            } else {
                responseResource(out, "/user/login_failed.html");
            }
        } else {
            responseResource(out, url);
        }
    } catch (IOException e) {
        log.error(e.getMessage());
```

```
        }
    }

    private void responseResource(OutputStream out, String url) throws
            IOException {
        DataOutputStream dos = new DataOutputStream(out);
        byte[] body = Files.readAllBytes(new File("./webapp" + url).
            toPath());
        response200Header(dos, body.length);
        responseBody(dos, body);
    }

    private void response302LoginSuccessHeader(DataOutputStream dos) {
        try {
            dos.writeBytes("HTTP/1.1 302 Redirect \r\n");
            dos.writeBytes("Set-Cookie: logined=true \r\n");
            dos.writeBytes("Location: /index.html \r\n");
            dos.writeBytes("\r\n");
        } catch (IOException e) {
            log.error(e.getMessage());
        }
    }
}
[...]
```

로그인 기능을 구현하려면 먼저 회원가입한 사용자를 어딘가에 저장하고 있어야 하는데 이 작업을 DataBase 클래스가 담당하도록 필자가 구현해 이미 제공하고 있다. 로그인이 성공하면 응답 헤더에 Set-Cookie 헤더의 값으로 logined=true를 전달했다. 위와 같이 구현을 완료한 후 서버를 재시작하고 회원가입, 로그인 순으로 테스트를 진행한다. 로그인에 성공한 다음부터의 요청 헤더를 살펴보자. 요청 헤더에 달라진 점이 있는가? 요청의 헤더에 다음과 같이 Cookie라는 이름의 헤더가 추가되었으며 그 값이 logined=true라는 것을 확인할 수 있다.

```
Cookie: logined=true
```

이와 같이 모든 요청에 로그인 성공 유무에 대한 정보가 전달되기 때문에 서버는 클라이언트의 Cookie 요청 헤더를 확인해 logined 값이 true인지 여부를 판단하면 로그인 상태 유무를 확인할 수 있다.

4.2.1.6 요구사항 6 - 사용자 목록 출력

요구사항	접근하고 있는 사용자가 "로그인" 상태일 경우(Cookie 값이 logined=true) http://localhost:8080/user/list로 접근했을 때 사용자 목록을 출력한다. 만약 로그인하지 않은 상태라면 로그인 페이지(login.html)로 이동한다.

이 문제는 요구사항 5에서 구현한 Cookie 헤더 값을 활용해 현재 요청을 보내고 있는 클라이언트가 로그인을 한 상태인지의 유무를 판단하는 것이다. 실제 웹 애플리케이션을 서비스할 때도 로그인한 사용자만 접근을 허용해야 한다는 요구사항은 자주 발생한다.

현재 로그인 상태 유무에 따라 사용자 목록 페이지를 출력하는 기능은 다음과 같이 구현할 수 있다.

```
public void run() {
    log.debug("New Client Connect! Connected IP : {}, Port : {}",
            connection.getInetAddress(), connection.getPort());

    try (InputStream in = connection.getInputStream();
        OutputStream out = connection.getOutputStream()) {
        [...]

        String[] tokens = line.split(" ");
        boolean logined = false;
        while (!line.equals("")) {
            log.debug("header : {}", line);
            line = br.readLine();
            if (line.contains("Cookie")) {
                logined = isLogin(line);
            }
```

```
            }

        String url = tokens[1];
        if ("/user/create".equals(url)) {
            [...]
        } else if ("/user/login".equals(url)) {
            [...]
        } else if ("/user/list".equals(url)) {
            if (!logined) {
                responseResource(out, "/user/login.html");
                return;
            }
            Collection<User> users = DataBase.findAll();
            StringBuilder sb = new StringBuilder();
            sb.append("<table border='1'>");
            for (User user : users) {
                sb.append("<tr>");
                sb.append("<td>" + user.getUserId() + "</td>");
                sb.append("<td>" + user.getName() + "</td>");
                sb.append("<td>" + user.getEmail() + "</td>");
                sb.append("</tr>");
            }
            sb.append("</table>");
            byte[] body = sb.toString().getBytes();
            DataOutputStream dos = new DataOutputStream(out);
            response200Header(dos, body.length);
            responseBody(dos, body);
        } else {
            responseResource(out, url);
        }
    } catch (IOException e) {
        log.error(e.getMessage());
    }
}

private boolean isLogin(String line) {
    String[] headerTokens = line.split(":");
    Map<String, String> cookies =
        HttpRequestUtils.parseCookies(headerTokens[1].trim());
    String value = cookies.get("logined");
    if (value == null) {
```

```
        return false;
    }
    return Boolean.parseBoolean(value);
}
```

요구사항 5번과 요구사항 6번 구현 과정에서 쿠키 값을 추가(Set-Cookie 필드 사용)하고 클라이언트가 쿠키 값을 전달(Cookie 필드 사용)하는 전체 과정을 그림으로 살펴보면 다음과 같다.

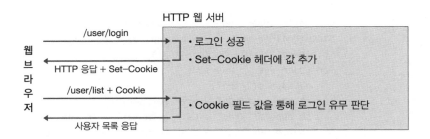

HTTP는 기본적으로 무상태 프로토콜이라 각 요청 간에 상태 데이터를 공유하지 못한다. 이 같은 한계를 극복하고 로그인 상태 유무와 같이 각 요청 간에 상태 정보를 공유하기 위한 방법으로 쿠키를 사용한다. HTTP에서 각 요청 간의 상태를 공유할 수 있는 유일한 방법이다. 서버가 전달하는 쿠키 정보는 클라이언트에 저장해 관리하기 때문에 보안 이슈가 있다. 이 같은 단점을 보완하기 위해 세션이 등장했다. 세션 또한 쿠키를 기반으로 하는 것은 같다. 단, 좀 더 보안을 강화하기 위한 방법으로 상태 데이터를 서버에 저장한다는 것만 다르다. 세션과 관련해서는 이 책 6장에서 세션을 직접 구현해 보면서 더 자세하게 다루도록 하겠다.

4.2.1.7 요구사항 7 - CSS 지원하기

요구사항	지금까지 구현한 소스코드는 CSS 파일을 지원하지 못하고 있다. CSS 파일을 지원하도록 구현한다.

지금까지 서비스한 HTML 소스코드를 보면 `<link>` 태그에 CSS 파일도 정상적으로 설정되어 있으며, 물리적인 CSS 파일도 해당 위치에 존재한다. 이클립스 콘솔을 통해 확인해보면 CSS 파일에 대한 요청도 정상이다. 그렇다면 무엇이 문제일까? 문제는 응답을 보낼 때 모든 컨텐츠의 타입을 text/html로 보내는 것 때문이다. 브라우저는 응답을 받은 후 Content-Type 헤더 값을 통해 응답 본문body에 포함되어 있는 컨텐츠가 어떤 컨텐츠인지를 판단한다. 그런데 지금까지 구현한 모든 응답은 text/html로 고정되어 있어 브라우저는 CSS 파일도 HTML로 인식했기 때문에 정상적으로 동작하지 않았다.

이 문제를 해결하려면 CSS 요청에 대해 Content-Type 헤더 값을 text/html이 아니라 text/css로 응답을 보내면 문제를 해결할 수 있다. 간단히 해결하기 위해 요청 URL의 확장자가 css인 경우 text/css로 응답을 보내도록 구현해 문제를 해결하자.

```java
public void run() {
    log.debug("New Client Connect! Connected IP : {}, Port : {}",
        connection.getInetAddress(), connection.getPort());

    try (InputStream in = connection.getInputStream();
         OutputStream out = connection.getOutputStream()) {
        [...]

        String url = tokens[1];
        if ("/user/create".equals(url)) {
            [...]
        } else if (url.endsWith(".css")) {
            DataOutputStream dos = new DataOutputStream(out);
            byte[] body = Files.readAllBytes(new File("./webapp" +
                url).toPath());
            response200CssHeader(dos, body.length);
            responseBody(dos, body);
        } else {
            responseResource(out, url);
        }
    } catch (IOException e) {
        log.error(e.getMessage());
    }
```

```
    }

    private void response200CssHeader(DataOutputStream dos,
                        int lengthOfBodyContent) {
        try {
            dos.writeBytes("HTTP/1.1 200 OK \r\n");
            dos.writeBytes("Content-Type: text/css\r\n");
            dos.writeBytes("Content-Length: " + lengthOfBodyContent + "\r\n");
            dos.writeBytes("\r\n");
        } catch (IOException e) {
            log.error(e.getMessage());
        }
    }
[...]
```

이와 같이 각 요청과 응답 헤더는 각 요청과 응답이 포함하고 있는 본문 컨텐츠에 대한 정보를 제공하고 있다. 이와 같이 데이터에 대한 정보를 포함하고 있는 헤더 정보들을 메타데이터라고 부른다. 예를 들어 위 소스코드의 Content-Type, Content-Length 헤더 정보는 본문 컨텐츠에 대한 타입과 길이 정보를 포함하고 있는데, 실제 데이터가 아닌 본문 데이터에 대한 정보를 포함하고 있다. 메타데이터는 요청과 응답 헤더 이외에도 애플리케이션 개발의 많은 곳에서 사용되는 용어이니 반드시 알아야 하는 용어이다.

지금까지 7개의 요구사항을 해결하면서 간단한 웹 서버를 구현했다. 지금까지 구현한 전체 소스코드는 https://github.com/slipp/web-application-server 저장소의 was-step1-bad-version 브랜치의 RequestHandler 클래스에서 확인할 수 있다.

이 책은 하나의 소스코드에 새로운 기능을 계속 추가하면서 실습을 진행한다. 각 과정은 Git의 브랜치를 통해 다음 단계의 실습을 진행하는 방식으로 구성되어 있다. 따라서 실습을 진행하려면 계속해서 브랜치를 변경해 가면서 진행해야 한다. 이클립스 또는 터미널에서 브랜치를 변경하는 방법은 다음 동영상을 참고하자.

https://youtu.be/VeTjDYI7UVs 이클립스 또는 터미널에서 브랜치 변경 방법

브랜치를 변경할 때 에러가 발생하는 대부분의 경우는 현재 브랜치에서 소스코드를 변경한 후 변경된 내용을 커밋commit하지 않아 발생한다. 브랜치를 변경하기 전에 먼저 커밋을 진행한 후 브랜치를 변경할 것을 추천한다.

HTTP를 학습하기 위해 이와 같이 웹 서버를 직접 구현하면서 학습하지 않고 책을 통해 학습을 시작해도 된다. 책을 통해 학습하는 것이 훨씬 더 적은 시간을 투자해 효과적으로 학습할 수도 있다. 하지만 HTTP를 이해하기 위해 고민하고 생각하는 데 투자하는 시간은 그만큼 적어진다. 또한 책을 통해 수많은 정보를 수동적으로 학습하기 때문에 몸에 체득되는 부분도 적게 마련이다. 앞의 7개 문제는 HTTP의 극히 일부분만을 학습할 수 있다. 이 실습을 통해 HTTP의 모든 것을 학습할 수는 없지만 HTTP의 기본에 대해서는 확실하게 학습할 수 있다. 이 장에서 학습한 내용을 바탕으로 다음 절에서 추천하는 책을 통해 추가 학습한다면 HTTP에 대해 더 깊이 있게 이해할 수 있을 것이다.

요구사항을 구현하는 과정에서 메소드를 분리하는 간단한 리팩토링을 진행했을 뿐 리팩토링을 거의 하지 않다보니 소스코드의 복잡도가 급격하게 증가하고 있다. 실제로 웹 애플리케이션을 개발하면 수십, 수백 개의 서로 다른 요청을 처리할 필요가 있는데, 현재 소스코드로는 확장 가능하지도 않고 기능이 추가될 때마다 복잡도는 빠르게 증가할 가능성이 높다. 다음 장은 새로운 지식을 학습하기보다 이 장에서 구현한 웹 서버를 리팩토링하는 과정을 다루면서 2장에서 학습한 테스트와 리팩토링을 복습하도록 하겠다. 리팩토링을 하면서 객체지향 설계와 인터페이스를 활용한 다형성에 대해 살펴보도록 하겠다.

4.3 추가 학습 자료

정말 먼 길을 돌고 돌아 HTTP와 네트워크를 학습할 수 있는 계기가 생겼다. 특별히 관심을 가지지 않으면 학습할 기회가 많지 않다. 하지만 웹 개발자가 한 단계 더 도약하기 위해 반드시 학습해야 할 내용이 HTTP와 네트워크이다.

4.3.1 HTTP

HTTP 학습은 예상보다 지루하고 재미없다. 책을 통해 HTTP 요청 헤더와 응답 헤더 전체를 하나씩 학습하는 것이 싫다면 먼저 https://www3.ntu.edu.sg/home/ehchua/ programming/webprogramming/HTTP_Basics.html 문서에 있는 내용만이라도 학습하자. 이 장의 실습을 충실히 진행했다면 이 문서에 있는 대부분의 용어들에 대해 이해할 수 있을 것이다.

웹 애플리케이션 개발을 처음 시작할 때 생소한 용어들이 많이 등장한다. 새롭게 등장하는 용어들 때문에 강의를 듣고, 책을 읽는 것에 어려움을 느낀다. 이는 결국 학습을 포기하는 이유 중의 하나가 된다. 아직까지 웹 개발 용어에 친숙하지 않다면 "프로가 되기 위한 웹 기술 입문"(고모리 유스케 저/김정환 역, 위키북스/2012) 책을 읽어볼 것을 추천한다. 웹 개발을 위한 기본 용어와 HTTP에 대한 내용은 이 책의 3장까지만 읽으면 된다. 책을 반드시 처음부터 끝까지 읽어야 한다는 선입견을 버리자.

이 장은 HTTP에 대한 기본만 설명하고 있다. HTTP 전반에 대해 더 깊이 있게 학습하고 싶다면 먼저 "HTTP & Network : 그림으로 배우는 책으로 학습"(우에노 센 저/이병억 역, 영진닷컴/2015) 책을 추천하고 싶다.

이 책을 통해 HTTP에 대한 기본적인 역량을 쌓았다면 다음 단계로 읽을 책은 "HTTP 완벽 가이드"(데이빗 고울리,브라이언 토티,마조리 세이어,세일루 레디,안슈 아가왈 공저/이응준,정상일 공역, 인사이트(insight)/2014) 책이다. 다음 단계로 읽을 책이 "HTTP 완벽 가이드"라는 뜻이지 두 번째 양파 껍질 단계에서 읽을 책은 아니다. "HTTP & Network : 그림으로 배우는 책으로 학습" 책 수준이면 충분하다.

"HTTP 완벽 가이드" 책은 HTTP의 끝판왕 수준이므로 경력을 쌓아가면서 천천히 읽어도 괜찮다. HTTP의 바이블과 같은 책으로 처음부터 끝까지 읽기 쉽지 않다. 가능하면 혼자 읽기보다는 책 읽기 스터디를 만들어 읽고 토론할 것을 추천한다. 나 또한 스터디를 통해 이 책을 끝까지 읽었다.

4.3.2 네트워크

HTTP 다음 단계로 학습할 내용은 클라이언트와 서버 간에 데이터를 주고 받는 과정에 대해서이다. 클라이언트에서 보낸 데이터가 어떻게 서버까지 전달되며, 서버에서 전달된 데이터가 어떤 과정으로 클라이언트까지 전달되는지 알아야 한다. 이는 네트워크에 대해 학습함으로써 알 수 있다.

클라이언트에서 요청한 데이터가 서버까지, 서버에서 응답한 데이터가 클라이언트까지 어떤 여행 과정을 거치는지에 대해 학습하고 싶다면 "성공과 실패를 결정하는 1%의 네트워크 원리"(Tsutomu Tone 저/이도희 역/이중호 감역, 성안당/2015) 책을 추천한다. 이 책은 기존의 다른 네트워크 책들과 달리 전체 과정을 쉽게 풀어 설명하고 있어 초보자가 읽기에 그나마 적합한 네트워크 책이다. 웹 개발자가 이 책의 모든 내용을 상세하게 이해할 필요는 없다고 생각한다. 브라우저를 통해 전달된 데이터가 서버까지 어떻게 전달되고, 서버에서 보낸 응답 데이터가 브라우저까지 전달되는 흐름을 이해해도 충분하다.

네트워크와 관련해서는 이 정도 수준으로 학습한 후 추후 자신이 담당할 업무가 네트워크와 더 밀접한 관련이 있는 시점에 추가적인 학습을 해도 괜찮다. 이는 네트워크에 대한 학습뿐 아니라 모든 영역의 학습에 있어서도 같은 전략으로 접근하는 것도 가능하다.

5장

웹 서버 리팩토링,
서블릿 컨테이너와 서블릿의 관계

웹 서버를 구현하면서 리팩토링을 거의 하지 않았다. 리팩토링을 하지 않은 결과 https:// github.com/slipp/web-application-server 저장소의 was-step1-bad-version 브랜치에 있는 RequestHandler 클래스와 같은 코드를 구현하게 되었다. 자신이 구현한 소스코드와 비교해 보기 바란다. 필자가 구현한 소스코드보다 더 깔끔하고 읽기 좋은 코드를 구현했기를 기대한다.

실무에서 진행하는 대부분의 프로젝트는 이와 같이 무작정 개발을 시작하지 않는다. 프로젝트 성격과 규모에 따라 다르지만 메소드 수준까지 철저한 설계를 한 후 개발을 시작하는 경우도 있으며, 대략적인 클래스 설계를 한 후에 진행하는 경우도 있다. 하지만 대부분의 프로젝트는 프로젝트 요구사항이 명확하지 않고, 프로젝트를 진행하면서 요구사항이 변경되는 경우가 많기 때문에 초반의 설계대로 개발하는 경우는 거의 없다.

그렇다고 설계를 하지 말아야 하는 것일까? 물론 아니다. 설계는 필요하다. 설계는 필요하지만 설계를 한 번만 해야 한다는 생각을 가질 필요는 없다. 우리가 3장의 요구사항을 구현하면서 HTTP 웹 서버에 대한 지식이 많아졌듯이 프로젝트 요구사항에 대한 지식은 프로젝트를 진행하면서 점차 높아진다. 요구사항에 대한 지식이 높아질 수록 더 좋은 설계를 할 수 있으며, 더 깔끔한 코드를 구현할 수 있다. 이와 같이 설계는 한 번의 작업으로 끝내야 하는 것이 아니라 애플리케이션을 개발하고 배포해 운영하는 동안 끊임없이 진행해야 하는 것이 설계이다. 이와 같이 지속적인 설계와 구현을 잘 할 수 있는 방법이 지속적인 리팩토링이다. 리팩토링은 설계를 개선하기 위한 일련의 활동이다.

4장에서 구현한 HTTP 웹 서버를 리팩토링하면서 설계를 개선하는 경험을 해보자.

5.1 HTTP 웹 서버 리팩토링 실습

5.1.1 리팩토링할 부분 찾기

리팩토링을 하려면 먼저 나쁜 냄새[1]가 나는 코드를 찾을 수 있는 능력을 키워야 한다. 리팩토링을 하는 데 있어 리팩토링을 어떻게 하느냐는 능력보다 리팩토링이 필요한 시점과 종료해야 하는 시점을 판단해야 하는 능력이 중요하다. 일단 소스코드에서 나쁜 냄새가 나면 다음 단계는 어떻게 리팩토링할 것인지 방법을 찾으면 된다. 하지만 나쁜 냄새가 진동하는 코드를 찾지 못하면 리팩토링할 필요성조차 느끼지 못해 아무런 시도도 하지 않는다.

"리팩토링 : 코드 품질을 개선하는 객체지향 사고법, 마틴 파울러 저/김지원 역, 한빛미디어/2012년" 책에서는 리팩토링이 필요한 시점에 대한 정확한 기준을 제시하기보다 경험적으로 인간의 직관에 맡기고 있다. 나 또한 리팩토링을 할 때 어떤 기준을 가지고 하기 보다는 직관에 의존해 진행한다. 이런 직관을 키우려면 좋은 코드, 나쁜 코

---

1 리팩토링에서 나쁜 냄새는 영어로 Bad Smell이라고 한다. 이 표현은 "리팩토링 : 코드 품질을 개선하는 객체지향 사고법"(마틴 파울러 저/김지원 역, 한빛미디어, 2012년) 번역서를 따라 나쁜 냄새라는 표현을 사용했다.

드 가리지 말고 다른 개발자가 구현한 많은 코드를 읽을 필요가 있다. 다음 단계는 소스코드를 직접 구현해 보는 것이다. 글쓰기를 많이 한다고 해서 글쓰는 실력이 늘지 않듯이 프로그래밍 또한 많은 코드를 구현한다고 해서 리팩토링 실력이 늘지 않는다. 자신이 구현한 코드에 대해 지속적으로 의도적인 리팩토링을 할 때 한 단계 성장할 수 있다. 이 책 2장의 문자열 계산기를 구현할 때와 같이 더 이상 리팩토링할 부분이 없다고 판단될 때까지 극단적으로 연습해 보는 것도 좋은 습관이다.

"리팩토링" 책에서는 리팩토링할 코드를 찾는 정확한 방법이 아닌 몇 개의 방향을 제시하고 있으니 이 책을 참고해 리팩토링할 코드에 대한 힌트를 얻을 수도 있다.

리팩토링은 0과 1의 딱딱한 프로그래밍 세계에서 다분히 아날로그적인 사람 냄새가 나는 영역이다. 리팩토링 능력을 키우는 것은 그만큼 어렵고 많은 연습이 필요하다. 하지만 그에 따른 보상은 다른 어떤 작업보다 흥분되고 짜릿한 경험을 할 수 있는 부분이다. 리팩토링은 개발자와 평생을 같이해야 할 친구로 생각하고 항상 곁에 두었으면 한다.

5.1.2 리팩토링 1단계 힌트

5.1.2.1 요청 데이터를 처리하는 로직을 별도의 클래스로 분리한다(HttpRequest).

> **HINT**
> - 클라이언트 요청 데이터를 담고 있는 InputStream을 생성자로 받아 HTTP 메소드, URL, 헤더, 본문을 분리하는 작업을 한다.
> - 헤더는 Map<String, String>에 저장해 관리하고 getHeader("필드 이름") 메소드를 통해 접근 가능하도록 구현한다.
> - GET과 POST 메소드에 따라 전달되는 인자를 Map<String, String>에 저장해 관리하고 getParameter("인자 이름") 메소드를 통해 접근 가능하도록 구현한다.

위 요구사항을 구현하기 위해 새로운 클래스를 만들어 구현할 때 테스트 코드를 기반으로 개발할 수 있다. 먼저 src/test/resources 디렉토리에 Http_GET.txt라는 이름으로 요청 데이터를 담고 있는 테스트 파일을 추가한다.

```
GET /user/create?userId=javajigi&password=password&name=JaeSung HTTP/1.1
Host: localhost:8080
Connection: keep-alive
Accept: */*
(빈 문자열)
```

Http_GET.txt 파일의 마지막 라인에 빈 공백 문자열을 포함해야 한다. 이 파일을 활용한 테스트 코드는 다음과 같다.

```java
public class HttpRequestTest {
    private String testDirectory = "./src/test/resources/";


    @Test
    public void request_GET() throws Exception {
        InputStream in = new FileInputStream(new File(testDirectory +
            "Http_GET.txt"));
        HttpRequest request = new HttpRequest(in);

        assertEquals("GET", request.getMethod());
        assertEquals("/user/create", request.getPath());
        assertEquals("keep-alive", request.getHeader("Connection"));
        assertEquals("javajigi", request.getParameter("userId"));
    }
}
```

테스트를 위한 HTTP 요청 데이터를 텍스트 파일에 생성한 후 FileInputStream으로 읽은 후 이 InputStream을 새로 생성한 HttpRequest 클래스의 생성자로 전달하는 방식으로 테스트할 수 있다. GET에 대한 테스트뿐만 아니라 POST에 대한 테스트 데이터(Http_POST.txt)를 추가해 테스트할 수 있다.

```
POST /user/create HTTP/1.1
Host: localhost:8080
Connection: keep-alive
Content-Length: 46
Content-Type: application/x-www-form-urlencoded
```

```
Accept: */*

userId=javajigi&password=password&name=JaeSung
```

Http_POST.txt 테스트 데이터에 대한 테스트 코드는 다음과 같다.

```java
public class HttpRequestTest {
    private String testDirectory = "./src/test/resources/";

    @Test
    public void request_POST() throws Exception {
        InputStream in = new FileInputStream(new File(testDirectory +
            "Http_POST.txt"));
        HttpRequest request = new HttpRequest(in);

        assertEquals("POST", request.getMethod());
        assertEquals("/user/create", request.getPath());
        assertEquals("keep-alive", request.getHeader("Connection"));
        assertEquals("javajigi", request.getParameter("userId"));
    }
}
```

GET과 POST에 대한 테스트 코드를 만족하는 HttpRequest 코드를 구현하면 된다. 테스트 데이터를 위해 파일을 만들고 InputStream을 생성하는 과정이 번거롭게 느껴지는 독자는 이 같은 과정을 생략한 후 String으로 문자열을 전달해 테스트할 수 있는 방법에 대해서도 고민해 보기 바란다.

5.1.2.2 응답 데이터를 처리하는 로직을 별도의 클래스로 분리한다(HttpResponse).

> **HINT**
> - RequestHandler 클래스를 보면 응답 데이터 처리를 위한 많은 중복이 있다. 이 중복을 제거해 본다.
> - 응답 헤더 정보를 Map<String, String>으로 관리한다.
> - 응답을 보낼 때 HTML, CSS, 자바스크립트 파일을 직접 읽어 응답으로 보내는 메소드는 forward(), 다른 URL로 리다이렉트하는 메소드는 sendRedirect() 메소드를 나누어 구현한다.

요청 데이터에 대한 처리를 담당하고 있는 HttpResponse가 정상적으로 동작하는지 다음과 같은 테스트 코드를 통해 확인할 수 있다.

```java
public class HttpResponseTest {
    private String testDirectory = "./src/test/resources/";

    @Test
    public void responseForward() throws Exception {
        // Http_Forward.txt 결과는 응답 body에 index.html이 포함되어 있어야 한다.
        HttpResponse response =
            new HttpResponse(createOutputStream("Http_Forward.txt"));
        response.forward("/index.html");
    }

    @Test
    public void responseRedirect() throws Exception {
        // Http_Redirect.txt 결과는 응답 headere에
        // Location 정보가 /index.html로 포함되어 있어야 한다.
        HttpResponse response =
            new HttpResponse(createOutputStream("Http_Redirect.txt"));
        response.sendRedirect("/index.html");
    }

    @Test
    public void responseCookies() throws Exception {
        // Http_Cookie.txt 결과는 응답 header에 Set-Cookie 값으로
        // logined=true 값이 포함되어 있어야 한다.
        HttpResponse response =
            new HttpResponse(createOutputStream("Http_Cookie.txt"));
        response.addHeader("Set-Cookie", "logined=true");
        response.sendRedirect("/index.html");
    }

    private OutputStream createOutputStream(String filename)
            throws FileNotFoundException {
        return new FileOutputStream(new File(testDirectory + filename));
    }
}
```

HttpResponseTest 코드는 HttpResponse를 통해 생성된 응답 데이터를 src/test/resources에 파일을 생성해 수동으로 확인하도록 구현하고 있다. 수동으로 확인하는 번거로움이 있기는 하지만 HttpResponse를 다른 클래스에서 사용하기 전에 정상적으로 동작하는지 검증할 수 있다. 만약 이 같은 수동 테스트가 만족스럽지 않다면 assertEquals()를 통해 자동화할 수 있는 방법을 찾아보기 바란다.

지금까지 요구사항을 구현했을 때의 결과를 클래스 다이어그램[2]으로 그려보면 다음과 같다.

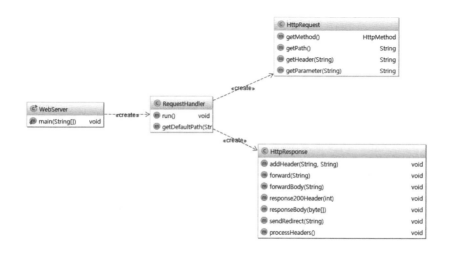

클래스 다이어그램과 관련한 설명은 다음 요구사항에 대한 결과를 클래스 다이어그램으로 살펴본 후 같이 설명하도록 하겠다.

---

2 이 책의 클래스 다이어그램은 IntelliJ IDEA 통합 개발 도구에서 제공하는 UML 도구를 활용했다.

5.1.2.3 다형성을 활용해 클라이언트 요청 URL에 대한 분기 처리를 제거한다.

RequestHandler 클래스를 보면 기능이 추가될 때마다 분기문(if/else if/else)이 하나씩 추가되는 방식으로 구현되어 있다. 기능이 많아질수록 분기문의 수는 증가한다. 자바의 다형성을 활용해 분기문을 제거한다.

HINT	• 각 요청과 응답에 대한 처리를 담당하는 부분을 추상화해 인터페이스로 만든다. 인터페이스는 다음과 같이 구현할 수 있다.

```java
public interface Controller {
    void service(HttpRequest request, HttpResponse response);
}
```

• 각 분기문을 Controller 인터페이스를 구현하는(implements) 클래스를 만들어 분리한다.
• 이렇게 생성한 Controller 구현체를 Map<String, Controller>에 저장한다. Map의 key에 해당하는 String은 요청 URL, value에 해당하는 Controller는 Controller 구현체이다.
• 클라이언트 요청 URL에 해당하는 Controller를 찾아 service() 메소드를 호출한다.
• Controller 인터페이스를 구현하는 AbstractController 추상클래스를 추가해 중복을 제거하고, service() 메소드에서 GET과 POST HTTP 메소드에 따라 doGet(), doPost() 메소드를 호출하도록 한다.

위 요구사항을 구현했을 때의 Controller 간의 관계를 클래스 다이어그램으로 그려보면 다음과 같다.

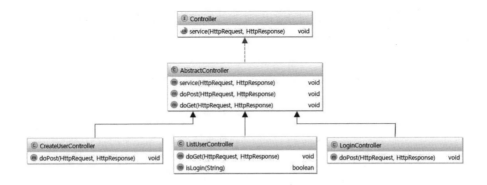

클래스 다이어그램은 클래스 간의 관계를 쉽게 파악하기 위한 목적으로 사용하는 UML Unified Modeling Language 중의 하나이다. 클래스 다이어그램을 읽는 방법은 생각보다 쉽기 때문에 잘 모르는 독자들은 이번 기회에 익혀두면 좋겠다. 알아야 할 첫 번째는 인터페이스를 구현할 때 implements와 상속 extends의 경우 화살표 끝은 삼각형으로 같다. 다른 점은 인터페이스를 구현할 때는 점선으로 표시하고, 상속의 경우에는 실선으로 표시한다. 위 다이어그램을 보면 *AbstractController* 클래스는 *Controller* 인터페이스를 구현 implements하고 있으며, *CreateUserController*는 *AbstractController*를 상속 extends하고 있다는 것을 알 수 있다.

두 번째는 클래스 간의 의존관계를 표시하는 부분이다. 클래스간의 의존관계는 열린 화살표를 사용한다. 단, 클래스의 의존관계가 클래스의 필드를 통해 연결되는 경우 실선, 메소드의 로컬 변수로 연결되는 경우 점선을 사용한다. 의존관계의 클래스를 해당 클래스의 인스턴스를 직접 생성하는 경우 《create》가 표시된다. 앞의 클래스 다이어그램을 보면 *RequestHandler*가 *HttpRequest*와 *HttpResponse*를 직접 생성하면서 로컬 변수로 의존관계를 가진다는 것을 알 수 있다. 이와 같이 UML을 활용하면 소스코드를 직접 보지 않아도 클래스의 구조를 파악하는 데 도움을 받을 수 있다.

리팩토링 요구사항, 힌트, 클래스 다이어그램을 참고해 직접 실습을 진행해 보고 다음 절에서 필자가 구현한 코드와 비교해 보기 바란다.

5.2 웹 서버 리팩토링 구현 및 설명

4장에서 구현한 HTTP 웹 서버 코드의 핵심은 RequestHandler 클래스이다. Request Handler 클래스는 클라이언트 요청에 대한 헤더와 본문 데이터 처리, 클라이언트 요청에 따른 로직 처리(회원가입, 로그인 등), 로직 처리 완료 후 클라이언트에 대한 응답 헤더와 본문 데이터 처리 작업으로 나뉜다. 클래스 하나가 너무 많은 일을 하고 있다. 먼저 각 객체가 한 가지 책임을 가지도록 설계를 개선하는 리팩토링을 진행한다. RequestHandler 클래스가 가지고 있는 책임 중 클라이언트 요청 데이터와 응답 데이터 처리를 별도의 클래스로 분리해 보자.

5.2.1 요청 데이터를 처리하는 로직을 별도의 클래스로 분리한다.

클라이언트 요청 데이터에서 요청 라인request line을 읽고, 헤더를 읽는 로직을 Http Request 클래스를 추가해 구현한다.

HttpRequest의 책임은 클라이언트 요청 데이터를 읽은 후 각 데이터를 사용하기 좋은 형태로 분리하는 역할만 한다. 이렇게 분리한 데이터를 사용하는 부분은 RequestHandler가 가지도록 한다. 즉, 데이터를 파싱하는 작업과 사용하는 부분을 분리하는 것이다. 이 같은 원칙에 따라 구현한 HttpRequest 코드는 다음과 같다.

[지면 관계상 import 구문은 생략함]

```java
public class HttpRequest {
    private static final Logger log = LoggerFactory.getLogger(HttpRequest.class);

    private String method;
    private String path;
    private Map<String, String> headers = new HashMap<String, String>();
    private Map<String, String> params = new HashMap<String, String>();

    public HttpRequest(InputStream in) {
        try {
            BufferedReader br = new BufferedReader(new
                InputStreamReader(in, "UTF-8"));
            String line = br.readLine();
            if (line == null) {
                return;
            }

            processRequestLine(line);

            line = br.readLine();
            while (!line.equals("")) {
                log.debug("header : {}", line);
                String[] tokens = line.split(":");
                headers.put(tokens[0].trim(), tokens[1].trim());
                line = br.readLine();
```

```
        }

        if ("POST".equals(method)) {
            String body = IOUtils.readData(br,
                Integer.parseInt(headers.get("Content-Length")));
            params = HttpRequestUtils.parseQueryString(body);
        }
    } catch (IOException io) {
        log.error(io.getMessage());
    }
}

private void processRequestLine(String requestLine) {
    log.debug("request line : {}", requestLine);
    String[] tokens = requestLine.split(" ");
    method = tokens[0];

    if ("POST".equals(method)) {
        path = tokens[1];
        return;
    }

    int index = tokens[1].indexOf("?");
    if (index == -1) {
        path = tokens[1];
    } else {
        path = tokens[1].substring(0, index);
        params = HttpRequestUtils.parseQueryString(
            tokens[1].substring(index+1));
    }
}

public String getMethod() {
    return method;
}

public String getPath() {
    return path;
}
```

```
    public String getHeader(String name) {
        return headers.get(name);
    }

    public String getParameter(String name) {
        return params.get(name);
    }
}
```

HttpRequest는 InputStream을 생성자의 인자로 받은 후 InputStream에 담겨있는 데이터를 필요한 형태로 분리한 후 객체의 필드에 저장하는 역할만 한다. 이렇게 저장한 값에 접근할 수 있도록 4가지 종류의 get() 메소드를 제공할 뿐이다. 이와 같이 구현을 마친 후 모든 기능이 정상적으로 동작하는지 2단계 힌트에서 제공한 HttpRequestTest를 통해 검증할 수 있다.

2단계 힌트의 HttpRequestTest는 GET과 POST에 대한 일부분만 테스트하고 있다. 이와 같이 2가지 경우만 테스트할 경우 버그가 있는 코드가 발생할 가능성이 있다. HttpRequest에 대한 테스트를 좀 더 철저히 하려면 더 많은 경우의 수에 대해 테스트를 진행해야 한다. 이 부분은 독자에게 맡기도록 하겠다.

테스트 코드를 기반으로 개발할 경우, 첫번째 효과는 클래스에 버그가 있는지를 빨리 찾아 구현할 수 있다는 것이다. HttpRequest를 테스트도 하지 않은 상태에서 RequestHandler가 바로 사용한다면 HttpRequest 기능이 정상적으로 동작하는지 웹 서버를 실행한 후 수동으로 일일이 확인해야 한다. 물론 최종 테스트는 웹 서버를 실행해 확인할 수밖에 없겠지만 이와 같이 클래스에 대한 테스트를 마친 후 사용한다면 수동 테스트 횟수는 급격하게 줄어들 것이다.

두번째 효과는 디버깅하기 쉽다는 것이다. 수동 테스트를 하는 과정에서 버그가 발생하면 RequestHandler와 HttpRequest 중 어느 곳에 버그가 발생했는지 찾기 어렵다. 클래스에 대한 단위 테스트를 하는 것은 결과적으로 디버깅을 좀 더 쉽고 빠르게 할 수 있기 때문에 개발 생산성을 높여준다.

세번째 효과는 테스트 코드가 있기 때문에 마음 놓고 리팩토링을 할 수 있다는 것이다. 리팩토링을 꺼리는 이유 중의 하나가 지금까지 했던 테스트를 다시 반복해야 한다는 것이 가장 큰 이유 중의 하나이다. 리팩토링을 해보면 프로덕션 코드를 수정하는 시간은 짧다. 더 많은 시간은 리팩토링한 코드가 정상적으로 동작하는지 검증하기 위한 테스트를 하는 데 소요된다. 하지만 테스트 코드가 이미 존재한다면 리팩토링을 완료한 후 테스트를 한번 실행하기만 하면 끝이다.

테스트 코드도 준비했으니 이제 본격적으로 리팩토링을 진행해보자. 지금 상태로도 충분히 만족할 수 있겠지만 리팩토링할 부분을 찾아보자. 더 이상 리팩토링할 부분이 없을 것 같아 보이던 소스코드도 다양한 시각으로 리팩토링할 부분을 찾아보면 개선할 부분을 찾는 경우가 종종 있다. 이 시점이 한 단계 성장할 수 있는 시간이라 생각한다.

HttpRequest 로직을 분석해 보니 요청 라인request line을 처리하는 processRequest Line() 메소드의 복잡도가 높아 보인다. 이 메소드는 좀 더 철저하게 테스트하는 것이 좋겠다. 애플리케이션을 개발하다 보면 이와 같이 private 메소드인데 로직의 복잡도가 높아 추가적인 테스트가 필요하다고 생각하는 메소드가 발생한다. 하지만 현재 구조는 이 메소드만 별도로 분리해 테스트하기 힘들다. 이 메소드를 테스트 가능하도록 하려면 어떻게 해야 할까?

```java
private void processRequestLine(String requestLine) {
    log.debug("request line : {}", requestLine);
    String[] tokens = requestLine.split(" ");
    method = tokens[0];

    if ("POST".equals(method)) {
        path = tokens[1];
        return;
    }

    int index = tokens[1].indexOf("?");
    if (index == -1) {
```

```
                path = tokens[1];
        } else {
            path = tokens[1].substring(0, index);
            params = HttpRequestUtils.parseQueryString(
                tokens[1].substring(index+1));
        }
    }
```

일반적으로 이를 해결하는 방법은 두 가지가 있다. 첫째는 private 접근 제어자인 메소드를 default[3] 접근 제어자로 수정하고 메소드 처리 결과를 반환하도록 수정해 테스트할 수 있다. 둘째는 메소드 구현 로직을 새로운 클래스로 분리하는 방법이 있다. processRequestLine() 메소드의 경우 첫째 방법을 적용하기에는 메소드 처리 후 반환해야 하는 상태 값이 한 개가 아니라 쉽지 않다. 따라서 여기서는 RequestLine이라는 이름으로 새로운 클래스를 추가하는 방식으로 리팩토링을 진행해보자.

```java
public class RequestLine {
    private static final Logger log =
            LoggerFactory.getLogger(RequestLine.class);

    private String method;
    private String path;
    private Map<String, String> params = new HashMap<String, String>();

    public RequestLine(String requestLine) {
        log.debug("request line : {}", requestLine);
        String[] tokens = requestLine.split(" ");
        if (tokens.length != 3) {
            throw new IllegalArgumentException(requestLine + "이 형식에 맞지 않습니다.");
        }
        method = tokens[0];
        if ("POST".equals(method)) {
            path = tokens[1];
```

---

3 메소드에 아무런 접근 제어자도 추가하지 않을 경우 패키지가 같은 클래스의 경우 접근 가능한 접근 제어자. private과 protected의 중간 정도 접근 제어 권한을 가진다.

```
        return;
    }

    int index = tokens[1].indexOf("?");
    if (index == -1) {
        path = tokens[1];
    } else {
        path = tokens[1].substring(0, index);
        params = HttpRequestUtils.parseQueryString(
            tokens[1].substring(index+1));
    }
}

public String getMethod() {
    return method;
}

public String getPath() {
    return path;
}

public Map<String, String> getParams() {
    return params;
}
}
```

위와 같이 RequestLine으로 로직을 분리하면 다음과 같이 쉽게 테스트가 가능하다.

```
public class RequestLineTest {
    @Test
    public void create_method() {
        RequestLine line = new RequestLine("GET /index.html HTTP/1.1");
        assertEquals("GET", line.getMethod());
        assertEquals("/index.html", line.getPath());

        line = new RequestLine("POST /index.html HTTP/1.1");
        assertEquals("/index.html", line.getPath());
    }

    @Test
```

```
    public void create_path_and_params() {
        RequestLine line = new RequestLine(
            "GET /user/create?userId=javajigi&password=pass HTTP/1.1");
        assertEquals("GET", line.getMethod());
        assertEquals("/user/create", line.getPath());
        Map<String, String> params = line.getParams();
        assertEquals(2, params.size());
    }
}
```

HttpRequest 클래스가 새로 추가한 RequestLine을 사용하도록 리팩토링한 결과는 다음과 같다.

```
public class HttpRequest {
    private static final Logger log = LoggerFactory.getLogger(HttpRequest.class);

    private Map<String, String> headers = new HashMap<String, String>();
    private Map<String, String> params = new HashMap<String, String>();
    private RequestLine requestLine;

    public HttpRequest(InputStream in) {
        try {
            [...]

            requestLine = new RequestLine(line);

            [...]

            if ("POST".equals(getMethod())) {
                String body = IOUtils.readData(br,
                    Integer.parseInt(headers.get("Content-Length")));
                params = HttpRequestUtils.parseQueryString(body);
            } else {
                params = requestLine.getParams();
            }
        } catch (IOException io) {
            log.error(io.getMessage());
        }
```

```
    }

    public String getMethod() {
        return requestLine.getMethod();
    }

    public String getPath() {
        return requestLine.getPath();
    }

    public String getHeader(String name) {
        return headers.get(name);
    }

    public String getParameter(String name) {
        return params.get(name);
    }
}
```

지금까지 리팩토링 과정을 살펴보면 RequestLine이라는 새로운 클래스를 추가해 HttpRequest에서 요청 라인request line을 처리하는 책임을 분리했지만 HttpRequest의 메소드 원형은 바뀌지 않았다. 따라서 기존의 HttpRequestTest도 변경없이 테스트할 수 있다. 위와 같이 리팩토링 완료 후 HttpRequestTest와 RequestLineTest 테스트를 실행해 테스트가 통과하는지 확인한다.

processRequestLine() 메소드 로직에 대한 테스트를 새로운 클래스를 추가해 해결했다. 하지만 프로그래밍에 정답이라는 것은 없다. 메소드가 private이고 메소드 처리 후 반환되는 값이 여러 개라고 반드시 새로운 객체를 추가하는 것이 정답은 아니다. 단지 private 메소드의 복잡도가 높아 별도의 테스트가 필요한데 테스트하기 힘들다면 어딘가 리팩토링할 부분이 있겠다는 힌트를 얻는 용도로만 활용하면 좋겠다. 앞에서 필자가 진행한 리팩토링도 정답이 아닐 수 있다. 설계와 리팩토링에 있어 정답은 없다. 소스코드의 복잡도와 요구사항에 따라 가장 적합한 코드를 구현하기 위해 끊임없이 리팩토링할 뿐이다.

이 정도면 충분히 깔끔한데 마칠까라는 생각을 하다 한 가지만 더 진행해보자. 구현 코드를 보니 GET, POST 문자열이 하드코딩되어 사용되는 부분이 보인다. 이와 같이 상수 값이 서로 연관되어 있는 경우 자바의 enum을 쓰기 적합한 곳이다. 독립적으로 존재하는 상수 값은 굳이 enum으로 추가할 필요는 없지만 남자(M), 여자(F) 또는 북쪽(NORTH), 남쪽(SOUTH), 서쪽(WEST), 동쪽(EAST)와 같이 상수 값이 연관성을 가지는 경우 enum을 사용하기 적합하다. GET, POST를 HttpMethod라는 이름의 enum으로 추가하는 리팩토링을 진행한다.

```java
public enum HttpMethod {
    GET,
    POST;
}
```

위와 같이 HttpMethod를 추가한 후 지금까지 GET, POST를 사용하던 부분을 다음과 같이 수정할 수 있다.

```java
public class RequestLine {
    private HttpMethod method;

    [...]

    public RequestLine(String requestLine) {
        [...]

        method = HttpMethod.valueOf(tokens[0]);
        if (method == HttpMethod.POST) {
            path = tokens[1];
            return;
        }

        [...]
    }

    public HttpMethod getMethod() {
```

```
        return method;
    }
}
```

지금까지 String으로 구현되어 있던 method 필드를 HttpMethod enum을 사용
하도록 변경했다. 이와 같이 변경함으로써 HttpRequest, RequestLineTest,
HttpRequestTest에서도 HttpMethod를 사용하도록 변경해야 한다.

자바에서 enum 또한 클래스와 같다. 따라서 HttpMethod를 추가하면서 RequestLine
클래스에 if (method == HttpMethod.POST)와 같이 구현하던 로직을 다음과 같이
리팩토링할 수 있다.

```
public enum HttpMethod {
    GET,
    POST;

    public boolean isPost() {
        return this == POST;
    }
}
```

위와 같이 HttpMethod에 현재 자신의 상태가 POST인지 여부를 판단하는 isPost()
메소드를 추가한 후 POST 메소드인지 여부를 판단하던 로직을 if (method.
isPost())와 같이 리팩토링할 수 있다. 지금까지 구현 과정을 통해 클라이언트 요청
데이터 처리를 담당하는 HttpRequest 구현을 완료했다.

프로그래밍 경험이 많지 않은데 객체의 책임을 분리하고 좋은 설계를 하기는 쉽지 않
다. 객체지향 설계를 잘하려면 많은 연습, 경험, 고민이 필요하다. 경험이 많지 않은
상태에서는 일단 새로운 객체를 추가했으면 객체를 최대한 활용하기 위해 노력해 본
다. 객체를 최대한 활용하는 연습을 하는 첫 번째는 객체에서 값을 꺼낸 후 로직을
구현하려고 하지 말고 값을 가지고 있는 객체에 메시지를 보내 일을 시키도록 연습
해 보자. 앞에서 POST 메소드인지의 여부를 판단하기 위해 HttpMethod에서 GET,

POST 값을 꺼내 비교하는 것이 아니라 이 값을 가지고 있는 **HttpMethod**가 POST 여부를 판단하도록 메시지를 보내 물어보고 있다. 이 같은 연습이 거창한 연습은 아니지만 일단 생성한 객체를 최대한 활용하기 위해 노력하는 연습을 먼저 해야 한다. 객체를 최대한 활용했는데 복잡도가 증가하고 책임이 점점 더 많아진다는 느낌이 드는 순간 새로운 객체를 추가하면 된다.

처음에는 **HttpRequest** 하나에서 시작했는데 리팩토링을 진행하다보니 **RequestLine**, **HttpMethod**까지 추가했다. 이 같은 과정이 가능했던 이유는 테스트 코드가 버팀목이 되어주고 있었기 때문이다.

HttpRequest에 대한 리팩토링을 마치고 **RequestHandler**에서 **HttpRequest**를 사용하도록 수정해 보자.

```
public class RequestHandler extends Thread {
    public void run() {
        try (InputStream in = connection.getInputStream();
                OutputStream out = connection.getOutputStream()) {
            HttpRequest request = new HttpRequest(in);
            String path = getDefaultPath(request.getPath());

            if ("/user/create".equals(path)) {
                User user = new User(
                    request.getParameter("userId"),
                    request.getParameter("password"),
                    request.getParameter("name"),
                    request.getParameter("email"));
                [...]
            } else if ("/user/login".equals(path)) {
                User user = DataBase.findUserById(
                    request.getParameter("userId"));
                [...]
            } else if ("/user/list".equals(path)) {
                if (!isLogin(request.getHeader("Cookie"))) {
                    responseResource(out, "/user/login.html");
                    return;
                }
```

```
                [...]
        } else if (path.endsWith(".css")) {
            responseCssResource(out, path);
        } else {
            responseResource(out, path);
        }
    } catch (IOException e) {
        log.error(e.getMessage());
    }
}

private boolean isLogin(String cookieValue) {
    Map<String, String> cookies =
        HttpRequestUtils.parseCookies(cookieValue);
    String value = cookies.get("logined");
    if (value == null) {
        return false;
    }
    return Boolean.parseBoolean(value);
}

private String getDefaultPath(String path) {
    if (path.equals("/")) {
        return "/index.html";
    }
    return path;
}

    [...]
}
```

클라이언트 요청 데이터에 대한 처리를 모두 HttpRequest로 위임했기 때문에 RequestHandler는 요청 데이터를 처리하는 모든 로직을 제거할 수 있었다. RequestHandler는 HttpRequest가 제공하는 메소드를 이용해 필요한 데이터를 사용하기만 하면 된다. 이와 같이 클라이언트 요청을 HttpRequest라는 객체로 추상화해 구현함으로써 RequestHandler는 요청 데이터를 조작하는 부분을 제거할 수 있었다.

RequestHandler의 isLogin() 메소드를 보면 HttpRequest에 쿠키 헤더 값을 꺼내 조작하는 부분이 있다. 이보다는 HttpRequest가 쿠키 헤더 값에 대한 처리를 담당하도록 위임하는 것이 객체지향 개발 관점에서도 좋겠다. HttpRequest가 쿠키 값을 처리하도록 리팩토링해보자. 이 부분은 독자의 몫으로 남겨 놓겠다. 직접 구현하지 않더라도 머릿속으로 어떻게 구현하면 좋겠는지 설계만이라도 해볼 것을 추천한다. 자신이 설계한 내용을 6장의 세션 구현 과정과 비교해 보면 많은 도움이 될 것이다.

객체지향 설계에서 중요한 연습은 요구사항을 분석해 객체로 추상화하는 부분이다. 눈으로 보이지 않는 비즈니스 로직의 요구사항을 추상화하는 작업은 생각보다 쉽지 않다. 이 장에서 다루고 있는 HTTP에 대한 추상화는 이미 표준화가 되어 있으며, 데이터를 눈으로 직접 확인할 수 있기 때문에 그나마 쉬울 수 있다. 따라서 객체지향 설계를 처음 연습할 때 요구사항이 명확하지 않은 애플리케이션을 개발하기보다 체스게임, 지뢰 찾기 게임 등과 같이 이미 요구사항이 명확한 애플리케이션으로 연습할 것을 추천한다.

5.2.2 응답 데이터를 처리하는 로직을 별도의 클래스로 분리한다.

요청 데이터를 처리하는 로직을 구현하고 리팩토링하는 데 많은 지면을 할애했다. 규모가 있는 대규모 리팩토링을 처음 진행했기 때문에 단계별로 상세히 살펴봤다. 다음 단계로 분리할, 응답 데이터를 처리하는 로직은 빠르게 진행하도록 하겠다. 리팩토링할 때도 같은 방식으로 접근할 수 있다. 시작은 단계적으로 천천히 진행하지만 익숙해지면 단계를 건너뛰고 더 빠른 보폭으로 걸어도 괜찮다. 빠른 보폭으로 진행하다 장애물을 만나면 다시 속도를 늦추면 된다.

응답 데이터 처리를 담당하는 HttpResponse 클래스를 추가한다. HttpResponse의 역할은 응답 데이터의 상태에 따라 적절한 HTTP 헤더를 처리하는 부분이다. 특히 HTML, CSS, 자바스크립트 파일을 읽어 반환하는 부분과 302 상태 코드를 처리하는 부분이 가능해야 하며, 쿠키 추가와 같이 HTTP 헤더에 임의의 값을 추가할 수 있어야 한다. 이 같은 요구사항을 만족하도록 구현한 HttpResponse 코드는 다음과 같다.

```java
public class HttpResponse {
    private static final Logger log = LoggerFactory.getLogger(
        HttpResponse.class);
    private DataOutputStream dos = null;
    private Map<String, String> headers = new HashMap<String, String>();

    public HttpResponse(OutputStream out) {
        dos = new DataOutputStream(out);
    }

    public void addHeader(String key, String value) {
        headers.put(key, value);
    }

    public void forward(String url) {
        try {
            byte[] body = Files.readAllBytes(new
                File("./webapp" + url).toPath());
            if (url.endsWith(".css")) {
                headers.put("Content-Type", "text/css");
            } else if (url.endsWith(".js")) {
                headers.put("Content-Type", "application/javascript");
            } else {
                headers.put("Content-Type", "text/html;charset=utf-8");
            }
            headers.put("Content-Length", body.length + "");
            response200Header(body.length);
            responseBody(body);
        } catch (IOException e) {
            log.error(e.getMessage());
        }
    }

    public void forwardBody(String body) {
        byte[] contents = body.getBytes();
        headers.put("Content-Type", "text/html;charset=utf-8");
        headers.put("Content-Length", contents.length + "");
```

```
        response200Header(contents.length);
        responseBody(contents);
    }

    public void sendRedirect(String redirectUrl) {
        try {
            dos.writeBytes("HTTP/1.1 302 Found \r\n");
            processHeaders();
            dos.writeBytes("Location: " + redirectUrl + " \r\n");
            dos.writeBytes("\r\n");
        } catch (IOException e) {
            log.error(e.getMessage());
        }
    }

    private void response200Header(int lengthOfBodyContent) {
        try {
            dos.writeBytes("HTTP/1.1 200 OK \r\n");
            processHeaders();
            dos.writeBytes("\r\n");
        } catch (IOException e) {
            log.error(e.getMessage());
        }
    }

    private void responseBody(byte[] body) {
        try {
            dos.write(body, 0, body.length);
            dos.writeBytes("\r\n");
            dos.flush();
        } catch (IOException e) {
            log.error(e.getMessage());
        }
    }

    private void processHeaders() {
        try {
            Set<String> keys = headers.keySet();
            for (String key : keys) {
                dos.writeBytes(key + ": " + headers.get(key) + " \r\n");
            }
```

```
        } catch (IOException e) {
            log.error(e.getMessage());
        }
    }
}
```

HttpResponse에 대한 테스트는 2단계 힌트에서 제시한 HttpResponseTest를 실행해 생성된 파일을 통해 수동으로 테스트할 수 있다.

다음 단계로 RequestHandler 클래스가 HttpResponse를 사용하도록 리팩토링해보자.

```
public class RequestHandler extends Thread {
    [...]

    public void run() {
        log.debug("New Client Connect! Connected IP : {}, Port : {}",
                connection.getInetAddress(), connection.getPort());

        try (InputStream in = connection.getInputStream();
                OutputStream out = connection.getOutputStream()) {
            HttpRequest request = new HttpRequest(in);
            HttpResponse response = new HttpResponse(out);
            String path = getDefaultPath(request.getPath());

            if ("/user/create".equals(path)) {
                User user = new User(
                        request.getParameter("userId"),
                        request.getParameter("password"),
                        request.getParameter("name"),
                        request.getParameter("email"));
                log.debug("user : {}", user);
                DataBase.addUser(user);
                response.sendRedirect("/index.html");
            } else if ("/user/login".equals(path)) {
                User user = DataBase.findUserById(
                        request.getParameter("userId"));
                if (user != null) {
                    if (user.login(request.getParameter("password"))) {
                        response.addHeader("Set-Cookie", "logined=true");
```

```
                        response.sendRedirect("/index.html");
                } else {
                        response.sendRedirect("/user/login_failed.html");
                }
            } else {
                response.sendRedirect("/user/login_failed.html");
            }
        } else if ("/user/list".equals(path)) {
            if (!isLogin(request.getHeader("Cookie"))) {
                response.sendRedirect("/user/login.html");
                return;
            }

            Collection<User> users = DataBase.findAll();
            StringBuilder sb = new StringBuilder();
            sb.append("<table border='1'>");
            for (User user : users) {
                sb.append("<tr>");
                sb.append("<td>" + user.getUserId() + "</td>");
                sb.append("<td>" + user.getName() + "</td>");
                sb.append("<td>" + user.getEmail() + "</td>");
                sb.append("</tr>");
            }
            response.forwardBody(sb.toString());
        } else {
            response.forward(path);
        }
    } catch (IOException e) {
        log.error(e.getMessage());
    }
}

[...]
}
```

응답 데이터 처리에 대한 책임을 HttpResponse로 위임했더니 RequestHandler에서 응답 헤더와 본문 처리를 담당하던 모든 private 메소드를 제거할 수 있었다. RequestHandler가 많이 깔끔해졌다.

지금까지 구현한 소스코드는 https://github.com/slipp/web-application-server 저장소의 was-step2-request-response-refactoring 브랜치에서 참고할 수 있다.

5.2.3 다형성을 활용해 클라이언트 요청 URL에 대한 분기 처리를 제거한다.

HttpRequest, HttpResponse를 추가해 RequestHandler의 복잡도를 많이 낮추었다. 하지만 아직까지 run() 메소드의 복잡도를 완전히 낮추지는 못했다. run() 메소드의 가장 큰 문제점은 기능이 추가될 때마다 새로운 else if 절이 추가되는 구조로 구현되어 있다는 것이다. 이는 객체지향 설계 원칙 중 요구사항의 변경이나 추가사항이 발생하더라도, 기존 구성요소는 수정이 일어나지 말아야 하며, 기존 구성요소를 쉽게 확장해서 재사용할 수 있어야 한다는 OCP(개방폐쇄의 원칙, Open-Closed Principle) 원칙을 위반하고 있다. 새로운 기능이 추가되거나 수정사항이 발생하더라도 변화의 범위를 최소화하도록 설계를 개선해 보자.

앞의 요청과 응답 데이터를 분리하는 실습을 건너뛰고 지금 단계에서 실습을 진행하고 싶다면 https://github.com/slipp/web-application-server 저장소의 was-step2-request-response-refactoring 브랜치에서 시작할 수 있다.

run() 메소드의 복잡도가 높아 먼저 각 분기문 구현을 별도의 메소드로 분리하는 리팩토링(Extract Method 리팩토링)을 진행한다. 리팩토링을 진행한 결과는 다음과 같다.

```
public class RequestHandler extends Thread {
    [...]

    public void run() {
        log.debug("New Client Connect! Connected IP : {}, Port : {}",
                connection.getInetAddress(), connection.getPort());

        try (InputStream in = connection.getInputStream();
             OutputStream out = connection.getOutputStream()) {
            HttpRequest request = new HttpRequest(in);
```

```
            HttpResponse response = new HttpResponse(out);

            String path = getDefaultPath(request.getPath());
            if ("/user/create".equals(path)) {
                createUser(request, response);
            } else if ("/user/login".equals(path)) {
                login(request, response);
            } else if ("/user/list".equals(path)) {
                listUser(request, response);
            } else {
                response.forward(path);
            }
        } catch (IOException e) {
            log.error(e.getMessage());
        }
    }

    private void listUser(HttpRequest request, HttpResponse response) {
        [...]
    }

    private void login(HttpRequest request, HttpResponse response) {
        [...]
    }

    private void createUser(HttpRequest request, HttpResponse response) {
        [...]
    }
}
```

각 분기문 메소드의 구현부는 앞의 리팩토링 과정에서 살펴봤던 코드와 같이 때문에 지면 관계상 생략했다. 위와 같이 리팩토링을 진행하고 보니 각 메소드는 앞의 리팩토링 과정에서 추가한 HttpRequest, HttpResponse만 인자로 받는 것을 확인할 수 있다. 이와 같이 메소드 원형이 같기 때문에 자바의 인터페이스interface로 추출하는 것이 가능하겠다. Controller라는 이름의 인터페이스를 추가한다.

```
import http.HttpRequest;
import http.HttpResponse;

public interface Controller {
    void service(HttpRequest request, HttpResponse response);
}
```

위와 같이 Controller 인터페이스를 추가한 후 앞의 분기문에서 분리했던 메소드
(createUser, login, listUser)의 구현 코드를 Controller 인터페이스에 대한 구현
클래스로 이동한다.

```
public class CreateUserController implements Controller {
    private static final Logger log =
        LoggerFactory.getLogger(CreateUserController.class);

    @Override
    public void service(HttpRequest request, HttpResponse response) {
        User user = new User(
          request.getParameter("userId"), request.getParameter("password"),
          request.getParameter("name"), request.getParameter("email"));
        log.debug("user : {}", user);
        DataBase.addUser(user);
        response.sendRedirect("/index.html");
    }
}
```

LoginController와 ListUserController도 같은 방법으로 추가한다. LoginController
와 ListUserController는 지면 관계상 생략한다.

위와 같이 각 분기문에 해당하는 Controller를 추가한 다음 각 요청 URL과 URL에
대응하는 Controller를 연결하는 RequestMapping이라는 새로운 클래스를 추가한다.
RequestMapping은 웹 애플리케이션에서 서비스하는 모든 URL과 Controller를 관
리하고 있으며, 요청 URL에 해당하는 Controller를 반환하는 역할을 한다. 이 같은
역할을 담당하는 RequestMapping 구현 코드는 다음과 같다.

```
public class RequestMapping {
    private static Map<String, Controller> controllers =
        new HashMap<String, Controller>();

    static {
        controllers.put("/user/create", new CreateUserController());
        controllers.put("/user/login", new LoginController());
        controllers.put("/user/list", new ListUserController());
    }

    public static Controller getController(String requestUrl) {
        return controllers.get(requestUrl);
    }
}
```

지금까지 과정을 통해 요청 URL과 Controller에 대한 연결 작업까지 모두 완료했다. 다음 단계는 RequestHandler에서 요청 URL에 대한 Controller를 찾은 후 모든 작업을 해당 Controller가 처리하도록 위임할 수 있다.

```
public class RequestHandler extends Thread {
    [...]

    public void run() {
        log.debug("New Client Connect! Connected IP : {}, Port : {}",
            connection.getInetAddress(), connection.getPort());

        try (InputStream in = connection.getInputStream();
                OutputStream out = connection.getOutputStream()) {
            HttpRequest request = new HttpRequest(in);
            HttpResponse response = new HttpResponse(out);

            Controller controller =
                RequestMapping.getController(request.getPath());
            if (controller == null) {
                String path = getDefaultPath(request.getPath());
                response.forward(path);
            } else {
                controller.service(request, response);
```

```
        }
    } catch (IOException e) {
        log.error(e.getMessage());
    }
}

private String getDefaultPath(String path) {
    if (path.equals("/")) {
        return "/index.html";
    }
    return path;
}
}
```

위 소스코드가 RequestHandler의 run() 메소드 전체 코드이다. 앞으로 개인
정보수정, 로그아웃과 같은 새로운 기능이 추가된다면 어떻게 구현할 수 있을
까? RequestHandler의 run() 메소드는 더 이상 수정할 필요가 없다. 새로운 기
능이 추가되면 Controller 인터페이스를 구현하는 새로운 클래스를 추가한 후
RequestMapping의 Map에 요청 URL과 Controller 클래스를 추가하는 것으로 모든
작업이 끝난다. 각 클래스 간에는 어떠한 영향도 미치지 않으면서 새로운 기능을 추
가하는 것이 가능하다. 또한 변경 사항이 발생하면 다른 클래스에 영향을 미치지 않
으면서 해당 Controller 클래스의 service() 메소드만 수정하면 된다.

지금 상태로도 충분히 깔끔하고 좋은 코드지만 여기서 한 발 더 나아가 각 HTTP 메소
드(GET, POST)에 따라 다른 처리를 할 수 있도록 다음과 같은 추상 클래스를 추가
할 수도 있다.

```
public abstract class AbstractController implements Controller {
    @Override
    public void service(HttpRequest request, HttpResponse response) {
        HttpMethod method = request.getMethod();

        if (method.isPost()) {
            doPost(request, response);
```

```
        } else {
            doGet(request, response);
        }
    }

    protected void doPost(HttpRequest request, HttpResponse response) {
    }

    protected void doGet(HttpRequest request, HttpResponse response) {
    }
}
```

위와 같이 AbstractController를 추가한 후 각 Controller는 Controller 인터페이스를 직접 구현하는 것이 아닌 AbstractController를 상속해 각 HTTP 메소드에 맞는 메소드를 오버라이드하도록 구현할 수 있다.

```
public class CreateUserController extends AbstractController {
    @Override
    public void doPost(HttpRequest request, HttpResponse response) {
        [...]
    }
}
```

```
public class ListUserController extends AbstractController {
    @Override
    public void doGet(HttpRequest request, HttpResponse response) {
        [...]
    }
}
```

위와 같이 구현할 경우의 장점은 요청 URL이 같더라도 HTTP 메소드가 다른 경우 새로운 Controller 클래스를 추가하지 않고 Controller 하나로 GET(doGet 메소드), POST(doPost 메소드)를 모두 지원하는 것이 가능하다.

여러 리팩토링 단계를 거쳤더니 그나마 깔끔하고 쓸만한 웹 서버 코드를 구현할 수 있게 되었다. 이 단계를 거친 느낌이 어떤가? 리팩토링과 객체지향 설계의 맛을 조금이나마 느낄 수 있었다면 이 장의 목적은 충분히 달성한 것이다.

지금까지 구현한 소스코드는 https://github.com/slipp/web-application-server 저장소의 was-step3-controller-refactoring 브랜치에서 참고할 수 있다.

5.2.4 HTTP 웹 서버의 문제점

지금까지 HTTP 웹 서버를 직접 구현하고 리팩토링하는 과정에 대해 살펴봤다. 웹 서버를 직접 구현해 봄으로써 HTTP 요청과 응답의 세부 내용에 대해 더 깊이 있게 학습할 수 있는 계기가 되었다. 하지만 지금까지 구현한 웹 서버는 다음과 같은 한계를 가진다.

- HTTP 요청과 응답 헤더, 본문 처리와 같은 데 시간을 투자함으로써 정작 중요한 로직을 구현하는 데 투자할 시간이 상대적으로 적다.

- 동적인 HTML을 지원하는 데 한계가 있다. 동적으로 HTML을 생성할 수 있지만 많은 코딩량을 필요로 한다.

- 사용자가 입력한 데이터가 서버를 재시작하면 사라진다. 사용자가 입력한 데이터를 유지하고 싶다.

물론 위 세 가지 외에도 부족한 부분이 많지만 가장 큰 문제점이라고 생각하는 부분만 정리해 봤다.

5.3 서블릿 컨테이너, 서블릿/JSP를 활용한 문제 해결

앞에서 구현한 웹 서버는 크게 세 가지 문제점을 가지고 있다. 이 중 앞의 두 가지 문제점을 해결하기 위해 자바 진영에서 표준으로 정한 것이 서블릿 컨테이너와 서블릿/JSP이다.

새로운 용어와 개념을 학습할 때 가장 좋은 방법은 이미 알고 있는 지식과 연결해 이해하는 것이다. 서블릿 컨테이너와 서블릿/JSP에 대해 이해하기 위해 앞에서 구현한 웹 서버와 연결해 설명하도록 하겠다. 서블릿 컨테이너와 서블릿의 동작 방식에 대해 지금까지 구현한 웹 서버와 연결해 이해해 보기 바란다.

먼저 서블릿은 앞에서 구현한 웹 서버의 Controller, HttpRequest, HttpResponse를 추상화해 인터페이스로 정의해 놓은 표준이다. 즉, HTTP의 클라이언트 요청과 응답에 대한 표준을 정해 놓은 것을 서블릿이라 생각하면 된다. 서블릿 컨테이너는 이 서블릿 표준에 대한 구현을 담당하고 있으며 앞에서 구현한 웹 서버가 서블릿 컨테이너 역할과 같다고 생각하면 된다.

앞에서 구현한 HTTP 웹 서버는 서버를 시작하는 시점에 Controller의 인스턴스를 생성하고, 요청 URL과 생성한 Controller 인스턴스를 연결시켜 놓는다. 클라이언트에서 요청이 오면 요청 URL에 해당하는 Controller를 찾아 Controller에 실질적인 작업을 위임했다. 서블릿 컨테이너와 서블릿의 동작 방식도 이와 똑같다. 서블릿 컨테이너는 서버가 시작할 때 서블릿 인스턴스를 생성해, 요청 URL과 서블릿 인스턴스를 연결해 놓는다. 클라이언트에서 요청이 오면 요청 URL에 해당하는 서블릿을 찾아 서블릿에 모든 작업을 위임한다.

글로 설명해봤자 직접적으로 피부에 와닿지 않을 것이다. 서블릿 컨테이너를 설치해 서블릿을 추가한 다음 "Hello World" 메시지를 출력해 보도록 하겠다. 서블릿은 표준이기 때문에 서블릿을 지원하는 서블릿 컨테이너 구현체는 톰캣(Tomcat), Jetty, JBoss 등 여러 가지가 있다. 이 중 오픈소스이며 무료로 사용할 수 있는 서블릿 컨테이너 중 업계에서 가장 널리 사용하는 톰캣을 기반으로 실습을 진행하도록 하겠다.

5.3.1 개발 환경 세팅 및 Hello World 출력

다음 2개의 동영상을 참고해 톰캣 서버를 설치하고 "Hello World"를 출력하는 서블릿을 추가해 실행해 보기 바란다.

https://youtu.be/jWVlAcInlXo Embedded 톰캣 설정하는 방법
https://youtu.be/xCXw8xmmWC4 Hello World 출력하는 서블릿을 추가하고, 실행해 보는 과정

톰캣 서버를 활용해 웹 애플리케이션을 개발하는 과정에서 소스코드를 수정한 다음 서버를 재시작해야 하는 경우가 많다. 서버 재시작을 단축키로 할 수 있도록 지원하는 이클립스 플러그인이 있어 소개한다. 설치하고 사용하는 방법은 다음 동영상을 참고한다.

https://youtu.be/OdCR6Y4_HAQ relaunch plugin 설치하기

5.3.2 서블릿 컨테이너, 서블릿

서블릿 컨테이너와 서블릿이라는 새로운 용어가 등장했다고 해서 긴장할 필요없다. 앞의 HTTP 웹 서버 리팩토링 과정을 이해했다면 여러분은 이미 서블릿 컨테이너와 서블릿이 어떻게 동작하는지를 이해한 것이나 다를 바 없다.

먼저 앞의 동영상에서 톰캣 서버를 시작하는 WebServerLauncher 클래스를 살펴보면 다음과 같다.

```
public class WebServerLauncher {
    private static final Logger logger =
        LoggerFactory.getLogger(WebServerLauncher.class);
```

```java
public static void main(String[] args) throws Exception {
    String webappDirLocation = "webapp/";
    Tomcat tomcat = new Tomcat();
    tomcat.setPort(8080);

    tomcat.addWebapp("/",
        new File(webappDirLocation).getAbsolutePath());
    logger.info("configuring app with basedir: {}",
        new File("./" + webappDirLocation).getAbsolutePath());

    tomcat.start();
    tomcat.getServer().await();
    }
}
```

위 소스는 앞에서 구현한 HTTP 웹 서버의 WebServer와 같은 역할로 톰캣 서버를 시작한다. 시작할 때 웹 자원(HTML, CSS, 자바스크립트)이 위치하는 디렉토리와 이 디렉토리 자원을 접근할 때의 경로(위 코드는 /로 설정하고 있음)를 설정하고 있을 뿐이다.

브라우저에 "Hello World!"를 출력하기 위해 구현한 서블릿 코드는 다음과 같다.

```java
import java.io.IOException;
import java.io.PrintWriter;

import javax.servlet.ServletException;
import javax.servlet.annotation.WebServlet;
import javax.servlet.http.HttpServlet;
import javax.servlet.http.HttpServletRequest;
import javax.servlet.http.HttpServletResponse;

@WebServlet("/hello")
public class HelloWorldServlet extends HttpServlet {
    @Override
    protected void doGet(HttpServletRequest req, HttpServletResponse resp)
        throws ServletException, IOException {
        PrintWriter out = resp.getWriter();
        out.print("Hello World!");
```

```
        }
    }
```

서블릿 코드를 보는 순간 앞에서 본 `Controller` 인터페이스 구현체와 너무 비슷하다는 것을 알 수 있다. 맞다. 서블릿은 앞에서 구현했던 `Controller`와 정확히 같은 역할을 하며, 똑같은 방식으로 동작한다. `doGet()` 메소드의 인자로 전달하는 `HttpServletRequest`, `HttpServletResponse`는 앞에서 구현한 `HttpRequest`, `HttpResponse`와 같다. 더 정확히 연결하면 `Controller` 인터페이스는 서블릿의 `Servlet` 인터페이스, `AbstractController`는 `HttpServlet`과 같다.

서블릿 컨테이너는 서버를 시작할 때 클래스패스에 있는 클래스 중 `HttpServlet`을 상속하는 클래스를 찾은 후 `@WebServlet` 애노테이션의 값을 읽어 요청 URL과 서블릿을 연결하는 Map을 생성한다. 즉, 앞에서 구현한 `RequestMapping`의 Map에 서블릿을 추가하고, 요청 URL에 대한 서블릿을 찾아 서비스하는 역할을 서블릿 컨테이너가 담당한다.

즉, 서블릿 컨테이너의 중요한 역할 중의 하나는 서블릿 클래스의 인스턴스 생성, 요청 URL과 서블릿 인스턴스 매핑, 클라이언트 요청에 해당하는 서블릿을 찾은 후 서블릿에 작업을 위임하는 역할을 한다. 이외에도 서블릿 컨테이너는 서블릿과 관련한 초기화init와 소멸destroy 작업도 담당한다. `Servlet` 인터페이스 소스코드를 보면 좀 더 명확히 이해할 수 있을 것이다.

```java
package javax.servlet;

import java.io.IOException;

public interface Servlet {
    public void init(ServletConfig config) throws ServletException;

    public void service(ServletRequest req, ServletResponse res)
        throws ServletException, IOException;
```

```
    public void destroy();

    public ServletConfig getServletConfig();

    public String getServletInfo();
}
```

서블릿 컨테이너가 시작하고 종료할 때의 과정을 단계적으로 살펴보자.

- 서블릿 컨테이너 시작[4]
- 클래스패스에 있는 Servlet 인터페이스를 구현하는 서블릿 클래스를 찾음
- @WebServlet 설정을 통해 요청 URL과 서블릿 매핑
- 서블릿 인스턴스 생성
- init() 메소드를 호출해 초기화

서블릿 컨테이너는 위 과정으로 서블릿 초기화를 완료한 후 클라이언트 요청이 있을 때까지 대기상태로 있다가 클라이언트 요청이 있을 경우 요청 URL에 해당하는 서블릿을 찾아 service() 메소드를 호출한다.

서비스를 하다 서블릿 컨테이너를 종료하면 서블릿 컨테이너가 관리하고 있는 모든 서블릿의 destroy() 메소드를 호출해 소멸 작업을 진행한다.

이와 같이 서블릿 생성, 초기화, 서비스, 소멸 과정을 거치는 전체 과정을 서블릿의 생명주기(라이프사이클, life cycle)라 한다. 따라서 서블릿 컨테이너는 서블릿의 생명주기를 관리한다고 이야기한다. 물론 이외에도 멀티쓰레딩 지원, 설정 파일을 활용한 보안관리, JSP 지원 등의 작업을 지원함으로써 개발자가 중요한 비즈니스 로직 구현에 집중할 수 있도록 한다.

---

4 @WebServlet 애노테이션 설정은 서블릿 3.0 버전에서 추가되었다. 이전 버전은 web.xml 파일 설정을 참고해 서블릿 클래스를 찾고, 요청 URL 매핑을 했다. 이 책은 web.xml에 대한 설정은 다루지 않으니 web.xml 설정을 알고 싶다면 다른 책을 참고하기 바란다.

앞으로 자바 진영에서 웹 애플리케이션을 개발하면서 컨테이너라는 용어를 접할 기회가 있다. 각 컨테이너마다 다른 기능을 지원할 수 있지만 기본적으로 생명주기를 관리하는 기능을 제공한다. 예를 들어 지금은 거의 사용되지 않는 EJBEnterprise Java Bean 컨테이너는 EJB에 대한 생명주기 관리, 스프링 프레임워크에 포함되어 있는 빈Bean 컨테이너는 빈에 대한 생명주기를 관리하는 기능을 제공한다고 생각할 수 있다.

컨테이너가 관리하는 객체의 인스턴스는 개발자가 직접 생성하는 인스턴스가 아니다. 개발자가 직접 인스턴스를 생성한다면 개발자가 원하는 메소드를 호출해 초기화나 소멸과 같은 작업을 진행하면 된다. 하지만 컨테이너에 의해 인스턴스가 관리되기 때문에 초기화, 소멸과 같은 작업을 위한 메소드를 인터페이스 규약으로 만들어 놓고 확장할 수 있도록 지원하는 것이다. 2장의 JUnit도 @Before, @Test, @After와 같이 초기화, 테스트, 소멸 작업을 위해 확장할 부분을 제공했듯이 컨테이너 또한 같은 방식의 생명주기를 지원한다. 만약 새로운 컨테이너를 학습할 기회가 있다면 서블릿 생명주기와 같은 방식으로 구현되어 있는지 확인해 보기 바란다. 대부분 같은 방식으로 동작하기 때문에 새로운 컨테이너라도 좀 더 빠르게 학습할 수 있다. 이것이 우리가 양파 껍질의 하나를 더 벗기면서 더 깊이 있는 학습을 하는 이유이다.

서블릿에서 알아야 할 중요한 부분 중의 하나는 서블릿 컨테이너가 생성하는 서블릿 인스턴스의 개수다. 서블릿 컨테이너는 멀티스레드로 동작한다. 즉, 동시에 여러 명의 클라이언트가 접속할 수 있도록 지원한다. 그렇다면 서블릿 인스턴스는 몇 개나 생성될까? 새로운 스레드가 생성될 때마다 새로운 서블릿 인스턴스를 생성할까? 이에 대한 해답은 HTTP 웹 서버 실습에서 구현한 RequestMapping의 Map을 보면 된다. RequestMapping의 Map은 static 키워드로 구현되어 있어 서버가 시작할 때 한번 초기화되면 더 이상 초기화하지 않고 계속해서 재사용한다.[5] 서블릿도 같다. 서블릿도 서블릿 컨테이너가 시작할 때 한번 생성되면 모든 스레드가 같은 인스턴스를 재

---

5 이 부분이 이해가 되지 않는다면 자바 관련 온라인 문서나 책을 참고해 static 키워드가 어떤 역할을 하는지 학습할 것을 추천한다.

사용한다. 멀티스레드가 인스턴스 하나를 공유하면서 발생하는 문제와 이에 대한 해결 방법은 이후에 다시 살펴보도록 하겠다.

5.4 추가 학습 자료

이 장에서는 4장에서 구현한 HTTP 웹 서버를 리팩토링하면서 객체지향 설계와 객체지향적으로 개발했을 때 얻을 수 있는 이점에 대한 맛을 볼 수 있었다. 또한 이렇게 리팩토링한 웹 서버가 현재 자바 업계의 표준이라 할 수 있는 서블릿 컨테이너, 서블릿과 어떻게 연결되는지에 대해 알아봤다. 이 두 가지 주제와 관련한 추가학습 자료는 다음과 같다.

5.4.1 객체지향 설계와 개발

객체지향 설계뿐 아니라 모든 설계는 짧은 기간 공부한다고 바로 효과를 볼 수 있는 영역이 아닌 듯하다. 다양한 관점으로 설계해 보고 고민한 경험들이 축적되어야만 좋은 설계를 할 수 있다. 따라서 이 부분의 학습은 개발자가 평생을 통해 지속적으로 학습해 나가야 할 부분이다. 평생을 학습해야 하는 주제이니 만큼 여유를 가지고 접근하면 좋겠다.

먼저 초보 개발자도 부담 없이 읽을 수 있는 2권의 책을 추천한다.

- "객체지향의 사실과 오해"(조영호 저, 위키북스/2015) - 객체지향의 이론적인 내용에 대해 학습할 수 있다. 특히 객체를 설계할 때 각 객체의 역할, 책임, 협력이 중요한데 이와 관련해 초보 개발자도 이해할 수 있도록 예제를 통해 쉽게 풀어내고 있다.
- "개발자가 반드시 정복해야 할 객체지향과 디자인 패턴"(최범균 저, 인투북스/2013) - "객체지향의 사실과 오해" 책이 이론적인 부분을 다루고 있다면 이 책은 예제 코드를 통해 객체지향과 디자인패턴에 대해 다루고 있다.

먼저 이 2권의 책을 통해 객체지향과 디자인 패턴에 대한 대략적인 맛을 느낀 후 다음 단계의 양파 껍질에 도전해 보면 좋겠다.

5.4.2 서블릿 & JSP, 웹 애플리케이션 서버

서블릿과 JSP는 정말 오랜 역사를 가진 기술이다. 하지만 아직도 자바 웹 애플리케이션 개발에 활용되고 있다. 서블릿, JSP의 많은 내용은 지금 단계에서 몰라도 괜찮다. 하지만 서블릿 컨테이너, 서블릿 라이프사이클, 서블릿 컨테이너와 서블릿의 관계, 서블릿 필터, 스코프, 쿠키와 세션과 관련해서는 반드시 학습할 것을 추천한다.

- "Head First Servlet & JSP"(케이시 시에라, 버트 베이츠, 브라얀 바샴 저/김종호 역, 한빛미디어/2009) - 서블릿 컨테이너와 서블릿의 관계를 그림을 통해 잘 설명하고 있다. 정말 오래된 서블릿 책이다. 오래된 버전을 다루고 있어 굳이 구매할 것을 추천하지 않는다. 도서관에서 책을 빌린 후 "2장 웹 애플리케이션 아키텍처, 4장 서블릿이 되어보자"라도 읽어보면 서블릿 컨테이너와 서블릿 관계를 좀 더 명확하게 이해할 수 있다.

- "프로가 되기 위한 웹기술 입문"(고모라 유스케 저/김정환 역, 위키북스/2012) 5장 - 톰캣은 자바 진영에서 동적인 웹 애플리케이션을 지원하기 위한 서버이다. 이와 같이 각 언어마다 동적인 웹 애플리케이션을 지원하는 서버를 웹 애플리케이션 서버Web Application Server라고 한다. 줄여서 와스(WAS)라고도 부른다. 정적인 웹 자원을 서비스하고 부하 분산을 목적으로 하는 웹 서버가 존재한다. 대표적인 웹 서버는 아파치와 nginx가 있다. 오랫동안 아파치가 웹 서버의 강자였으나 최근에 nginx가 급부상하고 있다. 웹 서버와 웹 애플리케이션 서버의 관계에 대해 더 깊이 있게 학습하고 싶다면 책의 "5장 웹 애플리케이션의 구성 요소"를 읽어보기 바란다. 데이터베이스 서버와의 관계에 대해서도 학습할 수 있다.

서블릿 & JSP와 관련해서는 정말 다양한 색깔의 책이 많다. 자바 책과 같이 딱히 이 책이 좋다라고 추천하기 힘들다. 자신의 색깔과 맞는 책을 직접 선택해 볼 것을 추천한다.

5.4.3 템플릿 엔진

최근에는 동적으로 HTML을 생성하기 위해 JSP를 사용하는 대신 템플릿 엔진을 사용하는 것이 일반적이다. JSP와 템플릿 엔진의 역할은 같다. 아직도 많은 곳에서 JSP를 사용하고 있지만 흐름은 템플릿 엔진으로 넘어가고 있다.

지금까지 동적인 HTML 생성을 웹 백엔드가 담당했는데 모바일과 같은 다양한 기기의 등장으로 최근 웹 백엔드는 JSON/XML과 같은 데이터만 제공하고 동적인 웹 UI는 클라이언트가 담당하는 방향으로 변화해가고 있다. 이 같은 방향으로 발전해 갈수록 JSP에 대한 필요성은 떨어질 수밖에 없으며, 템플릿 엔진에 대한 필요성은 높아갈 것이다.

JSP에 비해 템플릿 엔진이 가지는 장점도 많기 때문에 개발 경험을 쌓는 시작 단계부터 JSP 대신 템플릿 엔진을 활용할 것을 추천한다. 구글에 검색해 보면 정말 많은 템플릿 엔진이 존재한다. 이 중 어느 하나를 추천하기 힘들다. 자신의 프로젝트 상황에 따라 적합한 템플릿 엔진을 선택해 적용해 보기 바란다.

6장

서블릿/JSP를 활용해 동적인
웹 애플리케이션 개발하기

오랜 기간동안 서블릿Servlet과 JSPJava Server Page는 자바 진영에서 동적인 웹 애플리케이션을 개발하는 데 있어 표준이었다. 하지만 최근에 플레이 프레임워크[1]와 같이 서블릿 표준을 따르지 않는 기술도 등장하고 있다. 서블릿/JSP는 언제든지 다른 기술로 대체될 수 있다. 따라서 서블릿 사용법을 익혔다면 다음 단계는 서블릿/JSP가 추상화하고 있는 기반 지식을 학습할 필요가 있다. 이미 앞의 실습을 통해 서블릿이 추상화하고 있는 HTTP의 많은 내용을 학습할 수 있었다. 이번 장에서는 4장 실습에서 잠깐 언급했던 쿠키의 문제점에 대해 살펴보고 이를 해결하기 위한 용도로 등장한 세션을 직접 구현해 봄으로써 세션의 동작 원리를 이해해보도록 하겠다.

서블릿이 HTTP 지원과 관련해 많은 부분을 제공하고 있지만 서블릿만으로는 웹 애플리케이션을 빠르게 개발하는 데 한계가 있다. 이 같은 단점을 보완해 좀 더 효과적인 개발이 가능하도록 프레임워크를 만들 수 있다. 자바 진영뿐만 아니라 거의 모든

---

[1] **https://www.playframework.com** 서블릿 표준을 따르지 않으면서 동적인 웹 애플리케이션 개발이 가능하도록 지원하는 프레임워크이다. 플레이는 자바와 스칼라를 지원한다.

언어가 제공하는 웹 프레임워크는 MVCModel View Controller 패턴을 기반으로 하고 있다. 따라서 MVC 패턴 기반으로 프레임워크를 만들면서 MVC에 대한 개념을 경험하도록 하겠다.

이 장의 핵심적인 내용은 위 두 가지이다. 나머지 내용은 이 두 가지 실습을 진행하기 위해 서블릿/JSP 기반으로 사용자 관리 기능을 만들어 가는 과정을 간단하게 다룬다. 서블릿/JSP는 첫 번째 양파 껍질을 벗는 과정에서 기본적인 내용은 학습을 했다고 가정한다. 여기서 다루는 서블릿/JSP 내용은 복습이라 생각하면 좋겠다.

6.1 서블릿/JSP로 회원관리 기능 다시 개발하기

회원관리 기능을 개발하기 위한 HTML, CSS, 자바스크립트, DataBase 클래스 등은 3장 ~ 5장 실습에서 사용한 예제를 그대로 사용한다.

이 책 6장부터 12장까지 실습은 https://github.com/slipp/jwp-basic 저장소에서 각 단계별 브랜치를 통해 가능하다. 이 저장소 또한 자신의 계정으로 Fork해서 실습할 것을 추천한다.

GitHub 저장소 코드를 이클립스에 가져와 메이븐 빌드하는 과정은 다음 동영상을 참고한다.

— You Tube ——————————————
https://youtu.be/0VpYSAR8x28 GitHub에 있는 코드를 이클립스로 가져와 메이븐
빌드하기

이 장의 실습은 https://github.com/slipp/jwp-basic 저장소의 step0-getting-started 브랜치에서 시작하면 된다.

6.1.1 서블릿/JSP 복습

step0-getting-started 브랜치 소스코드를 열어보면 서블릿/JSP 기반으로 회원가입
(서블릿)과 사용자 목록(JSP) 기능을 이미 구현해 놓았다. 회원가입(서블릿)과 사용자
목록(JSP) 소스코드를 리뷰하면서 서블릿과 JSP에 대해 간략하게 살펴보자.

회원가입 화면은 /user/form.html을 그대로 사용한다. 사용자가 입력한 데이터를 추
출한 후 데이터베이스에 데이터를 추가하는 회원가입 서블릿 코드는 다음과 같다.

```java
@WebServlet("/user/create")
public class CreateUserServlet extends HttpServlet {
    @Override
    protected void doPost(HttpServletRequest req,
            HttpServletResponse resp) throws ServletException, IOException {
        User user = new User(
                req.getParameter("userId"),
                req.getParameter("password"),
                req.getParameter("name"),
                req.getParameter("email"));
        DataBase.addUser(user);
        resp.sendRedirect("/user/list");
    }
}
```

5장에서 구현한 CreateUserController와 비교해보면 다른 점이 거의 없다. 만약 위
소스코드가 어떻게 동작하는지 이해하기 힘들다면 4장과 5장을 다시 복습해 보기 바
란다.

회원가입을 완료 후 사용자 목록을 출력하기 위해 "/user/list"로 리다이렉트한다. "/
user/list" URL과 매핑되어 있는 ListUserServlet 코드는 다음과 같다.

```java
@WebServlet("/user/list")
public class ListUserServlet extends HttpServlet {
    @Override
    protected void doGet(HttpServletRequest req, HttpServletResponse resp)
```

```
        throws ServletException, IOException {
    req.setAttribute("users", DataBase.findAll());
    RequestDispatcher rd = req.getRequestDispatcher("/user/list.jsp");
    rd.forward(req, resp);
    }
}
```

ListUserServlet은 회원가입할 때 저장한 사용자 목록을 조회한 후 JSP에 "users"라는 이름으로 전달하고 있다. 5장에서 구현한 ListUserController는 사용자 목록을 보여주는 HTML을 StringBuilder를 활용해 동적으로 생성했지만 ListUserServlet은 JSP 파일로 위임하고 있다. 5장에서 구현한 ListUserController는 간단한 HTML을 생성하는 데도 소스코드가 복잡해졌다. 그렇다면 /user/list.jsp 파일의 HTML을 ListUserController에서 생성한다면 어떻게 될까? 상상만 해도 끔찍하다. 서블릿도 똑같다. 서블릿도 동적으로 HTML을 생성하려면 ListUserController와 같은 방식으로 프로그래밍해야 한다. 이 같은 서블릿의 한계를 극복하기 위해 등장한 것이 JSP이다.

JSP는 정적인 HTML은 그대로 두고 동적으로 변경되는 부분만 JSP 구문을 활용해 프로그래밍으로 구현하면 된다. JSP는 Java Server Page라는 이름에서도 알 수 있듯이 JSP에서 자바 구문을 그대로 사용할 수 있다. 따라서 JSP 초창기에는 사용자 목록을 출력하기 위해 다음과 같이 자바 구문을 직접 사용해 구현했다.

```
<%@ page contentType="text/html;charset=UTF-8" language="java" %>
<%@page import="java.util.*"%>
<%@page import="next.model.*"%>

<%
Collection<User> users = (Collection<User>)request.getAttribute("users");
for(User user : users) {
%>
<tr>
    <td><%= user.getUserId() %></td>
```

```
            <td><%= user.getName() %></td>
            <td><%= user.getEmail() %></td>
            <td><a href="#" class="btn btn-success" role="button">수정</a>
            </td>
        </tr>
    <%
    }
    %>
```

JSP에서는 스크립틀릿scriptlet이라고 하는 <% %> 내에 자바 구문을 그대로 사용할 수 있게 되었다. 위와 같이 구현하는 것만으로도 서블릿으로 구현할 때보다 훨씬 더 편해졌다. 그런데 웹 애플리케이션 요구사항의 복잡도가 증가하면서 많은 로직이 JSP에 자바 코드로 구현되다보니 JSP를 유지보수하기 너무 힘들어졌다. 이 같은 한계를 극복하기 위해 등장한 기술이 JSTLJavaServer Pages Standard Tag Library과 ELExpression Language이며, JSP의 복잡도를 낮춰 유지보수를 쉽게 하자는 목적으로 MVC 패턴을 적용한 프레임워크가 등장하게 되었다.

JSTL과 EL을 활용해 앞에서 구현한 사용자 목록을 다시 구현하면 다음과 같다.

```
<%@ page contentType="text/html;charset=UTF-8" language="java" %>
<%@ taglib prefix="c" uri="http://java.sun.com/jsp/jstl/core"%>

<c:forEach items="${users}" var="user" varStatus="status">
    <tr>
        <th scope="row">${status.count}</th>
        <td>${user.userId}</td>
        <td>${user.name}</td>
        <td>${user.email}</td>
        <td><a href="#" class="btn btn-success" role="button">수정</a>
        </td>
    </tr>
</c:forEach>
```

JSTL과 EL을 활용하면 JSP에서 자바 구문을 완전히 제거할 수 있다. 사실 자바 구문을 완벽하게 제거하려면 한 가지가 더 필요하다. JSP가 출력할 데이터를 전달해 줄 컨트롤러이다. 즉, MVC 패턴 기반으로 개발해야 JSP에서 자바 구문을 완전히 제거할 수 있다. 맞다. 앞에서 은근 슬쩍 넘어갔지만 사용자 목록을 조회한 후 JSP에 전달했던 `ListUserServlet`이 MVC 패턴에서 컨트롤러 역할을 한 것이다.

지금까지 서블릿에서 JSP로 변화 과정에 대해 간략하게 살펴봤다. 이 과정에서 등장한 JSTL과 EL 용어는 반드시 외워두는 것이 좋다. JSTL과 EL 문법은 생각보다 간단하기 때문에 이 용어들만 알고 있으면 검색을 통해 문법을 쉽게 찾을 수 있기 때문이다.

간단하게 맛을 봤으니 복습한다는 마음으로 나머지 기능을 구현해 보자. 만약 서블릿과 JSP에 대한 경험이 충분하다면 이 실습을 건너뛰고 다음 실습을 진행해도 괜찮다.

6.1.2 개인정보수정 실습

회원가입을 완료하면 사용자 목록 화면을 볼 수 있다. 사용자 목록 화면을 보면 각 사용자 우측에 "개인정보수정" 버튼이 있다. 이 버튼으로부터 수정 기능에 대한 구현을 시작하면 된다. 수정 화면은 회원가입 화면인 /user/form.html을 재사용한다.

힌트를 제공하지 않아도 해결할 수 있을 것이라 믿지만 혹시라도 해결하는 데 어려움을 겪는 독자가 있을까봐 몇 개의 힌트를 제공한다.

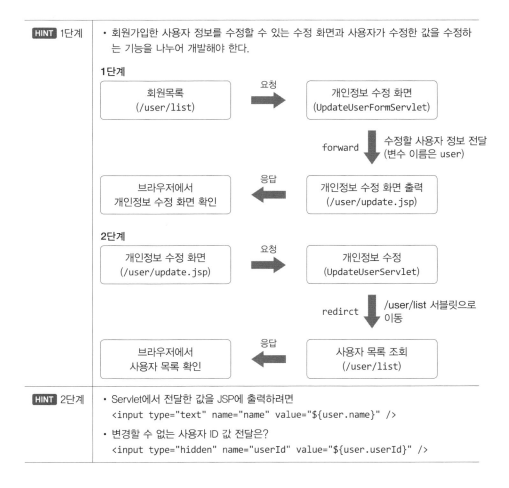

HINT 1단계
- 회원가입한 사용자 정보를 수정할 수 있는 수정 화면과 사용자가 수정한 값을 수정하는 기능을 나누어 개발해야 한다.

1단계

| 회원목록 (/user/list) | 요청 → | 개인정보 수정 화면 (UpdateUserFormServlet) |

forward ↓ 수정할 사용자 정보 전달 (변수 이름은 user)

| 브라우저에서 개인정보 수정 화면 확인 | ← 응답 | 개인정보 수정 화면 출력 (/user/update.jsp) |

2단계

| 개인정보 수정 화면 (/user/update.jsp) | 요청 → | 개인정보 수정 (UpdateUserServlet) |

redirct ↓ /user/list 서블릿으로 이동

| 브라우저에서 사용자 목록 확인 | ← 응답 | 사용자 목록 조회 (/user/list) |

HINT 2단계
- Servlet에서 전달한 값을 JSP에 출력하려면
  ```
  <input type="text" name="name" value="${user.name}" />
  ```
- 변경할 수 없는 사용자 ID 값 전달은?
  ```
  <input type="hidden" name="userId" value="${user.userId}" />
  ```

6.1.3 로그인/로그아웃 기능 실습

다음 단계로 진행할 실습은 로그인/로그아웃이 기능이다. 현재 상태가 로그인 상태이면 상단 메뉴가 "로그아웃", "개인정보수정"이 나타나야 하며, 로그아웃 상태이면 상단 메뉴가 "로그인", "회원가입"이 나타나야 한다.

`HINT` 1단계	• 로그인이 성공하는 경우 다음 코드 참고해 세션에 로그인 정보 추가
	`HttpSession session = req.getSession();` `session.setAttribute("user", user);`
`HINT` 2단계	• JSP에서 세션 데이터 체크 및 JSTL에서 if/else if/else 분기문 처리

	``
	<c:choose>
	    <c:when test="${not empty sessionScope.user}">
	        [html 구문]
	    </c:when>
	    <c:otherwise>
	        [html 구문]
	    </c:otherwise>
	</c:choose>
	``

`HINT` 3단계	• Session에 저장된 데이터를 삭제하는 방법
	`HttpSession session = req.getSession();` `session.removeAttribute("user", user);` 또는 `session.invalidate();`

6.1.4 회원 목록 및 개인정보 수정 보안 강화 실습

현재 사용자 목록은 모든 사용자가 볼 수 있으며 수정할 수 있다. 사용자 목록 조회는 로그인 사용자만 가능하며, 개인정보 수정은 자신의 정보만 수정 가능해야 한다.

`HINT`	• 세션에 저장된 데이터를 꺼내오고 싶은 경우

	``
	HttpSession session = req.getSession();
	Object value = session.getAttribute("user");
	if (value != null) {
	    User user = (User)value;
	}
	``

6.1.5 중복 코드 제거

기본적인 회원관리 기능 구현을 완료했다. 그런데 완료한 JSP 파일을 보니 너무나 많은 중복코드가 있다. 특히 웹 페이지 상단의 메뉴 부분은 모든 페이지가 같다. JSP의 중복 코드를 제거한다.

194

HINT	• JSP의 `<jsp:include page=…>` 또는 `<@ include file=…>`를 사용해 중복을 제거할 수 있다.

지금까지의 실습 과정에 대한 구현 과정은 설명하지 않는다. 위 실습 과정에 대한 구현 코드를 보고 싶은 독자들은 https://github.com/slipp/jwp-basic 저장소의 step1-user-completed-no-database에서 제공하고 있으니 참고하기 바란다.

6.2 세션(HttpSession) 요구사항 및 실습

HTTP는 클라이언트와 서버가 연결된 후 상태를 유지할 수 없다. 따라서 HTTP를 무상태 프로토콜이라고 부른다. 하지만 웹 애플리케이션은 로그인과 같이 상태를 유지할 필요가 있는 요구사항이 발생한다. 이와 같이 상태를 유지할 필요가 있을 때 사용할 수 있는 방법이 쿠키Cookie 헤더를 사용하는 방법[2]이다.

일단 "Set-Cookie" 헤더를 통해 쿠키를 생성하면 이후 발생하는 모든 요청에 "Set-Cookie"로 추가한 값을 "Cookie" 헤더로 전달하는 방식이다. 그런데 쿠키를 사용하는 데 문제점이 하나 있다. 보안상 취약하다는 문제가 있다. 웹 개발에 대한 약간의 관심이 있는 사람이라면 누구나 브라우저 개발자 도구나 HTTP 분석 도구를 활용해 HTTP 요청, 응답 헤더를 눈으로 볼 수 있다. 따라서 쿠키를 통해 비밀번호나 이메일 주소와 같은 개인 정보를 전달하는 것은 적합한 방법이 아니다.

이 같은 쿠키의 단점을 보완하기 위해 세션이 등장했다. 세션은 상태 값으로 유지하고 싶은 정보를 클라이언트인 브라우저에 저장하는 것이 아니라 서버에 저장한다. 서버에 저장한 후 각 클라이언트마다 고유한 아이디를 발급해 이 아이디를 "Set-Cookie" 헤더를 통해 전달한다. HTTP에서 상태를 유지하는 방법은 쿠키밖에 없다

---

2 쿠키 외에 요청을 보낼 때 인자를 통해 전달하는 방법도 있지만 추천할 만한 방법은 아니다. 단, 쿠키를 사용할 수 없는 경우에는 인자를 통해 매번 상태 값을 전달할 수밖에 없다.

고 했다. 세션이 상태 데이터를 웹 서버에서 관리한다는 점만 다를 뿐 HTTP에서 상태 값을 유지하기 위한 값을 전달할 때는 쿠키를 사용한다. 웹 개발자를 만나보면 쿠키와 세션이 아무런 관계가 없는 것으로 생각하는 경우가 종종 있다. 하지만 세션은 HTTP의 쿠키를 기반으로 동작한다는 것을 기억하면 좋겠다.

이 절에서는 세션 API를 직접 구현하면서 웹 서버 측에서 상태 데이터를 어떻게 관리하는지 살펴보겠다. 앞의 실습 과정과 같이 요구사항을 통해 개인별 실습을 먼저 진행한 후 필자가 직접 구현을 하면서 설명하는 방식으로 진행하겠다.

6.2.1 요구사항

실습은 5장에서 구현한 HTTP 웹 서버에서 시작할 수 있다. 만약 5장의 리팩토링을 완료하지 못한 독자라면 https://github.com/slipp/web-application-server 저장소의 was-step3-controller-refactoring 브랜치에서 시작할 수 있다.

요구사항은 서블릿에서 지원하는 HttpSession API의 일부를 지원해야 한다. Http Session API 중 구현할 메소드는 getId(), setAttribute(String name, Object value), getAttribute(String name), removeAttribute(String name), invalidate() 5개이다. HttpSession의 가장 중요하고 핵심이 되는 메소드이다.

각 메소드의 역할은 다음과 같다.

- String getId(): 현재 세션에 할당되어 있는 고유한 세션 아이디를 반환

- void setAttribute(String name, Object value): 현재 세션에 value 인자로 전달되는 객체를 name 인자 이름으로 저장

- Object getAttribute(String name): 현재 세션에 name 인자로 저장되어 있는 객체 값을 찾아 반환

- void removeAttribute(String name): 현재 세션에 name 인자로 저장되어 있는 객체 값을 삭제

- `void invalidate()`: 현재 세션에 저장되어 있는 모든 값을 삭제

세션은 클라이언트와 서버 간에 상태 값을 공유하기 위해 고유한 아이디를 활용하고, 이 고유한 아이디는 쿠키를 활용해 공유한다고 했다. 여기서 힌트를 얻어 실습을 진행해 보자. 먼저 어떻게 구현할 것인지 대략적인 설계와 요구사항을 좀 더 작게 나눈후 구현을 시작해 보자.

6.2.2 요구사항 분리 및 힌트

- 클라이언트와 서버 간에 주고 받을 고유한 아이디를 생성해야 한다. 고유한 아이디는 쉽게 예측할 수 없어야 한다. 예측하기 쉬우면 쿠키 값을 조작해 다른 사용자처럼 속일 수 있다.

> **HINT** JDK에서 제공하는 UUID[3] 클래스를 사용해 고유한 아이디를 생성할 수 있다.
>   `UUID uuid = UUID.randomUUID();`

- 앞 단계에서 생성한 고유한 아이디를 쿠키를 통해 전달한다.

> **HINT** 쿠키는 Set-Cookie 헤더를 통해 전달되며 `name1=value1; name2=value2` 형태로 전달된다.
>   자바 진영에서 세션 아이디를 전달하는 이름으로 `JSESSIONID`를 사용한다.

- 서버 측에서 모든 클라이언트의 세션 값을 관리하는 저장소 클래스를 추가한다.

> **HINT** HttpSessions와 같은 이름을 가지는 클래스를 추가한다.
>   이 클래스는 `Map<String, HttpSession>`와 같은 저장소를 통해 모든 클라이언트별 세션을 관리해야 한다. 이 저장소의 키(key)는 앞에서 UUID로 생성한 고유한 아이디이다.

---

3 UUID(universally unique identifier)는 고유한 값을 식별하기 위한 아이디 값으로, 32개의 16진수로 표현되며 총 36개 문자 (32개 문자와 4개의 하이픈)로 된 8-4-4-4-12라는 5개의 그룹을 하이픈으로 구분한다.

- 클라이언트별 세션 데이터를 관리할 수 있는 클래스(HttpSession)를 추가한다.

> **HINT** HttpSession 클래스는 요구사항에 있는 5개의 메소드를 구현해야 하며, 상태 데이터를 저장할 Map<String, Object>가 필요하다.

6.3 세션(HttpSession) 구현

6.3.1 고유한 아이디 생성

세션에서 사용할 고유한 아이디를 생성해 보자. 랜덤으로 임의의 값을 생성할 수 있지만 JDK에서 제공하는 UUID 클래스를 활용해 생성해 보자. UUID가 어떤 형태로 생성되는지 확인하기 위해 UUIDTest 클래스를 추가해 확인해 본다.

```java
import java.util.UUID;
import org.junit.Test;

public class UUIDTest {
    @Test
    public void uuid() {
        System.out.println(UUID.randomUUID());
    }
}
```

테스트를 실행해 보니 2580f09d-fca8-42ac-a318-dcbe8680730c와 같은 형태의 임의의 값이 생성된다.

6.3.2 쿠키를 활용해 아이디 전달

클라이언트가 처음 접근하는 경우 클라이언트가 사용할 세션 아이디를 생성한 후 쿠키를 통해 전달한다. 이렇게 세션 아이디를 한번 전달하면 이후 요청부터는 상태 값을 공유하기 위해 이 세션 아이디를 사용하면 된다.

RequestHandler 클래스에 세션 아이디가 존재하는지 여부를 판단한 후에 세션 아이디가 존재하지 않을 경우 세션 아이디를 새로 발급한다. 세션 아이디는 JSESSIONID로 전달한다.

```java
public class RequestHandler extends Thread {
    [...]

    public void run() {
        log.debug("New Client Connect! Connected IP : {}, Port : {}",
          connection.getInetAddress(), connection.getPort());

        try (InputStream in = connection.getInputStream();
              OutputStream out = connection.getOutputStream()) {
            HttpRequest request = new HttpRequest(in);
            HttpResponse response = new HttpResponse(out);

            if (getSessionId(request.getHeader("Cookie")) == null) {
                response.addHeader("Set-Cookie", "JSESSIONID=" +
                    UUID.randomUUID());
            }

            [...]
        } catch (IOException e) {
            log.error(e.getMessage());
        }
    }

    private String getSessionId(String cookieValue) {
        Map<String, String> cookies =
            HttpRequestUtils.parseCookies(cookieValue);
        return cookies.get("JSESSIONID");
    }
}
```

구현을 완료한 후 리팩토링할 부분을 찾아본다. ListUserController 코드에서 로그인 여부를 확인하기 위해 Cookie 헤더 값을 활용하는 부분이 점점 더 증가하고 있다. Cookie 헤더 값을 관리하는 HttpCookie를 추가하는 것이 좋겠다.

```
import java.util.Map;
import util.HttpRequestUtils;

public class HttpCookie {
    private Map<String, String> cookies;

    HttpCookie(String cookieValue) {
        cookies = HttpRequestUtils.parseCookies(cookieValue);
    }

    public String getCookie(String name) {
        return cookies.get(name);
    }
}
```

위와 같이 HttpCookie를 추가한 후 HttpRequest에서 HttpCookie에 접근할 수 있는 메소드를 추가한다.

```
public class HttpRequest {
    [...]

    public HttpCookie getCookies() {
        return new HttpCookie(getHeader("Cookie"));
    }
}
```

RequestHandler 클래스는 새로 추가한 HttpCookie를 활용해 다음과 같이 구현할 수 있다.

```
public class RequestHandler extends Thread {
    [...]

    public void run() {
        try (InputStream in = connection.getInputStream();
                OutputStream out = connection.getOutputStream()) {
            HttpRequest request = new HttpRequest(in);
```

```
        HttpResponse response = new HttpResponse(out);

        if (request.getCookies().getCookie("JSESSIONID") == null) {
            response.addHeader("Set-Cookie", "JSESSIONID="
                + UUID.randomUUID());
        }

        [...]
    } catch (IOException e) {
        log.error(e.getMessage());
    }
  }
}
```

6.3.3 모든 클라이언트의 세션 데이터에 대한 저장소 추가

서버는 다수의 클라이언트 세션을 지원해야 한다. 따라서 모든 클라이언트의 세션을
관리할 수 있는 저장소가 필요하다. 이 저장소는 모든 세션을 매번 생성하는 것이 아
니라 한번 생성한 후 재사용할 수 있어야 한다. 따라서 다음과 같이 static으로 Map
을 생성해 구현했다.

```java
import java.util.HashMap;
import java.util.Map;

public class HttpSessions {
    private static Map<String, HttpSession> sessions =
                    new HashMap<String, HttpSession>();

    public static HttpSession getSession(String id) {
        HttpSession session = sessions.get(id);

        if (session == null) {
            session = new HttpSession(id);
            sessions.put(id, session);
            return session;
```

```
        }

        return session;
    }

    static void remove(String id) {
        sessions.remove(id);
    }
}
```

6.3.4 클라이언트별 세션 저장소 추가

마지막으로 추가할 클래스는 각 클라이언트별 세션을 담당할 HttpSession 클래스로 우리가 서블릿에서 세션 데이터에 접근할 때 사용한 클래스이다. HttpSession은 다음과 같이 구현 가능하다.

```
import java.util.HashMap;
import java.util.Map;

public class HttpSession {
    private Map<String, Object> values = new HashMap<String, Object>();

    private String id;

    public HttpSession(String id) {
        this.id = id;
    }

    public String getId() {
        return id;
    }

    public void setAttribute(String name, Object value) {
        values.put(name, value);
    }

    public Object getAttribute(String name) {
```

```
        return values.get(name);
    }

    public void removeAttribute(String name) {
        values.remove(name);
    }

    public void invalidate() {
        HttpSessions.remove(id);
    }
}
```

마지막으로 HttpRequest에서 클라이언트에 해당하는 HttpSession에 접근할 수 있도록 메소드를 추가하면 된다.

```
public class HttpRequest {
    [...]

    public HttpSession getSession() {
        return HttpSessions.getSession(getCookies().
getCookie("JSESSIONID"));
    }
}
```

지금까지의 과정을 통해 세션 관리를 위한 모든 작업을 완료했다. 이제 우리가 직접 구현한 웹 서버에도 세션을 추가했으니 로그인을 완료했을 때 logined=true와 같이 쿠키 값을 추가하는 것이 아니라 User 객체를 추가해 로그인 여부를 판단하도록 기존 코드를 변경해 보자.

```
public class LoginController extends AbstractController {
    @Override
    public void doPost(HttpRequest request, HttpResponse response) {
        User user = DataBase.findUserById(request.getParameter("userId"));
        if (user != null) {
            if (user.login(request.getParameter("password"))) {
```

```
            HttpSession session = request.getSession();
            session.setAttribute("user", user);
            response.sendRedirect("/index.html");
        } else {
            response.sendRedirect("/user/login_failed.html");
        }
    } else {
        response.sendRedirect("/user/login_failed.html");
    }
  }
}
```

위와 같이 세션에 추가한 User는 로그인 유무를 판단하기 위해 다음과 같이 활용할
수 있다.

```
public class ListUserController extends AbstractController {
    @Override
    public void doGet(HttpRequest request, HttpResponse response) {
        if (!isLogined(request.getSession())) {
            response.sendRedirect("/user/login.html");
            return;
        }

        [...]
    }

    private static boolean isLogined(HttpSession session) {
        Object user = session.getAttribute("user");
        if (user == null) {
            return false;
        }
        return true;
    }
}
```

지금까지 구현 과정을 통해 확인할 수 있듯이 세션을 활용하면 클라이언트와 서버 사이에 상태 공유를 위해 전달하는 데이터는 세션 아이디뿐이다. 따라서 세션 아이디를 예측할 수 없도록 생성하는 것은 보안 측면에서 중요하다.

쿠키는 보안을 좀 더 강화하기 위해 domain, path, max-age, expires, secure 속성을 사용할 수 있다. 단순히 세션만 사용한다고 모든 보안 문제가 해결되지 않는다. 쿠키에서 사용할 수 있는 위 속성들을 통해 좀 더 보안을 강화해 보자.

지금까지 구현한 세션을 적용한 코드는 https://github.com/slipp/web-application-server 저장소의 was-step4-httpsession 브랜치에서 참고할 수 있다.

6.4 MVC 프레임워크 요구사항 1단계

대략 2000년대 초, 중반까지 대부분의 웹 애플리케이션 개발은 JSP에 대부분의 로직을 포함하고 있었다. 이는 자바 진영뿐만 아니라 PHP, ASP 또한 비슷한 형태로 구현했다. 점점 더 많은 애플리케이션이 웹으로 개발되고, 요구사항의 복잡도는 점점 더 증가했다. 또한 웹 애플리케이션의 수명이 길어지면서 유지보수 업무가 증가했다. JSP에 상당 부분의 로직을 포함하는 것이 초기 개발 속도는 빨랐지만 유지보수 비용은 증가했다. 이 같은 단점을 보완해 유지보수 비용을 줄이기 위해 MVC(Model, View, Controller) 패턴 기반으로 웹 애플리케이션을 개발하는 방향으로 발전했다. JSP에 집중되었던 로직을 모델Model, 뷰View, 컨트롤러Controller[4] 3개의 역할로 분리해 개발하자는 것이었다. 2000년대 초, 중반부터 웹에 도입되기 시작한 MVC 패턴은 지금은 웹 애플리케이션 개발의 모든 영역에서 적용하고 있는 패턴이 되었다.

MVC 패턴을 적용해 개발했을 때의 요청과 응답 흐름은 다음과 같다.

---

4 이 책에서는 컨트롤러와 Controller가 같이 사용되고 있다. 컨트롤러는 MVC 패턴에서 컨트롤러를 지칭하는 의미로 사용하고, Controller는 Controller 인터페이스를 의미한다. 즉, 컨트롤러는 Controller 인터페이스를 구현하는 컨트롤러 전체를 의미한다.

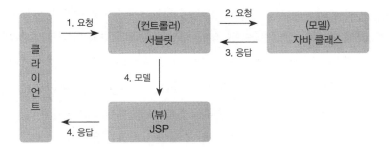

이 장 초반에 회원가입을 한 후 사용자 목록을 출력하는 기능을 구현했다. 사용자 목록을 구현한 코드가 MVC 패턴 기반으로 구현한 코드이다. 사용자 목록 기능을 구현할 때 관여한 소스코드를 위 그림과 같이 표현하면 다음과 같다.

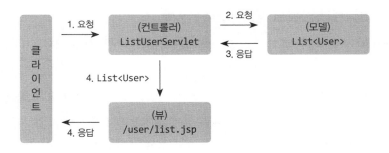

웹 애플리케이션 개발에 MVC 패턴을 적용할 경우 기존과 다른 점은 클라이언트 요청이 처음 진입하는 부분이 컨트롤러라는 것이다. MVC 패턴 적용 전에는 뷰에 해당하는 JSP가 클라이언트 요청이 처음으로 진입하는 부분이었다. 그런데 MVC 패턴을 적용하면 대부분의 로직은 컨트롤러와 모델이 담당하고, 뷰에 해당하는 JSP는 컨트롤러에서 전달한 데이터를 출력하는 로직만 포함하고 있다. 모든 로직 구현을 완료하고 단순히 데이터를 출력하는 로직은 예상보다 단순하기 때문에 JSP의 복잡도는 상당히 낮아진다.

이 절에서는 MVC 패턴을 지원하는 프레임워크를 구현해 봄으로써 MVC 프레임워크에 대한 이해도를 높이도록 하겠다. 앞의 회원 목록 기능 구현을 통해서도 알 수 있듯이 서블릿, JSP만으로도 MVC 패턴 기반으로 웹 애플리케이션을 개발할 수 있다. 이것이 가능한 이유는 필자가 이미 MVC 패턴에 대한 경험이 있기 때문이다. 하지만 MVC 패턴에 대한 경험이 없는 개발자의 경우 서블릿, JSP만 제공할 경우 MVC 패턴 기반으로 개발하는 데 어려움을 겪는다. 이와 같이 프로젝트에 참여하는 개발자의 역량에 따라 MVC 패턴을 적용한 코드와 그렇지 않은 코드가 섞여 있을 경우 일관성이 떨어져 유지보수에 어려움이 있다. 프레임워크는 개발자 간의 역량의 차이가 있더라도 MVC 패턴을 적용해 일관성 있는 코드를 구현하도록 강제하는 역할을 한다. 프레임워크와 라이브러리 모두 애플리케이션 개발에서 발생하는 중복 코드를 제거해 재사용성을 높임으로써 개발 속도를 빠르게 하기 위함이다. 하지만 이 둘의 가장 큰 차이점은 프레임워크는 특정 패턴 기반으로 개발하도록 강제하는 역할을 하고 라이브러리는 강제하는 부분이 없다는 것이다. MVC 프레임워크를 구현해 보면 서블릿에서 발생하던 중복 코드도 일정 부분 제거하는 역할도 해준다.

이번 장에서는 MVC 프레임워크 구현의 1단계를 진행한다. 8장의 AJAX를 다루면서 MVC 프레임워크에 대한 추가 요구사항을 제시하고 2단계 구현을 진행하도록 하겠다.

6.4.1 요구사항

요구사항은 MVC 패턴을 지원하는 프레임워크를 구현하는 것이다. MVC 패턴을 지원하는 기본적인 구조는 5장의 HTTP 웹 서버 리팩토링 단계에서 다양한 분기문을 제거할 때 적용한 방법을 그대로 사용하면 된다. 단, 이와 같은 구조로 변경하려면 모든 요청을 RequestHandler가 받아서 요청 URL에 따라 분기 처리했듯이 서블릿도 모든 요청을 하나의 서블릿이 받은 후 요청 URL에 따라 분기 처리하는 방식으로 구현하면 된다.

MVC 패턴은 기본적으로 사용자의 최초 진입 지점이 컨트롤러가 된다. 뷰에 직접 접근하는 것을 막고 항상 컨트롤러를 통해 접근하도록 해야 한다. 따라서 지금까지 회원가입(/user/form.jsp), 로그인(/user/login.jsp)과 같이 JSP로 직접 접근하지 않도록 해야 한다.

MVC 프레임워크를 구현했을 때의 결과를 클래스 다이어그램으로 그려보면 다음과 같다.

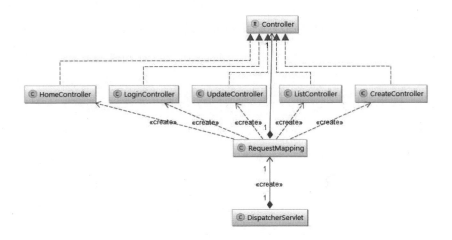

모든 클라이언트 요청은 먼저 DispatcherServlet이 받은 후 요청 URL에 따라 해당 컨트롤러에 작업을 위임하도록 구현할 수 있다. @WebServlet으로 URL을 매핑할 때 urlPatterns="/"와 같이 설정하면 모든 요청 URL이 DispatcherServlet으로 연결된다.

단, CSS, 자바스크립트, 이미지와 같은 정적인 자원은 굳이 컨트롤러가 필요없다. 그런데 위와 같이 매핑할 경우 컨트롤러가 필요없는 CSS, 자바스크립트, 이미지에 대한 요청까지 DispatcherServlet으로 매핑이 되어 버리는 상황이 발생한다. 이 같은 문제점을 해결하기 위해 CSS, 자바스크립트, 이미지를 처리하는 서블릿 필터를 추가해 해결할 수 있다. 서블릿 필터는 core.web.filter.ResourceFilter에 필자가 이미 구현해 추가해 놓았다. 따라서 CSS, 자바스크립트, 이미지 요청에 대한 처리는 고려하지 않아도 된다. 서블릿 필터의 역할에 대해 잘 모르겠다면 서블릿 필터에 대해 추가 학습할 것을 추천한다.

위 클래스 다이어그램을 보면 5장에서 분기문을 제거할 때와 다른 부분이 없다. 가능하면 다음 단계의 힌트를 보지 말고 스스로의 힘으로 직접 구현해 볼 것을 추천한다. 스스로의 힘으로 직접 구현해 볼 때 자신의 것이 된다. 이를 통해 자바에 대한 자신감과 MVC에 대한 이해도를 높였으면 한다.

이 실습은 https://github.com/slipp/jwp-basic 저장소의 step1-user-completed-no-database 브랜치에서 시작할 수 있다.

6.4.2 요구사항 분리 및 힌트

- 모든 요청을 서블릿 하나(예를 들어 DispatcherServlet)가 받을 수 있도록 URL 매핑한다.

> **HINT** @WebServlet(name = "dispatcher", urlPatterns = "/", loadOnStartup = 1)
>   loadOnStartup 속성이 무슨 역할을 하는지 학습해 본다.
>   서블릿은 "/"로 설정함으로써 모든 요청을 하나의 서블릿으로 매핑할 수 있다

- Controller 인터페이스를 추가한다.

> **HINT** public interface Controller {
>   String execute(HttpServletRequest request,
>   HttpServletResponse response) throws Exception;
>   }
>   execute() 메소드의 반환 값이 String이라는 것을 눈여겨 보자.

- 서블릿으로 구현되어 있는 회원관리 기능을 앞 단계에서 추가한 Controller 인터페이스 기반으로 다시 구현한다. execute() 메소드의 반환 값은 리다이렉트 방식으로 이동할 경우 redirect:로 시작하고 포워드 방식으로 이동할 경우 JSP 경로를 반환한다.

```
HINT  public class ListUserController implements Controller {
          @Override
          public String execute(HttpServletRequest req,
                  HttpServletResponse resp) throws Exception {
              if (!UserSessionUtils.isLogined(req.getSession())) {
                  return "redirect:/users/loginForm";
              }

              req.setAttribute("users", DataBase.findAll());
              return "/user/list.jsp";
          }
      }
```

- RequestMapping 클래스를 추가해 요청 URL과 컨트롤러 매핑을 설정한다.

HINT 요청 URL과 컨트롤러를 매핑할 때 Map⟨String, Controller⟩에 설정한다.

- 컨트롤러를 추가하다보니 회원가입 화면(/user/form.jsp), 로그인 화면(/user/login.jsp)과 같이 특별한 로직을 구현할 필요가 없는 경우에도 매번 컨트롤러를 생성하는 것은 불합리하다는 생각이 든다. 이와 같이 특별한 로직 없이 뷰(JSP)에 대한 이동만을 담당하는 ForwardController를 추가한다.
- DispatcherServlet에서 요청 URL에 해당하는 Controller를 찾아 execute() 메소드를 호출해 실질적인 작업을 위임한다.
- Controller의 execute() 메소드 반환 값 String을 받아 서블릿에서 JSP로 이동할 때의 중복을 제거한다.

HINT 반환 값이 redirect:로 시작할 경우 sendRedirect()로 이동하고, redirect:이 아닌 경우 RequestDispatcher의 forward 방식으로 이동한다. 예를 들어 redirect:/user/list라면 /user/list URL로 리다이렉트하도록 구현한다.

위 과정을 통해 MVC 프레임워크를 만들고 지금까지 구현했던 회원관리 기능을 MVC 프레임워크 기반으로 변경해 보기 바란다. 자신이 만든 프레임워크로 웹 애플리케이션을 개발할 때의 즐거움을 맛보기 바란다. 이미 좋은 프레임워크는 많다. 하지만 비슷한 기능을 하는 프레임워크를 직접 구현해 보는 것은 프레임워크에 대한 이해도를 높일 뿐 아니라 자신의 역량을 키우는 데 많은 도움이 된다. 직접 구현한 프레임워크를 서비스에 적용하지 않더라도 자신의 역량 향상을 위해 도전해볼 것을 추천한다.

6.5 MVC 프레임워크 구현 1단계

이 절에서 구현할 MVC 프레임워크의 기본 뼈대는 이미 5장에서 구현한 구조이다. 클라이언트의 요청에 대한 처리를 담당하는 부분을 Controller라는 인터페이스로 다음과 같이 추상화할 수 있다.

```java
import javax.servlet.http.HttpServletRequest;
import javax.servlet.http.HttpServletResponse;

public interface Controller {
    String execute(HttpServletRequest req, HttpServletResponse resp)
        throws Exception;
}
```

지금까지 HttpServlet을 상속해 구현한 서블릿 코드를 Controller 인터페이스를 구현하도록 변경한다. 예를 들어 회원 목록을 서비스하는 ListUserController 구현 코드는 다음과 같다.

```java
@WebServlet("/users")
public class ListUserController extends HttpServlet {
    private static final long serialVersionUID = 1L;

    @Override
```

```
protected void doGet(HttpServletRequest req, HttpServletResponse resp)
        throws ServletException, IOException {
    if (!UserSessionUtils.isLogined(req.getSession())) {
        resp.sendRedirect("/users/loginForm");
        return;
    }

    req.setAttribute("users", DataBase.findAll());

    RequestDispatcher rd = req.getRequestDispatcher("/user/list.jsp");
    rd.forward(req, resp);
}
}
```

위 서블릿을 새로 추가한 Controller 인터페이스를 구현하도록 리팩토링하면 다음
과 같다.

```
public class ListUserController implements Controller {
    @Override
    public String execute(HttpServletRequest req,
            HttpServletResponse resp) throws Exception {
        if (!UserSessionUtils.isLogined(req.getSession())) {
            return "redirect:/users/loginForm";
        }

        req.setAttribute("users", DataBase.findAll());
        return "/user/list.jsp";
    }
}
```

로그인 유무를 체크하고 회원 목록을 전달하는 부분에서 특별히 달라진 점은 없다.
달라진 점은 서블릿에서 JSP로 이동을 할 때 구현해야 하는 중복 코드가 제거되었다
는 것이다.

이와 같이 기존 서블릿을 새로 추가한 Controller 인터페이스 기반으로 변경한다.
그런데 컨트롤러를 추가하다보니 회원가입 화면(/user/form.jsp), 로그인 화면(/

user/login.jsp)과 같이 특별한 로직을 구현할 필요가 없는 경우에도 매번 컨트롤러를 생성하는 것은 불합리하다는 생각이 든다. 이와 같이 특별한 로직 없이 뷰(JSP)에 대한 이동만을 담당하는 ForwardController를 추가한다.

```java
public class ForwardController implements Controller {
    private String forwardUrl;

    public ForwardController(String forwardUrl) {
        this.forwardUrl = forwardUrl;
        if (forwardUrl == null) {
            throw new NullPointerException("forwardUrl is null.
                이동할 URL을 입력하세요.");
        }
    }

    @Override
    public String execute(HttpServletRequest req,
            HttpServletResponse resp) throws Exception {
        return forwardUrl;
    }
}
```

모든 서블릿을 Controller 인터페이스를 구현하도록 변경하는 작업을 완료하면 다음은 요청 URL과 컨트롤러 매핑을 담당하는 작업을 RequestMapping을 추가해 다음과 같이 구현한다.

```java
public class RequestMapping {
    private static final Logger logger =
        LoggerFactory.getLogger(DispatcherServlet.class);
    private Map<String, Controller> mappings = new HashMap<>();

    void initMapping() {
        mappings.put("/", new HomeController());
        mappings.put("/users/form", new ForwardController(
                "/user/form.jsp"));
```

```
        mappings.put("/users/loginForm", new ForwardController(
          "/user/login.jsp"));
        mappings.put("/users", new ListUserController());
        mappings.put("/users/login", new LoginController());
        mappings.put("/users/profile", new ProfileController());
        mappings.put("/users/logout", new LogoutController());
        mappings.put("/users/create", new CreateUserController());
        mappings.put("/users/updateForm", new UpdateFormUserController());
        mappings.put("/users/update", new UpdateUserController());

        logger.info("Initialized Request Mapping!");
    }

    public Controller findController(String url) {
        return mappings.get(url);
    }

    void put(String url, Controller controller) {
        mappings.put(url, controller);
    }
 }
```

RequestMapping은 서비스에서 발생하는 모든 요청 URL과 각 URL에 대한 서비스를 담당할 컨트롤러를 연결하는 작업을 한다. MVC 프레임워크에서 마지막으로 구현할 부분은 클라이언트의 모든 요청을 받아 URL에 해당하는 컨트롤러로 작업을 위임하고, 실행된 결과 페이지로 이동하는 작업을 담당하면 된다. 이 작업은 DispatcherServlet이라는 이름으로 다음과 같이 구현한다.

```
@WebServlet(name = "dispatcher", urlPatterns = "/", loadOnStartup = 1)
public class DispatcherServlet extends HttpServlet {
    private static final long serialVersionUID = 1L;
    private static final Logger logger =
            LoggerFactory.getLogger(DispatcherServlet.class);
    private static final String DEFAULT_REDIRECT_PREFIX = "redirect:";

    private RequestMapping rm;
```

```
@Override
public void init() throws ServletException {
    rm = new RequestMapping();
    rm.initMapping();
}

@Override
protected void service(HttpServletRequest req,
        HttpServletResponse resp) throws ServletException, IOException {
    String requestUri = req.getRequestURI();
    logger.debug("Method : {}, Request URI : {}",
        req.getMethod(), requestUri);

    Controller controller = rm.findController(requestUri);
    try {
        String viewName = controller.execute(req, resp);
        move(viewName, req, resp);
    } catch (Throwable e) {
        logger.error("Exception : {}", e);
        throw new ServletException(e.getMessage());
    }
}

private void move(String viewName, HttpServletRequest req,
        HttpServletResponse resp) throws ServletException, IOException {
    if (viewName.startsWith(DEFAULT_REDIRECT_PREFIX)) {
        resp.sendRedirect(viewName.substring(
                    DEFAULT_REDIRECT_PREFIX.length()));
        return;
    }

    RequestDispatcher rd = req.getRequestDispatcher(viewName);
    rd.forward(req, resp);
}
}
```

서블릿 매핑을 "/"로 하면 모든 요청 URL이 DispatcherSevlet 서블릿으로 연결된다. 일반적으로 모든 요청 URL을 매핑한다고 하면 "/"이 아닌 "/*"로 매핑하는 것으로 생각할 수 있다. 맞다. "/*"로 매핑할 수 있다. 그런데 이와 같이 매핑할 경우 모든 JSP에 대한 요청 또한 `DispatcherSevlet`으로 연결되기 때문에 JSP에 대한 요청이 정상적으로 처리되지 않는 문제가 발생한다. 매핑 설정을 "/"에서 "/*"로 설정을 변경한 후 테스트해 보기 바란다.

"/" 매핑은 매핑되어 있는 서블릿, JSP 요청이 아닌 자바스크립트, CSS, 이미지와 같은 요청을 처리하도록 설계되었다. 톰캣 서버의 기본 설정을 보면 "/" 설정은 "default"라는 이름을 가지는 서블릿을 매핑해 정적 자원을 처리하도록 구현하고 있다. 이 설정을 `DispatcherSevlet`에서 다시 재정의함으로써 JSP에 대한 요청은 처리하지 않으면서 그 외의 모든 요청을 담당하도록 구현한 것이다.

그렇다면 "default" 서블릿에서 처리하던 자바스크립트, CSS, 이미지와 같은 정적 자원에 대한 처리는 어떻게 된 것일까? 이에 대한 처리는 `DispatcherSevlet`으로 요청되기 이전에 `core.web.filter.ResourceFilter`에서 "default" 서블릿이 처리하도록 구현하고 있다.

이와 같이 설정할 경우 주의할 점이 하나 있다. `HomeController`에서 "/"로 매핑한 후 http://localhost:8080 요청의 경우 `HomeController`로 접근할 것으로 예상한다. 하지만 웹 자원을 관리하는 webapp 디렉토리에 index.jsp가 존재하는 경우 `HomeController`가 아니라 index.jsp로 요청이 처리된다. 이와 같이 처리되는 이유는 path가 없는 경우 처리를 담당하는 기본 파일로 설정되어 있기 때문이다. 이 같은 이유 때문에 `HomeController`에서 이동할 View의 이름이 index.jsp가 아니라 home.jsp로 사용했다.

서블릿을 매핑할 때 `loadOnStartup` 설정을 추가할 수 있다. 이 설정은 서블릿의 인스턴스를 생성하는 시점과 초기화를 담당하는 `init()` 메소드를 어느 시점에 호출할 것인가를 결정하는 설정이다. `loadOnStartup` 설정을 하지 않았을 경우 서블릿 인스턴스 생성과 초기화는 서블릿 컨테이너가 시작을 완료한 후 클라이언트의 요청이 최초로 발생하는 시점에 진행된다. 즉, 서블릿 컨테이너를 시작한 후 10분만에 클라이언트 요청이 최초로 발생하면 그 시점에 서블릿 인스턴스가 생성되고, 초기화가 진행된다. 하지만 loadOnStartup 설정을 하는 경우 서블릿 컨테이너가 시작하는 시점에 서블릿 인스턴스 생성과 초기화가 진행된다. loadOnStartup 설정의 숫자 값은 여러 개의 서블릿의 초기화 순서를 결정한다. loadOnStartup 설정 숫자 값이 낮은 순으로 먼저 초기화가 진행된다.

DispatcherServlet의 move() 메소드를 보면 각 서블릿에서 서블릿과 JSP 사이를 이동하기 위해 구현한 모든 중복 코드를 이곳에서 담당하고 있다. 제거한 중복 코드가 많은 부분은 아니지만 이와 같이 중복을 제거하는 꾸준한 리팩토링이 서비스의 복잡도가 증가하더라도 유지보수하기 좋은 코드로 만들 수 있는 지름길이 된다.

이 같은 구조로 MVC 프레임워크를 구현하는 패턴을 프론트 컨트롤러front controller 패턴이라고 한다. 각 컨트롤러의 앞에 모든 요청을 받아 각 컨트롤러에 작업을 위임하는 (앞의 코드에서는 DispatcherServlet) 방식으로 구현되기 때문이다.

지금까지 구현한 MVC 프레임워크 기반으로 클라이언트 요청에서 응답까지의 흐름을 그림으로 살펴보면 다음과 같다.

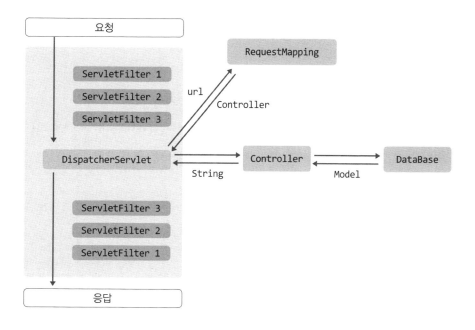

1단계로 구현한 MVC 프레임워크와 이 MVC 프레임워크 기반으로 구현한 모든 컨트롤러 코드는 https://github.com/slipp/jwp-basic 저장소의 step2-user-with-mvc-framework 브랜치에서 참고할 수 있다. MVC 프레임워크를 직접 구현하는 경험을 하지 못했다면 step2-user-with-mvc-framework 브랜치 소스코드를 참고해 MVC 프레임워크의 기본 구조를 파악할 것을 추천한다.

6.6 쉘 스크립트를 활용한 배포 자동화

3장에서 HTTP 웹 서버를 원격 서버에 배포했듯이 원격 서버(운영체제는 3장 실습과 같이 우분투)에 톰캣 서버를 설치하고, 지금까지 구현한 소스코드를 배포하는 경험을 해보자. 이 실습에서는 단순히 톰캣 서버에 소스코드를 배포하는 경험에서 한 발 더 나아가 수동으로 배포하던 작업을 쉘 스크립트를 활용해 배포를 자동화하는 과정까지 진행해보자. 이와 같이 전체 과정을 반복하는 경우 특정 부분에서 문제라고 생각되는 부분을 찾아 개선하는 경험을 좀 더 빠른 시점에 할 수 있는 이점을 얻을 수 있다.

6.6.1 요구사항

- 지금까지 구현한 기능을 개발 서버에 톰캣 서버를 설치한 후 배포한다.
- 서버가 정상적으로 실행되고 있는지 톰캣 로그 파일(catalina.out)을 통해 모니터링한다.
- 쉘 스크립트를 만들어 배포 과정을 자동화한다.

6.6.2 힌트

6.6.2.1 톰캣 서버 설치

- http://tomcat.apache.org/에서 Tomcat 8.0.x 버전을 다운로드한다.
- 압축만 풀면 설치는 완료된다.

- 톰캣의 기본 포트는 8080이다. 포트를 바꾸고 싶으면 TOMCAT_HOME/conf/server.xml 파일에서 설정을 바꾸면 된다.

- TOMCAT_HOME/bin/startup.sh를 실행해 서버를 시작한다.

- 브라우저로 서버에 접속해 고양이 그림이 나타나는지 확인한다. 서버는 정상적으로 시작했는데 접속이 되지 않는다면 톰캣 서버의 포트에 대한 방화벽이 해제되어 있는지 확인한다.

- TOMCAT_HOME/bin/shutdown.sh를 실행해 서버를 종료한다.

6.6.2.2 실습 코드 배포

- 계정 Home 디렉토리에 jwp-basic GitHub 저장소를 clone한다.
  - `git clone` 명령어 활용한다.

- clone한 디렉토리로 이동한다.

- 배포할 브랜치를 변경한다.
  - `git checkout -b $BRANCH_NAME origin/$BRANCH_NAME`

- 저장소 디렉토리에서 `mvn clean package` 명령을 실행해 프로젝트를 빌드한다.

- 빌드 중 `java.net.UnknownHostException: javaweb-01`와 같은 에러가 발생할 경우 다음과 같이 설정 추가한다.
  - `sudo vi /etc/hosts`
  - `127.0.0.1 javaweb-01`로 호스트 설정

- TOMCAT_HOME/webapps 디렉토리의 ROOT 디렉토리 삭제

- jwp-basic/target/jwp-basic 디렉토리를 TOMCAT_HOME/webapps 디렉토리에 ROOT 이름으로 이동한다.

- TOMCAT_HOME/bin/startup.sh 를 실행해 서버를 시작한다.

- 웹 브라우저를 통해 접근이 가능한지 확인한다.

6.6.2.3 톰캣 서버 로그 모니터링

- 서버가 정상적으로 실행되고 있는지 log 파일을 통해 모니터링한다.
  - TOMCAT_HOME/logs 디렉토리의 catalina.out 파일이 로그 파일이다.
  - tail 명령을 통해 catalina.out 로그 파일을 모니터링한다.

6.6.2.4 쉘 스크립트 통해 배포 자동화

앞에서 수동으로 진행한 배포 과정 전체를 쉘 스크립트를 통해 자동화한다.

- 계정 Home 디렉토리에 deploy.sh 파일을 만들어 쉘 스크립트를 작성한다. 다음과 같은 형태로 스크립트 작성
  - #!/bin/bash => 첫 라인은 사용할 쉘을 지정
  - cd ~/jwp-basic => 시스템 명령을 그대로 사용하면 된다.
  - git pull
  - 이와 같은 방법으로 앞에서 수동으로 진행한 과정을 스크립트로 작성한다.
- 쉘 스크립트는 다음과 같이 변수 설정과 사용이 가능하다.
  - REPOSITORIES_DIR=~/repositories/jwp-basic
  - cd $REPOSITORIES_DIR
- chmod 755 deploy.sh 명령을 실행해 실행 권한을 부여한다.
- ./deploy.sh 실행한다.

6.6.3 동영상을 참고한 배포 자동화 실습

임베디드 톰캣을 사용하다보면 톰캣 구조에 대해 익힐 기회가 많지 않다. 하지만 개발 서버, 실 서버로 넘어가면 이야기가 달라진다. 이 시점부터는 톰캣 서버에 직접 접속해 시작하고 로그도 파악해야 하기 때문에 톰캣에 대한 기본적인 이해는 하고 있어야 한다. 앞의 실습 과정을 동영상을 통해 학습할 수 있다.

https://youtu.be/ZsiO27LeW34 서버에 톰캣 서버를 설치 및 설정하고, 톰캣 서버가 정상적으로 시작했는지 확인하는 방법을 다룬다.

https://youtu.be/9Rr4gMRyUtQ 톰캣 서버에 대한 기본적인 설명과 각 디렉토리별 용도에 대해 설명한다. 이 동영상은 톰캣과 관련한 최소한의 내용만 다룬다. 따라서 다른 책이나 온라인 문서를 통해 추가 학습해야 한다.

https://youtu.be/bzM1WL4qdoA 톰캣에 웹 애플리케이션을 배포하는 과정에 대해 다룬다. 메이븐을 통해 빌드하고 빌드한 프로젝트를 톰캣에 수동으로 배포하는 과정을 담고 있다.

자바 웹 애플리케이션을 배포하는 방법은 war 파일을 만들어 배포하는 방법과 war 파일로 묶지 않고 디렉토리 자체를 배포하는 두 가지 방법이 있다. 이 두 가지 방법 중 각자의 서비스에 적합한 방법을 선택해 사용하면 된다.

소스코드를 빌드/배포하는 과정에서 수많은 반복 작업이 발생한다. 반복 작업은 사람의 실수를 유발하고 이는 대규모 장애로 이어진다. 따라서 반복 작업은 컴퓨터를 통해 자동화하는 것이 가장 안전하다. 그리고 개발자는 소중한 존재이므로 이런 하찮은 반복 작업에 시간을 쓰지 않도록 노력해야 한다. 틈틈히 쉘 스크립트를 구현하는 연습을 하면 많은 반복 작업을 줄일 수 있다.

https://youtu.be/U7tZnEiYJyE 배포 과정에서 발생하는 반복 과정에 대한 설명, 쉘 스크립트 파일을 만들어 배포 과정을 자동화하는 방법에 대해 다룬다.

6.7 추가 학습 자료

6.7.1 쿠키와 세션, 보안

쿠키와 세션의 동작방식의 차이점을 이해하고 제대로 사용하는 것은 안전한 웹 애플리케이션을 만들기 위한 시작 단계이다. 아직까지 쿠키와 세션의 차이점을 명확히 이해하지 못한다면 "프로가 되기 위한 웹기술 입문"(고모라 유스케 저/김정환 역, 위키북스/2012) 책의 4장을 통해 추가 학습할 것을 추천한다. 많은 책에서 쿠키와 세션의 차이점에 대해 설명하고 있지만 이 책의 "4장 CGI에서 웹 애플리케이션으로"에서 쉽고 자세하게 설명하고 있다.

쿠키와 세션의 차이를 이해하고 사용하는 것은 안전한 웹을 만들기 위한 첫 걸음이었다면 보안에 대한 다음 걸음은 웹 애플리케이션에 대한 다양한 공격 방법과 이에 대한 대응 방법을 학습하는 것이다. "프로가 되기 위한 웹기술 입문"(고모라 유스케 저/김정환 역, 위키북스/2012) 책의 "7장 보안을 확보하기 위한 방법"에서 학습할 수 있다. 대표적인 공격 방법 중 SQL 인젝션, 크로스 사이트 스크립팅(XSS), 세션 하이재킹, 크로스 사이트 요청 위조(CSRF)에 대해서만이라도 이해하고 대책을 마련할 것을 추천한다.

HTTP 학습 과정에서 추천한 "HTTP & Network : 그림으로 배우는 책으로 학습(우에노 센 저/이병억 역, 영진닷컴/2015)" 책의 7장, 8장, 11장 내용도 안전한 웹 애플리케이션 개발에 대한 내용을 포함하고 있으니 같이 학습하면 좋다.

6.7.2 쉘 스크립트와 배포 자동화

나는 웹 백엔드 개발자로 살아가면서 쉘 스크립트를 작성하는 경우가 생각보다 많지 않았다. 어쩌면 내 자신이 쉘 스크립트에 익숙하지 않기 때문에 사용하는 것을 꺼릴수도 있었다. 아니 쉘 스크립트를 활용하기보다 같은 기능을 지원하는 다른 도구를 찾아 적용했다는 것이 맞을 수 있겠다. 어떤 도구를 사용하던 원하는 목적을 달성하면 된다. 즉, 개발자가 단순, 반복적으로 하는 작업을 최소한의 시간 투자로 자동화할 수 있다면 그 자체로 목적을 달성하는 것과 마찬가지다.

쉘 스크립트를 활용하면 개발자의 무수히 많은 단순, 반복적인 수동 작업을 자동화하는 것이 가능하다. 특히 웹 백엔드 개발자에게 자동화된 배포 환경을 구축하는 것은 많은 시간을 아낄 수 있는 중요한 작업이다. 이 환경을 구축하기 위해 학습해야 할 주제가 메이븐, 그래들과 같은 빌드 도구와 쉘 스크립트를 활용한 배포 자동화이다.

쉘 스크립트에 대한 기본적인 학습은 "리눅스 커맨드라인 완벽 입문서"(윌리엄 E. 샤츠 주니어 저/이종우, 정영신 역, 비제이퍼블릭/2013년 1월) 책의 PART4를 통해 학습할 수 있다. 쉘 스크립트 작성 능력을 키우려면 책을 통해서는 한계가 있기 때문에 작은 것이라도 자기 주변에서 발생하는 불편한 점을 쉘 스크립트를 통해 개선해 나가는 경험을 하는 것이 가장 좋은 학습 방법이다. 지금까지 다른 사용자를 위한 소프트웨어를 개발했다면 지금부터 쉘 스크립트를 통해 자신에게 필요한 도구를 만드는 경험을 해보자.

7장

DB를 활용해 데이터를
영구적으로 저장하기

HTTP 웹 서버가 가지고 있었던 문제 중의 하나는 "사용자가 입력한 데이터가 서버를 재시작하면 사라진다."는 것이다. 데이터를 영구적으로 저장하고 조회할 필요가 있는데 이 문제에 대한 해결책은 데이터베이스 서버를 도입해 해결할 수 있다.

자바 진영은 JDBC라는 표준을 통해 데이터베이스와의 통신을 담당하도록 지원하고 있다. JDK에서 제공하는 java.sql 패키지의 JDBC 소스코드를 열어보면 구현 코드는 거의 없고, 인터페이스만 정의해 제공하고 있다. 즉, JDBC는 데이터베이스 통신을 위한 규약만 정하고 이에 대한 구현체는 데이터베이스를 만들어 서비스하는 회사가 제공하도록 하고 있다. 서블릿 또한 같다. 서블릿 또한 인터페이스만 정의하고 서블릿 컨테이너를 만들어 제공하는 회사 또는 단체가 이 인터페이스에 대한 구현체를 제공하도록 하고 있다. 이와 같이 표준만 정의함으로써 데이터베이스에 대한 연결 설정만 변경해 다른 데이터베이스를 지원함으로써 소스코드의 변경을 최소화하고 있다.

이번 장은 지금까지 구현한 회원 데이터를 데이터베이스 서버에서 관리하고 JDBC API를 통해 접근하도록 구현한다. 그런데 JDBC API를 사용하는 소스코드에 많은 중복이 발생한다. 이 중복 코드를 제거함으로써 여러 프로젝트에서 공통으로 사용할 수 있는 JDBC 공통 라이브러리를 직접 구현해 보는 경험을 한다.

7.1 회원 데이터를 DB에 저장하기 실습

이 책은 데이터베이스에 대한 실습을 간소화하기 위해 별도의 데이터베이스를 설치하지 않고 실습이 가능한 상태로 진행한다. 이 책은 경량 데이터베이스 중의 하나인 H2 데이터베이스[1]를 사용하고 있다.

이 장의 실습은 https://github.com/slipp/jwp-basic 저장소의 step2-user-with-mvc-framework에서 시작할 수 있다.

7.1.1 실습 코드 리뷰 및 JDBC 복습

step2-user-with-mvc-framework 브랜치 소스코드를 확인해 보면 서버가 시작하는 시점에 회원 정보를 저장할 테이블을 초기화하고 있다. 초기화하는 테이블 생성 스크립트는 src/main/resources 디렉토리 아래 jwp.sql 파일에 다음과 같이 구현되어 있다.

```
DROP TABLE IF EXISTS USERS;

CREATE TABLE USERS (
    userId          varchar(12)     NOT NULL,
    password        varchar(12)     NOT NULL,
    name            varchar(20)     NOT NULL,
    email           varchar(50),

    PRIMARY KEY             (userId)
```

---

1 http://www.h2database.com/ H2 데이터베이스는 자바로 구현된 데이터베이스로 jar 파일만 추가하면 별도의 설치 없이 사용 가능하다. 이 책의 모든 실습은 H2의 메모리 데이터베이스 기능만 활용하고 있는데 서버 모드로 실행할 수도 있다.

```
);

INSERT INTO USERS VALUES('admin', 'password', '자바지기', 'admin@slipp.net');
```

이 jwp.sql 파일은 톰캣 서버가 시작할 때 초기화하도록 ContextLoaderListener 클래스에 다음과 같이 구현되어 있다.

```java
import javax.servlet.ServletContextEvent;
import javax.servlet.ServletContextListener;
import javax.servlet.annotation.WebListener;

import org.slf4j.Logger;
import org.slf4j.LoggerFactory;
import org.springframework.core.io.ClassPathResource;
import org.springframework.jdbc.datasource.init.DatabasePopulatorUtils;
import org.springframework.jdbc.datasource.init.ResourceDatabasePopulator;

import core.jdbc.ConnectionManager;

@WebListener
public class ContextLoaderListener implements ServletContextListener {
    private static final Logger logger =
        LoggerFactory.getLogger(ContextLoaderListener.class);

    @Override
    public void contextInitialized(ServletContextEvent sce) {
        ResourceDatabasePopulator populator =
            new ResourceDatabasePopulator();
        populator.addScript(new ClassPathResource("jwp.sql"));
        DatabasePopulatorUtils.execute(populator,
            ConnectionManager.getDataSource());

        logger.info("Completed Load ServletContext!");
    }

    @Override
    public void contextDestroyed(ServletContextEvent sce) {
    }
}
```

sql 파일을 읽어 데이터베이스에 대한 초기화 작업을 하기 위해 스프링 프레임워크에서 제공하는 기능을 활용했다.[2] 이 코드에서 중요하게 볼 부분은 톰캣 서버가 시작할 때 contextInitialized() 메소드를 호출함으로써 초기화 작업을 할 수 있다는 것이다. 이 작업이 가능한 이유는 ContextLoaderListener가 ServletContextListener 인터페이스를 구현하고 있으며, @WebListener 애노테이션 설정이 있기 때문이다. 서블릿 컨테이너는 ServletContextListener 인터페이스 구현체 중 @WebListener 애노테이션이 설정되어 있으면 서블릿 컨테이너를 시작하는 과정에서 contextInitialized() 메소드를 호출해 초기화 작업을 진행한다. ServletContextListener에 대한 초기화는 서블릿 초기화보다 먼저 진행된다. 서블릿의 초기화가 해당 서블릿과 관련한 초기화를 담당한다면 ServletContextListener 초기화는 웹 애플리케이션 전체에 영향을 미치는 초기화가 필요한 경우 활용할 수 있다.

실습 소스코드를 보면 next.dao 패키지에 UserDao 클래스를 통해 데이터베이스 접근 로직을 구현하고 있다. 자바 진영은 데이터베이스에 대한 접근 로직 처리를 담당하는 객체를 별도로 분리해 구현하는 것을 추천한다. 이 객체를 DAO_{Data Access Object}라고 부른다. 이는 현재 일반적인 패턴으로 널리 활용되고 있어 필자 또한 DAO 패턴을 적용해 구현을 진행하도록 하겠다.

UserDao는 지금까지 데이터를 저장하기 위해 사용한 DataBase 클래스의 일부 기능만 구현하고 있다. 나머지 메소드는 이후 실습을 통해 구현해보자. UserDao 소스코드는 다음과 같다.

```
import java.sql.Connection;
import java.sql.PreparedStatement;
import java.sql.ResultSet;
import java.sql.SQLException;
```

---

2 실무 프로젝트는 이 같은 방식으로 데이터베이스 스키마를 초기화하지 않는다. 실무 프로젝트는 데이터베이스관리자(DBA)가 테이블 스키마를 관리하거나, Flyway(https://flywaydb.org/) 와 같은 DB Migration 도구를 활용해 테이블 스키마를 관리한다.

```java
import core.jdbc.ConnectionManager;
import next.model.User;

public class UserDao {
    public void insert(User user) throws SQLException {
        Connection con = null;
        PreparedStatement pstmt = null;
        try {
            con = ConnectionManager.getConnection();
            String sql = "INSERT INTO USERS VALUES (?, ?, ?, ?)";
            pstmt = con.prepareStatement(sql);
            pstmt.setString(1, user.getUserId());
            pstmt.setString(2, user.getPassword());
            pstmt.setString(3, user.getName());
            pstmt.setString(4, user.getEmail());

            pstmt.executeUpdate();
        } finally {
            if (pstmt != null) {
                pstmt.close();
            }

            if (con != null) {
                con.close();
            }
        }
    }

    public User findByUserId(String userId) throws SQLException {
        Connection con = null;
        PreparedStatement pstmt = null;
        ResultSet rs = null;
        try {
            con = ConnectionManager.getConnection();
            String sql = "SELECT userId, password, name, email FROM USERS
                          WHERE userid=?";
            pstmt = con.prepareStatement(sql);
            pstmt.setString(1, userId);

            rs = pstmt.executeQuery();
```

```
            User user = null;
            if (rs.next()) {
                user = new User(
                        rs.getString("userId"),
                        rs.getString("password"),
                        rs.getString("name"),
                        rs.getString("email"));
            }

            return user;
        } finally {
            if (rs != null) {
                rs.close();
            }
            if (pstmt != null) {
                pstmt.close();
            }
            if (con != null) {
                con.close();
            }
        }
    }
}
```

UserDao가 제공하는 기능은 사용자 데이터를 추가하고, 사용자 아이디에 해당하는 사용자 데이터를 조회하는 기능밖에 없다. 구현한 기능은 2가지밖에 없는데 구현할 소스코드는 정말 많다. 회원 데이터를 추가하고, 조회하는 기능을 구현하기 위해 많은 중복 코드가 발생한다. 자바 웹 개발자의 길을 걷기 얼마 되지 않아 데이터베이스 연동 코드의 중복을 제거하기 위해 정말 많은 노력을 기울였던 생각이 난다.

데이터베이스 관련 설정, 테이블 초기화, DAO 구현 등 모든 부분의 준비가 끝났기 때문에 기존에 DataBase 클래스를 사용하던 코드를 UserDao를 사용하도록 변경해보겠다. 먼저 회원가입을 담당하고 있는 CreateUserController가 UserDao를 사용하도록 다음과 같이 변경할 수 있다.

```
@WebServlet("/users/create")
public class CreateUserController extends HttpServlet {
    @Override
    protected void doPost(HttpServletRequest req, HttpServletResponse resp)
            throws ServletException, IOException {
        User user = new User(
                req.getParameter("userId"),
                req.getParameter("password"),
                req.getParameter("name"),
                req.getParameter("email"));

        UserDao userDao = new UserDao();
        try {
            userDao.insert(user);
        } catch (SQLException e) {
            log.error(e.getMessage());
        }

        resp.sendRedirect("/");
    }
}
```

회원목록, 로그인 기능도 위와 같은 방식으로 UserDao를 사용하도록 리팩토링할 수 있다. 단, DataBase 대신 UserDao를 사용할 때 불편한 점 중의 하나는 UserDao의 모든 메소드가 SqlException을 throw하고 있기 때문에 컴파일 에러를 해결하기 위해 try/catch 구문으로 감싸줘야 한다는 것이다. SqlException에 대한 처리 또한 추후 리팩토링을 통해 제거해 보도록 하겠다.

먼저 복습 차원에서 회원 목록과 개인정보 수정 기능을 실습해 보겠다. 이미 JDBC API 사용에 익숙하거나, Spring JDBC, iBatis(또는 MyBatis), ORM 프레임워크를 사용해 데이터베이스 접근 로직을 구현하고 있는 독자라도 이후 중복 제거 실습을 위해 과거를 회상하면서 실습을 진행해 보기 바란다. JDBC가 처음 등장했을 때 얼마나 힘든 과정으로 개발했는지를 경험해보면 지금 사용하고 있는 라이브러리에 고마움을 느낄 것이다.

7.1.2 회원 목록 실습

UserDao는 회원 전체 목록을 조회하는 findAll() 메소드를 findByUserId()를 참고해 구현한다.

> **HINT** 회원 목록 전체 조회 쿼리
> ```
> SELECT userId, password, name, email FROM USERS
> ```

7.1.3 개인정보 수정 실습

UserDao는 개인정보를 수정할 수 있는 기능을 제공하고 있지 않다. UPDATE SQL문을 활용해 개인정보를 수정할 수 있는 기능을 추가하고 컨트롤러가 추가한 메소드를 사용하도록 리팩토링한다.

> **HINT** 구글에서 "sql update"로 검색해 UPDATE 구문 문법을 학습

회원 목록과 개인정보 수정에 대한 구현은 간단하기 때문에 추가적인 설명은 하지 않는다. 회원 목록과 개인정보 수정에 대한 구현은 다음 단계의 실습인 "DAO 리팩토링 실습"을 위해 반드시 진행해야 한다. 실습을 완료한 것에 대한 확인은 https://github.com/slipp/jwp-basic 저장소의 step2-user-with-mvc-framework 브랜치에 소스코드 중 src/test/java에 있는 **next.dao.UserDaoTest** 클래스 테스트가 성공하도록 구현하면 된다.

7.2 DAO 리팩토링 실습

내가 처음으로 구현한 공통 라이브러리가 JDBC 코드의 중복을 제거한 라이브러리였다. 개발 경력이 1년 정도 되었을 즈음 반복적으로 구현해야 하는 JDBC 코드에 염증을 느끼고 리팩토링을 단행했다. 지금 생각하면 정말 부족함이 많은 코드였다. 하지

만 그 당시에는 JDBC를 추상화한 공통 라이브러리 코드를 만들고 난 후 엄청난 뿌듯함과 자신감을 느꼈던 기억이 난다. 내가 만든 JDBC 라이브러리 코드를 프로젝트에서 사용하기로 결정했을 때만큼 즐거운 순간도 없었다. 그런데 프로젝트를 진행하면 할수록 내가 만든 라이브러리 코드에 한계가 드러났다. 유연성을 고려하지 않은 상태로 구현한 라이브러리 코드라 매번 대응하는 데 어려움이 있다는 것을 느꼈다.

이 라이브러리에 대한 유연성을 높일 수 있는 방법을 찾은 계기는 어느 날 우연히 읽은 로드 존슨이 쓴 "Expert One-on-One J2EE Development without EJB" 책을 통해서이다. 이 책에서 JDBC 코드를 리팩토링할 때 사용한 콜백 인터페이스는 내가 지금까지 상상도 못했던 방법이었다. 콜백 인터페이스를 활용함으로써 엄청난 유연성을 확보할 수 있다는 것을 느낄 수 있었다.

내가 이 이야기를 하는 이유는 콜백 인터페이스가 중요하다는 것을 이야기하려고 하는 것이 아니다. 내가 콜백 인터페이스의 가치를 느낄 수 있었던 이유는 부족한 라이브러리이지만 내가 직접 구현한 라이브러리가 있었으며, 이 라이브러리의 한계를 알고 있었기 때문에 이 한계를 극복하는 방법을 알게 되었을 때의 즐거움과 짜릿함은 정말 컸다. 지금 단계에서는 부족하고 한계가 많은 라이브러리일 수 있지만 이 한계를 극복하는 방법을 알게 되는 순간 새로운 개념을 학습할 동기부여가 되며, 이는 나를 한 단계 성장시킬 수 있는 계기가 된다. 부족하다고 생각하는 순간 일단 시작하고 보자. 어느 순간 새로운 세상이 열리는 것을 느낄 것이다.

그럼 다시 현실로 돌아가 UserDao 코드를 분석해 보자. JDBC를 사용하는 UserDao는 많은 중복 코드가 존재한다. 데이터베이스에 쿼리 하나를 실행하기 위해 개발자가 구현해야 할 코드가 너무 많다. 구현할 코드가 각 쿼리마다 다른 부분이라 개발자가 구현할 수밖에 없다면 모르겠지만 대부분의 구현은 매번 반복되는 부분이다. 이와 같이 많은 중복이 있고, 반복적인 부분이 있는 코드는 공통 라이브러리를 만들어 제거할 수 있다. UserDao의 중복을 제거하는 작업을 통해 공통 라이브러리를 구현하는 과정에 대해 살펴보도록 하겠다. UserDao 중복 코드를 제거하는 과정을 연습해 놓으면 엑

셀에서 데이터 읽기와 쓰기, 웹 서버 API와의 통신을 담당하는 HTTP 클라이언트 라이브러리, 중복 코드가 많은 사내 라이브러리 코드 등 다양한 부분에 활용할 수 있다.

이와 같은 중복 코드를 리팩토링하려면 먼저 변화가 발생하는 부분(개발자가 구현할 수 밖에 없는 부분)과 변화가 없는 부분(공통 라이브러리로 분리할 부분)을 분리해야 한다. UserDao를 통해 분리해 보면 다음과 같다.

작업	공통 라이브러리	개발자가 구현할 부분
Connection 관리	O	X
SQL	X	O
Statement 관리	O	X
ResultSet 관리	O	X
Row 데이터 추출	X	O
패러미터 선언	X	O
패러미터 Setting	O	X
트랜잭션 관리	O	X

이와 같이 정리하고 보니 각 쿼리마다 개발자가 구현할 부분은 SQL 쿼리, 쿼리에 전달할 인자, SELECT 구문의 경우 조회한 데이터를 추출하는 3가지만 구현하면 된다. 나머지 모든 작업은 공통 라이브러리로 위임할 수 있다.

UserDao를 리팩토링할 때 해결해야 할 또 다른 한 가지는 SQLException에 대한 처리 이다. SQLException은 컴파일타임 Exception이기 때문에 매번 try/catch절을 통해 Exception 처리를 해야 한다. 그런데 개발자 입장에서 SQLException을 catch한다고 해서 에러 로그를 남기는 것외에 별달리 다른 작업을 할 부분이 생각나지 않는다. 자바가 처음 등장했을 때 Exception의 추가는 개발자에게 신선함을 제공했다. 특히 컴파일타임 Exception은 예외 처리를 컴파일 시점에 할 수 있다는 장점 때문에 많은 곳에서 활용되었다. 분명 의미가 있었다. 하지만 너무 무분별하게 사용되었다는 것이 문제이다. 컴파일타임 Exception으로 설계하지 않아도 되는 많은 곳에서 컴파일타임 Exception을 사용함으로써 불필요하게 try/catch절로 감싸야 하며, 이는 소스코드의 가독성을 떨어트리는 주범이 되고 있다.

"expert one-on-one J2EE 설계와 개발" 책을 보면 컴파일타임 Exception과 런타임 Exception을 사용해야 되는 가이드라인을 다음과 같이 제시하고 있다.[3]

- API를 사용하는 모든 곳에서 이 예외를 처리해야 하는가? 예외가 반드시 메소드에 대한 반환 값이 되어야 하는가? 이 질문에 대한 답이 "예"일 경우 컴파일타임 Exception을 사용해 컴파일러의 도움을 받는다.

- API를 사용하는 소수 중 이 예외를 처리해야 하는가? 이 질문에 대한 답이 "예"일 경우 런타임 Exception으로 구현한다. API를 사용하는 모든 코드가 Exception을 catch하도록 강제하지 않는 것이 좋다.

- 무엇인가 큰 문제가 발생했는가? 이 문제를 복구할 방법이 없는가? 이 질문에 대한 답이 "예"라면 런타임 Exception으로 구현한다. API를 사용하는 코드에서 Exception을 catch하더라도 에러에 대한 정보를 통보 받는 것 외에 아무것도 할 수 있는 것이 없다.

- 아직도 불명확한가? 그렇다면 런타임 Exception으로 구현하라. Exception에 대해 문서화하고 API를 사용하는 곳에서 Exception에 대한 처리를 결정하도록 하라.

위 가이드라인을 보면 컴파일타임 Exception을 사용해야 하는 경우는 극히 드물다. 대부분의 경우 런타임 Exception을 사용하면 된다.

---

3 "expert one-on-one J2EE 설계와 개발"(로드 존슨 저/자바 유저스 번역팀 역, 정보문화사/2004년) 책의 "4장 J2EE 프로젝트의 설계 기술 및 코딩 표준"에서 인용했다. 이 책은 자바로 엔터프라이즈 애플리케이션을 개발하는 데 많은 도움을 받을 수 있다. 이 책을 통해 공개된 소스코드를 기반으로 스프링 프레임워크가 탄생하는 계기가 되었다. 이 책의 4장은 반드시 읽어볼 것을 추천한다.

위 기준으로 판단했을 때 컴파일타임 Exception을 잘못 사용한 대표적인 예가 JDBC의 SQLException이다. 따라서 JDBC에 대한 공통 라이브러리를 만드는 과정에서 SQLException을 런타임 Exception으로 변환해 더 이상 SQLException 처리 때문에 소스코드의 가독성을 떨어트리지 않도록 하는 것이 좋겠다.

7.2.1 요구사항

요구사항은 앞의 설명을 통해 명확해졌다. JDBC에 대한 공통 라이브러리를 만들어 개발자가 SQL 쿼리, 쿼리에 전달할 인자, SELECT 구문의 경우 조회한 데이터를 추출하는 3가지 구현에만 집중하도록 해야 한다. 또한 SQLException을 런타임 Exception으로 변환해 try/catch 절로 인해 소스코드의 가독성을 해치지 않도록 해야 한다.

UserDao 리팩토링 실습은 https://github.com/slipp/jwp-basic 저장소의 step2-user-with-mvc-framework에서 시작할 수 있다. 리팩토링 과정에서 테스트는 src/test/java에 있는 next.dao.UserDaoTest 클래스를 활용하면 된다. 앞의 JDBC 실습 과정에 있는 회원목록, 개인정보수정 실습을 진행하지 않으면 UserDaoTest는 실패한다. 이 테스트 코드가 성공하도록 회원목록과 개인정보수정 실습을 진행한 후 UserDao에 대한 리팩토링 실습을 진행한다.

7.2.2 요구사항 분리 및 힌트

클래스 다이어그램을 활용해 각 단계별 힌트를 제공하면서 리팩토링을 진행한다. 리팩토링을 시작하는 시점의 UserDao는 다음과 같이 4개의 메소드로부터 시작하겠다. 리팩토링 과정은 최대한 세분화해 단계적으로 진행하도록 하겠다.

- INSERT, UPDATE 쿼리는 비슷하기 때문에 먼저 INSERT, UPDATE 쿼리를 가지는 메소드의 중복 제거 작업을 진행한다.

> **HINT** 먼저 변하는 부분과 변하지 않는 부분을 Extract Method 리팩토링을 통해 분리한다. 리팩토링 결과는 다음과 같다.

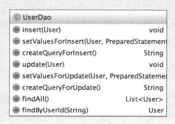

- 분리한 메소드 중에서 변화가 발생하지 않는 부분(즉, 공통 라이브러리로 구현할 코드)을 새로운 클래스로 추가한 후 이동한다.

> **HINT**
> - insert()와 update() 메소드별로 InsertJdbcTemplate, UpdateJdbcTemplate과 같이 새로운 클래스를 추가한 후 insert()와 update() 메소드 코드를 이동한다.
> - insert(), update() 메소드를 이동할 때 인자로 UserDao를 전달해야 한다. 만약 앞에서 추출한 메소드가 private 접근 제어자라면 default 접근 제어자로 리팩토링한다.
> - UserDao의 insert()가 InsertJdbcTemplate의 insert(), update()가 UpdateJdbc Template의 update() 메소드를 호출하도록 리팩토링한다.

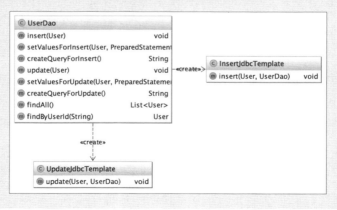

- InsertJdbcTemplate과 UpdateJdbcTemplate이 UserDao에 대한 의존관계를 가진
  다. UserDao에 대한 의존관계를 끊는다.

> HINT • InsertJdbcTemplate이 UserDao에 의존관계를 가지는 이유는 setValuesForInsert()
> 와 createQueryForInsert() 때문이다. 이 두 개의 메소드를 추상 메소드로 구현하고
> UserDao의 insert() 메소드에서 이 2개의 추상 메소드를 구현하도록 한다. 2개의 추상
> 메소드 구현은 insert() 메소드에서 익명 클래스로 구현한다. 익명 클래스 구현에 대해
> 잘 모르겠으면 추가 학습한다.
> • UpdateJdbcTemplate도 같은 과정으로 리팩토링한다.

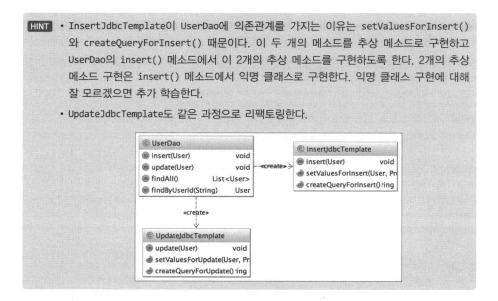

- InsertJdbcTemplate과 UpdateJdbcTemplate의 구현 부분이 다른 부분이 없다. 둘
  중의 하나를 사용하도록 리팩토링한다.

> HINT • InsertJdbcTemplate과 UpdateJdbcTemplate의 메소드를 setValues()와 createQuery()
> 메소드로 Rename 리팩토링한다.
> • 두 클래스의 구현 코드가 같기 때문에 둘 중 하나를 삭제하고 클래스 하나만 사용하도록
> 리팩토링한다.

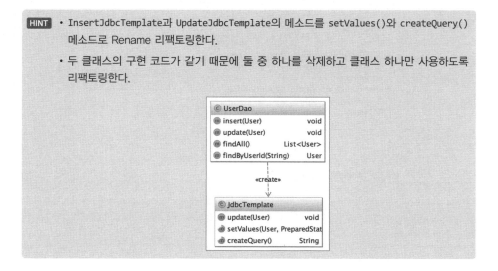

- JdbcTemplate은 아직도 User와 의존관계를 가지기 때문에 다른 DAO 클래스에서 재사용할 수 없다. User와 의존관계를 끊는다.

> **HINT** • User 값은 UserDao에서만 사용되기 때문에 JdbcTemplate의 update() 메소드에 굳이 User를 전달할 필요가 없다.
> • SQL 쿼리와 같이 변경되는 부분을 추상 메소드가 아닌 메소드의 인자로 전달한다.

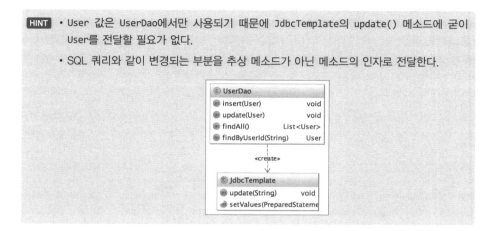

- 더 이상 JdbcTemplate은 특정 DAO 클래스에 종속적이지 않다. 이와 똑같은 방법 으로 SelectJdbcTemplate을 생성해 반복 코드를 분리한다.

> **HINT** • 리팩토링 과정은 앞의 JdbcTemplate과 같다. 다른 점이라면 ResultSet 데이터를 자바 객체로 변환하는 부분이 추가되어야 한다.
> • SelectJdbcTemplate은 setValues() 메소드와 mapRow() 메소드와 같은 2개의 추상 메 소드를 가져야 한다. mapRow() 메소드의 반환 값은 Object여야 한다.

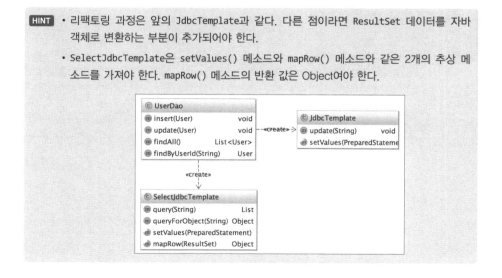

- JdbcTemplate과 SelectJdbcTemplate을 보니 중복 코드가 보인다. 또한 굳이 2개
의 클래스를 제공하고 싶지 않다. JdbcTemplate과 같은 한 개의 클래스만을 제공
하도록 리팩토링해본다.

> **HINT** • JdbcTemplate의 update() 메소드를 SelectJdbcTemplate로 이동해 클래스 하나에서 모
> 든 작업을 하도록 리팩토링해본다.

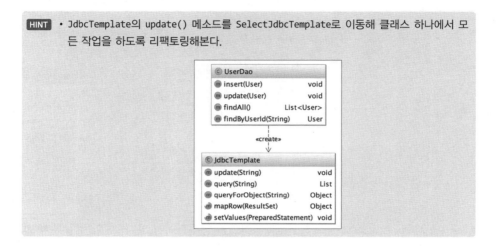

- 위와 같이 SelectJdbcTemplate 클래스로 통합했을 때의 문제점을 찾아보고 이를
해결하기 위한 방법을 찾아본다.

> **HINT** • 2개의 클래스를 하나로 통합하면 INSERT, UPDATE, DELETE 쿼리의 경우 불필요한
> mapRow() 메소드를 반드시 구현해야 한다. setValues(), mapRow() 2개의 메소드를 분리
> 해 독립적으로 전달할 수 있도록 한다.
> • PreparedStatementSetter(setValues() 메소드), RowMapper(mapRow() 메소드)와 같은
> 인터페이스를 추가해 인자로 전달하도록 리팩토링한다.

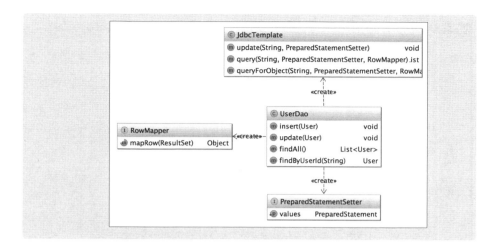

- SQLException을 런타임 Exception으로 변환해 throw하도록 한다. Connection, PreparedStatement 자원 반납을 close() 메소드를 사용하지 말고 try-with-resources 구문을 적용해 해결한다.

> **HINT**
> - RuntimeException을 상속하는 커스텀 Exception(DataAccessException과 같은 이름)을 추가한 후 SQLException을 새로 추가한 커스텀 Exception을 변환해 throw하도록 구현한다.
>
> ```
> public class DataAccessException extends RuntimeException {
>     [...]
> }
> ```
>
> - 자바 7 버전부터 try-with-resources 문법을 적용해 자원을 반납하는 것이 가능하다. try-with-resources 문법을 적용해 finally 절의 복잡도를 낮추도록 리팩토링한다.

- SELECT문의 경우 조회한 데이터를 캐스팅하는 부분이 있다. 캐스팅하지 않고 구현하도록 개선한다.

HINT • RowMapper에 자바 제너릭을 적용해 공통 라이브러리를 개선한다.

```java
public interface RowMapper<T> {
    T mapRow(ResultSet rs) throws SQLException;
}
```

- 각 쿼리에 전달할 인자를 PreparedStatementSetter를 통해 전달할 수도 있지만 자바의 가변인자를 통해 전달할 수 있는 메소드를 추가한다.

HINT • 자바는 가변인자 문법으로 인자를 동적으로 전달할 수 있다.

```java
void update(String sql, Object... values)
```

• PreparedStatement에 값을 전달할 때 setObject() 메소드를 활용한다.

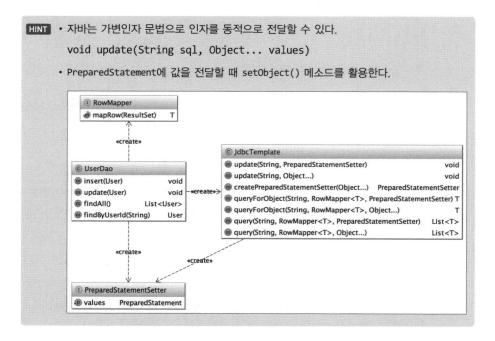

- UserDao에서 PreparedStatementSetter, RowMapper 인터페이스를 구현하는 부분을 JDK 8에서 추가한 람다 표현식을 활용하도록 리팩토링한다.

> **HINT** 구글에서 "jdk 8 람다"로 검색해 람다 문법을 학습한 후 익명 클래스 대신 람다를 적용해 구현한다.

```java
@FunctionalInterface
public interface RowMapper<T> {
    T mapRow(ResultSet rs) throws SQLException;
}
```

7.3 동영상을 활용한 DAO 리팩토링 실습[4]

리팩토링 과정에서 어려움 중의 하나는 지금까지 서비스하던 기능이 정상적으로 동작하는 상태에서 리팩토링을 진행해야 한다는 것이다. 즉, 소스코드를 리팩토링하는 경우 가능한 컴파일이 되지 않는 상태가 발생하지 않도록 리팩토링을 해야 한다. 만약 컴파일이 되지 않는 상태가 되더라도 최대한 빠른 시간 내에 컴파일 가능한 상태로 만든 후 테스트를 통과해야 한다. 이 같은 과정으로 리팩토링 하려면 리팩토링 전과 후를 연결해 주는 과도기적인 단계가 필요하다. 이는 소스코드 리팩토링뿐만 아니라 데이터베이스에 대한 리팩토링 또한 같다. 안정적인 리팩토링을 하려면 불필요한 코드나 단계라 생각할 수 있는 과도기적인 단계가 반드시 필요하다. 급한 마음에 이 단계를 생략하고 리팩토링을 진행하는 경우 문제가 발생하는 경우를 종종 경험했다. 이 방식으로 리팩토링을 하면 좀 더 많은 시간이 필요하다. 하지만 안정적으로 설계를 변경하고 구조를 바꾸려면 이 같은 연습은 반드시 필요하다. 이렇게 연습을 하다 어느 정도 익숙해진 후 일부 단계를 생략해도 되겠다는 생각이 들면 그 때 생략할 것을 추천한다.

---

4 이 동영상은 책을 쓰기 전에 촬영한 동영상으로 실습으로 진행한 프로젝트의 패키지, UserDao, UserDaoTest 코드의 일부가 다르다. 하지만 이 책의 전체 과정을 포함하고 있고 리팩토링 과정은 같기 때문에 동영상을 활용해 학습하는 데 문제가 없을 것으로 판단된다.

DAO를 리팩토링하는 과정을 담고 있는 다음 동영상은 이 원칙을 지키면서 리팩토링을 시작한다. 리팩토링을 진행하면서 비슷한 패턴이 보이거나 익숙한 단계에서 좀 더 빠른 속도로 리팩토링을 진행하고 있다. 다음 절에서 리팩토링 과정과 소스코드에 대해 자세하게 다루고 있지만 책을 통해 전달하기 힘든 리팩토링 과정이 담겨있기 때문에 책 뿐만 아니라 동영상 또한 반드시 볼 것을 추천한다.

https://youtu.be/ylrMBeakVnk
DAO 리팩토링 1단계로 DAO 중복 코드에 대한 이슈 제기, 라이브러리 코드와 개발자가 구현해야 하는 코드 분리, abstract 키워드를 활용해 추상 클래스 구현, INSERT, UPDATE, DELETE 문에 대한 중복 제거 과정을 다룬다.

https://youtu.be/zfXAZkqPH44
SELECT 쿼리에 대한 중복 코드 제거, getConnection() 메소드 중복 제거 및 테스트 코드 수정, 템플릿 메소드 패턴 적용 과정을 다룬다.

https://youtu.be/yEHUB97B62I
템플릿 메소드 패턴을 활용해 JdbcTemplate과 SelectJdbcTemplate 통합, 템플릿 메소드 패턴을 활용할 때의 문제점, 각 메소드를 콜백 인터페이스로 분리해 JdbcTemplate과 SelectJdbcTemplate를 통합하는 과정을 다룬다.

https://youtu.be/nkepkHJi7e8
자바 제너릭을 활용해 캐스팅을 하지 않도록 라이브러리 구현, 가변 인자를 활용해 개발자 편의성 개선, 여러 건의 데이터를 조회할 수 있는 기능 추가, 라이브러리 코드에서 중복을 제거하는 과정에 대한 설명한다.

https://youtu.be/IFTyw7Uipyo
컴파일타임 Exception, 런타임 Exception 차이, SQLException을 런타임 익셉션으로 변환해서 처리하는 과정을 다룬다.

https://youtu.be/0ax9jxfW9x4
자바 8에서 추가한 람다를 적용하기, RowMapper에 FunctionalInterface 애노테이션 설정, RowMapper를 사용할 때 람도 표현식을 사용하도록 리팩토링하는 과정을 다룬다.

위 동영상을 봤으면 이에 대한 학습을 멈추지 말고 UserDao를 동영상이나 책을 참고하지 말고 리팩토링하는 연습을 해볼 것을 추천한다. 동영상이나 책을 통해 학습했기 때문에 쉽게 리팩토링할 수 있겠지라는 생각을 할 수 있다. 하지만 막상 해보면 막히는 부분이 많을 것이다. 이 막히는 부분을 혼자 힘으로 해결해 나가는 과정에서 깨달음을 얻을 수 있고, 한 단계 성장할 수 있다.

7.4 DAO 리팩토링 및 설명

7.4.1 메소드 분리

중복 코드를 제거하기 위한 첫 번째 단계는 Extract Method 리팩토링을 통해 메소드를 분리하는 작업이다. 메소드가 한 가지 작업만 처리하도록 작은 단위로 분리하다보면 중복 코드가 명확하게 드러나는 경우를 종종 경험한다. 이번 리팩토링의 경우 개발자가 데이터베이스 접근 로직을 구현할 때 매번 구현해야 하는 부분과 그렇지 않은 부분을 기준으로 메소드를 분리하면 더 명확한 기준을 가지고 분리할 수 있다. 이를 다른 기준으로 보면 변화가 발생하는 부분과 변화가 발생하지 않는 부분을 분리하는 작업이다.

리팩토링의 시작은 비슷한 구조로 구현되어 있는 insert()와 update()에서 시작한다. 앞의 기준으로 insert(), update() 메소드를 분리하는 작업을 진행한 결과 코드는 다음과 같다.

```java
public class UserDao {
    public void insert(User user) throws SQLException {
        Connection con = null;
        PreparedStatement pstmt = null;
        try {
            con = ConnectionManager.getConnection();
            String sql = createQueryForInsert();
            pstmt = con.prepareStatement(sql);
            setValuesForInsert(user, pstmt);

            pstmt.executeUpdate();
        } finally {
            if (pstmt != null) {
                pstmt.close();
            }

            if (con != null) {
                con.close();
            }
        }
    }

    private void setValuesForInsert(User user, PreparedStatement pstmt)
            throws SQLException {
        pstmt.setString(1, user.getUserId());
        pstmt.setString(2, user.getPassword());
        pstmt.setString(3, user.getName());
        pstmt.setString(4, user.getEmail());
    }

    private String createQueryForInsert() {
        return "INSERT INTO USERS VALUES (?, ?, ?, ?)";
    }
}
```

update() 메소드도 위와 같은 방법으로 리팩토링한다.

7.4.2 클래스 분리

메소드를 분리하고 보니 공통 라이브러리로 구현할 부분(insert() 메소드)과 개발자가 매번 구현해야 할 부분(createQueryForInsert(), setValuesForInsert() 메소드)이 명확히 나눠지는 것을 확인할 수 있다. 공통 라이브러리로 구현해야 하는 insert() 메소드를 새로운 클래스를 추가해 이동한다.

InsertJdbcTemplate 클래스를 추가한 후 UserDao의 insert() 메소드를 InsertJdbc Template로 이동한다. 이와 같이 리팩토링을 진행한 결과는 다음과 같다.

```java
public class InsertJdbcTemplate {
    public void insert(User user, UserDao userDao) throws SQLException {
        Connection con = null;
        PreparedStatement pstmt = null;
        try {
            con = ConnectionManager.getConnection();
            String sql = userDao.createQueryForInsert();
            pstmt = con.prepareStatement(sql);
            userDao.setValuesForInsert(user, pstmt);

            pstmt.executeUpdate();
        } finally {
            if (pstmt != null) {
                pstmt.close();
            }

            if (con != null) {
                con.close();
            }
        }
    }
}
```

insert() 메소드를 InsertJdbcTemplate으로 이동하는 경우 createQuery ForInsert(), setValuesForInsert() 메소드가 없기 때문에 컴파일 에러가 발생한

다. 컴파일 에러를 해결하기 위해 UserDao 인스턴스를 인자로 전달해 UserDao 메소드를 호출하도록 변경한다.

UserDao의 insert() 메소드는 InsertJdbcTemplate의 insert() 메소드를 호출하도록 변경하고 createQueryForInsert(), setValuesForInsert()는 InsertJdbcTemplate의 insert() 메소드가 접근 가능하도록 private에서 default로 접근제어자를 변경한다.

```java
public class UserDao {
    public void insert(User user) throws SQLException {
        InsertJdbcTemplate jdbcTemplate = new InsertJdbcTemplate();
        jdbcTemplate.insert(user, this);
    }

    void setValuesForInsert(User user, PreparedStatement pstmt)
            throws SQLException {
        pstmt.setString(1, user.getUserId());
        pstmt.setString(2, user.getPassword());
        pstmt.setString(3, user.getName());
        pstmt.setString(4, user.getEmail());
    }

    String createQueryForInsert() {
        return "INSERT INTO USERS VALUES (?, ?, ?, ?)";
    }
}
```

위와 같이 리팩토링을 완료한 후 UserDaoTest의 테스트 메소드를 실행해 테스트가 통과하는지 확인한다. 리팩토링을 완료한 후에는 반드시 테스트를 통해 확인하는 습관을 들이자.

update() 메소드도 위와 같은 방법으로 리팩토링한다.

7.4.3 UserDao와 InsertJdbcTemplate의 의존관계 분리

새로운 클래스를 추가해 분리하고 보니 공통 라이브러러에 대한 기본 뼈대가 만들어지는 느낌이 든다. 그런데 새로 추가한 InsertJdbcTemplate은 UserDao와 의존관계를 가지고 있기 때문에 UserDao가 아닌 다른 곳에서는 사용할 수 없다. 따라서 InsertJdbcTemplate의 UserDao에 의존관계를 가지지 않도록 해야 한다. 의존관계를 가지지 않도록 하는 방법은 createQueryForInsert(), setValuesForInsert() 메소드가 InsertJdbcTemplate에 존재해야 한다. 하지만 InsertJdbcTemplate이 메소드에 대한 구현을 담당하면 안 된다. 메소드 구현은 UserDao가 담당해야 한다. 이와 같이 메소드는 존재하지만 구현을 담당하지 않으려면 두 개의 메소드를 추상 메소드 abstract method로 구현하면 된다. 추상 메소드로 리팩토링한 결과는 다음과 같다.

```
public abstract class InsertJdbcTemplate {
    public void insert(User user) throws SQLException {
        Connection con = null;
        PreparedStatement pstmt = null;
        try {
            con = ConnectionManager.getConnection();
            String sql = createQueryForInsert();
            pstmt = con.prepareStatement(sql);
            setValuesForInsert(user, pstmt);

            pstmt.executeUpdate();
        } finally {
            if (pstmt != null) {
                pstmt.close();
            }

            if (con != null) {
                con.close();
            }
        }
    }
}
```

```
    abstract String createQueryForInsert();

    abstract void setValuesForInsert(User user, PreparedStatement pstmt)
        throws SQLException;
}
```

UserDao는 InsertJdbcTemplate 인스턴스를 생성해야 한다. 그런데 InsertJdbc
Template가 추상 클래스이기 때문에 바로 생성할 수 없다. 이와 같이 추상 클래스의
인스턴스를 생성하려면 2개의 추상 메소드를 구현해야 한다. 추상 메소드를 구현하
는 방법은 InsertJdbcTemplate을 상속하는 새로운 클래스를 추가하거나 이름을 가
지지 않는 익명의 클래스를 추가하는 방법으로 해결할 수 있다. 특히 익명 클래스는
다른 곳에서 재사용할 필요가 없는 경우 사용하기 적합한데 InsertJdbcTemplate 인
스턴스를 생성할 때 사용하기 적합한 부분이다. UserDao insert() 메소드를 익명 클
래스를 사용해 구현하면 다음과 같다.

```java
public class UserDao {
    public void insert(User user) throws SQLException {
        InsertJdbcTemplate jdbcTemplate = new InsertJdbcTemplate() {
            void setValuesForInsert(User user, PreparedStatement pstmt)
                    throws SQLException {
                pstmt.setString(1, user.getUserId());
                pstmt.setString(2, user.getPassword());
                pstmt.setString(3, user.getName());
                pstmt.setString(4, user.getEmail());
            }

            String createQueryForInsert() {
                return "INSERT INTO USERS VALUES (?, ?, ?, ?)";
            }
        };
        jdbcTemplate.insert(user);
    }
}
```

이와 같이 반복적으로 발생하는 중복 로직을 상위 클래스가 구현하고 변화가 발생하는 부분만 추상 메소드로 만들어 구현하도록 하는 디자인 패턴을 템플릿 메소드 Template Method 패턴이라고 한다.

같은 방법으로 update() 메소드와 UpdateJdbcTemplate에 대한 리팩토링을 진행한다.

7.4.4 InsertJdbcTemplate과 UpdateJdbcTemplate 통합

공통 라이브러리를 담당할 클래스를 분리하니 굳이 메소드 이름을 ForInsert, ForUpdate와 같이 붙일 필요가 없어졌다. 메소드 이름을 createQuery(), setValues()으로 Rename 리팩토링을 진행한다. 메소드 이름을 변경한 후 InsertJdbcTemplate의 insert() 메소드와 UpdateJdbcTemplate의 update() 메소드 구현부에 다른 부분이 없다. 똑같다. 굳이 두 개의 클래스로 분리할 필요가 없겠다. UpdateJdbcTemplate 클래스를 JdbcTemplate으로 이름을 바꾸고, 메소드 이름은 update()를 사용하도록 리팩토링한다.

```java
public abstract class JdbcTemplate {
    public void update(User user) throws SQLException {
        Connection con = null;
        PreparedStatement pstmt = null;
        try {
            con = ConnectionManager.getConnection();
            String sql = createQuery();
            pstmt = con.prepareStatement(sql);
            setValues(user, pstmt);

            pstmt.executeUpdate();
        } finally {
            if (pstmt != null) {
                pstmt.close();
            }

            if (con != null) {
                con.close();
```

```
            }
        }
    }

    abstract String createQuery();

    abstract void setValues(User user, PreparedStatement pstmt)
        throws SQLException;
}
```

JdbcTemplate 하나로 통합했기 때문에 UserDao의 insert(), update() 메소드가
JdbcTemplate을 사용하도록 리팩토링한다.

```
public class UserDao {
    public void insert(User user) throws SQLException {
        JdbcTemplate jdbcTemplate = new JdbcTemplate() {
            void setValues(User user, PreparedStatement pstmt)
                throws SQLException {
                pstmt.setString(1, user.getUserId());
                pstmt.setString(2, user.getPassword());
                pstmt.setString(3, user.getName());
                pstmt.setString(4, user.getEmail());
            }

            String createQuery() {
                return "INSERT INTO USERS VALUES (?, ?, ?, ?)";
            }
        };
        jdbcTemplate.update(user);
    }

    public void update(User user) throws SQLException {
        JdbcTemplate jdbcTemplate = new JdbcTemplate() {
            void setValues(User user, PreparedStatement pstmt)
                throws SQLException {
                pstmt.setString(1, user.getPassword());
                pstmt.setString(2, user.getName());
                pstmt.setString(3, user.getEmail());
                pstmt.setString(4, user.getUserId());
```

```
        }

        String createQuery() {
            return "UPDATE USERS SET password = ?, name = ?, email = ?
                    WHERE userId = ?";
        }
    };
    jdbcTemplate.update(user);
  }
}
```

InsertJdbcTemplate을 사용하는 곳이 없기 때문에 이 클래스를 삭제한다. 테스트를
실행해 리팩토링 과정에 문제가 없는지 확인한다.

7.4.5 User 의존관계 제거 및 SQL 쿼리 인자로 전달

JdbcTemplate을 UserDao가 아닌 곳에서도 사용하려면 User에 대한 의존관계도 끊
어야 한다. 그런데 JdbcTemplate의 update() 메소드를 살펴보니 굳이 User를 인자
로 전달하지 않아도 되겠다. setValues() 메소드를 통해 User 인자를 전달하지 않고
UserDao의 insert(), update() 메소드의 User 인스턴스에 직접 접근하도록 리팩토
링할 수 있겠다. 그러면 JdbcTemplate의 User와의 의존관계를 가지지 않아 다른 곳
에서도 사용할 수 있겠다.

```
public abstract class JdbcTemplate {
    public void update() throws SQLException {
        Connection con = null;
        PreparedStatement pstmt = null;
        try {
            con = ConnectionManager.getConnection();
            String sql = createQuery();
            pstmt = con.prepareStatement(sql);
            setValues(pstmt);

            pstmt.executeUpdate();
```

```
        } finally {
            if (pstmt != null) {
                pstmt.close();
            }

            if (con != null) {
                con.close();
            }
        }
    }

    abstract String createQuery();

    abstract void setValues(PreparedStatement pstmt) throws SQLException;
}
```

```
public class UserDao {
    public void insert(User user) throws SQLException {
        JdbcTemplate jdbcTemplate = new JdbcTemplate() {
            void setValues(PreparedStatement pstmt) throws SQLException {
                pstmt.setString(1, user.getUserId());
                pstmt.setString(2, user.getPassword());
                pstmt.setString(3, user.getName());
                pstmt.setString(4, user.getEmail());
            }

            String createQuery() {
                return "INSERT INTO USERS VALUES (?, ?, ?, ?)";
            }
        };
        jdbcTemplate.update();
    }
}
```

지금까지 리팩토링 과정을 통해 공통 라이브러리로 사용할 수 있는 JdbcTemplate을
생성했다. 재사용 가능한 JdbcTemplate을 만들었지만 이 API를 사용하는 개발자 입
장에서 생각했을 때 한 단계 더 개선하면 좋겠다. 매번 2개의 추상 메소드를 구현할
필요가 있을까? PreparedStatement에 값을 전달하는 부분은 경우가 수가 많아 어쩔

수 없다지만 SQL 쿼리는 굳이 추상 메소드를 통해 전달하지 않고 JdbcTemplate의 update() 메소드 인자로 전달하면 사용성 측면에서 더 좋겠다.

이 리팩토링 과정을 컴파일 에러가 발생하지 않도록 최대한 천천히 진행하자. 컴파일 에러가 발생하지 않으려면 기존의 update() 메소드를 그대로 유지한 상태에서 SQL 쿼리문을 인자로 가지는 새로운 update2(String sql)를 다음과 같이 추가해야 한다.

```
public abstract class JdbcTemplate {
    public void update() throws SQLException {
        Connection con = null;
        PreparedStatement pstmt = null;
        try {
            con = ConnectionManager.getConnection();
            String sql = createQuery();
            pstmt = con.prepareStatement(sql);
            setValues(pstmt);

            pstmt.executeUpdate();
        } finally {
            if (pstmt != null) {
                pstmt.close();
            }

            if (con != null) {
                con.close();
            }
        }
    }

    public void update2(String sql) throws SQLException {
        Connection con = null;
        PreparedStatement pstmt = null;
        try {
            con = ConnectionManager.getConnection();
            pstmt = con.prepareStatement(sql);
            setValues(pstmt);

            pstmt.executeUpdate();
        } finally {
```

```
            if (pstmt != null) {
                pstmt.close();
            }

            if (con != null) {
                con.close();
            }
        }
    }

    abstract String createQuery();

    abstract void setValues(PreparedStatement pstmt) throws SQLException;
}
```

잠깐 동안 비슷한 이름을 가지는 update() 메소드가 2개가 되면서 중복 코드가 발생한다. 이전의 update() 메소드를 사용하는 코드를 새로 추가한 update2(String sql)를 사용하도록 수정한다.

```
public class UserDao {
    public void insert(User user) throws SQLException {
        JdbcTemplate jdbcTemplate = new JdbcTemplate() {
            void setValues(PreparedStatement pstmt) throws SQLException {
                pstmt.setString(1, user.getUserId());
                pstmt.setString(2, user.getPassword());
                pstmt.setString(3, user.getName());
                pstmt.setString(4, user.getEmail());
            }

            String createQuery() {
                return "INSERT INTO USERS VALUES (?, ?, ?, ?)";
            }
        };
        String sql = "INSERT INTO USERS VALUES (?, ?, ?, ?)";
        jdbcTemplate.update2(sql);
    }
}
```

인자가 없는 update() 메소드를 사용하는 코드를 모두 변경한 것을 확인한 후 인자가 없는 update() 메소드를 삭제한다. update() 메소드를 제거하면 이 메소드에서 호출하던 createQuery() 추상 메소드도 필요없다. createQuery() 추상 메소드를 삭제하고, JdbcTemplate를 구현하는 익명 클래스에서 createQuery() 메소드 구현 부분을 모두 삭제한다. 임시로 update2()라는 이름을 구현한 메소드 이름을 update()로 Rename 리팩토링을 한다.

리팩토링 연습을 시작할 때는 이와 같이 최대한 느린 속도로 진행해 보기 바란다. 기존의 코드에 변화를 최소화하면서 점진적으로 리팩토링할 수 있으며, 컴파일 에러도 최소화할 수 있다. 처음 연습할 때는 너무 느릴 수 있다는 느낌이 들 수 있다. 하지만 정말 복잡한 코드를 빠르게 리팩토링하려다 너무 작업이 커지는 바람에 도저히 수습할 수 없는 상태가 되어 다시 원복하는 경험을 몇 번 해보면 이 같은 연습이 왜 필요한지 느낄 수 있을 것이다.

위 과정을 통해 리팩토링한 최종 결과 코드는 생략한다. 이와 같이 리팩토링하고 보니 구현할 코드도 적어지고 좀 더 깔끔하다는 느낌이 든다. JdbcTemplate은 이 정도 수준에서 마치고 다음 단계는 좀 더 복잡해 보이는 SELECT에 대한 리팩토링을 진행해 보자.

7.4.6 SELECT문에 대한 리팩토링

SELECT에 대해서도 앞의 과정과 같은 방법으로 리팩토링을 진행할 수 있다. 한 가지 다른 점이라면 SELECT의 경우 조회한 데이터를 자바 객체로 변환하는 부분이 추가적으로 필요하다. 자바 객체로 변환하는 부분은 mapRow()라는 메소드를 추상 메소드로 추가해 구현한다.

```java
public abstract class SelectJdbcTemplate {
    @SuppressWarnings("rawtypes")
    public List query(String sql) throws SQLException {
        Connection con = null;
```

```
            PreparedStatement pstmt = null;
            ResultSet rs = null;
            try {
                con = ConnectionManager.getConnection();
                pstmt = con.prepareStatement(sql);
                setValues(pstmt);

                rs = pstmt.executeQuery();

                List<Object> result = new ArrayList<Object>();
                while (rs.next()) {
                    result.add(mapRow(rs));
                }
                return result;
            } finally {
                if (rs != null) {
                    rs.close();
                }
                if (pstmt != null) {
                    pstmt.close();
                }
                if (con != null) {
                    con.close();
                }
            }
        }

    abstract void setValues(PreparedStatement pstmt) throws SQLException;

    abstract Object mapRow(ResultSet rs) throws SQLException;
}
```

UserDao의 findAll() 메소드가 SelectJdbcTemplate을 사용하도록 구현한 코드는 다음과 같다.

```
public class UserDao {
    public List<User> findAll() throws SQLException {
        SelectJdbcTemplate jdbcTemplate = new SelectJdbcTemplate() {
            void setValues(PreparedStatement pstmt) throws SQLException {
```

```
        }

        @Override
        Object mapRow(ResultSet rs) throws SQLException {
            return new User(
                    rs.getString("userId"),
                    rs.getString("password"),
                    rs.getString("name"),
                    rs.getString("email"));
        }
    };
    String sql = "SELECT userId, password, name, email FROM USERS";
    return (List<User>)jdbcTemplate.query(sql);
    }
}
```

위 메소드는 여러 건의 데이터를 조회할 때 유효하다. 한 건의 데이터를 조회하는 경우는 앞에서 구현한 query() 메소드를 활용해 다음과 같이 구현할 수 있다.

```
public abstract class SelectJdbcTemplate {
    @SuppressWarnings("rawtypes")
    public List query(String sql) throws SQLException {
        [...]
    }

    @SuppressWarnings("rawtypes")
    public Object queryForObject(String sql) throws SQLException {
        List result = query(sql);
        if (result.isEmpty()) {
            return null;
        }
        return result.get(0);
    }

    abstract void setValues(PreparedStatement pstmt) throws SQLException;

    abstract Object mapRow(ResultSet rs) throws SQLException;
}
```

7.4.7 JdbcTemplate과 SelectJdbcTemplate 통합하기

지금까지 리팩토링 과정을 통해 UserDao에 있던 많은 중복 코드를 제거했다. 이제 모든 SQL에 대한 처리를 공통 라이브러리를 활용해 해결할 수 있게 되었다. 그런데 개발자 입장에서 생각해보면 API를 사용할 때 여러 개의 클래스를 제공하는 것보다 클래스 하나를 제공하는 것이 학습 측면에서 더 좋을 것이다. JdbcTemplate과 SelectJdbcTemplate 클래스의 구현 부분을 보니 중복 코드도 많아 클래스 하나로 통합하는 것이 좋겠다. 이 같은 전략하에 두 개의 클래스를 JdbcTemplate 하나로 통합해서 제공해 보자.

```java
public abstract class JdbcTemplate {
    public void update(String sql) throws SQLException {
        [...]
    }

    @SuppressWarnings("rawtypes")
    public List query(String sql) throws SQLException {
        [...]
    }

    @SuppressWarnings("rawtypes")
    public Object queryForObject(String sql) throws SQLException {
        [...]
    }

    abstract Object mapRow(ResultSet rs) throws SQLException;

    abstract void setValues(PreparedStatement pstmt) throws SQLException;
}
```

위와 같이 두 개의 클래스를 하나로 통합한 결과 UserDao의 insert(), update() 메소드를 다음과 같이 mapRow() 메소드를 구현해야 하는 수정 사항이 발생했다.

```
public class UserDao {
    public void insert(User user) throws SQLException {
        JdbcTemplate jdbcTemplate = new JdbcTemplate() {
            void setValues(PreparedStatement pstmt) throws SQLException {
                pstmt.setString(1, user.getUserId());
                pstmt.setString(2, user.getPassword());
                pstmt.setString(3, user.getName());
                pstmt.setString(4, user.getEmail());
            }

            Object mapRow(ResultSet rs) throws SQLException {
                return null;
            }
        };
        String sql = "INSERT INTO USERS VALUES (?, ?, ?, ?)";
        jdbcTemplate.update(sql);
    }

    public void update(User user) throws SQLException {
        JdbcTemplate jdbcTemplate = new JdbcTemplate() {
            void setValues(PreparedStatement pstmt) throws SQLException {
                pstmt.setString(1, user.getPassword());
                pstmt.setString(2, user.getName());
                pstmt.setString(3, user.getEmail());
                pstmt.setString(4, user.getUserId());
            }

            Object mapRow(ResultSet rs) throws SQLException {
                return null;
            }
        };
        String sql = "UPDATE USERS SET password = ?, name = ?, email = ?
                      WHERE userId = ?";
        jdbcTemplate.update(sql);
    }

    public User findByUserId(String userId) throws SQLException {
        JdbcTemplate jdbcTemplate = new JdbcTemplate() {
            [...]
        };
        String sql = "SELECT userId, password, name, email FROM USERS
```

```
                        WHERE userId = ?";
        return (User)jdbcTemplate.queryForObject(sql);
    }

    @SuppressWarnings("unchecked")
    public List<User> findAll() throws SQLException {
        JdbcTemplate jdbcTemplate = new JdbcTemplate() {
            [...]
        };
        String sql = "SELECT userId, password, name, email FROM USERS";
        return (List<User>)jdbcTemplate.query(sql);
    }
}
```

더이상 SelectJdbcTemplate이 필요없으니 삭제한다. 데이터베이스 접근 로직 처리에 대한 공통 라이브러리를 JdbcTemplate 하나로 제공하는 것은 마음에 든다. 그런데 INSERT, UPDATE, DELETE 문의 경우에는 굳이 mapRow() 메소드를 구현할 필요가 없는데 클래스를 하나로 통합하다보니 다른 문제점이 생겼다. 이 문제점을 해결하기 위해 다른 방식으로 접근하는 것이 좋겠다.

7.4.8 인터페이스 추가를 통한 문제점 해결

이 같은 문제점이 생기는 원인은 무엇일까? 이렇게밖에 구현할 수 없는 원인은 JdbcTemplate의 추상 메소드의 변화 시점이 다를 수 있는데, 항상 같이 변화하도록 의존관계가 생겼기 때문이다. setValues() 메소드와 mapRow() 메소드를 분리해 서로 간의 의존관계를 끊어버릴 수만 있다면 좀 더 유연한 개발이 가능하도록 지원할 수 있겠다. 이를 해결하려면 두 개의 추상 메소드를 같은 클래스가 가지도록 구현하지 말고, 각각의 추상 메소드를 인터페이스를 통해 분리할 수 있다.

```
public interface PreparedStatementSetter {
    void setValues(PreparedStatement pstmt) throws SQLException;
}
```

```
public interface RowMapper {
    Object mapRow(ResultSet rs) throws SQLException;
}
```

이와 같이 JdbcTemplate에 구현되어 있는 2개의 추상 메소드를 인터페이스로 분리한다. JdbcTemplate의 update(), query() 메소드에서 PreparedStatementSetter와 RowMapper 인터페이스를 활용하도록 다음과 같이 리팩토링할 수 있다.

```
public class JdbcTemplate {
    public void update(String sql, PreparedStatementSetter pss)
            throws SQLException {
        Connection con = null;
        PreparedStatement pstmt = null;
        try {
            con = ConnectionManager.getConnection();
            pstmt = con.prepareStatement(sql);
            pss.setValues(pstmt);

            pstmt.executeUpdate();
        } finally {
            if (pstmt != null) {
                pstmt.close();
            }

            if (con != null) {
                con.close();
            }
        }
    }

    @SuppressWarnings("rawtypes")
    public List query(String sql, PreparedStatementSetter pss,
            RowMapper rowMapper) throws SQLException {
        Connection con = null;
        PreparedStatement pstmt = null;
        ResultSet rs = null;
        try {
            con = ConnectionManager.getConnection();
```

```
            pstmt = con.prepareStatement(sql);
            pss.setValues(pstmt);

            rs = pstmt.executeQuery();

            List<Object> result = new ArrayList<Object>();
            while (rs.next()) {
                result.add(rowMapper.mapRow(rs));
            }
            return result;
        } finally {
            if (rs != null) {
                rs.close();
            }
            if (pstmt != null) {
                pstmt.close();
            }
            if (con != null) {
                con.close();
            }
        }
    }

    @SuppressWarnings("rawtypes")
    public Object queryForObject(String sql, PreparedStatementSetter pss,
            RowMapper rowMapper) throws SQLException {
        List result = query(sql, pss, rowMapper);
        if (result.isEmpty()) {
            return null;
        }
        return result.get(0);
    }
}
```

위와 같이 리팩토링한 UserDao 코드는 다음과 같다.

```
public class UserDao {
    public void insert(User user) throws SQLException {
        JdbcTemplate jdbcTemplate = new JdbcTemplate();
```

```java
        PreparedStatementSetter pss = new PreparedStatementSetter() {
            @Override
            public void setValues(PreparedStatement pstmt)
                    throws SQLException {
                pstmt.setString(1, user.getUserId());
                pstmt.setString(2, user.getPassword());
                pstmt.setString(3, user.getName());
                pstmt.setString(4, user.getEmail());
            }
        };

        String sql = "INSERT INTO USERS VALUES (?, ?, ?, ?)";
        jdbcTemplate.update(sql, pss);
    }

    public User findByUserId(String userId) throws SQLException {
        JdbcTemplate jdbcTemplate = new JdbcTemplate();
        PreparedStatementSetter pss = new PreparedStatementSetter() {
            @Override
            public void setValues(PreparedStatement pstmt)
                    throws SQLException {
                pstmt.setString(1, userId);
            }
        };
        RowMapper rowMapper = new RowMapper() {
            @Override
            public Object mapRow(ResultSet rs) throws SQLException {
                return new User(
                        rs.getString("userId"),
                        rs.getString("password"),
                        rs.getString("name"),
                        rs.getString("email"));
            }
        };

        String sql = "SELECT userId, password, name, email FROM USERS
                    WHERE userId = ?";
        return (User)jdbcTemplate.queryForObject(sql, pss, rowMapper);
    }
}
```

이와 같이 메소드 하나만 가지는 인터페이스를 생성한 후 필요에 따라 메소드의 인자로 전달해 앞 단계에서 발생한 문제점을 해결했다. 즉, 변화 시점이 다른 부분을 서로 다른 인터페이스로 분리함으로써 공통 라이브러리에 대한 유연함을 높일 수 있게 되었다. 이 예제에서 사용한 인터페이스를 콜백Callback 인터페이스라고 부른다.

7.4.9 런타임 Exception 추가 및 AutoClosable 활용한 자원 반환

UserDao 문제점 중의 하나는 모든 메소드가 컴파일타임 Exception인 SQLException을 throw한다는 것이다. 런타임 Exception을 추가해 이 문제점을 해결해 보자. 먼저 RuntimeException을 상속하는 새로운 Exception을 추가한다.

```java
public class DataAccessException extends RuntimeException {
    private static final long serialVersionUID = 1L;

    public DataAccessException() {
        super();
    }

    public DataAccessException(String message, Throwable cause, boolean
            enableSuppression, boolean writableStackTrace) {
        super(message, cause, enableSuppression, writableStackTrace);
    }

    public DataAccessException(String message, Throwable cause) {
        super(message, cause);
    }

    public DataAccessException(String message) {
        super(message);
    }

    public DataAccessException(Throwable cause) {
        super(cause);
    }
}
```

위와 같이 DataAccessException을 추가한 후 JdbcTemplate을 다음과 같이 리팩토
링함으로써 JdbcTemplate을 사용하는 곳에서 더 이상 SQLException을 처리하지 않
게 되었다.

```
public class JdbcTemplate {
    public void update(String sql, PreparedStatementSetter pss)
            throws DataAccessException {
        Connection con = null;
        PreparedStatement pstmt = null;
        try {
            con = ConnectionManager.getConnection();
            pstmt = con.prepareStatement(sql);
            pss.setValues(pstmt);

            pstmt.executeUpdate();
        } catch (SQLException e) {
            throw new DataAccessException(e);
        } finally {
            if (pstmt != null) {
                try {
                    pstmt.close();
                } catch (SQLException e) {
                    throw new DataAccessException(e);
                }
            }

            if (con != null) {
                try {
                    con.close();
                } catch (SQLException e) {
                    throw new DataAccessException(e);
                }
            }
        }
    }
}
```

SQLException을 런타임 Exception으로 변경하는 것은 좋은데 finally 절의 복잡도가 너무 높다. 자원을 활용한 후 반납하기 위한 목적으로 사용하는 close() 메소드에 대한 호출은 자바 7 버전부터 제공하는 java.io.AutoClosable 인터페이스를 활용해 해결할 수 있다. AutoClosable 인터페이스를 구현하는 클래스는 try-with-resources 구문을 활용해 자원을 자동으로 반납할 수 있다. 앞의 코드는 다음과 같이 간단히 구현 가능하다.

```java
public class JdbcTemplate {
    public void update(String sql, PreparedStatementSetter pss)
            throws DataAccessException {
        try (Connection conn = ConnectionManager.getConnection();
            PreparedStatement pstmt = conn.prepareStatement(sql)) {
            pss.setValues(pstmt);
            pstmt.executeUpdate();
        } catch (SQLException e) {
            throw new DataAccessException(e);
        }
    }
}
```

try-with-resources 구문에 사용하는 클래스는 java.io.AutoClosable 인터페이스를 구현해야 한다. 즉 위 코드의 경우 Connection과 PreparedStatement는 AutoClosable을 구현하고 있다. query() 메소드 또한 같은 방법으로 리팩토링한다.

지금까지의 과정을 통해 더 이상 SQLException을 다시 throw하거나 try/catch 구문을 추가하지 않아도 된다.

여기까지 작업하고 보니 이제는 정말 그럴 듯한 공통 라이브러리가 되었다. 공통 라이브러리에 대한 기본적인 구조는 마무리했다. 다음 단계는 개발자가 이 API를 좀 더 쉽게 사용할 수 있는 부분에 초점을 맞춰 개선하는 작업을 진행해보자.

7.4.10 제너릭(generic)을 활용한 개선

JdbcTemplate을 사용해 보니 데이터를 조회할 때 매번 캐스팅을 해야 한다는 점이
불편하다. 자바의 제너릭을 적용해 캐스팅을 하지 않도록 개선해 보자.

```
public interface RowMapper<T> {
    T mapRow(ResultSet rs) throws SQLException;
}
```

위와 같이 자바의 제너릭 문법을 사용하도록 RowMapper를 수정한 후 JdbcTemplate
에도 제너릭 구문을 추가한다.

```
public class JdbcTemplate {
    public void update(String sql, PreparedStatementSetter pss)
            throws DataAccessException {
        [...]
    }

    public <T> List<T> query(String sql, PreparedStatementSetter pss,
            RowMapper<T> rowMapper) throws DataAccessException {
        ResultSet rs = null;
        try (Connection conn = ConnectionManager.getConnection();
            PreparedStatement pstmt = conn.prepareStatement(sql)) {
            pss.setValues(pstmt);
            rs = pstmt.executeQuery();

            List<T> list = new ArrayList<T>();
            while (rs.next()) {
                list.add(rowMapper.mapRow(rs));
            }
            return list;
        } catch (SQLException e) {
            throw new DataAccessException(e);
        } finally {
            [...]
        }
    }
}
```

```
    public <T> T queryForObject(String sql, PreparedStatementSetter pss,
            RowMapper<T> rowMapper) throws DataAccessException {
        List<T> result = query(sql, pss, rowMapper);
        if (result.isEmpty()) {
            return null;
        }
        return result.get(0);
    }
}
```

제너릭을 사용하도록 리팩토링하면 데이터를 조회할 때 굳이 캐스팅을 하지 않아도
된다.

```
public class UserDao {
    public User findByUserId(String userId) {
        JdbcTemplate jdbcTemplate = new JdbcTemplate();
        PreparedStatementSetter pss = new PreparedStatementSetter() {
            @Override
            public void setValues(PreparedStatement pstmt)
                    throws SQLException {
                pstmt.setString(1, userId);
            }
        };
        RowMapper<User> rowMapper = new RowMapper<User>() {
            @Override
            public User mapRow(ResultSet rs) throws SQLException {
                return new User(
                        rs.getString("userId"),
                        rs.getString("password"),
                        rs.getString("name"),
                        rs.getString("email"));
            }
        };

        String sql = "SELECT userId, password, name, email FROM USERS
                    WHERE userId = ?";
        return jdbcTemplate.queryForObject(sql, pss, rowMapper);
    }
}
```

7.4.11 가변인자를 활용해 쿼리에 인자 전달하기

쿼리에 값을 전달할 때 PreparedStatementSetter를 활용할 수도 있지만 가변 인자를 활용해 값을 전달할 수도 있다. JdbcTemplate에 가변인자를 활용하는 새로운 update() 메소드를 추가한다.

```java
public class JdbcTemplate {
    public void update(String sql, Object... parameters)
            throws DataAccessException {
        try (Connection conn = ConnectionManager.getConnection();
            PreparedStatement pstmt = conn.prepareStatement(sql)) {
            for (int i = 0; i < parameters.length; i++) {
                pstmt.setObject(i + 1, parameters[i]);
            }
            pstmt.executeUpdate();
        } catch (SQLException e) {
            throw new DataAccessException(e);
        }
    }
}
```

UserDao가 새로 추가한 update() 메소드를 사용하도록 리팩토링해 보자.

```java
public class UserDao {
    public void insert(User user) {
        JdbcTemplate jdbcTemplate = new JdbcTemplate();
        String sql = "INSERT INTO USERS VALUES (?, ?, ?, ?)";
        jdbcTemplate.update(sql, user.getUserId(), user.getPassword(),
                            user.getName(), user.getEmail());
    }

    public void update(User user) {
        JdbcTemplate jdbcTemplate = new JdbcTemplate();
        String sql = "UPDATE USERS SET password = ?, name = ?, email = ?
                    WHERE userId = ?";
        jdbcTemplate.update(sql, user.getPassword(), user.getName(),
                            user.getEmail(), user.getUserId());
    }
}
```

가변 인자는 인자로 전달할 값의 갯수가 고정되지 않고 동적으로 변경되는 경우 유용하게 사용할 수 있다. SQL문에 따라 전달할 값의 갯수가 달라지기 때문에 가변인자를 활용할 수 있는 적절한 부분이다.

7.4.12 람다를 활용한 구현

가변인자까지 추가한 결과 UserDao 코드는 정말 깔끔해졌다. 지금 단계로도 충분히 만족스럽다. 만약 여기서 리팩토링을 한 단계 더 진행하고 싶다면 자바 8 버전에서 추가된 람다 표현식을 활용할 수 있다. UserDao에서 RowMapper에 대한 익명 클래스를 생성하던 부분을 다음과 같이 람다를 활용해 좀 더 깔끔하게 구현할 수 있다.

```java
public class UserDao {
    public User findByUserId(String userId) {
        JdbcTemplate jdbcTemplate = new JdbcTemplate();
        String sql = "SELECT userId, password, name, email FROM USERS
                    WHERE userId = ?";
        return jdbcTemplate.queryForObject(sql, (ResultSet rs) -> {
            return new User(
                    rs.getString("userId"),
                    rs.getString("password"),
                    rs.getString("name"),
                    rs.getString("email"));
        }, userId);

    }
}
```

람다를 사용하기 전에는 RowMapper에 대한 익명 클래스를 만들어 전달했지만 람다를 사용할 경우 메소드에 전달할 인자와 메소드 구현부만 구현해 위와 같이 전달하는 것이 가능하다. 람다를 사용하려면 RowMapper와 같이 인터페이스의 메소드가 하나만 존재해야 한다. 또한 람다 표현식으로 사용할 인터페이스라고 지정하려면 인터페이스에 @FunctionalInterface 애노테이션을 추가해야 한다.

```
@FunctionalInterface
public interface RowMapper<T> {
    T mapRow(ResultSet rs) throws SQLException;
}
```

지금까지의 구현 과정을 통해 제법 쓸만한 JDBC 공통 라이브러리를 구현했다. 앞의 다른 실습보다 더 작은 단계로 나눠 실습을 진행했다. 이 실습 과정에서 무엇을 느꼈는가? 이 실습 과정을 통해 전해졌으면 하는 학습 목표는 다음과 같다.

- 콜백 인터페이스를 활용했을 때의 유연함이다. 콜백 인터페이스는 공통 라이브러리를 만들거나 코드에 유연함이 필요한 경우 유용하게 사용할 수 있다. 사실 콜백 인터페이스는 함수형 언어에서 함수를 메소드의 인자로 전달함으로써 유연함을 얻는 것과 같다. 자바가 인터페이스를 사용할 수밖에 없는 이유는 기본 단위가 함수가 아닌 클래스이기 때문이다. 자바 8에서 람다가 등장했기 때문에 이에 대한 활용도가 높아질 것으로 생각한다.

- 리팩토링을 최대한 안전하게 진행해야 한다는 것이다. 리팩토링은 새로운 기능을 추가하지 않으면서 설계를 개선하는 작업이다. 따라서 리팩토링 과정에서 테스트를 통해 기능이 정상적으로 동작하는지 반드시 확인해야 한다. 이것이 가능하려면 자동화된 테스트가 필요하다. 리팩토링을 안전하게 하는 연습은 가능한 컴파일 에러가 발생하지 않도록 리팩토링함으로써 리팩토링과 테스트의 주기가 짧아야 한다. 이를 위해 리팩토링 과정에 일시적으로 중복 코드가 생기거나 원치 않는 이름을 사용해야 하는 경우도 있다(7.4.5에서 SQL을 제거하는 과정 참고). 하지만 임시적으로 생기는 코드이기 때문에 이에 대해 당연한 것으로 받아들여야 한다. 이 같은 연습을 충분히 할 때 더 큰 규모의 리팩토링을 거부감 없이 진행할 수 있다. 이 장의 예제보다 더 큰 규모의 리팩토링은 이 책의 10장에서 다시 한번 경험하게 될 것이다.

이 장의 실습을 통해 위 두 가지 경험을 하지 못했다는 생각이 들면 이 두 가지 목표를 생각하면서 지금까지의 실습을 다시 진행해 보기 바란다. 지금까지 구현한 JDBC 공통 라이브러리를 만드는 경험은 JDBC 뿐만 아니라 다른 곳에서도 적용할 수 있는 부분이 많기 때문에 가능하면 이 책의 동영상이나 책의 힌트를 보지 않고도 할 수 있는 단계까지 반복적으로 연습할 것을 추천한다.

7.5 추가 학습 자료

7.5.1 데이터베이스

이 책을 쓰고 있는 현 시점에 가장 많이 사용되고 있는 데이터베이스는 관계형 데이터베이스(RDBMS)이다. 따라서 관계형 데이터베이스의 SQL을 기본으로 반드시 학습해야 한다. SQL에 대한 기본적인 학습이 끝났다면 다음 단계로 학습할 내용은 성능을 고려한 설계 및 인덱스 활용에 대한 학습이다. 이 내용과 관련해 깊이 있게 학습하지는 못하더라도 ER 다이어그램, 인덱스, 정규화, 트랜잭션과 같이 데이터베이스의 핵심 내용은 학습해야 한다.

이와 같은 기본적인 내용은 초보 개발자를 위한 데이터베이스 책에서 대부분 다루고 있다. 1장에서 추천한 "SQL 첫걸음 : 하루 30분 36강으로 배우는 완전 초보의 SQL 따라잡기"(아사이 아츠시 저/박준용 역, 한빛미디어/2015년) 책에도 최소한의 내용은 포함하고 있다.

데이터베이스에 대한 기본적인 내용 학습이 끝났으면 다음 단계는 현재 프로젝트에서 사용하고 있는 데이터베이스에 대해 더 깊이 있게 학습하면 된다. 최근 급격한 데이터의 증가로 인해 무료로 사용할 수 있는 MySQL 데이터베이스에 대한 인기가 높아지고 있다. MySQL에 대해 더 깊이 있게 학습하고 싶다면 "Real MySQL : 개발자와 DBA를 위한"(이성욱 저, 위키북스/2012년) 책을 추천한다.

2010년에 접어들면서 관계형 데이터베이스 외에 카산드라, 카우치DB, 몽고DB, 레디스와 같은 수많은 다양한 형태의 데이터베이스가 등장했다. 이 같은 데이터베이스를 통틀어 NoSQL이라고 한다. NoSQL은 점점 더 다양한 분야에 활용되고 있기 때문에 개발자가 반드시 학습해야할 주제가 되었다. 두 번째 양파 껍질에 해당하는 지금 단계는 어떤 NoSQL이 존재하고 각 NoSQL의 특징이 무엇인지 이해하는 것만으로도 충분한다. "NoSQL : 빅 데이터 세상으로 떠나는 간결한 안내서"(프라모드 사달게이, 마틴 파울러 공저/윤성준 역, 인사이트/2013년) 책은 다양한 NoSQL에 대한 특징을 살펴보기 위한 안내서가 될 것이다. 일단 이 정도 수준으로 개념만 잡고 있다 현재 진행하는 프로젝트에서 사용하는 NoSQL이 있다면 추가 학습할 것을 추천한다.

데이터베이스 또한 백엔드 개발자가 지속적으로 학습해야 할 주제 중의 하나이다. 과거에는 애플리케이션 개발에 관계형 데이터베이스 하나만 활용해도 충분했다면 최근의 경향은 관계형 데이터베이스와 NoSQL을 같이 사용하는 경우가 많기 때문에 백엔드 개발자가 데이터베이스 선정, 설계에 참여하는 경우도 과거보다 많아지고 있다.

7.5.2 디자인 패턴

개발 경력이 1년도 되지 않은 상태에서 우연히 디자인 패턴을 접하게 되었다. 그 당시 처음 접한 책이 디자인 패턴에서 가장 유명한 책으로 알려져 있는 "GoF의 디자인 패턴 : 재사용성을 지닌 객체지향 소프트웨어의 핵심요소"(에릭 감마 저/김정아 역, 프로텍미디어/2015년) 책이었다. 이 책은 1994년에 출간된 책으로 개발 경험이 많은 4명의 개발자가 개발 과정에서 자주 나타나는 패턴을 정리한 책이다. 번역서로 책을 읽었지만 솔직히 무슨 말을 하는지 거의 이해하지 못했다. 초보 개발자가 보기에는 정말 어려운 책이다.

개인적으로 디자인 패턴은 개발 경험을 쌓은 후 학습해도 괜찮다고 생각한다. 먼저 자신의 코드에서 리팩토링할 부분을 찾아 작은 부분이라도 리팩토링을 통해 소스코드를 개선하는 경험이 우선이다. 이런 경험을 반복하다보면 일정한 패턴을 스스로 찾는 경험도 할 수 있다. 이 순간의 짜릿함은 그 무엇과도 바꿀 수 없을 것이다.

그래도 디자인 패턴을 학습하고 싶다면 처음 책은 "Head First Design Patterns : 스토리가 있는 패턴 학습법"(에릭 프리먼 저 / 서환수 역, 한빛미디어/2005) 책을 추천한다. 애플리케이션 개발에서 자주 사용하는 디자인 패턴 위주로 설명하고 있으며, 다양한 그림을 통해 나름 쉽게 설명하고 있다. 개발 경험이 많지 않은 상태에서 디자인 패턴을 접하면 좌절하는 경우가 많은데 스토리와 그림을 통해 설명하기 때문에 나름 쉽게 접근할 수 있다. 이 책을 읽으면 개발 단계에 바로 적용할 수 있겠다는 생각이 들지만 막상 적용하는 것은 쉽지 않다. 아는 것과 적용하는 것은 완전히 다르기 때문이다. 적용하는 능력을 키우려면 설계에 대한 많은 고민을 통해 경험을 쌓는 수밖에 없다.

만약 소스코드를 통해 디자인 패턴을 학습하고 싶다면 "실전 코드로 배우는 실용주의 디자인 패턴"(Allen Holub 저/송치형 역, 지앤선/2006) 책을 추천한다. 좋은 소스코드를 읽을 수도 있고, 소스코드를 통해 디자인 패턴의 의도를 파악하기 위한 목적으로도 좋다.

8장

AJAX를 활용해 새로고침 없이 데이터 갱신하기

긴 여정을 달려 회원관리 기능 구현을 완료했다. 회원관리 기능을 구현하면서 많은 중복을 제거했고, 새로운 개념들도 익힐 수 있는 기회였다. 지금까지 누군가 구현해 놓은 프레임워크, 라이브러리만 사용하다 프레임워크와 라이브러리를 직접 구현하는 경험도 했다.

이번 장에서는 직접 구현한 프레임워크와 라이브러리를 활용해 질문/답변 게시판을 구현하는 경험을 해보자. 질문/답변 게시판을 구현하면서 사용자 경험을 한 단계 더 높여줄 AJAX 기술을 활용해 답변을 추가, 삭제하는 기능을 구현할 계획이다. AJAX 를 활용하는 과정에서 서버측은 HTML이 아닌 JSON 데이터로 응답하도록 구현한다. 마지막 경험은 서버 측에서 HTML과 JSON 두 가지 형태의 응답을 함으로써 발생하는 MVC 프레임워크의 문제점을 살펴보고 이를 개선하는 과정을 살펴보겠다.

8.1 질문/답변 게시판 구현

자신이 직접 구현한 MVC 프레임워크와 JDBC 라이브러리를 활용해 질문/답변 게시판을 구현해보자. 이 실습은 https://github.com/slipp/jwp-basic 저장소의 step3-user-completed-database 브랜치에서 시작할 수 있다.

질문/답변 게시판 구현에 사용할 테이블과 테스트 데이터는 src/main/resources 디렉토리 아래 jwp.sql 파일에 추가되어 있다. 질문/답변 데이터를 저장할 테이블을 참고해 질문/답변 게시판을 구현해 보자.

```sql
DROP TABLE IF EXISTS QUESTIONS;

CREATE TABLE QUESTIONS (
    questionId          bigint              auto_increment,
    writer              varchar(30)         NOT NULL,
    title               varchar(50)         NOT NULL,
    contents            varchar(5000)       NOT NULL,
    createdDate         timestamp           NOT NULL,
    countOfAnswer int,
    PRIMARY KEY                 (questionId)
);

DROP TABLE IF EXISTS ANSWERS;

CREATE TABLE ANSWERS (
    answerId            bigint              auto_increment,
    writer              varchar(30)         NOT NULL,
    contents            varchar(5000)       NOT NULL,
    createdDate         timestamp           NOT NULL,
    questionId          bigint              NOT NULL,
    PRIMARY KEY         (answerId)
);
```

MVC 프레임워크, JDBC 공통 라이브러리를 활용해 서블릿, JSP를 복습한다는 생각으로 구현해 보면 좋겠다. 가능하면 다른 코드를 참고하지 말고 혼자 힘으로 구현할 수 있는 부분까지 구현해 볼 것을 추천한다.

질문/답변 게시판에 대한 구현 코드는 책에서 다루지 않고 있다. 필자는 다음 단계의 AJAX 실습을 진행하기 위한 목적으로 질문 목록과 질문 상세 페이지 구현까지 진행했다. 필자가 구현한 코드는 https://github.com/slipp/jwp-basic 저장소의 step4-qna-getting-started 브랜치에서 확인할 수 있다. 질문/답변 게시판을 직접 구현하지 않았다면 다음 단계의 AJAX 실습은 이 브랜치에서 시작할 수 있다.

8.2 AJAX 활용해 답변 추가, 삭제 실습

브라우저가 서버에서 HTML 응답을 받아 처리하는 과정은 다음과 같다. HTML 응답을 받으면 브라우저는 먼저 HTML을 라인 단위로 읽어내려가면서 서버에 재요청이 필요한 부분(CSS, 자바스크립트, 이미지 등)을 찾아 서버에 다시 요청을 보낸다. 서버에서 자원을 다운로드하면서 HTML DOM 트리를 구성한다. 서버에서 CSS 파일을 다운로드하면 앞에서 생성한 HTML DOM 트리에 CSS 스타일을 적용한 후 모니터 화면에 그리게 된다. 이와 같이 서버에 요청을 보내고 응답을 받아 사용자에게 화면을 보여줄 때까지 많은 단계를 거치고, 많은 비용이 발생한다.

그렇다면 답변 추가, 삭제 기능을 살펴보자. 답변 추가, 삭제의 경우 화면 대부분은 변경할 필요없이 답변이 추가되면 추가되는 부분만, 삭제되면 삭제되는 영역만 처리하면 된다. 그럼에도 불구하고 매번 서버에 요청을 보내 위 과정 전체를 실행하는 것은 상당히 불합리하다. 이 같은 단점을 보완하기 위해 등장한 기술이 AJAX(Asynchronous JavaScript and XML, 에이잭스라고 읽는다)이다.

이 절에서는 답변 추가, 삭제 기능을 AJAX를 활용해 구현하는 실습을 진행한다. AJAX 실습에서 사용할 자바스크립트 라이브러리는 jQuery(https://jquery.com/)를 사용한다. 이 절의 AJAX 실습은 https://github.com/slipp/jwp-basic 저장소의 step4-qna-getting-started 브랜치에서 시작할 수 있다. 만약 AJAX에 대한 개발 경험이 있다면 이 절은 복습 차원에서 진행해보거나 다음 단계인 MVC 프레임워크 구현 2단계로 건너뛰어도 괜찮다.

8.2.1 답변하기

실습은 사용자가 답변하기 버튼을 클릭하는 단계에서 시작, 사용자가 입력한 데이터를 서버로 전송, 서버는 사용자가 입력한 데이터를 데이터베이스에 저장, 저장한 데이터를 클라이언트에 JSON 형태로 전송, 클라이언트는 서버가 응답한 JSON 데이터를 HTML로 변환해 사용자에 화면을 출력하는 과정으로 진행해 보겠다.

먼저 사용자가 답변하기 버튼을 클릭하기 위한 HTML 코드부터 살펴보자. 이 코드는 qna/show.jsp 파일에 존재한다.

```
[...]

<div class="answerWrite">
    <form name="answer" method="post">
        <input type="hidden" name="questionId" value="${
                    question.questionId}">
        <div class="form-group col-lg-4" style="padding-top:10px;">
            <input class="form-control" id="writer" name="writer"
                    placeholder="이름">
        </div>
        <div class="form-group col-lg-12">
            <textarea name="contents" id="contents" class="form-control"
                    placeholder=""></textarea>
        </div>
        <input class="btn btn-success pull-right" type="submit"
                value="답변하기" />
        <div class="clearfix" />
    </form>
</div>

[...]
```

사용자는 답변 작성을 완료한 후 답변하기 버튼을 클릭한다. 자바스크립트는 답변하기 버튼에서 클릭 이벤트가 발생하는 시점에 실행하도록 다음과 같이 구현한다. 실습을 위한 자바스크립트는 webapp/js/scripts.js 파일에 구현하면 된다.

```
$(".answerWrite input[type=submit]").click(addAnswer);
```

위 코드는 답변하기 버튼(".answerWrite input[type=submit]")에 클릭 이벤트가 발생하면 addAnswer() 함수를 실행한다. 다음 단계는 addAnswer() 함수를 구현한다.

```
function addAnswer(e) {
    e.preventDefault(); //submit 이 자동으로 동작하는 것을 막는다.
    //form 데이터들을 자동으로 묶어준다.
    var queryString = $("form[name=answer]").serialize();

}
```

위 구현을 통해 submit 버튼의 기본 동작을 막고, <form> 태그에서 사용자가 입력한 데이터를 서버에 전송할 수 있도록 추출하는 작업까지 구현했다.

```
function addAnswer(e) {
    e.preventDefault();

    var queryString = $("form[name=answer]").serialize();

    $.ajax({
        type : 'post',
        url : '/api/qna/addAnswer',
        data : queryString,
        dataType : 'json',
        error: onError,
        success : onSuccess,
    });
}
```

jQuery의 **ajax()** 함수를 활용해 서버에 요청을 보낸다. 요청 메소드는 POST, 요청 URL은 "/api/qna/addAnswer"이다. 응답 데이터 타입은 JSON이다. 서버에 응답이 성공하면 **onSuccess()** 함수를 호출하면서 응답 데이터를 전달받고, 실패하면 **onError()** 함수를 호출하면서 실패 원인을 전달받는 방식으로 동작한다.

지금까지 구현을 통해 클라이언트에서 서버에 요청을 보냈다. 다음 구현은 클라이언트 요청을 처리하는 서버 코드를 구현해야 한다.

```
[...]

import com.fasterxml.jackson.databind.ObjectMapper;

public class AddAnswerController implements Controller {
    private static final Logger log =
            LoggerFactory.getLogger(AddAnswerController.class);

    @Override
    public String execute(HttpServletRequest req,
            HttpServletResponse resp) throws Exception {
        Answer answer = new Answer(req.getParameter("writer"),
                req.getParameter("contents"),
                Long.parseLong(req.getParameter("questionId")));
        log.debug("answer : {}", answer);

        AnswerDao answerDao = new AnswerDao();
        Answer savedAnswer = answerDao.insert(answer);
        ObjectMapper mapper = new ObjectMapper();
        resp.setContentType("application/json;charset=UTF-8");
        PrintWriter out = resp.getWriter();
        out.print(mapper.writeValueAsString(savedAnswer));
        return null;
    }
}
```

답변 추가를 처리하는 **AddAnswerController**를 추가했다. AJAX 요청을 처리하는 **AddAnswerController**는 기존에 구현한 다른 Controller와 같은 방식으로 구현하면 된다. 다른 점이라면 응답을 할 때 HTML이 아닌 JSON(또는 XML도 사용한다) 형태로 데이터만 전달한다는 것이다. 이 실습에서는 자바 객체의 데이터를 JSON으로 변환하기 위해 Jackson 라이브러리(https://github.com/FasterXML/jackson)를 사용했다.

AddAnswerController 구현 부분을 보면 JSON 데이터를 생성한 후 바로 응답을 보내기 때문에 이동할 페이지가 없어 null을 반환하고 있다. DispatcherServlet이 null 처리를 하지 않고 있기 때문에 뷰 이름이 null인 경우 페이지 이동을 하지 않도록 null 처리를 해준다.

RequestMapping에 "/api/qna/addAnswer" URL로 AddAnswerController를 등록한다.

```java
public class RequestMapping {
    private Map<String, Controller> mappings = new HashMap<>();

    void initMapping() {
        [...]
        mappings.put("/api/qna/addAnswer", new AddAnswerController());
    }
}
```

위와 같이 구현한 응답 결과는 다음과 같은 JSON 형태의 데이터로 클라이언트 자바스크립트에 전달된다.

```
{"answerId":6,"writer":"재성","contents":"테스트","createdDate":1457066690411
,"questionId":8,"timeFromCreateDate":1457066690411}
```

다음 단계로 구현할 기능은 서버에서 응답한 이 JSON 데이터를 활용해 HTML을 동적으로 생성한 후 화면에 출력하면 된다. 앞의 자바스크립트 구현을 보면 서버 응답이 성공했을 때 onSuccess() 함수가 호출되도록 구현했다. 따라서 동적으로 HTML을 생성하는 부분은 onSuccess() 함수에 다음과 같이 구현하면 된다.

```
function onSuccess(json, status){
  var answerTemplate = $("#answerTemplate").html();
  var template = answerTemplate.format(json.writer, new Date(json.
createdDate), json.contents, json.answerId);
  $(".qna-comment-slipp-articles").prepend(template);
}
```

위와 같이 간단하게 구현할 수 있는 이유는 간단한 HTML 템플릿과 이 템플릿에 값을 전달하는 template() 함수를 다음과 같이 구현했기 때문이다. format() 함수는 webapp/js/scripts.js에 이미 구현되어 있다.

```
String.prototype.format = function() {
  var args = arguments;
  return this.replace(/{(\d+)}/g, function(match, number) {
    return typeof args[number] != 'undefined'
        ? args[number]
        : match
        ;
  });
};
```

다음과 같은 HTML 템플릿을 추가하면 위 template() 함수를 활용해 동적인 HTML을 간편하게 생성할 수 있다.

```
<script type="text/template" id="answerTemplate">
    <article class="article">
        <div class="article-header">
            <div class="article-header-thumb">
                <img src="https://graph.facebook.com/v2.3/1324855987/picture"
                class="article-author-thumb" alt="">
            </div>
            <div class="article-header-text">
                {0}
                <div class="article-header-time">{1}</div>
            </div>
        </div>
```

```
<div class="article-doc comment-doc">
    {2}
</div>
<div class="article-util">
<ul class="article-util-list">
    <li>
        <a class="link-modify-article" href="/api/qna/updateAnswer/
        {3}">수정</a>
    </li>
    <li>
        <form class="form-delete" action="/api/qna/deleteAnswer"
            method="POST">
        <input type="hidden" name="answerId" value="{3}" />
        <button type="submit" class="link-delete-article">
            삭제</button>
        </form>
    </li>
</ul>
</div>
</article>
</script>
```

위 HTML 템플릿은 webapp/qna/show.jsp 파일에 이미 추가되어 있기 때문에 그대로 활용하면 된다.

이 실습에서 사용한 HTML 템플릿 기능은 정말 단순한 템플릿 기능만을 제공하고 있다. 검색을 통해 찾아보면 사용할 수 있는 수많은 템플릿 라이브러리가 있으니 그 중 하나를 적용할 것을 추천한다.

지금까지의 복잡한 과정을 통해 AJAX 기반으로 답변을 추가했다. 웹 애플리케이션 개발에서 AJAX는 점점 더 많은 부분에서 활용되고 있기 때문에 아직까지 AJAX에 대해 잘 모르는 독자라면 반드시 추가 학습할 것을 추천한다.

8.2.2 답변 삭제하기 실습

앞에서 구현한 답변하기 기능을 참고해 답변 삭제하기 기능을 AJAX로 구현해 본다.
AJAX 기반으로 개발한 경험이 있는 독자들은 다음 단계로 넘어가도 괜찮다.
실습할 독자를 위해 약간의 힌트를 제공한다.

- 모든 삭제 링크에 대해 클릭 이벤트 발생시 함수를 호출하도록 구현한다.
  `$(".qna-comment").click(deleteAnswer);`

- jQuery의 `ajax()` 함수를 통해 서버에 삭제 요청을 보낸다. 삭제 요청을 보내는 과
  정은 앞의 `addAnswer()` 함수를 참고한다.

- 서버는 클라이언트 요청에 대해 답변을 삭제한다. 삭제 결과는 `next.model.`
  `Result` 결과를 활용한다. 답변 삭제가 성공하면 `Result.ok()`, 실패하면 `Result.`
  `fail("error message")`를 활용해 응답한다.

- 클라이언트는 서버 응답 `status` 값이 `true`일 경우 HTML에서 해당 답변의 HTML
  을 삭제한다. 클릭한 삭제 버튼(`$(this)`)에서 가장 가까운 위치에 있는 `article`
  태그를 찾아 삭제한다. 구글에서 "jquery get closest element"로 검색해 해결책
  을 찾는다.

삭제 기능을 구현할 때 위 과정으로 진행했는 데도 정상적으로 동작하지 않는다면 자
바스크립트의 this를 잘못 사용하고 있기 때문에 발생할 가능성이 높다. 자바스크립
트의 this는 자바의 this와 다르다. 자바스크립트의 this는 해당 함수를 누가 호출
하느냐에 따라 this가 변경된다. 자바에 대한 경험만 있는 개발자가 자바스크립트를
처음 접했을 때 혼란스러운 부분 중의 하나가 this이다. 자바스크립트의 this에 대
해 더 깊이 있게 학습하려면 자바스크립트 문서에서 Scope을 다루는 부분을 학습하
면 된다. 이 부분을 학습하다보면 자바스크립트의 `apply()`, `call()`, `bind()` 함수도
등장하는데 이 세 함수의 차이점에 대해서도 학습해야 한다.
이 절에서 진행한 실습 코드는 https://github.com/slipp/jwp-basic 저장소의 step5-
qna-with-ajax 브랜치에서 참고할 수 있다.

8.3 MVC 프레임워크 요구사항 2단계

회원관리 기능을 서비스하기 위해 1단계로 구현한 MVC 프레임워크만으로 충분했다. 그런데 질문/답변 게시판 기능을 추가하면서 AJAX 기능을 지원하려고 보니 MVC 프레임워크 구조에 빈틈이 보이기 시작했다.

앞 절에서 AddAnswerController 구현 부분을 살펴봤으니 이 절에서는 DeleteAnswer Controller 코드를 보면서 문제점을 찾아보자.

```java
public class DeleteAnswerController implements Controller {
    @Override
    public String execute(HttpServletRequest req,
            HttpServletResponse resp) throws Exception {
        Long answerId = Long.parseLong(req.getParameter("answerId"));
        AnswerDao answerDao = new AnswerDao();

        answerDao.delete(answerId);

        ObjectMapper mapper = new ObjectMapper();
        resp.setContentType("application/json;charset=UTF-8");
        PrintWriter out = resp.getWriter();
        out.print(mapper.writeValueAsString(Result.ok()));
        return null;
    }
}
```

독자들도 한번 찾아보기 바란다. 현재 이 컨트롤러의 소스코드 중 우리가 앞에서 구현한 MVC 프레임워크의 의도와 맞지 않는 부분은 무엇인가? MVC 프레임워크의 의도를 논하지 않더라도 이 코드에서 리팩토링할 부분은 무엇인가?

필자가 파악한 이 컨트롤러의 문제점은 2가지이다. 첫번째는 JSON으로 응답을 보내는 경우 이동할 JSP 페이지가 없다보니 불필요하게 null을 반환해야 한다. AJAX에서 사용할 컨트롤러는 반환 값이 굳이 필요없다. 두번째는 AddAnswerController와 DeleteAnswerController를 보면 자바 객체를 JSON으로 변환하고 응답하는 부분에서 중복이 발생한다. 이 중복을 제거하고 싶다.

첫번째 문제점이 발생한 이유는 컨트롤러에서 응답할 뷰가 JSP 하나에서 JSP와 JSON 두 가지로 증가했기 때문이다. 뷰가 JSP(또는 서블릿)일 경우는 String을 항상 반환해야 했지만 JSON일 경우는 반환 값이 필요없다. 이 문제를 해결하는 가장 쉬운 방법은 DispatcherServlet에서 execute() 메소드의 반환 값이 null일 때 아무런 일도 하지 않도록 if/else 형태로 구현할 수 있다. 그렇다면 이후에 PDF, 엑셀과 같은 뷰가 추가된다면 또 다시 그에 따른 예외 처리를 해야 한다. 쉬운 해결책이기는 하지만 근본적인 해결책은 될 수 없다.

두번째 문제점에 대한 해결책은 중복 코드를 별도의 메소드로 분리한 후 Abstract JsonController와 같은 부모 클래스를 만들어 중복을 해결할 수 있다. 이 방법이 가장 단순하고 쉬운 해결 방법이다. 더 좋은 해결 방법이 없을까?

이번 실습의 목표는 이 두 가지 문제점을 해결하도록 앞에서 구현한 MVC 프레임워크를 개선하는 것이다. 어떻게 구조를 개선하는 것이 앞으로도 확장 가능한 구조가 될 것인지 설계한 후에 구현을 시작해 보기 바란다.

막상 개선하려니 막막한 독자들을 위해 내가 접근한 방식을 간단히 공유한다. 내가 접근한 방법은 View 인터페이스를 추가해 구조를 변경하는 것이다. 지금까지는 뷰가 JSP 하나였는데 JSON 응답을 담당하는 다른 종류의 뷰가 하나 추가되었기 때문에 이를 추상화한 View 인터페이스를 추가했다. View 인터페이스를 구현하는 JspView, JsonView를 추가해 컨트롤러에서 전달하는 모델 데이터를 활용해 응답하도록 개선했다. 현재 HttpServletRequest에 저장해 전달하는 모델 데이터를 HttpServletRequest를 사용하지 않고 별도의 Map을 활용해 전달하도록 구조를 변경했다. 이 모델 데이터와 뷰를 추상화한 ModelAndView를 추가해 Controller 인터페이스를 다음과 같이 변경했다.

```java
public interface Controller {
    ModelAndView execute(HttpServletRequest request,
        HttpServletResponse response) throws Exception;
}
```

이 힌트만으로도 막막할 수 있다. 하지만 다음 단계의 힌트를 바로 보지 말고 ModelAndView가 어떻게 구현되어 있을지 상상해 보기 바란다. 대략적인 설계가 끝났으면 구현까지 직접 해보자. 생각한 대로 동작하지 않는가? 문제가 무엇인가? 문제를 해결하려면 어떻게 설계를 개선해야 하는가? 이와 같이 반복적인 시도를 하다 보면 그나마 만족하는 결과물을 얻을 수 있다. 이 단계에서 필자가 제시한 힌트 또는 구현한 코드와 비교해 보자. 다른 점이 있는가? 어느 코드가 더 유연한가? 이와 같은 꼬리에 꼬리를 무는 질문을 하고, 방법을 찾아 나가면서 설계 능력을 키울 수 있다.

틀려도 괜찮다. 설계에 정답은 없다. 머릿속으로 클래스 구조를 이리 저리 변경하면서 최적의 방법을 찾은 후 구현을 통해 검증하는 단계를 반복할 때 설계 능력이 향상된다. 구현 과정에서 만족스러운 결과를 얻지 못하면 또 다른 구조로 상상의 나래를 펴고 구현을 통해 검증하면 된다. 설계를 잘하려면 구현을 통해 검증까지 해야 한다. 구현을 통해 검증하지 못하면서 좋은 설계를 하기란 힘들다. 뛰어난 아키텍트는 구현까지 할 줄 아는 개발자이다. 프로젝트의 성공을 위해서라면 프로그래밍도 못하면서 아키텍처를 설계하고 클래스를 설계한다면 일단 의심하고 볼 필요가 있다.

이 같은 마음가짐으로 이 실습에 도전해 보자. 이 실습은 https://github.com/slipp/jwp-basic 저장소의 step5-qna-with-ajax 브랜치에서 시작할 수 있다.

8.3.1 요구사항 분리 및 힌트

* 경우의 수가 증가하면서 if/else if/else 절이 계속 발생하는 상황은 앞에서도 경험했다. 앞에서 이 문제를 해결하기 위해 Controller 인터페이스를 추가했듯이 뷰를 추상화한 인터페이스를 추가한다.

> **HINT** View라는 이름으로 인터페이스를 추가한다.
>
> ```
> public interface View {
>     void render(HttpServletRequest request,
>         HttpServletResponse response) throws Exception;
> }
> ```

- View를 구현하는 JspView와 JsonView를 생성해 각 View 성격에 맞도록 구현한다.

> **HINT**
> - JspView의 생성자는 이동할 URL을 인자로 받는다. 즉, Controller의 execute() 메소드의 반환 값을 가진다.
> - JsonView는 생성자로 인자를 전달하지 않아도 된다.
> - JspView의 render() 메소드는 DispatcherServlet의 move() 메소드를 구현한다.
> - JsonView는 자바 객체를 JSON으로 변환한 후 응답을 보내는 기능을 구현한다.
> - HttpServletRequest를 통해 전달하는 모든 값을 Map에 저장한 후 JSON으로 변환한다.
>
> ```java
> private Map<String, Object> createModel(HttpServletRequest req) {
>     Enumeration<String> names = req.getAttributeNames();
>     Map<String, Object> model = new HashMap<>();
>     while (names.hasMoreElements()) {
>         String name = names.nextElement();
>         model.put(name, req.getAttribute(name));
>     }
>     return model;
> }
> ```
>
> - 위와 같이 구현하는 경우 JSON 데이터 구조가 변경되기 때문에 자바스크립트에서 JSON 데이터 사용하는 부분을 수정해야 한다.

- Controller 인터페이스의 반환 값을 String에서 View로 변경한다.

- 각 Controller에서 String 대신 JspView 또는 JsonView 중 하나를 사용하도록 변경한다.

- DispatcherServlet에서 String 대신 View 인터페이스를 사용하도록 수정한다.

지금까지 과정을 완료했을 때 클래스 사이의 관계를 살펴보면 다음과 같다.

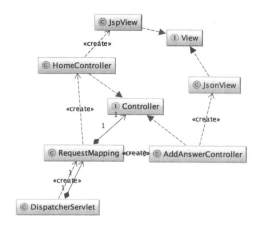

View를 인터페이스로 분리하는 것만으로 충분히 유연한 MVC 프레임워크가 될 수 있다. 이 단계에서 멈춰도 괜찮다. 여기서 멈추지 않고 한 단계 더 리팩토링을 한다면 하고 싶은 부분이 있는가?

HttpServletRequest를 사용하면서 발생하는 하나의 이슈는 JsonView는 HttpServletRequest에 추가되어 있는 모든 데이터를 JSON으로 변경한다. 그런데 HttpServletRequest의 경우 서블릿 필터, 서블릿의 여러 단계를 거치면서 개발자가 모르는 상태에서 값이 추가되는 상황이 발생할 수 있다. 이 경우 개발자가 의도하지 않은 데이터가 불필요하게 JSON으로 변경되어 클라이언트 응답으로 보내질 수도 있다. HttpServletRequest를 통해 데이터를 전달하지 않고 개발자가 원하는 데이터만 뷰에 전달할 수 있도록 모델 데이터에 대한 추상화 작업을 진행해 본다.

- 모델 데이터에 대한 추상화 작업을 진행한다.

> **HINT** • 모델 데이터를 View와 같이 전달해야 하기 때문에 ModelAndView와 같은 이름의 클래스를 새로 추가한다.
> • ModelAndView는 View와 모델 데이터를 Map<String, Object> 형태로 관리하도록 구현한다.

- View의 render() 메소드에 모델 데이터를 인자로 추가하고 JspView와 JsonView
  를 수정한다.

> **HINT** • View의 render() 메소드 인자에 Map을 추가한다.
>
> ```
> public interface View {
>     void render(Map<String, ?> model, HttpServletRequest request,
> HttpServletResponse response) throws Exception;
> }
> ```
>
> • JspView의 render() 메소드는 모델 데이터를 꺼내 HttpServletRequest에 전달한다.
> • JsonView의 render() 메소드는 HttpServletRequest 메소드에서 Map으로 변경하는 부
>   분을 제거한다.

- 앞 단계와 같이 Controller의 반환 값을 View에서 ModelAndView, 각 Controller
  구현체는 HttpServletRequest 대신 ModelAndView를 통해 데이터를 전달하도록
  수정, DispacherServlet에서 View 대신 ModelAndView를 사용하도록 수정한다.

8.4 MVC 프레임워크 구현 2단계

8.4.1 View 인터페이스 추가

JSP와 JSON 뷰를 추상화한 View 인터페이스를 추가한다.

```
public interface View {
    void render(HttpServletRequest req, HttpServletResponse resp)
        throws Exception;
}
```

8.4.2 JspView와 JsonView 추가

JSP에 대한 페이지 이동 처리를 담당하는 JspView를 추가한다. JspView는 이동할 뷰
이름을 생성자로 받은 후 render() 메소드 호출 시 해당 페이지로 이동하면 된다. 이
부분은 DispatcherServlet의 move 메소드 구현 부분을 render() 메소드에 구현하면
된다.

```java
public class JspView implements View {
    private static final String DEFAULT_REDIRECT_PREFIX = "redirect:";

    private String viewName;

    public JspView(String viewName) {
        if (viewName == null) {
            throw new NullPointerException("viewName is null.
                                    이동할 URL을 추가해 주세요.");
        }
        this.viewName = viewName;
    }


    @Override
    public void render(HttpServletRequest req, HttpServletResponse resp)
                throws Exception {
        if (viewName.startsWith(DEFAULT_REDIRECT_PREFIX)) {
            resp.sendRedirect(viewName.substring(
                                    DEFAULT_REDIRECT_PREFIX.length()));
            return;
        }

        RequestDispatcher rd = req.getRequestDispatcher(viewName);
        rd.forward(req, resp);
    }
}
```

다음은 JSON 데이터 응답을 담당할 JsonView를 구현한다. JsonView는 이동할 URL
이 없다. render() 메소드는 HttpServletRequest를 통해 전달되는 자바 객체를
JSON으로 변환한 후 응답하는 기능을 가지도록 구현하면 된다.

```java
public class JsonView implements View {
    @Override
    public void render(HttpServletRequest req, HttpServletResponse resp)
            throws Exception {
        ObjectMapper mapper = new ObjectMapper();
        resp.setContentType("application/json;charset=UTF-8");
        PrintWriter out = resp.getWriter();
        out.print(mapper.writeValueAsString(createModel(req)));
    }

    private Map<String, Object> createModel(HttpServletRequest req) {
        Enumeration<String> names = req.getAttributeNames();
        Map<String, Object> model = new HashMap<>();
        while (names.hasMoreElements()) {
            String name = names.nextElement();
            model.put(name, req.getAttribute(name));
        }
        return model;
    }
}
```

이와 같이 구현하고 보니 MVC 프레임워크가 가지고 있던 두 번째 문제인 중복 코드를 제거하는 효과까지 볼 수 있게 되었다.

8.4.3 Controller 반환 값을 String에서 View로 수정

더 이상 Controller가 String을 반환하지 않아도 된다. View를 반환하도록 수정한다.

```java
public interface Controller {
    View execute(HttpServletRequest req, HttpServletResponse resp)
            throws Exception;
}
```

8.4.4 Controller 구현체가 String 대신 View를 반환하도록 수정

컴파일 에러를 해결하기 위해 먼저 모든 Controller 구현체가 String 대신 View를 반환하도록 수정한다. JspView와 JsonView를 사용하는 컨트롤러를 하나씩 살펴보면 다음과 같다.

```java
public class HomeController implements Controller {
    @Override
    public View execute(HttpServletRequest req, HttpServletResponse resp)
            throws Exception {
        QuestionDao questionDao = new QuestionDao();
        req.setAttribute("questions", questionDao.findAll());
        return new JspView("home.jsp");
    }
}
```

변경 작업은 간단하다. String으로 반환하던 부분은 JspView로 반환하도록 수정하면 끝이다.

```java
public class AddAnswerController implements Controller {
    private static final Logger log =
            LoggerFactory.getLogger(AddAnswerController.class);

    @Override
    public View execute(HttpServletRequest req, HttpServletResponse resp)
            throws Exception {
        Answer answer = new Answer(req.getParameter("writer"),
                        req.getParameter("contents"),
                        Long.parseLong(req.getParameter("questionId")));
        log.debug("answer : {}", answer);

        AnswerDao answerDao = new AnswerDao();
        Answer savedAnswer = answerDao.insert(answer);
        req.setAttribute("answer", savedAnswer);
        return new JsonView();
    }
}
```

JSON 데이터를 반환하는 AddAnswerController의 경우 자바 객체를 JSON 데이터로 변경하는 부분이 JsonView로 위임했기 때문에 코드가 훨씬 더 간단해졌다.

위와 같이 View를 추가하고 변경한 결과 컨트롤러를 일관된 구조하에서 개발할 수 있게 되었다.

8.4.5 DispatcherServlet이 View에 작업을 위임하도록 수정

마지막으로 수정할 부분은 DispatcherServlet에서 String 값을 받아 처리하는 작업을 View를 활용하도록 수정하면 된다.

```java
@WebServlet(name = "dispatcher", urlPatterns = "/", loadOnStartup = 1)
public class DispatcherServlet extends HttpServlet {
    [...]

    @Override
    protected void service(HttpServletRequest req, HttpServletResponse
            resp) throws ServletException, IOException {
        String requestUri = req.getRequestURI();
        logger.debug("Method : {}, Request URI : {}", req.getMethod(),
                    requestUri);

        Controller controller = rm.findController(requestUri);
        try {
            View view = controller.execute(req, resp);
            view.render(req, resp);
        } catch (Throwable e) {
            logger.error("Exception : {}", e);
            throw new ServletException(e.getMessage());
        }
    }
}
```

DispacherServlet에서 처리하던 페이지 이동 작업을 JspView의 render() 메소드로 이동했기 때문에 이전보다 더 깔끔한 코드가 되었다.

지금까지의 과정을 통해 뷰가 다양해지면서 발생하던 MVC 프레임워크의 문제점을 해결했다. 이처럼 경우의 수가 하나가 아닌 2개 이상이 발생하는 경우 if/else를 통해 해결할 수 있지만 그보다는 인터페이스를 통해 문제를 해결하는 것이 좀 더 확장가능하고 깔끔한 코드를 구현할 수 있다. 이것이 객체지향 설계와 개발의 묘미라 할수 있겠다. 프레임워크를 구현하면서 연습한 이 같은 부분은 앞으로 서비스에 대한도메인 로직을 구현하면서도 충분히 적용할 수 있는 부분이다. 이미 운영하고 있는서비스가 있다면 인터페이스를 적용해 리팩토링할 부분이 있는지 찾아보기 바란다.

8.4.6 ModelAndView 추가를 통한 모델 추상화

뷰를 포함해 모델 데이터에 대한 추상화를 담당하는 ModelAndView를 다음과 같이 구현한다.

```java
public class ModelAndView {
    private View view;
    private Map<String, Object> model = new HashMap<>();

    public ModelAndView(View view) {
        this.view = view;
    }

    public ModelAndView addObject(String attributeName,
                                  Object attributeValue) {
        model.put(attributeName, attributeValue);
        return this;
    }

    public Map<String, Object> getModel() {
        return Collections.unmodifiableMap(model);
    }

    public View getView() {
        return view;
    }
}
```

View의 render() 메소드에 모델 데이터를 인자로 전달할 수 있도록 변경한다.

```java
public interface View {
    void render(Map<String, ?> model, HttpServletRequest request,
            HttpServletResponse response) throws Exception;
}
```

View 인터페이스 변경에 따라 JspView와 JsonView를 다음과 같이 수정한다.

```java
public class JspView implements View {
    private static final String DEFAULT_REDIRECT_PREFIX = "redirect:";

    private String viewName;

    public JspView(String viewName) {
        if (viewName == null) {
            throw new NullPointerException("viewName is null.
                                        이동할 URL을 입력하세요.");
        }
        this.viewName = viewName;
    }

    @Override
    public void render(Map<String, ?> model, HttpServletRequest request,
            HttpServletResponse response) throws Exception {
        if (viewName.startsWith(DEFAULT_REDIRECT_PREFIX)) {
            response.sendRedirect(viewName.substring(
                                    DEFAULT_REDIRECT_PREFIX.length()));
            return;
        }

        Set<String> keys = model.keySet();
        for (String key : keys) {
            request.setAttribute(key, model.get(key));
        }

        RequestDispatcher rd = request.getRequestDispatcher(viewName);
        rd.forward(request, response);
```

```
        }
    }
```

```
public class JsonView implements View {
    @Override
    public void render(Map<String, ?> model, HttpServletRequest request,
            HttpServletResponse response) throws Exception {
        ObjectMapper mapper = new ObjectMapper();
        response.setContentType("application/json;charset=UTF-8");
        PrintWriter out = response.getWriter();
        out.print(mapper.writeValueAsString(model));
    }
}
```

Controller 인터페이스의 반환 값을 View에서 ModelAndView를 반환하도록 수정한다.

```
public interface Controller {
    ModelAndView execute(HttpServletRequest request, HttpServletResponse
                         response) throws Exception;
}
```

ModelAndView 생성을 좀 더 쉽도록 도와주기 위해 AbstractController를 추가한 후다음 두 개의 메소드를 제공한다.

```
public abstract class AbstractController implements Controller {
    protected ModelAndView jspView(String forwardUrl) {
        return new ModelAndView(new JspView(forwardUrl));
    }

    protected ModelAndView jsonView() {
        return new ModelAndView(new JsonView());
    }
}
```

Controller 구현체가 View가 아닌 ModelAndView를 반환하도록 수정한다. 지금까지 HttpServletRequest를 통해 전달하던 모델 데이터를 ModelAndView를 통해 전달하도록 수정한다. 앞에서 살펴본 HomeController와 AddAnswerController 코드를 살펴보면 다음과 같다.

```java
public class HomeController extends AbstractController {
    private QuestionDao questionDao = new QuestionDao();

    @Override
    public ModelAndView execute(HttpServletRequest request,
            HttpServletResponse response) throws Exception {
        return jspView("home.jsp").addObject("questions",
            questionDao.findAll());
    }
}
```

```java
public class AddAnswerController extends AbstractController {
    private static final Logger log =
        LoggerFactory.getLogger(AddAnswerController.class);

    private AnswerDao answerDao = new AnswerDao();

    @Override
    public ModelAndView execute(HttpServletRequest req,
                        HttpServletResponse response) throws Exception {
        Answer answer = new Answer(req.getParameter("writer"),
                req.getParameter("contents"),
                Long.parseLong(req.getParameter("questionId")));
        log.debug("answer : {}", answer);

        Answer savedAnswer = answerDao.insert(answer);
        return jsonView().addObject("answer", savedAnswer);
    }
}
```

Controller 구현체를 모두 수정했으면 마지막 작업은 DispatcherServlet이 View가 아닌 ModelAndView를 사용하도록 리팩토링한다.

```
@WebServlet(name = "dispatcher", urlPatterns = "/", loadOnStartup = 1)
public class DispatcherServlet extends HttpServlet {
    [...]

    @Override
    protected void service(HttpServletRequest req, HttpServletResponse
            resp) throws ServletException, IOException {
        String requestUri = req.getRequestURI();
        logger.debug("Method : {}, Request URI : {}", req.getMethod(),
                requestUri);

        Controller controller = rm.findController(req.getRequestURI());
        ModelAndView mav;
        try {
            mav = controller.execute(req, resp);
            View view = mav.getView();
            view.render(mav.getModel(), req, resp);
        } catch (Throwable e) {
            logger.error("Exception : {}", e);
            throw new ServletException(e.getMessage());
        }
    }
}
```

지금까지의 리팩토링 과정을 통해 다양한 뷰에 대해 좀 더 유연하게 대응할 수 있는 MVC 프레임워크를 구현할 수 있게 되었다.

시작단계부터 모든 요구사항을 파악해 설계한 후 구현할 수 있다면 정말 좋겠다. 하지만 시작단계에서 모든 요구사항을 파악하는 것은 거의 불가능에 가깝다. 특히 비즈니스 세계에서는 오늘 맞는 답이 내일은 틀린 답이 될 수 있다. 지금과 같이 빠르게 변화하는 세상에서 완벽한 설계란 없다. 그렇기 때문에 애플리케이션을 구현하는 시점에 할 수 있는 최선의 설계와 구현을 진행하고, 추후 요구사항이 변경되었을 때 빠르게 대응할 수 있는 능력을 키우는 것이 이 시대를 살아가는 개발자가 갖추어야 할 능력이라 할 수 있겠다. 이 같은 맥락에서 테스트와 리팩토링은 그 무엇보다 중요한 활동이다. 더불어 유연한 객체지향 개발 또한 빠르게 변화하는 세상에 대응할 수 있는 무기가 될 수 있다. 하지만 세상에 정답은 없다. 객체지향 개발의 아성 또한 무너지고 있다. 최근에는 객체지향 개발 대신 함수형 프로그래밍에 대한 이슈가 급부상하고 있다. 둘 중에 어느 하나만을 써야 할 필요는 없다. 어쩌면 개발자가 진정 갖추어야 할 가장 중요한 능력은 프로젝트 상황(컨텍스트)에 맞는 적절한 방법을 찾아 적용하는 능력일 것이다.

지금까지 구현한 모든 코드는 https://github.com/slipp/jwp-basic 저장소의 step6-qna-with-mvc-framework 브랜치에서 볼 수 있다.

8.5 추가 학습 자료

8.5.1 REST API 설계 및 개발

웹 백엔드는 일반 웹 애플리케이션뿐만 아니라 모바일 앱의 백엔드로도 활용되고 있다. 한발 더 나아가 게임의 백엔드로도 활용되고 있는 실정이다. 이와 같이 웹 백엔드가 활용되는 곳이 많아지면서 HTML과 JSON/XML API를 동시에 지원하는 것은 중복 코드도 많고, 유지보수하기도 힘들어진다. 이 같은 단점을 극복하기 위해 최근 웹 백엔드는 모든 기능을 JSON/XML API만 지원하고 UI에 대한 결정은 이 API를 사용하는 클라이언트에서 결정하는 방향으로 발전하고 있다.

이와 같이 웹 백엔드 API를 설계할 때 사용하는 구조로 REST API 스타일이 널리 사용되고 있다. REST API에 대해 한 문장으로 정의하기 힘든데 REST API 스타일로 구현된 예제를 통해 REST API 스타일이 무엇이다라는 것에 대한 감(sense)을 잡았으면 한다.

REST API 스타일을 학습하는 방법은 책이나 문서를 통해 학습하는 방법도 있지만 그보다는 이미 REST API 스타일로 구현되어 있는 공개 API를 보면서 학습하는 것이 빠르고 쉬울 수 있다. GitHub, 페이스북, 구글과 같은 서비스의 공개 API를 읽으면 자연스럽게 REST API 스타일을 익힐 수 있다.

REST API 관련해 문서를 참고하고 싶다면 먼저 https://pages.apigee.com/rs/apigee/images/api-design-ebook-2012-03.pdf 문서를 참고한다. 영어로 되어 있지만 페이지 수도 많지 않고, 샘플 예제를 통해 REST API 스타일에 대해 알 수 있기 때문에 영어를 잘 하지 못해도 이해하는 데 크게 부담되지 않는다.

만약 영어로 된 문서가 읽기 부담스럽다면 "일관성 있는 웹 서비스 인터페이스 설계를 위한 REST API 디자인 규칙"(마크 메세 저/권원상, 김관래 역, 한빛미디어/2015년) 책을 통해 학습하는 것도 한 가지 방법이다.

REST API 스타일로 개발하는 것은 정답이 있는 영역이 아닌 설계의 영역이기 때문에 경험을 통해 지속적으로 좋은 스타일을 찾아가야 한다.

9장

두 번째 양파 껍질을
벗기기 위한 중간 점검

지금까지 긴 시간을 쉼 없이 달려왔다. 지금쯤 약간 숨을 고르면서 자신이 학습한 내용을 제대로 이해하고 있는지 점검해보는 시간을 가지면 좋겠다.

앞의 과정을 잘 따라왔다면(특히 직접 실습을 한 경험이 가장 중요하다) 7번 문제를 제외한 12번까지 문제를 자신의 힘으로 해결할 수 있어야 한다. 앞 부분의 문제는 너무 쉬울 수 있지만 복습한다는 자세로 진행해보면 좋겠다.

7번과 12번 이후의 문제는 앞에서 다룬 내용은 아니지만 멀티스레드 환경에서 웹 개발자가 알아야 할 내용을 추가했다. 또한 다음 장부터 진행할 내용을 미리 살펴봄으로써 현재 코드가 가지고 있는 문제점에 대해 고민해 볼 수 있는 기회를 제공하기 위한 부분이다.

이 점검은 넥스트에서 한 학기 학습을 마친 후 최종 점검을 위한 목적으로 진행한 내용이다. 넥스트 점검은 이 문제의 10번 정도까지만 진행했는데, 최소 4시간에서 많게는 7시간 이상을 투자해도 끝내지 못한 경우가 있었다. 예상보다 많은 시간을 투자할 수 있으니 한번에 모든 문제를 해결하려고 도전하기보다 시간 날 때 틈틈히 문제를 푸는 방식으로 접근할 것을 추천한다. 모르는 내용이 있으면 추가 학습을 한 후 다시 도전하는 방식으로 진행할 것을 추천한다.

이 점검은 https://github.com/slipp/jwp-basic 저장소의 step7-self-check 브랜치에서 시작할 수 있다.

9.1 자체 점검 요구사항(필수)

1. 로컬 개발 환경에 톰캣 서버를 시작하면 서블릿 컨테이너의 초기화 과정이 진행된다. 현재 소스코드에서 초기화되는 과정에 대해 설명하라(WebServer Launcher의 시작 과정이 아니라 프로젝트의 초기화 과정이다). 설명은 clone 한 소스코드의 README.md 파일에 작성한다. README.md 파일은 마크다운 문법을 따른다. 마크다운 문법은 https://guides.github.com/features/mastering-markdown/에서 참조 가능하다.

> **HINT** DB 초기화를 담당하는 `ContextLoaderListener` 클래스와 URL 매핑 초기화를 담당하는 `DispatcherServlet` 클래스부터 분석을 시작한다.

2. 로컬 개발 환경에 톰캣 서버를 시작한 후 http://localhost:8080으로 접근하면 질문 목록을 확인할 수 있다. http://localhost:8080으로 접근해서 질문 목록이 보이기까지 소스코드의 호출 순서 및 흐름을 설명하라. 설명은 clone 한 소스코드의 README.md 파일에 작성한다. README.md 파일은 마크다운 문법을 따른다.

3. 질문 목록은 정상적으로 동작하지만 질문하기 기능은 정상적으로 동작하지 않는다. 질문하기 기능을 구현한다. 질문 추가 로직은 `QuestionDao` 클래스의 `insert()` 메소드를 활용한다. 질문하기를 성공한 후 질문 목록 페이지("/")로 이동해야 한다.

4. 로그인하지 않은 사용자도 질문하기가 가능하다. 로그인한 사용자만 질문이 가능하도록 수정한다. 또한 질문할 때 글쓴이를 입력하지 않고 로그인한 사용자 정보를 가져와 글쓴이 이름으로 사용하도록 구현한다.

> **HINT** session.getAttribute("user")와 같이 세션에서 로그인 정보를 가져올 수 있다.

5. 질문 목록에서 제목을 클릭하면 상세보기 화면으로 이동한다. 상세보기 화면에서 답변 목록이 정적인 HTML로 구현되어 있다. 답변 목록을 정적인 HTML이 아니라 데이터베이스에 저장되어 있는 답변을 출력하도록 구현한다. 단, <% %>와 같이 스크립틀릿을 사용하지 않고 JSTL과 EL_{expression language}만으로 구현해야 한다.

6. 자바 기반으로 웹 프로그래밍을 할 경우 한글이 깨진다. 한글이 깨지는 문제를 해결하기 위해 ServletFilter를 활용해 문제를 해결할 수 있다. core.web.filter.CharacterEncodingFilter에 애노테이션 설정을 통해 한글 문제를 해결한다.

7. next.web.qna 패키지의 ShowController는 멀티스레드 상황에서 문제가 발생할 가능성이 있는 코드이다. 멀티스레드 상황에서 문제가 발생하지 않도록 수정한다. 멀티스레드에서 문제가 되는 이유를 README.md 파일에 작성한다.

8. 상세보기 화면에서 답변하기 기능은 정상적으로 동작한다. 단, 답변을 추가할 경우 댓글의 수가 증가하지 않는다. 답변을 추가하는 시점에 질문(QUESTIONS 테이블)의 댓글 수_{countOfAnswer}도 1 증가해야 한다. 데이터베이스 접근 로직은 직접 구현해야 한다.

9. 이 Q&A 서비스는 모바일에서도 서비스할 계획이라 API를 추가해야 한다. API는 JSON 형식으로 제공할 계획이다. /api/qna/list URL로 접근했을 때 질문 목록을 JSON 데이터로 조회할 수 있도록 구현한다.

10. 상세보기 화면의 답변 목록에서 답변을 삭제해야 한다. 답변 삭제 또한 화면을 깜빡이지 않고 구현이 가능하도록 AJAX로 구현한다. js/scripts.js 파일의 답변 추가 로직을 참고해 답변 삭제 로직을 구현한다.

11. 질문 수정이 가능해야 한다. 질문 수정은 글쓴이와 로그인 사용자가 같은 경우에만 수정이 가능하다.

12. 컨트롤러에서 접근하는 QuestionDao와 AnswerDao와 같이 DAO에서 데이터베이스 접근 로직을 구현할 때 사용하는 JdbcTemplate은 인스턴스를 여러 개 생성할 필요없다. 인스턴스를 하나만 생성하도록 구현한다.

> **HINT** 싱글톤 패턴

13. 질문 삭제 기능을 구현한다. 질문 삭제가 가능한 경우는 다음과 같다. "답변이 없는 경우 질문 삭제가 가능하다. 질문자와 답변자가 모두 같은 경우 질문 삭제가 가능하다. 질문자와 답변자가 다른 답변이 하나라도 있으면 질문을 삭제할 수 없다". 이 질문 삭제 기능은 웹과 모바일 앱에서 모두 지원하려고 한다. 웹 브라우저를 통해 접근했을 때는 JspView를 활용해 목록 페이지("redirect:/")로 이동하고, 모바일 앱을 지원하기 위해 JsonView를 활용해 응답 결과를 JSON으로 전송하려고 한다. 이를 지원하려면 두 개의 컨트롤러가 필요하다. 각 컨트롤러를 구현해보면 많은 중복이 발생한다. 각 컨트롤러에서 발생하는 중복을 제거한다.

9.2 자체 점검 요구사항(선택)

이 절의 요구사항은 지금까지 학습하지 않은 내용이다. 반드시 구현할 필요는 없지만 앞으로 다룰 내용이기 때문에 힌트를 참고해 도전해 볼 것을 추천한다.

14. 앞의 13번 문제를 구현할 때 단위 테스트가 가능하도록 구현한다. Dao를 사용하는 모든 컨트롤러 클래스는 데이터베이스가 설치되어 있어야 하며, 테이블까지 생성되어 있는 상태에서만 테스트가 가능하다. 데이터베이스가 존재하지 않는 상태에서도 위 로직을 단위 테스트하고 싶다.

> **HINT** 의존관계 주입Dependency Injection, Map을 활용한 메모리 DB, Mockito 테스트 프레임워크

15. `RequestMapping` 코드를 보면 컨트롤러가 추가될 때마다 요청 URL과 컨트롤러를 추가해야 하는 불편함이 있다. 서블릿과 같이 애노테이션을 활용해 설정을 추가하고 서버가 시작할 때 자동으로 매핑이 되도록 개선해 본다. 이 문제는 쉽지 않은 문제이다. 이 단계에서는 어떻게 개선하는 것이 좋겠다는 설계만 해도 충분하다.

> **HINT** `@Controller` 애노테이션을 추가하고, 자바 리플렉션을 활용

9.3 자체 점검 확인

이 절에서는 자체 점검한 내용 중 설명이 필요한 문제에 대해서만 다루고 있다. 이 절에서 설명하지 않은 문제에 대한 구현은 https://github.com/slipp/jwp-basic 저장소의 step8-self-check-completed 브랜치를 통해 확인할 수 있다.

9.3.1 서블릿 컨테이너와 MVC 프레임워크 초기화 과정(1번)

- 서블릿 컨테이너는 웹 애플리케이션의 상태를 관리하는 `ServletContext`를 생성한다
- `ServletContext`가 초기화되면 컨텍스트의 초기화 이벤트가 발생된다.

- 등록된 ServletContetListener의 콜백 메소드_{contextInitialized}가 호출된다. 이 문제에서는 ContextLoaderListener의 contextInitialized() 메소드가 호출된다.

- jwp.sql 파일에서 SQL 문을 실행해 데이터베이스 테이블을 초기화한다.

- 서블릿 컨테이너는 클라이언트로부터의 최초 요청시(또는 컨테이너에 서블릿 인스턴스를 생성하도록 미리 설정을 한다면 최초 요청 전에) DispatcherServlet 인스턴스를 생성한다(생성자 호출). 이에 대한 설정은 @WebServlet의 loadOn Startup 속성으로 설정할 수 있다. 이 문제에서는 loadOnStartup 속성이 설정되어 있기 때문에 서블릿 컨테이너가 시작하는 시점에 인스턴스를 생성한다.

- DispatcherServlet 인스턴스의 init() 메소드를 호출해 초기화 작업을 진행한다.

- init() 메소드 안에서 RequestMapping 객체를 생성한다.

- RequestMapping 인스턴스의 initMapping() 메소드를 호출한다. initMapping() 메소드에서는 요청 URL과 Controller 인스턴스를 매핑시킨다.

9.3.2 첫 화면에 접근했을 때 사용자 요청부터 응답까지 흐름(2번)

- localhost:8080으로 접근하면 요청을 처리할 서블릿에 접근하기 전에 먼저 ResourceFilter와 CharacterEncodingFilter의 doFilter() 메소드가 실행된다. ResourceFilter의 경우 해당 요청이 정적 자원(CSS, 자바스크립트, 이미지) 요청이 아니기 때문에 서블릿으로 요청을 위임한다.

- 요청 처리는 "/"으로 매핑되어 있는 DispatcherServlet이므로 이 서블릿의 service() 메소드가 실행된다.

- service() 메소드는 요청받은 URL을 분석해 해당 Controller 객체를 Request Mapping에서 가져온다. 요청 URL은 "/"이며, 이와 연결되어 있는 HomeController 가 반환된다.

- service() 메소드는 HomeController의 execute() 메소드에게 작업을 위임한다. 요청에 대한 실질적인 작업은 HomeController의 execute() 메소드가 실행한다. execute() 메소드의 반환 값은 ModelAndView이다.

- service() 메소드는 반환 받은 ModelAndView의 모델 데이터를 뷰의 render() 메소드에 전달한다. 이 요청에서 View는 JspView이다. JspView는 render() 메소드로 전달된 모델 데이터를 home.jsp에 전달해 HTML을 생성하고, 응답함으로써 작업을 끝낸다.

9.3.3 스택과 힙 메모리(7번)

자바 프로그래밍에서 클래스의 인스턴스를 생성할 때 비용이 발생한다. 인스턴스를 생성하고 더 이상 사용하지 않을 경우 가비지 콜렉션 과정을 통해 메모리에서 해제하는 과정 또한 비용이 발생한다. 따라서 인스턴스를 매번 생성할 필요가 없는 경우 매번 인스턴스를 생성하지 않는 것이 성능 측면에서 더 유리하다.

이 단계에서 개발자가 갖추어야 할 역량 중의 하나가 클라이언트 요청마다 매번 인스턴스를 생성해야 하는지, 생성하지 않고 이미 생성된 인스턴스를 재사용할 것인지를 판단해야 한다. 이에 대한 기준은 인스턴스가 상태 값을 유지해야 하는지에 따라 구분된다. 예를 들어 실습 코드 중 next.model 패키지에 존재하는 User, Question, Answer는 클라이언트마다 서로 다른 상태 값을 가진다. 이와 같이 매 클라이언트마다 서로 다른 상태 값을 유지할 필요가 있는 경우에는 매 요청마다 인스턴스를 생성해야 한다. 하지만 JdbcTemplate, 모든 DAO, Controller는 매 요청마다 서로 다른 상태 값을 가지지 않기 때문에 매번 인스턴스를 생성하지 않고 인스턴스 하나를 생성한후 재사용할 수 있다.

서블릿은 서블릿 컨테이너가 시작할 때 인스턴스 하나를 생성한 후 재사용한다. 지금까지 구현한 MVC 프레임워크의 RequestMapping 인스턴스 또한 하나, 각 컨트롤러의 인스턴스 또한 하나이다. 그런데 서블릿 컨테이너는 멀티스레드 환경에서 동작한다. 즉, 멀티스레드 환경에서 여러명의 사용자가 인스턴스 하나를 재사용하고 있다. 이 같은 환경에서 소스코드 구현을 잘못하면 심각한 버그를 만들어 낼 수 있다. 이 버그는 매번 발생하는 버그가 아니라 여러명의 클라이언트가 동시에 같은 코드를 실행하는 경우 발생할 수 있기 때문에 간헐적으로 발생한다. 따라서 버그의 원인을 찾기 힘들다. 하지만 버그에 따른 결과는 치명적일 수 있기 때문에 반드시 주의해야 한다. 그렇다면 문제가 발생할 수 있다고 지목한 소스코드를 살펴보자.

```java
public class ShowController extends AbstractController {
    private QuestionDao questionDao = new QuestionDao();
    private AnswerDao answerDao = new AnswerDao();
    private Question question;
    private List<Answer> answers;

    @Override
    public ModelAndView execute(HttpServletRequest req,
            HttpServletResponse response) throws Exception {
        Long questionId = Long.parseLong(req.getParameter("questionId"));

        question = questionDao.findById(questionId);
        answers = answerDao.findAllByQuestionId(questionId);

        ModelAndView mav = jspView("/qna/show.jsp");
        mav.addObject("question", question);
        mav.addObject("answers", answers);
        return mav;
    }
}
```

위 소스코드에서 문제가 발생할 수 있는 부분은 ShowController의 필드로 구현되어 있는 부분이다. ShowController는 인스턴스 하나를 여러 개의 스레드가 공유하고 있다. 위와 같이 구현했을 때 어떻게 동작하는지 이해하려면 이 코드가 메모리에서 어떻게 동작하는지 이해해야 한다. 먼저 JVM은 코드를 실행하기 위해 메모리를 스택과 힙 영역으로 나눠서 관리한다. 스택 영역은 각 메소드가 실행될 때 메소드의 인자, 로컬 변수 등을 관리하는 메모리 영역으로 각 스레드마다 서로 다른 스택 영역을 가진 다. 힙 영역은 클래스의 인스턴스 상태 데이터를 관리하는 영역이다. 힙 영역은 스레 드가 서로 공유할 수 있는 영역이다. 위 소스코드를 실행한 결과를 메모리의 상태 변 화를 통해 살펴보도록 하겠다.

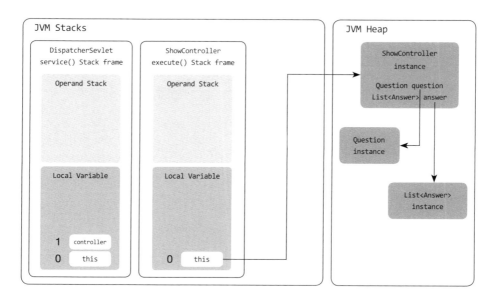

JVM은 각 메소드별로 스택 프레임Stack Frame을 생성한다. ShowController의 execute() 메소드를 실행하면 execute() 메소드에 대한 스택 프레임의 로컬 변수 영역의 첫 번째 위치에 자기 자신에 대한 메모리 위치를 가리킨다. ShowController 에 대한 인스턴스는 힙에 생성되어 있으며, ShowController는 필드에 Question 과 List<Answer>를 가지기 때문에 힙에 생성되어 있는 Question과 List<Answer> 인스턴스를 가리키는 구조로 실행된다. 위와 같은 구조에서 2개의 스레드가 ShowController의 execute() 메소드를 실행한 결과는 다음과 같다.

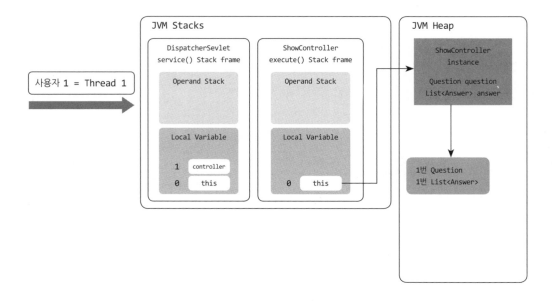

첫 번째 스레드(사용자)가 접근했을 때는 별다른 특이사항이 없다. 문제는 첫 번째 스레드가 실행되는 과정, 즉, execute() 메소드가 완료하지 않은 상태에서 두 번째 스레드 요청에 의해 execute() 메소드가 실행될 경우 발생한다. 이 때의 메모리 상태는 다음과 같다.

두 번째 스레드가 실행되면서 ShowController가 가리키는 Question과 List<Answer>가 1번이 아니 2번으로 바뀌었다. 두 번째 스레드는 정상적으로 2번 글에 대한 질문과 답변을 응답으로 받는다. 문제는 첫 번째 스레드에서 발생한다. 첫 번째 스레드는 1번 글을 보기 위한 요청을 보냈다. 그런데 두 번째 스레드가 execute() 메소드를 실행하면서 ShowController가 가리키는 질문과 답변은 1번 글이 아니라 2번 글로 바뀐 상태이다. 따라서 첫 번째 글에 대한 응답은 1번 글이 아니라 2번 질문과 답변을 응답으로 받게 된다.

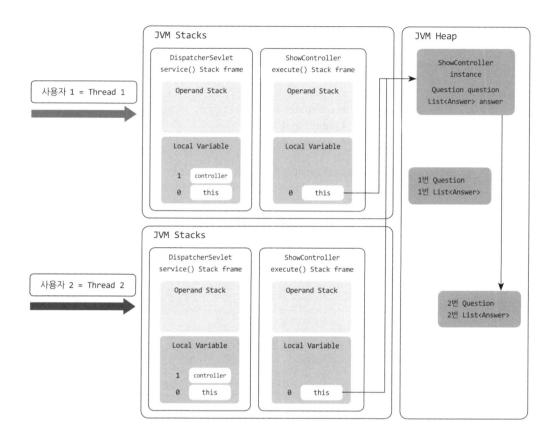

이 버그의 경우 사용자1이 새로고침을 하면 1번 글로 정상적으로 볼 수 있다. 그리 큰 버그가 아닐 수 있다. 하지만 계좌이체를 하는 경우, 상품 주문을 하는 경우 등과 같이 돈과 관련되어 있는 애플리케이션을 구현할 때 이 같은 버그가 발생한다면 회사와 사용자에게 막대한 피해가 발생할 수 있다.

따라서 멀티스레드에서 웹 애플리케이션을 개발할 때 자신이 구현하고 있는 코드가 어떻게 동작하는지를 정확히 이해하고 프로그래밍하는 것은 안전한 애플리케이션을 개발하는 데 있어 정말 중요하다.

앞에서 발생한 문제는 다음과 같이 Question과 List<Answer>를 ShowController의 필드가 아닌 execute() 메소드의 로컬 변수로 구현함으로써 해결할 수 있다.

```java
public class ShowController extends AbstractController {
    private QuestionDao questionDao = new QuestionDao();
    private AnswerDao answerDao = new AnswerDao();

    @Override
    public ModelAndView execute(HttpServletRequest req, HttpServletResponse
            response) throws Exception {
        long questionId = Long.parseLong(req.getParameter("questionId"));

        Question question = questionDao.findById(questionId);
        List<Answer> answers = answerDao.findAllByQuestionId(questionId);

        ModelAndView mav = jspView("/qna/show.jsp");
        mav.addObject("question", question);
        mav.addObject("answers", answers);
        return mav;
    }
}
```

위와 같이 로컬 변수로 구현했을 때의 메모리 상태 변화는 다음과 같다.

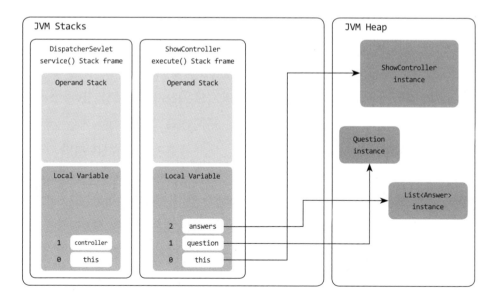

execute() 메소드의 로컬 변수로 구현하면 ShowController가 Question과 List<Answer> 인스턴스에 대한 참조를 가지지 않고 ShowController execute() 메소드의 스택 프레임의 로컬 변수 영역에서 해당 인스턴스에 대한 참조를 가진다. 이 때 2개의 스레드가 동시에 접속했을 때의 상태 변화는 다음과 같다.

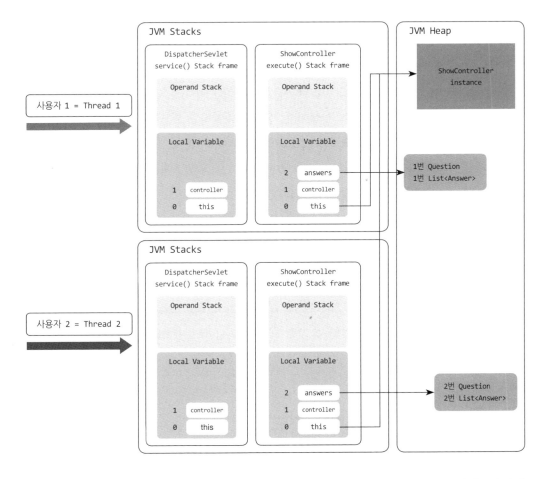

위 그림을 보면 2개의 스레드가 참조하는 ShowController 인스턴스는 같다. 하지만 힙 메모리에 생성되어 있는 Question과 List<Answer>는 서로 다른 인스턴스를 참조하고 있다. 따라서 ShowController의 execute() 메소드가 동시에 실행되어도 서로 다른 인스턴스를 참조하고 있기 때문에 서로 간의 영향을 미치는 일이 발생하지 않는다.

위 코드에서 한 가지 의문점은 ShowController의 필드로 남아 있는 QuestionDao, AnswerDao는 문제가 발생하지 않는가이다. QuestionDao, AnswerDao는 문제가 되지 않는다. 그 이유는 QuestionDao, AnswerDao 두 클래스는 Question, Answer와 다르게 상태 값을 가지지 않기 때문이다.

자신이 구현한 소스코드가 메모리에서 어떻게 실행되는지 눈으로 확인할 수 없기 때문에 이 부분을 학습하는 데 어려움이 많다. 필자 또한 같은 경험을 했고, 머릿속으로 구체화하는 데 어려움을 겪은 것이 사실이다. 실체를 파악하기 힘드니 책을 통해 이론을 학습하고 소스코드의 실행 과정을 머릿속으로 상상하는 몇 번의 과정을 통해 내 것으로 만들 수 있었다. 힘들고 재미없는 과정이지만 더 안정적인 애플리케이션을 개발하기 위해 개발자가 반드시 학습해야 할 중요한 부분이다.

메모리에서 어떻게 실행되는지 확인하기 힘들지만 문제가 발생하는 과정을 재현해볼 수 있다. 이클립스와 같은 통합 개발 도구의 디버깅 기능을 활용하면 된다. 아래 동영상을 참고하기 바란다.

https://youtu.be/9lQsAPFQjBg 서블릿을 잘못 구현할 경우 발생하는 문제를 보여주고 이에 대한 해결책을 제시하고 있다.

9.3.4 안전한 웹 애플리케이션 개발(11번)

안전한 웹 애플리케이션을 개발하기 위해 보안에 신경써야 한다. 보안을 강화하기 위한 다양한 방법이 있지만 그 중에서 가장 중요한 부분이 애플리케이션 자체적으로 안전한 웹 애플리케이션을 구현하는 것이 우선되어야 한다. 애플리케이션 자체적으로도 안전하지 않으면서 다양한 보안 강화 기술을 적용한다고 애플리케이션의 안정성이 높아지는 것은 아니다.

웹 애플리케이션을 개발할 때 흔히 간과하는 부분 중의 하나는 서버측에서 보안 처리를 하지 않는 경우이다. 우리가 개발하고 있는 질문/답변 게시판의 경우 질문 수정/삭제와 답변 수정/삭제하는 경우를 예를 들어 살펴보자. 질문 수정/삭제와 답변 수정/삭제할 때 반드시 확인해야 하는 부분이 자신이 작성한 질문인지, 답변인지의 여부를 판단해 자신이 작성한 질문과 답변인 경우 수정/삭제가 가능하도록 구현해야한다. 이 기능을 구현하기 위해 자신의 글인 경우에만 화면에서 수정/삭제 버튼이 보이고, 다른 사람의 글에는 수정/삭제 버튼이 보이지 않도록 구현한다. 그런데 이와같이 클라이언트 화면 구현만으로 구현을 완료하는 경우가 종종 있다.

이와 같이 구현할 경우 해커는 브라우저가 아닌 다른 HTTP 클라이언트를 통해 웹 서버에 요청을 보내 다른 사람의 글을 수정하고 삭제하는 것이 얼마든지 가능하다. 다른 HTTP 클라이언트를 활용하지 않고 브라우저 플러그인을 활용해서도 가능하다. 보안 처리를 함에 있어 클라이언트 화면에서 처리도 중요하지만 그보다 서버측에 대한 보안 처리가 더 중요하다. 서버측에서 안전한 애플리케이션이 되도록 먼저 구현한 후 클라이언트는 추후에 고려해도 괜찮다.

서버측에서 로그인 사용자와 질문/답변 사용자에 대한 비교를 할 때 고려할 사항 중의 하나는 로그인 사용자 정보를 쿠키 또는 세션을 통해 얻어야 한다는 것이다. 클라이언트에서 사용자 아이디 값을 전달하는 방식으로 구현할 경우 얼마든지 조작할 수 있다. 쿠키를 통해 사용자 정보를 얻는 것 또한 보안 측면에서 그리 좋은 방법은 아니기 때문에 가능하면 세션을 활용해 로그인 사용자 정보를 조회할 것을 추천한다.

질문 수정 처리를 담당하는 컨트롤러 구현 코드는 다음과 같다.

```
public class UpdateQuestionController extends AbstractController {
    private QuestionDao questionDao = QuestionDao.getInstance();

    @Override
    public ModelAndView execute(HttpServletRequest req, HttpServletResponse
        resp) throws Exception {
      if (!UserSessionUtils.isLogined(req.getSession())) {
```

```
            return jspView("redirect:/users/loginForm");
        }

        long questionId = Long.parseLong(req.getParameter("questionId"));
        Question question = questionDao.findById(questionId);
        if (!question.isSameUser(
                UserSessionUtils.getUserFromSession(req.getSession()))) {
            throw new IllegalStateException("다른 사용자가 쓴 글을 수정할 수 없습니다.");
        }

        Question newQuestion = new Question(question.getWriter(),
                req.getParameter("title"), req.getParameter("contents"));
        question.update(newQuestion);
        questionDao.update(question);
        return jspView("redirect:/");
    }
}
```

다른 보안 기술을 적용하기 전에 애플리케이션 로직 자체적으로 안전한 애플리케이션을 구현하도록 고려하자. 이는 백엔드 개발자가 반드시 갖추어야 할 기본적인 자세 중의 하나이다.

9.3.5 싱글톤 패턴(12번)

앞에서 스택과 힙 메모리에 대한 설명을 할 때 잠깐 언급했듯이 매 요청마다 모든 클래스의 인스턴스를 생성하지 않아도 된다. 매번 인스턴스를 생성하지 않아도 되는 대표적인 클래스가 컨트롤러, DAO, JdbcTemplate과 같이 상태 값은 가지지 않으면서 메소드만 가지는 클래스이다.

이와 같이 매번 인스턴스를 생성하지 않고 인스턴스 하나만 생성해 재사용하도록 강제할 수 있는 디자인 패턴이 싱글톤singleton 패턴이다. 싱글톤 패턴을 구현하는 방법은 예상외로 간단한다. JdbcTemplate을 싱글톤 패턴 기반으로 구현하면 다음과 같이 구현할 수 있다.

```
public class JdbcTemplate {
    private static JdbcTemplate jdbcTemplate;

    private JdbcTemplate() {}

    public static JdbcTemplate getInstance() {
        if (jdbcTemplate == null) {
            jdbcTemplate = new JdbcTemplate();
        }
        return jdbcTemplate;
    }
}
```

싱글톤 패턴을 구현하려면 먼저 클래스의 기본 생성자를 private 접근 제어자로 구현해 클래스 외부에서 인스턴스를 생성할 수 없도록 한다. 인스턴스에 대한 생성은 getInstance()와 같은 static 메소드를 통해 가능하도록 허용한다. 위와 같이 구현함으로써 JdbcTemplate에 대한 인스턴스는 하나만 생성하도록 강제할 수 있다.

위와 같이 싱글톤 패턴을 구현하는 경우 여러 개의 쓰레드가 동시에 getInstance() 메소드를 호출하는 경우 인스턴스가 하나 이상 생성될 수 있는 문제가 있는 코드이다. 문제가 있음에도 불구하고 이와 같이 구현한 이유는 11장에서 다루게 될 의존관계 주입Dependency Injection을 설명하기 위함이다.

구글에서 "싱글톤 패턴" 키워드로 검색하면 장, 단점을 가지는 다양한 구현 방식이 존재한다. 인스턴스가 하나만 생성하도록 보장하면서 간단하게 구현할 수 있는 방법은 다음과 같다.

```
public class JdbcTemplate {
    private static JdbcTemplate jdbcTemplate = new JdbcTemplate();

    private JdbcTemplate() {}

    public static JdbcTemplate getInstance() {
```

```
        return jdbcTemplate;
    }
}
```

최근에는 싱글톤 패턴을 적용하지 않으면서 인스턴스를 재사용하는 방식을 많이 사용한다. 이와 관련해서는 11장에서 다룬다. 하지만 싱글톤 패턴을 사용해야 하는 경우가 있다면 위와 같이 구현할 것을 추천한다.

컨트롤러, DAO 또한 싱글톤 패턴을 적용해 인스턴스를 하나만 생성하도록 적용한다. 그런데 컨트롤러의 경우 굳이 싱글톤 패턴을 적용하지 않아도 이미 인스턴스 하나를 재사용하고 있다. 컨트롤러의 경우 서블릿 컨테이너가 시작하는 시점에 DispatcherServlet이 초기화(init() 메소드)를 하면서 각 컨트롤러의 인스턴스를 Map에 저장한 후 재사용하는 방식으로 구현되어 있다.

컨트롤러와 DAO, JdbcTemplate이 인스턴스 하나를 재사용하는 방식은 다르지만 인스턴스 하나를 재사용해 다수의 사용자 요청을 처리하고 있다는 것은 같다. Map을 사용해 싱글톤 인스턴스를 유지하는 컨트롤러 방식과 싱글톤 패턴을 적용해 싱글톤 인스턴스를 유지하는 DAO, JdbcTemplate 방식 모두 장,단점이 있다. 추후 이 각각의 장,단점을 살펴보고 어느 방법으로 싱글톤 인스턴스를 유지하는 것이 좋을지에 대해 다루도록 하겠다.

9.3.6 서비스(Service) 클래스 추가를 통한 컨트롤러 중복 제거(14번)

웹 백엔드(서버측)는 일반 웹 서비스를 지원하기 위해 등장했다. 즉, 웹 클라이언트(웹 브라우저)를 지원하는 것이 주 목적이었다. 그런데 스마트 폰이 등장하면서 웹 백엔드는 웹 애플리케이션뿐만 아니라 모바일을 지원하는 용도로도 사용되고 있다. 최근에는 모바일 게임의 백엔드로도 널리 사용되고 있다. 이와 같이 웹 백엔드는 점점 더 다양한 클라이언트를 지원하고 있다.

13번 문제는 질문 삭제 기능을 웹 애플리케이션과 모바일 모두에 대응하기 위해 2개의 Controller를 구현할 때 발생하는 중복을 어떻게 제거할 것인가에 대한 문제이다. 질문을 삭제하기 위한 요구사항은 "답변이 없는 경우 질문 삭제가 가능하다. 질문자와 답변자가 모두 같은 경우 질문 삭제가 가능하다. 질문자와 답변자가 다른 답변이 하나라도 있으면 질문을 삭제할 수 없다."이다. 이 요구사항을 만족하도록 DeleteQuestionController, ApiDeleteQuestionController 클래스를 다음과 같이 구현할 수 있다. 기능은 같지만 웹과 모바일을 각각 지원하기 위해 두 개의 컨트롤러를 구현할 경우 얼마나 많은 중복 코드가 생기는지 확인하기 위해 다소 길지만 전체 코드를 싣는다.

```java
public class DeleteQuestionController extends AbstractController {
    private QuestionDao questionDao = QuestionDao.getInstance();
    private AnswerDao answerDao = AnswerDao.getInstance();

    @Override
    public ModelAndView execute(HttpServletRequest req, HttpServletResponse
            resp) throws Exception {
        if (!UserSessionUtils.isLogined(req.getSession())) {
            return jspView("redirect:/users/loginForm");
        }

        long questionId = Long.parseLong(req.getParameter("questionId"));
        Question question = questionDao.findById(questionId);
        if (question == null) {
            throw new CannotDeleteException("존재하지 않는 질문입니다.");
        }

        if (!question.isSameUser(UserSessionUtils.getUserFromSession(
                            req.getSession()))) {
            return createModelAndView(question,
                answerDao.findAllByQuestionId(questionId),
                "다른 사용자가 쓴 글을 삭제할 수 없습니다.");
        }

        List<Answer> answers = answerDao.findAllByQuestionId(questionId);
```

```
            if (answers.isEmpty()) {
                questionDao.delete(questionId);
                return jspView("redirect:/");
            }

            boolean canDelete = true;
            for (Answer answer : answers) {
                String writer = question.getWriter();
                if (!writer.equals(answer.getWriter())) {
                    canDelete = false;
                    break;
                }
            }

            if (canDelete) {
                questionDao.delete(questionId);
                return jspView("redirect:/");
            }

            return createModelAndView(question, answers,
                            "다른 사용자가 추가한 댓글이 존재해 삭제할 수 없습니다.");
        }

        private ModelAndView createModelAndView(Question question,
                            List<Answer> answers, String errorMessage) {
            return jspView("show.jsp")
                    .addObject("question", question)
                    .addObject("answers", answers)
                    .addObject("errorMessage", errorMessage);
        }
    }
```

```
    public class ApiDeleteQuestionController extends AbstractController {
        private QuestionDao questionDao = QuestionDao.getInstance();
        private AnswerDao answerDao = AnswerDao.getInstance();

        @Override
        public ModelAndView execute(HttpServletRequest req,
                        HttpServletResponse resp) throws Exception {
            if (!UserSessionUtils.isLogined(req.getSession())) {
                return jsonView().addObject("result", Result.fail(
```

```java
                                    "Login is required"));
    }

    long questionId = Long.parseLong(req.getParameter("questionId"));
    Question question = questionDao.findById(questionId);
    if (question == null) {
        return jsonView().addObject("result",
                            Result.fail("존재하지 않는 질문입니다."));
    }

    if (!question.isSameUser(UserSessionUtils.getUserFromSession(
                        req.getSession()))) {
        return jsonView().addObject("result", Result.fail(
                        "다른 사용자가 쓴 글을 삭제할 수 없습니다."));
    }

    List<Answer> answers = answerDao.findAllByQuestionId(questionId);
    if (answers.isEmpty()) {
        questionDao.delete(questionId);
        return jsonView().addObject("result", Result.ok());
    }

    boolean canDelete = true;
    for (Answer answer : answers) {
        String writer = question.getWriter();
        if (!writer.equals(answer.getWriter())) {
            canDelete = false;
            break;
        }
    }

    if (canDelete) {
        questionDao.delete(questionId);
        return jsonView().addObject("result", Result.ok());
    } else {
        return jsonView().addObject("result", Result.fail(
                        "다른 사용자가 추가한 댓글이 존재해 삭제할 수 없습니다."));
    }
    }
  }
}
```

DeleteQuestionController, ApiDeleteQuestionController의 구현 코드를 보면 응답할 뷰(JspView, JsonView)만 다르지 구현 로직과 전달할 모델 데이터는 같다. 거의 모든 코드가 중복이다. 중복을 제거해야겠다.

DeleteQuestionController, ApiDeleteQuestionController 두 클래스의 중복을 어떻게 제거할 수 있을까? 두 가지 방법으로 제거할 수 있다. 첫 번째 방법은 이 두 클래스에 대한 부모 클래스를 추가해 중복 로직을 부모 클래스로 이동한 후 상속을 통해 중복을 제거할 수 있다. 두 번째 방법은 컨트롤러가 DAO와 의존관계 통해 데이터베이스 접근 로직을 제거했듯이 새로운 클래스를 추가해 로직 처리를 위임함으로써 중복을 제거할 수 있다. 이 방법을 조합composition이라고 한다. 상속의 경우 장점도 많지만 부모 클래스에 변경이 발생하면 자식 클래스에 영향을 미칠 가능성이 높기 때문에 가능하면 상속보다는 조합을 통해 중복을 제거할 것을 추천한다. 물론 상속으로 해결하는 것이 적합한 경우는 상속을 활용해 해결해야 한다.

자바 진영은 이와 같이 컨트롤러에서 발생하는 중복을 제거하고 컨트롤러의 역할 분리 등을 목적으로 서비스(또는 Manager라는 이름도 많이 사용한다)라는 클래스를 추가해 담당하도록 구현하는 것으로 발전해 왔다. DeleteQuestionController, ApiDeleteQuestionController의 중복을 QnaService라는 새로운 클래스를 추가해 중복을 제거하면 다음과 같이 개선할 수 있다.

```java
public class QnaService {
    private static QnaService qnaService;

    private QuestionDao questionDao = QuestionDao.getInstance();
    private AnswerDao answerDao = AnswerDao.getInstance();

    private QnaService() {}

    public static QnaService getInstance() {
        if (qnaService == null) {
            qnaService = new QnaService();
```

```
        }
        return qnaService;
    }

    public void deleteQuestion(long questionId, User user) throws
            CannotDeleteException {
        Question question = questionDao.findById(questionId);
        if (question == null) {
            throw new CannotDeleteException("존재하지 않는 질문입니다.");
        }

        if (!question.isSameUser(user)) {
            throw new CannotDeleteException("다른 사용자가 쓴 글을 삭제할 수 없습니다.");
        }

        List<Answer> answers = answerDao.findAllByQuestionId(questionId);
        if (answers.isEmpty()) {
            questionDao.delete(questionId);
            return;
        }

        boolean canDelete = true;
        for (Answer answer : answers) {
            String writer = question.getWriter();
            if (!writer.equals(answer.getWriter())) {
                canDelete = false;
                break;
            }
        }

        if (!canDelete) {
            throw new CannotDeleteException("다른 사용자가 추가한 댓글이 존재해 삭제할 수
                                             없습니다.");
        }

        questionDao.delete(questionId);
    }
}
```

QnaService 또한 상태 값을 가지지 않기 때문에 싱글톤 패턴을 적용해 구현했다. deleteQuestion() 메소드의 구현 로직은 DeleteQuestionController, ApiDelete QuestionController에서 중복으로 구현하던 로직이다. 위와 같이 중복을 제거한 결과 DeleteQuestionController, ApiDeleteQuestionController의 소스코드는 다음과 같이 리팩토링할 수 있다.

```java
public class DeleteQuestionController extends AbstractController {
    private QuestionDao questionDao = QuestionDao.getInstance();
    private AnswerDao answerDao = AnswerDao.getInstance();
    private QnaService qnaService = QnaService.getInstance();

    @Override
    public ModelAndView execute(HttpServletRequest req, HttpServletResponse
                    resp) throws Exception {
        if (!UserSessionUtils.isLogined(req.getSession())) {
            return jspView("redirect:/users/loginForm");
        }

        long questionId = Long.parseLong(req.getParameter("questionId"));
        try {
            qnaService.deleteQuestion(questionId,
                    UserSessionUtils.getUserFromSession(req.getSession()));
            return jspView("redirect:/");
        } catch (CannotDeleteException e) {
            return jspView("show.jsp")
                    .addObject("question", questionDao.findById(questionId))
                    .addObject("answers",
                            answerDao.findAllByQuestionId(questionId))
                    .addObject("errorMessage", e.getMessage());
        }
    }
}
```

```java
public class ApiDeleteQuestionController extends AbstractController {
    private QnaService qnaService = QnaService.getInstance();

    @Override
```

```
public ModelAndView execute(HttpServletRequest req, HttpServletResponse
        resp) throws Exception {
    if (!UserSessionUtils.isLogined(req.getSession())) {
        return jsonView().addObject("result", Result.fail(
            "Login is required"));
    }

    long questionId = Long.parseLong(req.getParameter("questionId"));
    try {
        qnaService.deleteQuestion(questionId,
            UserSessionUtils.getUserFromSession(req.getSession()));
        return jsonView().addObject("result", Result.ok());
    } catch (CannotDeleteException e) {
        return jsonView().addObject("result",
            Result.fail(e.getMessage()));
    }
    }
}
```

컨트롤러에서 구현하던 복잡한 로직을 모두 QnaService의 deleteQuestion() 메소드로 위임했기 때문에 두 컨트롤러는 정상적으로 삭제가 되는 경우와 에러가 발생하는 경우에 따른 처리만 구현하면 된다. 이와 같이 중복을 제거함으로써 컨트롤러는 컨트롤러의 역할에 집중할 수 있게 되었다.

QnaService의 deleteQuestion() 메소드는 CannotDeleteException이라는 컴파일 타임 Exception을 throw하고 있다. 질문을 삭제할 수 없는 경우 삭제할 수 없다는 메시지를 사용자에게 출력해야 한다. 이와 같이 사용자에게 예외처리를 통해 에러 메시지를 전달하거나, 다른 작업을 하도록 유도할 필요가 있는 경우 런타임 Exception보다는 컴파일 타임 Exception이 적합하다.

자바 진영은 컨트롤러, 서비스, DAO 구조로 웹 애플리케이션을 개발하는 것이 일반적이다. 이 같은 구조의 아키텍처를 계층형layered 아키텍처라고 부른다. 계층형 아키텍처를 그림으로 그려보면 다음과 같다.

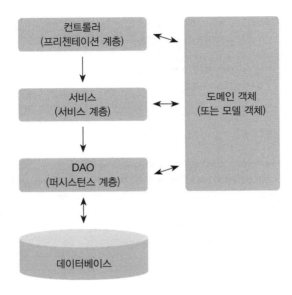

질문 삭제를 담당하는 클래스들을 위와 같은 계층형 아키텍처 구조로 그려보면 다음
과 같다.

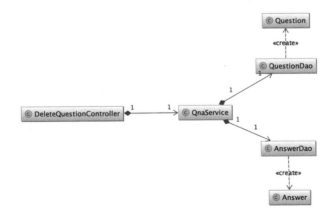

각 클래스 이름에 레이어 이름을 접미사로 활용하고 있기 때문에 해당 클래스의 역할이 무엇인지 쉽게 파악할 수 있다. 최근에는 데이터베이스 접근 로직을 담당하는 클래스 이름에 DAO 대신 Repository로 구현하는 경우도 많아지고 있다. 위 그림에서 도메인 객체Domain Object에 해당하는 클래스는 Question과 Answer로 생각하면 된다.

계층형 아키텍처 관점과 객체지향 설계 관점에서 핵심적인 비지니스 로직을 구현하는 역할은 어디서 담당해야 할까? 질문 삭제 기능 구현을 보면 핵심적인 비지니스 로직 구현을 서비스 계층에 해당하는 QnaService가 담당하고 있다. 이와 같이 구현하는 것이 적절하다고 생각하는가? 이와 관련해서는 11장의 의존관계 주입을 다루는 부분에서 다시 살펴보도록 하겠다.

9.3.7 의존관계 주입[1](Dependency Injection, 14번 문제)

DAO를 사용하는 컨트롤러를 데이터베이스가 존재하지 않는 상태에서도 테스트 가능하도록 하려면 의존관계 주입Dependency Injection, DI을 적용해야 한다. 의존관계 주입과 관련해서 11장에서 자세히 살펴보도록 하겠다.

9.3.8 애노테이션을 통한 Controller 설정(15번 문제)

@Controller 설정을 통한 새로운 MVC는 다음 장에서 실습을 통해 구현한다.

---

1 Dependency Injection을 한국어로 번역할 때 의존성 주입이라는 용어를 가장 많이 사용한다. 이 책에서는 "토비의 스프링 3.1"(이일민 저, 에이콘/2012) 번역을 따라 의존성 주입보다는 의존관계 주입으로 사용한다.

10장

새로운 MVC 프레임워크 구현을 통한 점진적 개선

새로운 프레임워크 또는 기술을 적용할 때 어려운 점은 무엇일까? 새로운 프레임워크 또는 기술 적용은 새로운 기능을 추가하는 작업은 아니다. 애플리케이션이 제공하는 기능은 똑같은데 기존 프레임워크의 한계를 극복하기 위해 개발자 관점에서 새로운 기술을 적용하는 것이다. 즉, 사용자 관점에서 달라지는 부분은 없다. 하지만 장기적인 관점에서 사용자의 요구에 빠르게 대응하고 좀 더 효율적으로 개발하기 위해 프레임워크 또는 새로운 기술을 적용해야 할 때가 온다.

이 같은 상황에서 가장 큰 어려움은 사용자에게 추가적인 가치를 제공하지 못하면서 시간을 투자해야 한다는 것을 개발자가 아닌 다른 사람들에게 설득해야 한다는 점이다. 어려운 설득 과정을 거쳐 일정 기간 동안 기능 추가나 개선 없이 새로운 프레임워크 또는 기술을 적용할 수 있다. 하지만 이는 결과적으로 서비스의 경쟁력을 떨어트리는 결과를 가져올 수 있다. 이 기간이 1, 2주 이내로 짧을 수도 있겠지만 경우에 따라서는 3개월 이상 투자해야 하는 긴 시간이 될 수도 있다.

이 같은 막중한 책임을 지면서 새로운 프레임워크와 기술을 적용하겠다고 결정하는 것은 쉽지 않은 선택이다. 이런 단점을 보완하는 방법은 기존 방법과 새로운 방법으로 같이 서비스를 운영하면서 서비스를 중단하지 않고 점진적으로 새로운 기술로 변경해 가는 방법이 있다. 이 방법이 비록 오랜 시간이 걸릴 수도 있지만 서비스의 안정성을 해치지 않으면서 새로운 기술을 적용해 나갈 수 있는 좋은 선택이 될 수 있다.

새로운 애플리케이션을 개발하는 작업은 쉽지 않은 작업이다. 하지만 그보다 더 어려운 작업은 누군가 개발해 놓은 애플리케이션을 지속적으로 기능 추가, 개선을 하면서 기술적으로 계속해서 발전시켜 나가는 작업은 몇 배 어려운 일이다.

이 장에서는 지금까지 구현한 MVC 프레임워크의 문제점을 파악한 후 새로운 MVC 프레임워크를 구현할 계획이다. 단, 기존과 다른 점은 이전에 구현한 MVC 프레임워크 기반으로 동작하는 컨트롤러가 정상적으로 동작하는 상태에서 새로운 MVC 프레임워크로 점진적으로 전환해 가는 과정에 대해 살펴볼 계획이다. 쉬운 과정이 아닐 것이다. 하지만 그 과정에서 우리는 지금까지와는 또 다른 경험을 할 것이며, 객체지향 설계의 장점에 대해 다시 한번 느낄 수 있는 기회가 될 것이다.

10.1 MVC 프레임워크 요구사항 3단계

10장부터 12장까지의 실습은 이전까지의 실습에 비해 한 단계 난이도가 더 높아진다. 난이도가 높아지는 가장 큰 원인은 자바의 리플렉션 API에 대한 활용과 구현해야 할 클래스가 많아지기 때문이다. 또한 이전에 구현한 클래스와 통합하는 작업도 한 몫 한다. 따라서 이 장의 실습을 진행하다 너무 어려우면 일정 시간 쉬었다가 경험을 더 쌓은 후 도전하는 것도 좋은 방법이다. 아니면 이 장의 실습부터 혼자가 아닌 다른 누군가와 짝 프로그래밍을 통해 도전하는 것도 좋다. 자, 시작해보자.

10.1.1 요구사항

먼저 9장의 중간 점검 마지막 문제를 다시 한번 살펴보자.

RequestMapping 코드를 보면 컨트롤러가 추가될 때마다 요청 URL과 컨트롤러를 추가해야 하는 불편함이 있다. 서블릿과 같이 애노테이션을 활용해 설정을 추가하고 서버가 시작할 때 자동으로 매핑이 되도록 개선해 본다. 이 문제는 쉽지 않은 문제이다. 이 단계에서는 어떻게 개선하는 것이 좋겠다는 설계만 해도 충분하다.(힌트 : @Controller 애노테이션을 추가하고, 자바 리플렉션을 활용.)

지금까지 나만의 MVC 프레임워크를 구현해 잘 활용해 왔다. 그런데 새로운 컨트롤러가 추가될 때마다 매번 RequestMapping 클래스에 요청 URL과 컨트롤러를 추가하는 작업이 귀찮다. 귀찮지만 이 정도는 그래도 참을 수 있다. 하지만 유지보수 차원에서 봤을 때 컨트롤러의 수가 계속해서 증가하고 있으며, 각 컨트롤러의 execute() 메소드를 보니 10라인이 넘어가는 경우도 거의 없다. 새로운 기능이 추가될 때마다 매번 컨트롤러를 추가하는 것이 아니라 메소드를 추가하는 방식이면 좋겠다.

또 한 가지 아쉬운 점은 요청 URL을 매핑할 때 HTTP 메소드(GET, POST, PUT, DELETE 등)도 매핑에 활용할 수 있으면 좋겠다. HTTP 메소드에 대한 지원이 가능하다면 URL은 같지만 다른 메소드로 매핑하는 것도 가능할 것이다.

지금까지의 요구사항에 따라 다음과 같은 형태로 컨트롤러를 구현할 수 있으면 좋겠다.

```
[...]
import core.annotation.Controller;
import core.annotation.RequestMapping;
import core.annotation.RequestMethod;
import core.mvc.JspView;
import core.mvc.ModelAndView;

@Controller
public class MyController {
```

```
    private static final Logger logger =
            LoggerFactory.getLogger(MyController.class);

@RequestMapping("/users")
public ModelAndView list(HttpServletRequest request,
        HttpServletResponse response) {
    logger.debug("users findUserId");
    return new ModelAndView(new JspView("/users/list.jsp"));
}

@RequestMapping(value="/users/show", method=RequestMethod.GET)
public ModelAndView show(HttpServletRequest request,
        HttpServletResponse response) {
    logger.debug("users findUserId");
    return new ModelAndView(new JspView("/users/show.jsp"));
}

@RequestMapping(value="/users", method=RequestMethod.POST)
public ModelAndView create(HttpServletRequest request,
        HttpServletResponse response) {
    logger.debug("users create");
    return new ModelAndView(new JspView("redirect:/users"));
}
}
```

위 기능을 지원하는 애노테이션 기반의 새로운 MVC 프레임워크를 구현해야 한다. 효과적인 실습을 위해 새로운 MVC 프레임워크의 뼈대가 되는 코드(src/main/java 폴더의 core.nmvc 패키지)와 테스트 코드(src/test/java 폴더의 core.nmvc.AnnotationHandlerMappingTest)를 제공하고 있다. AnnotationHandlerMappingTest 클래스의 3개의 테스트가 성공하면 새로운 MVC 프레임워크 구현을 완료한 것으로 생각하면 된다.

새로운 MVC 프레임워크도 추가했으니 이전에 구현되어 있던 컨트롤러를 애노테이션 기반으로 변경하면 된다. 그런데 새로운 MVC 프레임워크를 적용하기 위해 한 번에 모든 컨트롤러를 변경하려면 일정 기간 동안 새로운 기능을 추가하거나 변경하는 작업을 중단해야 한다. 이 같은 문제점을 보완하기 위해 점진적으로 리팩토링이 가능한 구조로 개발해야 한다. 새로운 MVC 프레임워크를 구현하는 경험보다 점진적으로 리팩토링하는 경험이 이 장의 핵심 경험이다.

이와 같이 점진적인 리팩토링이 가능하려면 먼저 애노테이션 기반으로 MVC 프레임워크를 구현한 후 레거시 MVC 프레임워크(8장에서 구현했던 MVC 프레임워크)와 애노테이션 기반의 새로운 MVC 프레임워크를 통합하는 방식으로 구현해야 한다. 예를 들어 요청 URL과 컨트롤러를 매핑하는 클래스가 레거시 MVC 프레임워크의 경우 LegacyHandlerMapping이고, 새로운 MVC 프레임워크의 경우 AnnotationHandlerMapping이라면 DispatcherServlet에서 이 둘을 통합함으로써 두 가지 형태의 컨트롤러가 모두 동작 가능하도록 구현할 수 있다. 이와 같이 구현할 경우 DispatcherServlet의 대략적인 코드는 다음과 같은 방식으로 구현할 수 있을 것이다.

```java
@WebServlet(name = "dispatcher", urlPatterns = "/", loadOnStartup = 1)
public class DispatcherServlet extends HttpServlet {
    private LegacyHandlerMapping lhm;
    private AnnotationHandlerMapping ahm;

    @Override
    public void init() throws ServletException {
        lhm = new LegacyHandlerMapping();
        lhm.initMapping();
        ahm = new AnnotationHandlerMapping("next.controller");
        ahm.initialize();
    }

    @Override
    protected void service(HttpServletRequest req, HttpServletResponse
            resp) throws ServletException, IOException {
        try {
            Controller controller = lhm.findController(req.getRequestURI());
            if (controller != null) {
                render(req, resp, controller.execute(req, resp));
```

```
        } else {
            HandlerExecution he = ahm.getHandler(req);
            if (he == null) {
                throw new ServletException("유효하지 않은 요청입니다.");
            }
            render(req, resp, he.handle(req, resp));
        }
    } catch (Throwable e) {
        throw new ServletException(e.getMessage());
    }
}

private void render(HttpServletRequest req, HttpServletResponse resp,
        ModelAndView mav) throws Exception {
    View view = mav.getView();
    view.render(mav.getModel(), req, resp);
}
}
```

위 소스코드에서 HandlerExecution은 새로 추가한 MVC 프레임워크의 컨트롤러와 같은 역할을 하는 클래스라 생각하면 된다. 위 DispatcherServlet과 같은 구조가 가능하도록 구현한다면 서로 다른 컨트롤러를 같이 서비스하는 것이 가능할 것이다.

이 실습의 1차 목표는 레거시 MVC 프레임워크와 애노테이션 기반의 새로운 MVC 프레임워크가 동시에 서비스 가능하도록 구현하는 것이다. 1차 목표를 완료한 후에 리팩토링할 부분을 찾아 개선해 볼 것을 추천한다. 특히 2개의 프레임워크가 공존하다 보니 인터페이스로 추상화하면 좋아보이는 부분도 있다. 인터페이스로 추상화 가능한 부분을 찾아 리팩토링해보는 재미도 느껴보기 바란다.

이 요구사항에 대한 실습은 https://github.com/slipp/jwp-basic 저장소의 step8-self-check-completed 브랜치에서 진행할 수 있다. 앞의 예제에서 컨트롤러를 구현할 때 사용한 @Controller와 @RequestMapping 애노테이션은 다음과 같이 구현해 step8-self-check-completed 브랜치의 core.annotation 패키지에서 제공하고 있다.

```java
import java.lang.annotation.ElementType;
import java.lang.annotation.Retention;
import java.lang.annotation.RetentionPolicy;
import java.lang.annotation.Target;

@Target({ElementType.TYPE})
@Retention(RetentionPolicy.RUNTIME)
public @interface Controller {
    String value() default "";
}
```

```java
import java.lang.annotation.ElementType;
import java.lang.annotation.Retention;
import java.lang.annotation.RetentionPolicy;
import java.lang.annotation.Target;

@Target({ElementType.METHOD, ElementType.TYPE})
@Retention(RetentionPolicy.RUNTIME)
public @interface RequestMapping {
    String value() default "";

    RequestMethod method() default RequestMethod.GET;
}
```

RequestMethod는 GET, POST, PUT, DELETE를 값으로 가지는 enum 클래스이다.

```java
public enum RequestMethod {
    GET, HEAD, POST, PUT, PATCH, DELETE, OPTIONS, TRACE
}
```

이 실습은 클래스패스로 설정되어 있는 클래스 중에 @Controller 애노테이션이 설정되어 있는 클래스를 찾기 위한 목적으로 reflections(https://github.com/ronmamo/reflections) 라이브러리를 활용할 수 있다. 이 라이브러리를 활용해 @Controller 애노테이션이 설정되어 있는 클래스를 찾은 후 @RequestMapping 설정에 따라 요청 URL과 메소드를 연결하도록 구현할 수 있다.

이 요구사항을 구현하려면 자바의 리플렉션reflection을 활용해 구현해야 한다. 아직까지 자바 리플렉션이 익숙하지 않은 개발자라면 리플렉션을 학습한 후에 도전할 것을 추천한다.

10.1.2 자바 리플렉션

대부분의 자바 개발자가 리플렉션을 사용한 경험이 없을 것이다. 이 요구사항을 구현하기 전에 리플렉션에 대한 학습을 한 후 직접 구현해 봤으면 하는 바람으로 리플렉션이 무엇인지 실습할 수 있는 몇 개의 요구사항을 제시해 본다. 이 실습 코드는 https://github.com/slipp/jwp-basic 저장소의 step8-self-check-completed 브랜치에서 src/test/java의 core.ref 패키지에서 제공한다.

10.1.2.1 자바 리플렉션 API 활용해 클래스 정보 출력하기

자바 리플렉션을 활용해 Question 클래스의 모든 필드, 생성자, 메소드 정보를 출력한다. core.ref.ReflectionTest의 showClass() 메소드를 구현한다.

> **HINT**
> - java.lang.Class API의 getFields(), getConstructors(), getMethods()는 접근 가능한 public Field, Constructor, Method 접근만 가능하다.
> - public이 아닌 private, protected와 같은 접근 제어자에 대한 정보를 가져오고 싶으면 getDeclaredFields(), getDeclaredConstructors(), getDeclaredMethods() 메소드를 사용해야 한다.

10.1.2.2 "test"로 시작하는 메소드 실행하기

자바 리플렉션을 활용해 core.ref.Junit3Test에서 test로 시작하는 모든 메소드를 실행해야 한다. core.ref.Junit3TestRunner 클래스의 run() 메소드를 실행했을 때 Junit3Test에서 메소드 이름이 test로 시작하는 모든 메소드를 실행하면 된다. Junit3Test 코드는 다음과 같다.

```
public class Junit3Test {
    public void test1() throws Exception {
        System.out.println("Running Test1");
    }

    public void test2() throws Exception {
        System.out.println("Running Test2");
    }

    public void three() throws Exception {
        System.out.println("Running Test3");
    }
}
```

> **HINT**
> - Junit3Test 클래스가 가지는 메소드 중 메소드 이름이 "test"로 시작하는 메소드를 찾는다.
> - 앞에서 찾은 메소드를 method.invoke(clazz.newInstance())로 실행할 수 있다. 클래스는 기본 생성자를 가지는 경우 newInstance()를 활용해 인스턴스를 생성할 수 있다.

10.1.2.3 @MyTest 애노테이션으로 설정된 메소드 실행하기

자바 리플렉션을 활용해 core.ref.Junit4Test에서 @MyTest 애노테이션이 설정되어 있는 모든 메소드를 실행해야 한다. 즉, core.ref.Junit4TestRunner 클래스의 run() 메소드를 실행했을 때 Junit4Test에서 @MyTest 애노테이션이 설정되어 있는 모든 메소드를 실행하면 된다.

```
public class Junit4Test {
    @MyTest
    public void one() throws Exception {
        System.out.println("Running Test1");
    }

    @MyTest
    public void two() throws Exception {
        System.out.println("Running Test2");
```

```
    }

    public void testThree() throws Exception {
        System.out.println("Running Test3");
    }
}
```

HINT • Junit4Test 클래스가 가지는 메소드 중 @MyTest 애노테이션이 설정되어 있는 메소드를 찾는다. `method.isAnnotationPresent(MyTest.class)`를 이용한다.

10.1.2.4 생성자가 있는 클래스의 인스턴스 생성하기

자바 리플렉션을 활용해 User 클래스의 인스턴스를 생성한다. User 클래스는 기본 생성자가 없으며, 4개의 인자를 가지는 생성자밖에 없다. `core.ref.ReflectionTest`의 `newInstanceWithConstructorArgs()` 메소드를 구현한다.

HINT • 기본 생성자가 없는 경우 `clazz.newInstance()`로 인스턴스를 생성할 수 없다.
 • 인스턴스를 생성하기 위한 Constructor를 먼저 찾아야 한다. Class의 `getDeclared Constructors()`를 통해 Constructor를 찾을 수 있다.
 • `constructor.newInstance(Object… args)`로 인스턴스 생성한다.

10.1.2.5 private 필드에 접근하기

자바는 리플렉션 API를 통해 클래스의 private 필드에 접근해 값을 전달할 수 있다. 예를 들어 다음과 같이 2개의 private 필드를 가지는 Student 클래스가 있을 경우 인스턴스를 직접 생성해 값을 전달할 수 없다. 하지만 자바 리플렉션 API를 활용하면 값을 가지는 인스턴스를 생성할 수 있다.

```
public class Student {
    private String name;

    private int age;
```

```
    public String getName() {
        return name;
    }

    public int getAge() {
        return age;
    }
}
```

자바 리플렉션 API를 활용해 Student 클래스의 name과 age 필드에 값을 할당한 후 getter 메소드를 통해 값을 확인한다. core.ref.ReflectionTest의 private FieldAccess() 메소드를 구현한다.

> **HINT** · Student 인스턴스를 직접 생성(new Student())한 후 필드에 값을 할당하는 방식으로 구현해야 한다.
> · Class의 getDeclaredField(String name) 메소드를 이용해 private 필드를 찾는다.
> · Field.setAccessible(true)로 설정해야 private 필드에 접근할 수 있다.
> · field.set(student, "주한")과 같이 private 필드에 값을 할당할 수 있다.
> · 데이터 타입이 int인 경우 field.setInt(student, 14)과 같이 데이터 타입과 일치하는 메소드를 사용할 수 있다.

위 다섯 개의 요구사항은 모두 자바의 리플렉션 API를 활용해 해결할 수 있다. 간단한 실습이기는 하지만 위 실습을 진행하면 자바의 리플렉션 API를 활용해 어떤 작업이 가능한지 대략적으로 이해할 수 있을 것이다. 이 실습을 완료한 후 이 문제에 도전한다면 애노테이션 기반 MVC 프레임워크를 어떻게 구현하는 것이 좋을지에 대한 힌트를 얻을 수 있을 것이다. 이 실습에 대한 구현 코드는 제공하지 않으니 독자들이 직접 실습을 통해 구현해 보기 바란다.

10.1.3 요구사항 분리 및 힌트

- reflections 라이브러리를 활용해 @Controller 애노테이션이 설정되어 있는 모든 클래스를 찾고, 각 클래스에 대한 인스턴스 생성을 담당하는 ControllerScanner 클래스를 추가한다.

> **HINT** · @Controller 애노테이션이 설정되어 있는 모든 클래스를 찾는다.
>
> ```
> Reflections reflections = new Reflections("my.project");
> Set<Class<?>> annotated = reflections.getTypesAnnotatedWith(Controll
> er.class);
> ```
>
> · 앞 단계에서 찾은 클래스에 대한 인스턴스를 생성해 Map<Class<?>, Object>에 추가한다.
>
> ```
> Class clazz = … ;
> clazz.newInstance();
> ```

- 애노테이션 기반 매핑을 담당할 AnnotationHandlerMapping 클래스를 추가한 후 초기화한다.

> **HINT** · ControllerScanner를 통해 찾은 @Controller 클래스의 메소드 중 RequestMapping 애노테이션이 설정되어 있는 모든 메소드를 찾는다. reflections 라이브러리를 활용한다.
>
> ```
> ReflectionUtils.getAllMethods(clazz, ReflectionUtils.
> withAnnotation(RequestMapping.class));
> ```
>
> · 앞 단계에서 찾은 java.lang.reflect.Method 정보를 바탕으로 Map<HandlerKey, HandlerExecution>에 각 요청 URL과 URL과 연결되는 메소드 정보를 값으로 추가한다.
> · Map의 HandlerKey는 @RequestMapping 애노테이션이 가지고 있는 URL과 HTTP 메소드 정보를 가진다.
>
> ```
> private HandlerKey createHandlerKey(RequestMapping rm) {
>     return new HandlerKey(rm.value(), rm.method());
> }
> ```
>
> · HandlerExecution은 자바 리플렉션에서 메소드를 실행하기 위해 필요한 정보를 가진다. 즉, 실행할 메소드가 존재하는 클래스의 인스턴스 정보와 실행할 메소드 정보(java.lang.reflect.Method)를 가져야 한다.

- AnnotationHandlerMapping 클래스에 클라이언트 요청 정보(HttpServletRequest) 를 전달하면 요청에 해당하는 HandlerExecution을 반환하는 메소드를 구현한다.

HINT • HandlerExecution getHandler(HttpServletRequest request); 메소드를 구현한다.

지금까지 과정으로 구현한 클래스들 간의 관계를 살펴보면 다음과 같다.

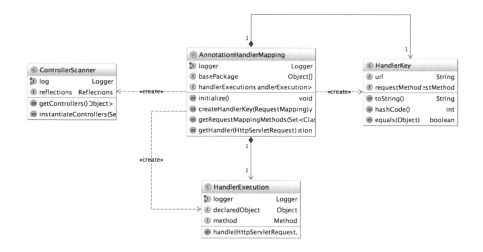

애노테이션 기반으로 동작하는 새로운 매핑 클래스AnnotationHandlerMapping 추가를 완료 했다. 다음 단계는 기존에 사용하던 MVC 프레임워크의 RequestMapping과 새로 추 가한 AnnotationHandlerMapping이 같이 동작하도록 구현하는 단계만 남았다. 이 과 정을 통해 RequestMapping, AnnotationHandlerMapping을 통합할 수 있다면 기존에 구현한 컨트롤러와 새로 추가하는 컨트롤러(@Controller)를 같이 사용할 수 있겠다.

- RequestMapping, AnnotationHandlerMapping은 요청 URL과 실행할 컨트롤러 클 래스 또는 메소드를 매핑하는 역할은 같다. 단지 다른 점이라면 RequestMapping 은 개발자가 수동으로 등록하고, AnnotationHandlerMapping은 애노테이션을 설

정하면 자동으로 매핑한다는 점이다. 두 클래스의 공통된 부분을 인터페이스로 추상화한다.

> **HINT** • HandlerMapping 이름으로 인터페이스를 추가한다.
>
> ```
> public interface HandlerMapping {
>     Object getHandler(HttpServletRequest request);
> }
> ```
>
> • RequestMapping 클래스를 LegacyHandlerMapping으로 클래스 이름을 변경한다.

- DispatcherServlet의 초기화(init() 메소드) 과정에서 LegacyHandlerMapping, AnnotationHandlerMapping 모두 초기화한다. 초기화한 2개의 HandlerMapping을 List로 관리한다.

- DispatcherServlet의 service() 메소드에서는 앞에서 초기화한 2개의 Handler Mapping에서 요청 URL에 해당하는 컨트롤러를 찾아 메소드를 실행한다.

> **HINT**
> ```
> Object handler = getHandler(req);
> if (handler instanceof Controller) {
>     ModelAndView mav = ((Controller)handler).execute(req, resp);
> } else if (handler instanceof HandlerExecution) {
>     ModelAndView mav = ((HandlerExecution)handler).handle(req, resp);
> } else {
>     // throw exception
> }
> ```

- 기존 컨트롤러를 새로 추가한 애노테이션 기반으로 설정한 후 정상적으로 동작하는지 테스트한다. 테스트에 성공하면 기존의 컨트롤러를 새로운 MVC 프레임워크로 점진적으로 변경한다.

10.2 MVC 프레임워크 구현 3단계

10.2.1 @Controller 애노테이션 설정 클래스 스캔

애노테이션 기반으로 MVC 프레임워크를 구현하려면 먼저 @Controller 애노테이션
설정이 되어 있는 클래스를 찾아야 한다. reflections 라이브러리를 활용해 클래스 목
록을 찾고, 각 클래스에 대한 인스턴스 목록까지 구현한다.

```
[...]

import org.reflections.Reflections;

public class ControllerScanner {
    private static final Logger log = LoggerFactory.
            getLogger(ControllerScanner.class);

    private Reflections reflections;

    public ControllerScanner(Object... basePackage) {
        reflections = new Reflections(basePackage);
    }

    public Map<Class<?>, Object> getControllers() {
        Set<Class<?>> preInitiatedControllers =
                        reflections.getTypesAnnotatedWith(Controller.class);
        return instantiateControllers(preInitiatedControllers);
    }

    Map<Class<?>, Object> instantiateControllers(Set<Class<?>>
                        preInitiatedControllers) {
        Map<Class<?>, Object> controllers = Maps.newHashMap();
        try {
            for (Class<?> clazz : preInitiatedControllers) {
                controllers.put(clazz, clazz.newInstance());
            }
        } catch (InstantiationException | IllegalAccessException e) {
            log.error(e.getMessage());
```

```
        }

        return controllers;
    }
}
```

위 구현이 정상적으로 동작하는지 확인하기 위해 @Controller 애노테이션을 사용하는 테스트용 컨트롤러를 하나 추가한다.

```java
package core.nmvc;

[...]

@Controller
public class MyController {
    private static final Logger logger =
            LoggerFactory.getLogger(MyController.class);

    @RequestMapping("/users/findUserId")
    public ModelAndView findUserId(HttpServletRequest request,
            HttpServletResponse response) {
        logger.debug("findUserId");
        return null;
    }

    @RequestMapping(value="/users", method=RequestMethod.POST)
    public ModelAndView save(HttpServletRequest request,
            HttpServletResponse response) {
        logger.debug("save");
        return null;
    }
}
```

테스트 코드는 다음과 같다.

```
public class ControllerScannerTest {
    private static final Logger logger =
                    LoggerFactory.getLogger(ControllerScannerTest.class);

    private ControllerScanner cf;

    @Before
    public void setup() {
        cf = new ControllerScanner("core.nmvc");
    }

    @Test
    public void getControllers() throws Exception {
        Map<Class<?>, Object> controllers = cf.getControllers();
        for (Class<?> controller : controllers.keySet()) {
            logger.debug("controller : {}", controller);
        }
    }
}
```

이 부분에 대한 테스트가 중요한 이유는 아직까지 reflections 라이브러리를 사용한 경험이 없기 때문에 예상한 대로 동작하는지 확인한 후 다음 단계의 구현으로 넘어갈 필요가 있다.

10.2.2 @RequestMapping 애노테이션 설정을 활용한 매핑

다음 단계로 진행할 부분은 앞에서 찾은 컨트롤러 클래스의 @RequestMapping 애노테이션 설정을 기반으로 매핑을 하는 것이다. 매핑은 이전 MVC 프레임워크와 같이 Map을 활용한다. 새로운 MVC 프레임워크 버전에서 다른 점은 Map의 키key로 사용되는 값이 요청 URL과 더불어 HTTP 메소드 조합으로 구성되어야 한다는 것이다.

요청 URL과 HTTP 메소드 정보를 가지는 클래스를 HandlerKey라는 이름으로 다음과 같이 구현할 수 있다.

```java
public class HandlerKey {
    private String url;
    private RequestMethod requestMethod;

    public HandlerKey(String url, RequestMethod requestMethod) {
        this.url = url;
        this.requestMethod = requestMethod;
    }

    @Override
    public String toString() {
        return "HandlerKey [url=" + url + ", requestMethod=" +
                            requestMethod + "]";
    }

    @Override
    public int hashCode() {
        [...]
    }

    @Override
    public boolean equals(Object obj) {
        [...]
    }
}
```

HashMap의 키로 활용하기 위해 hashCode(), equals() 메소드를 반드시 구현한다. Map의 값value은 @RequestMapping 애노테이션이 설정되어 있는 메소드 정보를 가져야 한다. 값에 저장되는 메소드 정보는 자바 리플렉션으로 해당 메소드를 실행할 수 있는 정보를 가져야 한다. 즉, 메소드가 위치하는 클래스의 인스턴스 정보와 java.lang.reflect.Method 정보를 가지고 있어야 한다. 이 정보를 가지는 클래스를 HandlerExecution이라는 이름으로 다음과 같이 구현할 수 있다.

```
public class HandlerExecution {
    private static final Logger logger =
                        LoggerFactory.getLogger(HandlerExecution.class);

    private Object declaredObject;
    private Method method;

    public HandlerExecution(Object declaredObject, Method method) {
        this.declaredObject = declaredObject;
        this.method = method;
    }

    public ModelAndView handle(HttpServletRequest request,
            HttpServletResponse response) throws Exception {
        try {
            return (ModelAndView)method.invoke(declaredObject, request,
                                                response);
        } catch (IllegalAccessException | IllegalArgumentException |
                InvocationTargetException e) {
            logger.error("{} method invoke fail. error message : {}",
                        method, e.getMessage());
            throw new RuntimeException(e);
        }
    }
}
```

Map에서 사용할 키와 값에 대한 클래스 구현을 완료했으니 다음 단계는 HandlerKey와 HandlerExecution을 연결mapping해야 한다. 매핑 초기화 작업은 AnnotationHandler Mapping 클래스를 추가해 구현한다.

```
public class AnnotationHandlerMapping {
    private static final Logger logger =
            LoggerFactory.getLogger(AnnotationHandlerMapping.class);

    private Object[] basePackage;

    private Map<HandlerKey, HandlerExecution> handlerExecutions =
```

```
                    Maps.newHashMap();

        public AnnotationHandlerMapping(Object... basePackage) {
            this.basePackage = basePackage;
        }

        public void initialize() {
            ControllerScanner controllerScanner =
                    new ControllerScanner(basePackage);
            Map<Class<?>, Object> controllers =
                    controllerScanner.getControllers();
            Set<Method> methods = getRequestMappingMethods(
                    controllers.keySet());
            for (Method method : methods) {
                RequestMapping rm = method.getAnnotation(RequestMapping.class);
                logger.debug("register handlerExecution : url is {},
                        method is {}", rm.value(), method);
                handlerExecutions.put(createHandlerKey(rm), new HandlerExecution(
                        controllers.get(method.getDeclaringClass()), method));
            }
        }

        private HandlerKey createHandlerKey(RequestMapping rm) {
            return new HandlerKey(rm.value(), rm.method());
        }

        @SuppressWarnings("unchecked")
        private Set<Method> getRequestMappingMethods(Set<Class<?>>
    controlleers) {
            Set<Method> requestMappingMethods = Sets.newHashSet();
            for (Class<?> clazz : controlleers) {
                requestMappingMethods.addAll(ReflectionUtils.getAllMethods(clazz,
                        ReflectionUtils.withAnnotation(RequestMapping.class)));
            }
            return requestMappingMethods;
        }

        [...]
    }
```

10.2.3 클라이언트 요청에 해당하는 HandlerExecution 반환

마지막으로 구현할 부분은 클라이언트 요청에 해당하는 HandlerExecution을 조회하는 메소드이다. AnnotationHandlerMapping은 다음과 같이 구현한다.

```java
public class AnnotationHandlerMapping {
    private static final Logger logger = LoggerFactory.getLogger(
                                    AnnotationHandlerMapping.class);

    private Map<HandlerKey, HandlerExecution> handlerExecutions =
            Maps.newHashMap();

    [...]

    public HandlerExecution getHandler(HttpServletRequest request) {
        String requestUri = request.getRequestURI();
        RequestMethod rm = RequestMethod.valueOf(
                            request.getMethod().toUpperCase());
        logger.debug("requestUri : {}, requestMethod : {}", requestUri, rm);
        return handlerExecutions.get(new HandlerKey(requestUri, rm));
    }
}
```

예상보다 간단하게 구현을 끝낼 수 있었다. 마지막으로 AnnotationHandler MappingTest의 테스트 메소드를 실행해 3개의 테스트가 정상적으로 통과하는지 확인해보자. 3개의 테스트가 성공하면 애노테이션 기반 MVC 프레임워크 구현을 완료한 것으로 판단할 수 있다.

10.2.4 DispatcherServlet과 AnnotationHandlerMapping 통합

지금까지 애노테이션 기반으로 컨트롤러 설정이 가능하도록 구현을 완료했다. 다음 단계는 DispatcherServlet에서 새로 추가한 AnnotationHandlerMapping을 활용해 서비스가 가능하도록 통합하는 작업을 진행하면 된다.

DispatcherServlet은 RequestMapping과 AnnotationHandlerMapping을 모두 지원해야 한다. 이 둘을 모두 지원하기 위해 분리해서 관리할 수도 있지만 둘을 일관된 인터페이스를 구현하도록 통합한 후 관리하는 것이 향후 확장성을 위해서 좋겠다. 먼저 이 두 Mapping 클래스에 대해 추상화한 인터페이스를 HandlerMapping이라는 이름으로 다음과 같이 추가한다.

```
public interface HandlerMapping {
    Object getHandler(HttpServletRequest request);
}
```

RequestMapping과 AnnotationHandlerMapping 클래스가 HandlerMapping 인터페이스를 구현한다. 인터페이스 이름을 HandlerMapping으로 정한 만큼 RequestMapping도 LegacyHandlerMapping으로 이름을 변경한 후 HandlerMapping 인터페이스를 구현한다.

```
public class LegacyHandlerMapping implements HandlerMapping {
    private Map<String, Controller> mappings = new HashMap<>();

    void initMapping() {
        [...]
    }

    @Override
    public Controller getHandler(HttpServletRequest request) {
        return mappings.get(request.getRequestURI());
    }
}
```

AnnotationHandlerMapping도 HandlerMapping 인터페이스를 구현한다. AnnotationHandlerMapping은 이미 getHandler() 메소드를 가지고 있기 때문에 추가적으로 구현할 부분은 없다.

마지막 구현은 DispatcherServlet이 두 개의 HandlerMapping이 모두 동작하도록 통합하는 작업이 남았다. 통합은 초기화가 끝난 HandlerMapping을 List로 관리하면서 요청 URL과 HTTP 메소드에 해당하는 컨트롤러를 찾아 컨트롤러가 존재할 경우 컨트롤러에게 작업을 위임하도록 구현한다.

```java
@WebServlet(name = "dispatcher", urlPatterns = "/", loadOnStartup = 1)
public class DispatcherServlet extends HttpServlet {
    private static final Logger logger =
                LoggerFactory.getLogger(DispatcherServlet.class);
    private List<HandlerMapping> mappings = Lists.newArrayList();

    @Override
    public void init() throws ServletException {
        LegacyHandlerMapping lhm = new LegacyHandlerMapping();
        lhm.initMapping();
        AnnotationHandlerMapping ahm = new AnnotationHandlerMapping(
                                "next.controller");
        ahm.initialize();

        mappings.add(lhm);
        mappings.add(ahm);
    }

    @Override
    protected void service(HttpServletRequest req, HttpServletResponse
            resp) throws ServletException, IOException {
        Object handler = getHandler(req);
        if (handler == null) {
            throw new IllegalArgumentException("존재하지 않는 URL입니다.");
        }

        try {
            ModelAndView mav = execute(handler, req, resp);
            View view = mav.getView();
            view.render(mav.getModel(), req, resp);
        } catch (Throwable e) {
            logger.error("Exception : {}", e);
            throw new ServletException(e.getMessage());
```

```
            }
        }

    private Object getHandler(HttpServletRequest req) {
        for (HandlerMapping handlerMapping : mappings) {
            Object handler = handlerMapping.getHandler(req);
            if (handler != null) {
                return handler;
            }
        }
        return null;
    }

    private ModelAndView execute(Object handler, HttpServletRequest req,
            HttpServletResponse resp) throws Exception {
        if (handler instanceof Controller) {
            return ((Controller)handler).execute(req, resp);
        } else {
            return ((HandlerExecution)handler).handle(req, resp);
        }
    }
}
```

위와 같이 통합 작업을 완료한 후 기존에 구현한 컨트롤러를 새롭게 추가한 컨트롤러
기반으로 변경 작업을 진행한다. 이와 같이 통합할 경우 기존 컨트롤러에 대한 지원
도 가능하면서 새로 추가한 AnnotationHandlerMapping 지원도 가능하기 때문에 점
진적인 리팩토링 작업이 가능하다. 사용자 관리 기능의 일부를 UserController를 추
가해 이전 작업을 한 결과 정상적으로 동작하는 것을 확인할 수 있었다.

```
@Controller
public class UserController extends AbstractNewController {
    private static final Logger log =
                        LoggerFactory.getLogger(UserController.class);

    private UserDao userDao = UserDao.getInstance();
```

```
@RequestMapping("/users")
public ModelAndView list(HttpServletRequest request,
        HttpServletResponse response) throws Exception {
    if (!UserSessionUtils.isLogined(request.getSession())) {
        return jspView("redirect:/users/loginForm");
    }

    ModelAndView mav = jspView("/user/list.jsp");
    mav.addObject("users", userDao.findAll());
    return mav;
}

@RequestMapping("/users/form")
public ModelAndView form(HttpServletRequest request,
        HttpServletResponse response) throws Exception {
    return jspView("/user/form.jsp");
}

@RequestMapping(value = "/users/create", method = RequestMethod.POST)
public ModelAndView create(HttpServletRequest request,
        HttpServletResponse response) throws Exception {
    User user = new User(
            request.getParameter("userId"),
            request.getParameter("password"),
            request.getParameter("name"),
            request.getParameter("email"));
    log.debug("User : {}", user);
    userDao.insert(user);
    return jspView("redirect:/");
}
}
```

이와 같이 컨트롤러 클래스 하나로 통합 작업을 진행한 결과 관리할 클래스 수도 적어지고, 컨트롤러에서 발생하는 중복도 줄일 수 있겠다는 생각이 들어 만족스럽다. 또한 점진적인 이전 작업이 가능하기 때문에 현재 운영하고 있는 서비스를 중단하지 않아도 되겠다.

10.3 인터페이스가 다른 경우 확장성 있는 설계

기존 컨트롤러인 Controller 인터페이스와 새로 추가한 컨트롤러인 Handler
Execution 클래스를 보면 메소드 인자와 반환 값이 같기 때문에 둘을 통합하는 것이
가능하다. HandlerExecution 클래스도 Controller 인터페이스를 구현하도록 리팩
토링할 수 있다. HandlerExecution 클래스가 Controller 인터페이스를 구현하도록
리팩토링할 경우 HandlerMapping의 getHandler() 메소드의 반환 값도 Object가 아
니라 Controller로 변경할 수 있다.

이와 같이 같은 인터페이스를 구현함으로써 캐스팅과 같은 작업이 필요없기 때문에
소스코드도 깔끔해진다. 하지만 한 가지 단점은 확장성이 떨어진다는 것이다. 만약
모든 코드를 프로젝트 내에서 수정할 수 있는 권한이 있다면 이와 같이 하나로 통합
해서 관리하는 것이 가능하다. 하지만 외부 라이브러리, 프레임워크를 기반으로 컨트
롤러를 개발했다면 이 컨트롤러의 인터페이스를 하나로 통합하는 것은 불가능하다.

자바 진영의 대표적인 MVC 프레임워크 중의 하나인 스트럿츠2[1]를 사용하다 앞에서
새로 개발한 MVC 프레임워크와 통합하는 경우 스트럿츠 2 기반으로 개발한 컨트롤
러의 인터페이스를 수정할 방법은 없다. 스트럿츠2의 컨트롤러 인터페이스 이름은
Action으로 소스코드는 다음과 같다.

```java
public interface Action {
    public String execute() throws Exception;
}
```

스트럿츠2 외에 서블릿을 컨트롤러로 사용하는 경우도 있다. 이처럼 애플리케이션
을 개발하다보면 역할은 같은데 서로 다른 인터페이스를 사용함으로써 통합하기 힘
든 상황이 발생한다. 따라서 좀 더 유연한 구조를 지원하려면 인터페이스 하나로

---

1 http://struts.apache.org/ 1.x 버전에는 Webwork라는 이름으로 사용된 MVC 프레임워크이다. 2.x 버전으로 업그레이드하
면서 스트럿츠로 이름을 바꿨다.

강제하는 것은 바람직하지 않다. 이와 같이 서로 다른 인터페이스를 통합하다보면 DispatcherServlet의 execute() 메소드의 구현 코드와 같이 캐스팅을 해야 하는 상황이 종종 발생한다.

```java
@WebServlet(name = "dispatcher", urlPatterns = "/", loadOnStartup = 1)
public class DispatcherServlet extends HttpServlet {
    [...]

    private ModelAndView execute(Object handler, HttpServletRequest req,
            HttpServletResponse resp) throws Exception {
        if (handler instanceof Controller) {
            return ((Controller)handler).execute(req, resp);
        } else {
            return ((HandlerExecution)handler).handle(req, resp);
        }
    }
}
```

DispatcherServlet의 execute() 메소드의 경우 새로운 컨트롤러 유형이 추가될 경우 else if 절이 추가되는 구조로 되어 있다. 이 부분을 개선해 새로운 유형의 컨트롤러가 추가되더라도 서로 간의 영향을 주지 않으면서 확장할 수 있는 방법을 찾아보자.

이 문제를 해결하려면 서로 다른 인터페이스를 인터페이스 하나로 연결하는 방법을 찾아야 한다. 이 방법은 Controller 인터페이스를 추가할 때도 같은 전략이었다. Controller는 프레임워크 내에서 모든 컨트롤러를 추상화한 인터페이스라면 지금 우리가 해결해야 할 문제는 여러 개의 프레임워크 컨트롤러를 하나로 통합해야 하는 이슈이다. 하지만 각 컨트롤러의 역할은 같다. 즉, 또 하나의 추상화 단계가 필요하다는 의미이다.

DispatcherServlet의 execute() 메소드의 구현 로직은 컨트롤러의 인스턴스가 무엇인지를 판단하는 부분과 해당 컨트롤러로 캐스팅한 후 컨트롤러를 실행하는 부분으로 나뉜다. 이 두 부분을 HandlerAdapter 인터페이스로 추상화한 후 각 컨트롤러 구현체가 DispatcherServlet의 execute() 로직을 나눠 구현한다. 글로 설명하는 것 보다 소스코드를 통해 if/else 로직을 어떻게 제거했는지 살펴보자.

```java
public interface HandlerAdapter {
    boolean supports(Object handler);

    ModelAndView handle(HttpServletRequest request, HttpServletResponse
                        response, Object handler) throws Exception;
}
```

다음 작업은 각 컨트롤러에 대한 HandlerAdpater를 구현하면 된다. 앞에서 구현한 Controller, HandlerExecution 인터페이스에 대한 HandlerAdapter 구현체는 다음과 같다.

```java
public class ControllerHandlerAdapter implements HandlerAdapter {
    @Override
    public boolean supports(Object handler) {
        return handler instanceof Controller;
    }

    @Override
    public ModelAndView handle(HttpServletRequest request,
            HttpServletResponse response, Object handler)throws Exception {
        return ((Controller)handler).execute(request, response);
    }
}
```

```java
public class HandlerExecutionHandlerAdapter implements HandlerAdapter {
    @Override
    public boolean supports(Object handler) {
        return handler instanceof HandlerExecution;
    }

    @Override
    public ModelAndView handle(HttpServletRequest request,
            HttpServletResponse response, Object handler)throws Exception {
```

```
        return ((HandlerExecution)handler).handle(request, response);
    }
}
```

2개의 HandlerAdapter를 추가한 후 DispatcherServlet을 다음과 같이 리팩토링할
수 있다.

```
@WebServlet(name = "dispatcher", urlPatterns = "/", loadOnStartup = 1)
public class DispatcherServlet extends HttpServlet {
    private List<HandlerAdapter> handlerAdapters = Lists.newArrayList();

    @Override
    public void init() throws ServletException {
        [...]

        handlerAdapters.add(new ControllerHandlerAdapter());
        handlerAdapters.add(new HandlerExecutionHandlerAdapter());
    }

    [...]

    private ModelAndView execute(Object handler, HttpServletRequest req,
            HttpServletResponse resp) throws Exception {
        for (HandlerAdapter handlerAdapter : handlerAdapters) {
            if (handlerAdapter.supports(handler)) {
                return handlerAdapter.handle(req, resp, handler);
            }
        }
        return null;
    }
}
```

위와 같이 확장 가능하도록 구현하면 새로운 컨트롤러가 추가되더라도 Handler
Adapter 구현체만 구현한 후 DispatcherServlet의 HandlerAdapter 목록에 추가하
면 된다. 예를 들어 서블릿을 지원하기 위한 HandlerAdapter를 추가한다면 다음과
같이 구현할 수 있다.

```
public class ServletHandlerAdapter implements HandlerAdapter {
    @Override
    public boolean supports(Object handler) {
        return (handler instanceof Servlet);
    }

    @Override
    public ModelAndView handle(HttpServletRequest request,
            HttpServletResponse response, Object handler) throws Exception {
        ((Servlet) handler).service(request, response);
        return null;
    }
}
```

이 같은 구조로 확장하는 것은 다른 HandlerAdapter에 영향을 미치지 않으면서 독립적으로 확장해 나갈 수 있다.

이처럼 프레임워크와 공통 라이브러리를 구현하다보면 인터페이스를 만들고 구조화하는 경험을 자주 하게 된다. 그런데 웹 애플리케이션을 개발하다보면 이처럼 인터페이스로 분리하고 구조화하는 경험을 하기 쉽지 않다. 아니 분명 인터페이스를 만들어 서로 간의 영향을 미치지 않으면서 확장할 수 있는 부분이 있다. 하지만 이런 경험이 많지 않기 때문에 쉽게 찾을 수 없다. 필자 또한 많은 웹 애플리케이션 경험이 있지만 명확하지 않은 비지니스 로직에서 추상화를 하는 것은 쉽지 않다. 따라서 프레임워크, 게임 등과 같이 요구사항이 좀 더 분명한 애플리케이션으로 객체지향 설계를 연습할 것을 추천한다.

10.4 배포 자동화를 위한 쉘 스크립트 개선

6장에서 구현한 쉘 스크립트 만으로도 충분히 배포를 자동화할 수 있다. 하지만 서비스를 운영해보면 이 기능만으로 많이 부족하다. 특히 소스코드를 배포했는데, 생각지 못한 버그가 있어 원복해야 하는 경우가 종종 있다. 이와 같이 배포한 소스코드를 빠르게 원복할 수 있는 환경을 구축하는 것은 서비스를 안정적으로 운영하기 위해 필요하다.

이 절에서는 소스코드를 배포하고, 배포 후 문제가 발생할 경우 원복할 수 있는 쉘 스크립트를 작성하는 실습을 진행해 보자.

10.4.1 요구사항

소스코드를 배포한 후 문제가 발생할 경우 빠르게 원복(롤백, rollback)할 수 있는 환경을 구축한다.

10.4.2 1단계 힌트

배포할 때마다 현재시간에 해당하는 디렉토리를 생성한다. 생성한 디렉토리를 TOMCAT_HOME/webapps/ROOT의 심볼릭 링크symbolic link로 설정한다. 이와 같이 구현할 경우 다음과 같은 디렉토리 구조를 가진다.

10.4.3 2단계 힌트

10.4.3.1 배포 스크립트 구현

셸 스크립트는 다음과 같이 구현한다.

- 배포할 저장소 디렉토리로 이동(이 실습의 경우 jwp-basic)
- git pull
- mvn clean package
- 배포 디렉토리를 생성하기 위해 현재 시간을 구해 변수에 저장한 후 배포 디렉토리 생성
  - C_TIME=$(date +%s)
- 빌드한 결과물(jwp-basic/target/jwp-basic)을 앞 단계에서 생성한 배포 디렉토리로 이동(mv)
- 톰캣 서버 종료
- TOMCAT_HOME/webapps의 ROOT 링크 삭제
- 앞에서 배포한 디렉토리를 TOMCAT_HOME/webapps의 ROOT로 심볼릭 링크 생성
- 톰캣 서버 시작

10.4.3.2 원복(롤백) 스크립트 구현

원복 스크립트를 rollback.sh로 새로 만들어 구현한다.

- 톰캣 서버 종료
- 배포 디렉토리에서 원복할 디렉토리(현재 서비스중인 디렉토리 직전 디렉토리)를 찾는다.
  - 구글에서 "shell script find all directories sort date"와 같은 키워드를 입력해 배포 디렉토리를 시간 역순으로 구한다.

- 시간 역순으로 구한 디렉토리 목록에서 \n(new line)을 기준으로 분리(split)해 배열로 만든다. 구글에서 "shell script split string to array"와 같은 키워드를 입력한다.
- 배포 디렉토리가 2개 미만이면 "원복할 디렉토리가 없다."는 메시지를 출력하고 배포 스크립트 종료
  - 조건절 구현 힌트: if ["${#REVISIONS[@]}" -lt 2]; then
  - 종료: exit
- 배포 디렉토리가 2개 이상이면 2번째 디렉토리 목록을 반환
  - ${REVISIONS[1]}
- TOMCAT_HOME/webapps의 ROOT 링크 삭제
- 앞에서 찾은 원복할 디렉토리를 TOMCAT_HOME/webapps의 ROOT로 심볼릭 링크를 생성
- 톰캣 서버 시작

10.4.4 동영상을 통한 배포/원복

— You Tube ●───────────────────────

https://youtu.be/UqocnEIX-mA 심볼릭 링크를 활용해 원복이 가능한 구조를 설계하고 이를 쉘 스크립트를 구현하는 과정을 다룬다.

심볼릭 링크 기반으로 배포하는 배포 스크립트는 다음과 같다.

```
#!/bin/bash

REPOSITORIES_DIR=~/repositories/jwp-basic
TOMCAT_HOME=~/tomcat
RELEASE_DIR=~/releases/jwp-basic

cd $REPOSITORIES_DIR
```

```
pwd
git pull
mvn clean package

C_TIME=$(date +%s)

mv $REPOSITORIES_DIR/target/jwp-basic $RELEASE_DIR/$C_TIME
echo "deploy source $RELEASE_DIR/$C_TIME directory"

$TOMCAT_HOME/bin/shutdown.sh

rm -rf $TOMCAT_HOME/webapps/ROOT
ln -s $RELEASE_DIR/$C_TIME $TOMCAT_HOME/webapps/ROOT

$TOMCAT_HOME/bin/startup.sh

tail -500f $TOMCAT_HOME/logs/catalina.out
```

— You Tube

https://youtu.be/7OSzN16FqCw 서비스 배포 후 장애가 발생하는 경우 이전 버전으로 원복하는 스크립트를 작성하는 과정을 다룬다.

동영상에서 구현한 원복 스크립트는 다음과 같다.

```
#!/bin/bash

RELEASES_DIR=~/releases/jwp-basic
TOMCAT_HOME=~/tomcat

RELEASES=$(ls -1tr $RELEASES_DIR)
echo "releases : $RELEASES"
REVISIONS=(${RELEASES//\n/})

if [ "${#REVISIONS[@]}" -lt 2 ]; then
  echo "release source length more than 2"
else
```

```
echo "rollback directory : ${REVISIONS[1]}"

$TOMCAT_HOME/bin/shutdown.sh

rm -rf $TOMCAT_HOME/webapps/ROOT
ln -s $RELEASES_DIR/${REVISIONS[1]} $TOMCAT_HOME/webapps/ROOT

$TOMCAT_HOME/bin/startup.sh

tail -500f $TOMCAT_HOME/logs/catalina.out
fi
```

이와 같이 서비스를 운영할 경우 배포 디렉토리에 같은 소스코드가 계속해서 쌓인다. 이는 낭비일 수 있기 때문에 최신 5개 정도의 디렉토리만 남겨 놓고 나머지 디렉토리는 삭제할 수 있다. 이 작업 또한 배포 디렉토리가 6개 이상일 경우 삭제하는 쉘 스크립트를 만든 후 리눅스 운영체제의 crontab 기능을 활용해 자동화할 수 있다. 이 작업은 독자들이 직접 구현해 보기 바란다.

긴 시간을 쉬지 않고 달려왔다. 지친다. 쉬고 싶다. 다음 장을 보니 의존관계 주입 Dependency Injection, DI이라는 단어가 보인다.　DI라는 말만 들어도 어려워 보인다. 숨이 막힌다.

쉼 없이 새로운 지식을 학습하다보면 이런 감정을 느끼는 순간이 온다. 새로운 지식을 학습한다는 것은 기존에 가지고 있던 생각의 틀을 깨고, 새로운 틀을 만들어야 하는 상황이기 때문에 정말 힘든 작업이다. 따라서 새로운 지식 하나를 학습했다면 바로 다음 단계로 넘어가기 보다는 한 단계 쉬는 시간을 가지자. 새롭게 학습한 지식을 다양한 곳에 적용하면서 즐거움을 느끼는 시간을 가져보자. 자신이 얼마나 성장했는지 느끼면서 소프트웨어를 개발하는 것이 얼마나 즐거운 경험인지를 느껴보자. 다음 장에서 다룰 DI는 쓰레기 지식이라 생각하고 관심을 두지 않아도 괜찮다.

그렇게 즐기고, 놀다 보면 어느 순간 새로운 지식과 분야에 도전해 보고 싶다는 생각이 드는 순간이 온다. 그 때 또 다른 학습을 시작해보자. 우리는 계속해서 더 많은 지식, 새로운 지식을 학습하는 데 너무 집중하다보니 소프트웨어를 개발하는 재미를 느끼지 못하는 경우가 많다. 학습을 지치지 않고 지속하려면 개발하는 과정 자체가 즐거워야 한다. 물론 계속해서 새로운 지식을 학습하는 것이 즐거움도 주지만 사람을 지치게 만든다. 너무나 빠르게 변화하는 이 시대에 내가 학습하는 속도보다 지식의 발전 속도가 더 빠르기 때문에 만족할 수 있는 상황은 영원이 오지 않는다. 따라서 새로운 지식을 학습하는 것에 집중하기보다 자신이 현재 가진 역량으로 소프트웨어를 만들어가는 재미를 느끼는 시간도 충분히 주어야 한다. 그래야 다음 단계에 도전할 수 있는 동력을 얻을 수 있다.

다음 장에서 다룰 DI는 쓰레기 지식이다. 여기까지 읽고 책을 집어 던져도 좋다. 그렇게 잊고 살다 어느 순간 DI가 무엇인지 궁금하다면 그 때 다시 도전해도 괜찮다. 책을 처음부터 끝까지 모두 읽어야 한다는, 모든 내용을 이해해야 한다는 강박 관념을 버리자. 그런 강박 관념을 버리는 순간 새로운 지식을 학습 하는 것에 대한 즐거움, 내가 하는 일에 대한 진정한 즐거움을 맛볼 수 있을 것이다.

11장

의존관계 주입(이하 DI)을 통한 테스트하기 쉬운 코드 만들기

앞 장의 말미에 "DI는 쓰레기다.", "이 책을 집어 던져라."는 말을 했음에도 불구하고 이 장을 바로 읽고 있는 독자들은 아직도 늦지 않았다. 지금 집어 던져도 괜찮다. 그래도 읽고 싶다면 말리지는 않겠다. 하지만 마음의 여유를 가지고, 지금까지 자신이 가지고 있었던 생각의 틀을 깰 수 있는 여유를 가진 상태에서 읽으면 좋겠다. 먼저 내가 DI를 학습하게 된 과정부터 시작해 보려 한다.

개발자의 길을 걷기 시작한 지 4년쯤 되었을 것으로 기억한다. 어느 날 문득 나에게 DI라는 단어가 가끔씩 눈에 뜨이기 시작했다. 어쩌면 DI가 아니라 IoCInversion of Control[1]였을 가능성이 높다. 4년 동안 웹 애플리케이션 개발에 대한 기본적인 지식을 학습하고, 테스트를 학습하고, 초창기 웹 개발 방식에서 MVC 프레임워크 기반으로 생각을 전환하는 데도 어려움이 많았다. 새로운 개념과 기술을 학습하는 데 집중할 수 있는

---

1 스프링 프레임워크가 처음 등장했을 때 자신들의 강점으로 내세웠던 것 중의 하나가 IoC였다. 하지만 IoC라는 용어는 너무 폭넓게 사용하고 있어 모호한 측면이 있다는 이유 때문에 마틴 파울러가 DI라는 용어로 정리했다. 그 당시 마틴 파울러가 쓴 글은 http://martinfowler.com/articles/injection.html 에서 볼 수 있다.

상황이라면 그나마 다행이지만 직장을 다니면서 새로운 지식을 학습한다는 것은 참 힘든 일이다. 특히 이미 익숙해져 있는 생각과 습관을 버리고 새로운 지식을 수용한다는 것은 쉽지 않은 일이다.

나 또한 그랬다. 이미 MVC 프레임워크, 계층형 아키텍처, 싱글톤 패턴을 적용한 웹 애플리케이션 개발에 익숙해져 있었다. 충분히 만족할 만한 구조였기 때문에 굳이 바꾸고 싶은 마음도 없었고, 나의 관심사는 어떻게 하면 도메인 설계를 잘할 수 있을까에 집중되어 있었다. 도메인 설계에 관심을 가지면서 테스트, 리팩토링, 디자인 패턴과 같은 지식을 학습하는 데 많은 시간을 투자하고 있는 상황이었다.

그러던 어느 날 로드 존슨이 쓴 "Expert One-on-One J2EE Development without EJB" 책을 우연히 읽게 되었다. 이 책을 처음 읽게 된 계기는 그 당시 개발 과정이 복잡하고, 어렵기로 유명했던 EJBEnterprise JavaBeans에 대한 거부감 때문이었다. 사실 EJB에 대한 경험이 많지는 않았지만 EJB를 더 깊이 있게 학습하고 싶지 않을 만큼 거부감이 컸다. 이에 대한 대안을 찾고 싶었다. 그런데 EJB 없이 웹 애플리케이션 개발이 가능하다고 하니 큰 기대를 가지고 이 책을 선택했다.

탁월한 선택이었다. 이 책은 그 당시 내가 선택한 최선의 선택이었다. 그 동안 내가 고민하고 있었던 많은 부분에 대한 해결책을 찾을 수 있었다. 이 책에서 가장 큰 감동을 받았던 부분은 그 당시 가장 고민하고 있었던 트랜잭션 처리에 대한 중복 코드를 어떻게 제거하느냐에 대한 해결책을 얻었다는 것이다. 이 부분에 대한 해결책을 얻는 순간의 짜릿함은 아직도 잊을 수 없다.

그 정도면 충분했다. 나의 관심사는 거기까지였다. 그런데 이 책을 읽으면서 풀리지 않는 궁금증이 DI를 활용해 애플리케이션을 개발하면 객체들 간의 커플링도 적어지고 유연한 개발이 가능하다는 것이다. DI 관련된 내용을 몇번이나 읽고, 소스코드를 통해 이해하려고 해도 이해가 되지 않았다. 지금으로도 충분한데 굳이 DI라는 새로운 개념을 적용해 개발해야 하나? 복잡도만 더 증가하는 것은 아닌가라는 생각이 꼬리에 꼬리를 물고 이어졌다. 지금까지 가지고 있던 생각의 틀은 쉽게 깨지지 않았다.

몇 개월의 시간이 흐르고, DI를 이해하려는 노력은 멈추지 않았다. 하지만 머리로는 이해가 되는데 가슴으로 이해가 되지 않았다. 굳이 DI를 활용해 개발해야 하나? 맞다. DI를 처음 접했을 때 많은 개발자가 느낄 수 있는 감정이다. 이 개념에 대한 필요성을 이해하는 데 어려움을 느낀다. 이는 경험에 따라, 지금까지 자신이 개발한 소스 코드의 문제점에 대한 인식의 차이에 따라 극명하게 나뉜다. 내가 트랜잭션 처리에 대한 문제 인식을 하고 있었기 때문에 "Expert One-on-One J2EE Development without EJB" 책의 트랜잭션 처리에 대한 해결책을 읽는 순간 짜릿함을 느낀 것이다. 문제 인식이 없는 상태에서 새로운 지식을 학습한다는 것은 그만큼 어렵고 동기부여가 되지 않는다. 현재 스프링 프레임워크 때문에 DI를 사용하는 개발자가 많지만 이에 대한 필요성을 가슴으로 이해하고 사용하는 개발자는 얼마나 될까? 따라서 DI가 왜 필요한지에 대해 먼저 다루고 이 장을 진행하도록 하겠다.

11.1 왜 DI가 필요한가?

DI에 대해 이야기 하기 전에 먼저 의존관계dependency에 대해 먼저 이야기해보자. 객체에게 의존관계란 무엇인가? 어느 순간 의존관계가 발생하는가?

의존관계란 객체 혼자 모든 일을 처리하기 힘들기 때문에 내가 해야 할 작업을 다른 객체에게 위임하면서 발생한다. 즉, 내가 가지고 있는 책임과 역할을 다른 객체에 위임하는 순간 발생하는 것이다. 예를 들어 앞에서 구현한 QnaService는 질문을 삭제하는 기능을 구현하기 위해 QuestionDao, AnswerDao에게 데이터베이스 접근 로직을 위임하고 있다. 이는 QnaService가 삭제 작업을 완료하기 위해 QuestionDao, AnswerDao에 의존하고 있다. 즉, 의존관계를 가지고 있는 것이다.

DI는 객체 간의 의존관계를 어떻게 해결하느냐에 따른 새로운 접근 방식이다. 지금까지 우리는 의존관계에 있는 객체를 사용하기 위해 객체를 직접 생성하고, 사용하는 방식으로 구현했다. 앞에서 예로 든 QnaService의 경우 의존관계에 있는

QuestionDao와 AnswerDao를 사용하기 위해 이 클래스의 인스턴스를 직접 생성하고 사용하는 방식으로 구현했다. 이 같은 방식으로 구현할 경우 유연한 개발을 하는 데 한계가 있기 때문에 인스턴스를 생성하는 책임과 사용하는 책임을 분리하자는 것이 DI의 핵심이다. 즉, QnaService는 QuestionDao와 AnswerDao에 대한 인스턴스 생성에 대한 책임은 없애고, 단순히 사용만 함으로써 유연성을 높이자는 것이 DI 접근 방식이다.

그렇다면 DI를 활용하지 않으면 유연성이 떨어진다고 주장하는 지금까지 구현 방식의 문제점에 대해 먼저 살펴보자. 앞에서 구현한 질문/답변 게시판 예제를 다루기 전에 더 간단한 예제를 통해 살펴보도록 하겠다.[2]

```java
import java.util.Calendar;

public class DateMessageProvider {
    public String getDateMessage() {
        Calendar now = Calendar.getInstance();
        int hour = now.get(Calendar.HOUR_OF_DAY);

        if (hour < 12) {
            return "오전";
        }
        return "오후";
    }
}
```

현재 시스템 시간에 따라 "오전" 또는 "오후"를 반환하는 DateMessageProvider라는 클래스가 있다. 이 클래스의 getDateMessage()에 대한 테스트 클래스는 다음과 같다.

---

2 이 예제는 htts://slipp.net에 남겼던 질문으로 이 질문에 대한 토론 과정과 다른 개발자들의 의견을 보고 싶으면 https://slipp. net/wiki/pages/viewpage.action?pageId=6160426 문서에서 참고할 수 있다.

```
public class DateMessageProviderTest {
    @Test
    public void 오전() throws Exception {
        DateMessageProvider provider = new DateMessageProvider();
        assertEquals("오전", provider.getDateMessage());
    }

    @Test
    public void 오후() throws Exception {
        DateMessageProvider provider = new DateMessageProvider();
        assertEquals("오후", provider.getDateMessage());
    }
}
```

DateMessageProviderTest의 테스트를 실행하면 컴퓨터의 현재 시간에 따라 테스트 메소드 중 둘 중의 하나는 반드시 실패한다. 요구사항은 이 두 개의 테스트가 모두 성공하도록 소스코드를 리팩토링하는 것이다. 어떻게 구조를 바꾸면 이 두 개의 테스트가 모두 성공할 수 있을까? 이를 해결하려면 먼저 테스트가 모두 성공하지 못하는 원인을 밝혀야 한다. 테스트가 성공하지 못하는 원인은 무엇인가?

두 개의 테스트가 모두 성공할 수 없는 이유는 DateMessageProvider가 Calendar와 의존관계를 가지는데 테스트를 위해 Calendar의 시간을 변경할 수 있는 방법이 없다. 즉, 테스트를 모두 성공하려면 Calendar를 통해 조회하는 컴퓨터 시간을 변경할 수 있어야 하는데 변경할 방법이 없다. 소스코드를 컴파일하는 시점에 Calendar 인스턴스가 이미 결정되어 버리기 때문이다. 이와 같은 의존관계를 강하게 결합(영어로 tightly coupling)되어 있다고 한다. 테스트를 모두 성공하려면 Calendar에서 반환되는 시간을 변경할 수 있도록 DateMessageProvider를 리팩토링해야 한다. 즉, Calendar 인스턴스에 대한 생성을 getDateMessage()가 결정하는 것이 아니라 DateMessageProvider 외부에서 Calendar 인스턴스를 생성한 후 전달하는 구조로 바꿔야 한다. DateMessageProvider 외부에서 Calendar 인스턴스를 전달하는 방법은 생성자를 통해 전달하거나 getDateMessage() 메소드 인자로 전달하는 두 가지 방법이 있다. 두 가지 방법 중 getDateMessage() 메소드 인자로 전달하는 방법으로 리팩 토링을 진행해 보자.

```java
import java.util.Calendar;

public class DateMessageProvider {
    public String getDateMessage(Calendar now) {
        int hour = now.get(Calendar.HOUR_OF_DAY);

        if (hour < 12) {
            return "오전";
        }
        return "오후";
    }
}
```

프로덕션 코드의 변경에 따라 테스트 코드는 다음과 같이 리팩토링한다.

```java
public class DateMessageProviderTest {
    @Test
    public void 오전() throws Exception {
        DateMessageProvider provider = new DateMessageProvider();
        assertEquals("오전", provider.getDateMessage(createCurrentDate(11)));
    }

    @Test
    public void 오후() throws Exception {
        DateMessageProvider provider = new DateMessageProvider();
        assertEquals("오후", provider.getDateMessage(createCurrentDate(13)));
    }

    private Calendar createCurrentDate(int hourOfDay) {
        Calendar now = Calendar.getInstance();
        now.set(Calendar.HOUR_OF_DAY, hourOfDay);
        return now;
    }
}
```

위와 같이 테스트를 진행한 결과 두 개의 테스트 모두 성공하도록 구현할 수 있게 되었다. 이와 같이 `DateMessageProvider`가 의존하고 있는 `Calendar` 인스턴스의 생성을 `DateMessageProvider`가 결정하지 않고 외부로부터 전달받음으로써 테스트가 가능해졌다. 이처럼 객체 간의 의존관계에 대한 결정권을, 의존관계를 가지는 객체(이 예에서는 `DateMessageProvider`)가 가지는 것이 아니라 외부의 누군가가 담당하도록 맡겨 버림으로써 좀 더 유연한 구조로 개발하는 것을 DI라고 한다. 일반적으로 유연한 구조의 애플리케이션은 변화를 최소화하면서 확장하기도 쉽고, 테스트하기도 쉽다는 것을 의미한다.

DI가 추구하는 가치를 보면 DI는 개발자가 반드시 이해하고 습득해야 할 중요한 것이라는 생각이 든다. 나 또한 그랬다. 책을 통해 학습한 DI는 정말 중요하고 반드시 DI 기반으로 개발해야겠다는 생각이 든다. 나보다 경험 많은 선배 개발자가 좋다고 하니 좋을거야라는 생각은 들지만 정말 좋은지에 대한 확신은 없다. 머리는 움직이는데 가슴이 움직이지 않는다.

11.2 DI를 적용하면서 쌓이는 불편함(불만)

무엇인가 얻는 것이 있으면 잃는 것이 있다. DI가 유연한 구조의 코드를 만드는 것은 좋은 줄 알겠는데(뛰어난 선배 개발자가 좋다고 했으니까) 막상 DI 구조로 개발하기 위해 고려할 부분이 생긴다. 분명 이전보다 코딩량도 더 많아지고, 불편한 점도 생기고, 고려해야 할 부분도 생긴다. 이때부터 고민이 시작된다. 정말 DI를 적용해야 되는가라는 회의감이 찾아온다. 머리만 움직이고 가슴이 움직이지 않았기 때문에 DI 기반으로 개발하기 위해 감수해야 할 불편함이 불만으로 찾아온다. 질문/답변 게시판의 `QnaService`를 DI 기반으로 변경하면서 기존의 개발 방식과 어떻게 다른지, 어떤 불편함이 있는지 살펴보도록 하겠다. 먼저 `QnaService` 코드를 살펴보자.

```
public class QnaService {
    private static QnaService qnaService;

    private QuestionDao questionDao = QuestionDao.getInstance();
    private AnswerDao answerDao = AnswerDao.getInstance();

    private QnaService() {}

    public static QnaService getInstance() {
        if (qnaService == null) {
            qnaService = new QnaService();
        }
        return qnaService;
    }

    [...]
}
```

QnaServcie는 QuesionDao와 AnswerDao에 대한 의존관계를 가진다. 이 의존관계를
DI 구조로 변경해 보자.

```
public class QnaService {
    private static QnaService qnaService;

    private QuestionDao questionDao;
    private AnswerDao answerDao;

    private QnaService(QuestionDao questionDao, AnswerDao answerDao) {
        this.questionDao = questionDao;
        this.answerDao = answerDao;
    }

    public static QnaService getInstance(QuestionDao questionDao,
                                         AnswerDao answerDao) {
        if (qnaService == null) {
            qnaService = new QnaService(questionDao, answerDao);
        }
        return qnaService;
```

```
    }

    [...]
}
```

앞의 DateMessageProvider는 getDateMessage()에서만 발생하는 의존관계를 해결하기 위해 메소드 인자로 전달했다. 하지만 QnaServcie의 QuestionDao, AnswerDao는 QnaService 메소드 전체에서 사용되고 있기 때문에 생성자를 통해 필드로 관리하도록 했다. DI를 적용하기 위해 getInstance() 메소드 인자를 변경했더니 QnaService에 의존관계를 가지는 DeleteQuestionController, ApiDeleteQuestionController에서 컴파일 에러가 발생해 다음과 같이 수정한다.

```
public class DeleteQuestionController extends AbstractController {
    private QnaService qnaService = QnaService.getInstance(
            QuestionDao.getInstance(), AnswerDao.getInstance());

    [...]
}

public class ApiDeleteQuestionController extends AbstractController {
    private QnaService qnaService = QnaService.getInstance(
            QuestionDao.getInstance(), AnswerDao.getInstance());

    [...]
}
```

추가적인 구현을 통해 DI를 적용했다. 그렇다면 좀 더 유연한 구조가 됐을까? 9장에서 자체 점검 13번 요구사항에 해당하는 질문 삭제 기능에 대한 테스트가 가능한가? DI를 적용해 유연한 구조로 변경했으니 분명 데이터베이스에 의존하지 않으면서 테스트할 수 있을꺼야?라는 기대감을 가지고 테스트를 시도해 보자.

QuestionDao와 AnswerDao가 데이터베이스와 의존관계에 있기 때문에 의존관계를 가지지 않도록 변경할 수 있어야 데이터베이스에 의존하지 않는 테스트가 가능하다. 어떻게 하면 될까? 곰곰히 생각한다. QuestionDao와 AnswerDao를 상속해서 메소드를 오버라이드하면 되겠다. 먼저 MockQuestionDao 이름의 클래스를 추가하고 QuestionDao를 상속하는 순간 컴파일 에러가 발생한다. 맞다. QuestionDao의 기본 생성자가 싱글톤 패턴을 적용하면서 private으로 구현했기 때문에 상속을 할 수 없다. 망했다. 새로운 방법을 찾는다. private을 protected로 변경할까? 하지만 싱글톤 패턴 구현 원칙에 어긋나지 않는가? DI를 설명하는 문서를 찾아보니 객체 간의 의존관계에 대한 강한 결합을 줄이기 위해 DI를 적용하면서 인터페이스를 사용하라고 한다. 맞다. 인터페이스를 추가하면 되겠다라는 확신을 얻고 구현을 시작한다. 이클립스의 "Extract Interface" 리팩토링 기능을 활용하니 QuestionDao와 AnswerDao에서 쉽게 인터페이스를 추출할 수 있었다. QuestionDao, AnswerDao를 JdbcQuestionDao, JdbcAnswerDao로 이름을 바꾸고, 인터페이스 이름을 QuestionDao, AnswerDao로 사용하도록 리팩토링했다. JdbcQuestionDao, JdbcAnswerDao에 의존하고 있던 QnaService 코드를 새로 추가한 QuestionDao, AnswerDao 인터페이스에 의존하도록 변경했다. 마지막으로 MockQuestionDao, MockAnswerDao를 구현하다. Map을 활용해 구현한 MockAnswerDao는 다음과 같다.

```java
public class MockAnswerDao implements AnswerDao {
    private Map<Long, Answer> answers = Maps.newHashMap();

    @Override
    public Answer insert(Answer answer) {
        return answers.put(answer.getAnswerId(), answer);
    }

    @Override
    public Answer findById(long answerId) {
        return answers.get(answerId);
    }

    @Override
    public List<Answer> findAllByQuestionId(long questionId) {
```

```
        return answers.values().stream()
                .filter(a -> a.getQuestionId() == questionId)
                .collect(Collectors.toList());
    }

    @Override
    public void delete(Long answerId) {
        answers.remove(answerId);
    }
}
```

MockQuestionDao도 MockAnswerDao와 같이 Map을 활용해 간단한 메모리 데이터베이
스 역할을 하도록 구현했다. 인터페이스를 추가하고 두 개의 테스트용 Mock 클래스를
구현하는 과정도 짜증나기는 했지만 DI의 장점을 느껴보기 위해 묵묵히 구현했다.
마지막으로 테스트 코드를 추가해 성공하면 끝이다. DI에 대한 장점은 일단 데이터
베이스에 대한 의존관계를 가지지 않으면서도 테스트가 가능한지 확인한 후에 살펴
보기로 마음 먹었다.

```
public class QnaServiceTest {
    private QnaService qnaService;
    private MockQuestionDao questionDao;
    private MockAnswerDao answerDao;

    @Before
    public void setup() {
        questionDao = new MockQuestionDao();
        answerDao = new MockAnswerDao();
        qnaService = QnaService.getInstance(questionDao, answerDao);
    }

    @Test(expected = CannotDeleteException.class)
    public void deleteQuestion_없는_질문() throws Exception {
        qnaService.deleteQuestion(1L, newUser("userId"));
    }

    @Test(expected = CannotDeleteException.class)
```

```
    public void deleteQuestion_다른_사용자() throws Exception {
        Question question = newQuestion(1L, "javajigi");
        questionDao.insert(question);
        qnaService.deleteQuestion(1L, newUser("userId"));
    }

    @Test
    public void deleteQuestion_같은_사용자_답변없음() throws Exception {
        Question question = newQuestion(1L, "javajigi");
        questionDao.insert(question);
        qnaService.deleteQuestion(1L, newUser("javajigi"));
    }
}
```

예상대로 잘 진행되고 있었다. 아직까지 DI의 장점은 잘 모르겠지만 9장의 자체 점검 13번 요구사항을 만족할 수 있겠다는 생각때문에 지금까지 한 고생이 다소 위안이 된다. 헉. 세 번째 테스트를 추가하는 순간 에러가 발생한다. 에러 원인을 찾아보니 "존재하지 않는 질문입니다."는 에러가 발생한다. 테스트 코드에서 분명히 추가했는데 존재하지 않는단다. 에러의 원인을 쉽게 찾지 못하겠다. 한참을 디버깅한 후에 QnaService가 싱글톤 인스턴스이기 때문에 발생하는 에러라는 것을 확인한다. 즉, QnaService가 참조하고 있는 QuestionDao(처음 인스턴스 생성시 인스턴스)와 테스트 메소드에서 생성한 인스턴스가 다르기 때문에 발생하는 에러였다. 테스트 데이터 초기화하는 작업을 setup() 메소드에서만 하도록 변경함으로써 문제를 해결했다.

문제를 해결하기는 했지만 그 동안 쌓였던 불만이 폭발한다. DI를 적용해 유연함을 얻을 수 있을지 모르겠지만 추가 작업할 부분이 너무 많다는 느낌이 든다. DI 필요성에 대해 가슴으로 느끼지 못했기 때문에 이 순간 "DI는 쓰레기다."라는 생각이 머릿속을 스친다.

DI를 적용해 개발하고 있지만 불만이 가득한 상태로 DI를 대하고 있을 수도 있다. 어쩌면 DI에 대한 불만 때문에 "자바는 쓰레기 언어다."라는 감정이 생겼을 수도 있다. 충분히 이해한다. 사실 DI의 유연함을 가슴으로 느끼려면 같은 서비스를 일정 기간 유지보수하면서 사용자의 요구사항이 바뀌고, 새로운 기능을 추가하는 경험을 해봐야 한다. DI를 적용하지 않았을 때 요구사항을 수용하고, 새로운 기능을 추가하는 어려움을 경험해 봤을 때 DI의 유연함이 필요하겠다는 생각이 든다. 그 순간이 가슴으로 DI의 필요성을 느낄 수 있는 순간이다. 하지만 대부분의 자바 개발자들은 유지보수 경험이 부족한 상태에서 스프링 프레임워크를 학습하다 DI를 만나는 경우가 대부분이다. DI에 대한 필요성을 가슴으로 이해하지 못해도 괜찮다. 너무 자책하지 않아도 된다.

사고의 틀이 바뀌는 것도 쉽지 않고, 프레임워크의 도움을 받지 않고 DI를 소스코드를 통해 적용하는 것에는 어려움이 따른다. 일단 사고의 틀은 쉽게 바뀌지 않는 부분이니 프레임워크나 라이브러리의 도움을 받아 좀 더 DI를 쉽게 적용할 수 있는 방법을 찾을 필요가 있겠다.

아직까지 DI에 대해 100% 공감하기 힘들 수도 있겠지만 DI를 적용하면 얻게 되는 이점들이 있다. 초기 개발단계에서는 느끼지 못할 수도 있지만 장기적인 관점에서는 이점이 있는 것은 분명하다. 만약 초기 개발단계에서 이점을 느끼고 싶다면 테스트를 하면 금방 느낄 수 있다. 테스트 하기 쉬운 코드를 만들려면 DI를 적용했을 때 가능한 경우가 많다. DI의 이점을 느낄 수밖에 없다. 하지만 테스트 코드에 대한 효과도 일정 기간이 지난 후에 나타나기 때문에 테스트를 적용하는 데 어려움이 있다는 것을 인정한다.

선택은 두 가지다. 선배 개발자의 말을 믿고 학습할 것인가? 아니면 필요성을 느끼는 순간까지 참고 기다릴 것인가? 후자를 선택했다면 DI는 쓰레기라는 마음을 가지고 이 책을 던져버려도 좋다. 어느 순간 DI가 필요하겠는데라는 생각이 들면 다시 읽기 시작하면 된다. 전자를 선택했다면 이 장을 통해 DI의 불만을 조금이나마 잠재우고 적용할 수 있는 방법을 학습하기 바란다.

11.3 불만 해소하기

막연하지만 DI가 무엇인지, 어떤 개념인지는 알겠다. 그런데 막상 적용하려면 예상보다 쉽지 않다. 앞에서 발생한 문제들을 어떻게 해결할 수 있는지 살펴보도록 하겠다. 첫번째 이슈는 싱글톤 패턴을 사용함으로 인해 테스트에 어려움이 있다. 어떤 형태로든 테스트할 수 있겠지만 개발자가 고려해야 할 부분이 많아진다는 것은 썩 좋지는 않다. 두번째 이슈는 테스트를 위해 매번 Mock 객체를 만드는 것은 많은 비용이 들고 귀찮은 작업이다. 이 두 가지 이슈를 해결해 보자.

11.3.1 싱글톤 패턴을 제거한 DI

싱글톤 패턴은 디자인 패턴 중 이해하기도 가장 쉽기 때문에 널리 사용되었다. 하지만 앞의 과정에서도 드러났지만 싱글톤 패턴을 사용할 경우 그에 따른 단점도 많다. 싱글톤 패턴을 활용하는 경우 싱글톤 패턴으로 구현된 클래스와 의존관계를 가지는 경우 해당 클래스와 강한 의존관계를 가지기 때문에 테스트하기 어려우며, 생성자를 private으로 구현하기 때문에 상속할 수 없다는 단점이 있다. 또한 싱글톤 패턴 기반으로 개발하는 경우 객체지향 설계 원칙에 따라 개발하는 것을 저해하는 요인이 된다. 이 같은 문제점 때문에 싱글톤 패턴을 사용하지 않으면서 인스턴스 하나만 유지할 수 있는 다른 해결책을 찾으면 좋겠다.

싱글톤 패턴을 적용하지 않으면 어떻게 인스턴스 하나만 생성해 재사용할 수 있을까? 우리는 이미 이에 대한 답을 알고 있다. 지금까지 인스턴스 하나만 생성하기 위해 Service, DAO, JdbcTemplate은 싱글톤 패턴을 적용했다. 하지만 컨트롤러는 싱글톤 패턴을 적용하지 않고 같은 효과를 낼 수 있었다. 이것이 가능한 이유는 서블릿 컨테이너가 DispatcherServlet을 초기화하는 시점에 컨트롤러 인스턴스를 생성한 후 재사용 가능하도록 구현했기 때문이다. 그렇다면 다른 클래스도 같은 방식으로 인스턴스를 관리한다면 굳이 싱글톤 패턴을 적용하지 않으면서 인스턴스 하나를 재사용할 수 있게 된다. 그리고 각 인스턴스 간의 의존관계는 DI 기반으로 구현하는 방식으로 해결한다.

그렇다면 먼저 QnaService의 QuestionDao와 AnswerDao를 이 방법으로 구현하고 테스트도 계속 진행해 보자. 싱글톤 패턴을 위한 코드를 모두 제거하고 생성자를 public으로 변경한다.

```
public class QnaService {
    private QuestionDao questionDao;
    private AnswerDao answerDao;

    public QnaService(QuestionDao questionDao, AnswerDao answerDao) {
        this.questionDao = questionDao;
        this.answerDao = answerDao;
    }
}
```

위와 같이 수정한 후 테스트를 진행하니 정상적으로 모든 테스트가 성공한다. 다음은 QnaService와 의존관계에 있는 DeleteQuestionController와 ApiDeleteQuestion Controller를 수정한다.

```
public class DeleteQuestionController extends AbstractController {
    private QnaService qnaService;

    public DeleteQuestionController(QnaService qnaService) {
        this.qnaService = qnaService;
    }
}

public class ApiDeleteQuestionController extends AbstractController {
    private QnaService qnaService;

    public ApiDeleteQuestionController(QnaService qnaService) {
        this.qnaService = qnaService;
    }
}
```

마지막으로 수정할 부분은 위 두 개의 컨트롤러를 생성할 때 QnaService를 DI로 전달하도록 수정해야 한다.

```
public class LegacyHandlerMapping implements HandlerMapping {
    private Map<String, Controller> mappings = new HashMap<>();

    public void initMapping() {
        QnaService qnaService = new QnaService(JdbcQuestionDao.getInstance(),
                        JdbcAnswerDao.getInstance());
        mappings.put("/qna/delete", new DeleteQuestionController(qnaService));
        mappings.put("/api/qna/deleteQuestion",
                        new ApiDeleteQuestionController(qnaService));
    }
}
```

위와 같이 수정하고 보니 JdbcQuestionDao, JdbcAnswerDao는 아직도 싱글톤 패턴을 사용하고 있다. 이 두 개의 DAO도 싱글톤 패턴을 적용하지 않도록 수정한다. 두 DAO에서 싱글톤 패턴을 제거하는 순간 DAO와 의존관계에 있던 수많은 컨트롤러에서 컴파일 에러가 발생한다. 컴파일 에러가 발생하는 부분을 모두 찾아 DI로 의존관계를 가지도록 수정한다.

```
public class LegacyHandlerMapping implements HandlerMapping {
    private static final Logger logger =
                        LoggerFactory.getLogger(DispatcherServlet.class);
    private Map<String, Controller> mappings = new HashMap<>();

    public void initMapping() {
        QuestionDao questionDao = new JdbcQuestionDao();
        AnswerDao answerDao = new JdbcAnswerDao();
        QnaService qnaService = new QnaService(questionDao, answerDao);

        mappings.put("/", new HomeController(questionDao));
        mappings.put("/qna/show", new ShowQuestionController(
                        questionDao, answerDao));
        mappings.put("/qna/form", new CreateFormQuestionController());
```

```
        mappings.put("/qna/create", new CreateQuestionController(questionDao));
        mappings.put("/qna/updateForm",
                    new UpdateFormQuestionController(questionDao));
        mappings.put("/qna/update", new UpdateQuestionController(questionDao));
        mappings.put("/qna/delete", new DeleteQuestionController(qnaService));
        mappings.put("/api/qna/deleteQuestion",
                    new ApiDeleteQuestionController(qnaService));
        mappings.put("/api/qna/list",
                    new ApiListQuestionController(questionDao));
        mappings.put("/api/qna/addAnswer",
                    new AddAnswerController(questionDao, answerDao));
        mappings.put("/api/qna/deleteAnswer",
                    new DeleteAnswerController(answerDao));

        logger.info("Initialized Request Mapping!");
    }
}
```

싱글톤 패턴을 제거하는 단순한 작업으로 생각했는데 예상보다 수정할 부분이 많았다. 싱글톤 패턴을 사용하지 않으면서 인스턴스 하나를 사용하도록 하려면 컨트롤러에서 시작해 꼬리에 꼬리를 물고 DI하는 구조로 구현해야 한다. 이 예제의 경우 의존관계 깊이가 깊지 않아 그나마 다행이지만 의존관계의 깊이가 깊어지면 객체 간의 의존관계를 연결하는 작업이 만만치 않겠다.

질문/답변 게시판 전체 코드를 DI 구조로 변경을 완료했다. 다음 단계는 새로운 MVC 프레임워크를 적용한 사용자 관리 기능을 DI 구조로 변경하면 되겠다. 앗, 그런데 낭패다. 자바 리플렉션을 활용해 인스턴스를 자동으로 생성하는 방식이다 보니 인스턴스를 생성할 때 의존관계에 있는 인스턴스를 전달할 방법이 없다. 의존관계에 있는 인스턴스를 DI할 수 있는 기능을 지원하도록 개선해야겠다. 질문/답변 게시판은 수동으로 연결하는 작업이 은근히 귀찮았는데 새로운 MVC 프레임워크를 개선하면서 이 부분을 좀 더 자동화할 수 있도록 해봐야겠다. 이에 대한 개선 작업은 다음 절에서 다루도록 하겠다.

11.3.2 Mockito를 활용한 테스트

데이터베이스가 없는 상태에서도 테스트가 가능하도록 QuestionDao와 AnswerDao
에 대한 가짜Mock 클래스를 구현했다. 만약 QnaService와 의존관계에 있는 Delete
QuestionController와 ApiDeleteQuestionController에 대한 테스트를 진행하려
면 어떻게 해야 할까? 이 또한 QnaService에 대한 Mock 클래스를 구현해야 한다. 그
렇지 않아도 테스트 코드를 구현하는 것을 큰 부담으로 생각하는 개발자가 많은데
Mock 클래스까지 구현해야 한다면 더 큰 부담이 될 수 있다. 이는 결과적으로 테스
트를 하지 않게 된다. 이 같은 단점을 보완하기 위해 Mock 클래스를 구현하지 않아
도 테스트가 가능하도록 지원하는 Mock 테스트 프레임워크가 있다. 자바 진영에서 많
이 사용하는 테스트 프레임워크로 jMock(http://www.jmock.org), EasyMock(http://
easymock.org), Mockito(http://mockito.org/)가 있다. 이 책에서는 Mockito를 활용
해 QnaService를 테스트하는 방법에 대해 살펴보도록 하겠다.

메이븐 설정 파일(pom.xml)에 Mockito에 대한 의존관계를 추가한다.

```
<dependency>
    <groupId>org.mockito</groupId>
    <artifactId>mockito-core</artifactId>
    <version>1.10.19</version>
    <scope>test</scope>
</dependency>
```

Mockito를 활용해 QnaService의 deleteQuestion() 메소드를 테스트하면 다음과
같다.

```
import static org.mockito.Mockito.when;

import org.mockito.Mock;
import org.mockito.runners.MockitoJUnitRunner;

[...]
```

```
@RunWith(MockitoJUnitRunner.class)
public class QnaServiceTest {
    @Mock
    private QuestionDao questionDao;
    @Mock
    private AnswerDao answerDao;

    private QnaService qnaService;

    @Before
    public void setup() {
        qnaService = new QnaService(questionDao, answerDao);
    }

    @Test(expected = CannotDeleteException.class)
    public void deleteQuestion_없는_질문() throws Exception {
        when(questionDao.findById(1L)).thenReturn(null);

        qnaService.deleteQuestion(1L, newUser("userId"));
    }

    @Test
    public void deleteQuestion_같은_사용자_답변없음() throws Exception {
        Question question = newQuestion(1L, "javajigi");
        when(questionDao.findById(1L)).thenReturn(question);
        when(answerDao.findAllByQuestionId(1L)).thenReturn(
            Lists.newArrayList());

        qnaService.deleteQuestion(1L, newUser("javajigi"));
    }

    [...]
}
```

위 테스트 코드를 보면 MockQuestionDao와 MockAnswerDao를 이용하지 않고도 테스트를 진행하고 있다. Mockito는 @Mock 애노테이션으로 설정한 클래스의 메소드를 호출했을 때 반환 값을 지정할 수 있다. 또한 @Mock으로 설정한 클래스의 메소드가 호출되는지의 여부를 verify() 메소드를 통해 검증하는 작업 또한 가능한다. 컨트롤러, 서비스와 같이 다른 클래스와 의존관계를 가지는 클래스를 테스트하는 경우 Mockito와 같은 Mock 프레임워크를 사용할 것을 추천한다. Mock 프레임워크를 사용하지 않으면 어느 순간 테스트를 하고 있지 않는 자신의 모습을 보게 될 것이다. 이번 기회에 JUnit과 더불어 Mockito 테스트 프레임워크에 대해서도 학습할 것을 추천한다.

11.3.3 DI보다 우선하는 객체지향 개발

9장에서 질문 삭제 기능의 중복을 제거하기 위해 QnaService를 추가했다. 컨트롤러에 있던 중복 로직은 QnaService의 deleteQuestion() 메소드를 통해 중복을 제거했다. 9장에서 "계층형 아키텍처 관점과 객체지향 설계 관점에서 핵심적인 비지니스 로직을 구현해야 하는 역할은 누가 담당해야 할까?"라는 질문을 했다. 누가 담당하는 것이 맞을까?

이에 대한 답을 제시하기 전에 앞에서 구현한 DateMessageProvider 코드를 다시 한번 살펴보자. DateMessageProvider는 현재 시간에 따라 오전/오후를 출력하는 정말 간단한 로직을 구현하고 있다. 그런데 이 간단한 로직을 테스트하기 위한 테스트 코드는 다음과 같다.

```
public class DateMessageProviderTest {
    @Test
    public void 오전() throws Exception {
        DateMessageProvider provider = new DateMessageProvider();
        assertEquals("오전", provider.getDateMessage(createCurrentDate(11)));
    }

    @Test
    public void 오후() throws Exception {
        DateMessageProvider provider = new DateMessageProvider();
        assertEquals("오후", provider.getDateMessage(createCurrentDate(13)));
    }
```

```
    private Calendar createCurrentDate(int hourOfDay) {
        Calendar now = Calendar.getInstance();
        now.set(Calendar.HOUR_OF_DAY, hourOfDay);
        return now;
    }
}
```

현재 시간에 따라 오전/오후를 반환하는 간단한 로직을 구현하는 데 이 정도의 테스트 코드를 작성해야 한다면 누가 테스트를 할까? DI도 그렇지만 테스트에 대한 필요성 또한 가슴으로 느끼지 않으면 지속하기 힘들다. 개인적으로는 DI보다 테스트를 지속하는 것이 더 어렵다는 느낌이다. 좀 더 간단히 테스트할 수 있는 방법은 없을까?

DateMessageProvider의 구조를 개선해 좀 더 테스트하기 쉽도록 할 수 없을까? 이에 대한 해결책은 좀 더 객체지향적인 개발에 있다. 만약 다음과 같이 개선한다면 어떨까? 먼저 시간을 추상화하는 Hour 클래스를 추가한다.

```java
public class Hour {
    private int hour;

    public Hour(int hour) {
        this.hour = hour;
    }

    public String getMessage() {
        if (hour < 12) {
            return "오전";
        }
        return "오후";
    }

    @Override
    public boolean equals(Object obj) {
        if (this == obj)
            return true;
        if (obj == null)
```

```
            return false;
        if (getClass() != obj.getClass())
            return false;
        Hour other = (Hour) obj;
        if (hour != other.hour)
            return false;
        return true;
    }
}
```

Hour가 DateMessageProvider가 구현하던 오전/오후를 반환하는 로직을 담당하고 있다. 이에 대한 테스트는 다음과 같다.

```
public class HourTest {
    @Test
    public void 오전() throws Exception {
        Hour hour = new Hour(11);
        assertEquals("오전", hour.getMessage());
    }

    @Test
    public void 오후() throws Exception {
        Hour hour = new Hour(16);
        assertEquals("오후", hour.getMessage());
    }
}
```

테스트는 이와 같이 단순해졌다. 이와 같이 로직 처리를 담당하는 새로운 객체를 추출함으로써 역할을 분리할 수 있으며, 테스트 또한 더 쉽게 할 수 있다. 위와 같이 Hour를 추가한 후 자신만의 Calendar를 추가해 Hour를 생성하도록 지원할 수도 있다.

```
public class MyCalendar {
    private Calendar calendar;

    public MyCalendar(Calendar calendar) {
        this.calendar = calendar;
    }

    public Hour getHour() {
        return new Hour(calendar.get(Calendar.HOUR_OF_DAY));
    }
}
```

MyCalendar에 대한 테스트는 다음과 같다.

```
public class MyCalendarTest {
    @Test
    public void getHour() throws Exception {
        Calendar now = Calendar.getInstance();
        now.set(Calendar.HOUR_OF_DAY, 11);
        MyCalendar calendar = new MyCalendar(now);
        assertEquals(new Hour(11), calendar.getHour());
    }
}
```

다시 QnaService의 질문 삭제 기능 구현으로 돌아가보자. QnaService에 대한 테스트 코드를 살펴보면 Mockito를 활용해 테스트하는 과정이 복잡하다. 이 부분을 좀 더 개선할 수 없을까? 이렇게 복잡하게 테스트해야 하는가? 이에 대한 해결책 또한 객체지향 개발에 답이 있다.

"계층형 아키텍처 관점과 객체지향 설계 관점에서 핵심적인 비지니스 로직을 구현해야 하는 역할은 누가 담당해야 할까?"라는 질문에 대해 많은 개발자들이 서비스 레이어를 담당하고 있는 QnaService에서 처리해야 한다고 생각하고 있다. 하지만 이는 서비스 레이어의 역할에 맞지 않다. 핵심적인 비지니스 로직 구현은 도메인 객체가 담당하는 것이 맞다. 서비스 레이어의 핵심적인 역할은 도메인 객체들이 비지니스 로직을 구현할 수 있도록 도메인 객체를 조합하거나, 로직 처리를 완료했을 때의 상태 값을 DAO를 활용해 데이터베이스에 영구 저장하는 등의 역할을 담당해야 한다.

많은 개발자들이 QnaService의 deleteQuestion() 메소드와 같이 구현하는 것이 일반적인데 이는 대표적인 절차지향적인 개발 방법이다. 이와 같이 절차지향적으로 개발하면 서비스 레이어의 복잡도는 점점 더 증가하면서 유지보수와 테스트하기 힘든 상황이 발생한다. 또한 핵심 객체라 할 수 있는 도메인 객체는 사용자가 입력한 데이터를 DAO에 전달하거나 데이터베이스 데이터를 뷰에 전달하는 역할밖에 하지 않게 된다. 그렇다 보니 도메인 객체가 값을 전달하는 setter, getter 메소드만 가지는 상황이 발생한다. 지금까지 이 같은 방식으로 개발했다면 지금부터라도 도메인 객체에 더 많은 일을 시켜보자.

QnaService의 deleteQuestion() 메소드가 구현하고 있는 로직을 Question과 Answer가 담담하도록 구현해 봄으로써 도메인 객체의 진정한 역할이 무엇인지 느껴보자. 먼저 삭제가 가능한지의 여부를 Question에 메시지를 보내(canDelete() 메소드) 확인하는 방식으로 리팩토링할 수 있다.

```java
public class Question {
    private String writer;

    [...]

    public boolean canDelete(User user, List<Answer> answers) throws
            CannotDeleteException {
        if (!user.isSameUser(this.writer)) {
            throw new CannotDeleteException("다른 사용자가 쓴 글을 삭제할 수 없습니다.");
        }

        for (Answer answer : answers) {
            if (!answer.canDelete(user)) {
                throw new CannotDeleteException("다른 사용자가 추가한 댓글이 존재해
                        삭제할 수 없습니다.");
            }
        }
```

```
            return true;
        }
    }
```

Question은 자신이 모든 로직을 처리하지 않고 인자로 전달된 User, Answer와 협력해 삭제 가능 여부를 판단한다. 먼저 User에 질문한 사람 아이디를 전달해 사용자가 같은지 여부를 판단한다. 글쓴이와 로그인 사용자가 같은 경우 각 답변이 삭제 가능한 상태인지를 확인한다. User, Answer의 구현 코드는 다음과 같다.

```
public class User {
    private String userId;

    [...]

    public boolean isSameUser(String newUserId) {
        return userId.equals(newUserId);
    }
}
```

```
public class Answer {
    private String writer;

    [...]

    public boolean canDelete(User user) {
        return user.isSameUser(this.writer);
    }
}
```

User, Answer에도 복잡한 로직이 구현되어 있는 것은 아니다. QnaService의 deleteQuestion() 메소드의 로직이 Question, Answer, User로 분산된 결과 코드의 복잡도는 많이 낮아졌다. 그렇다면 deleteQuestion() 메소드는 어떻게 바뀌었을까?

```
public class QnaService {
    public void deleteQuestion(long questionId, User user) throws
CannotDeleteException {
        Question question = questionDao.findById(questionId);
        if (question == null) {
            throw new CannotDeleteException("존재하지 않는 질문입니다.");
        }

        List<Answer> answers = answerDao.findAllByQuestionId(questionId);
        if (question.canDelete(user, answers)) {
            questionDao.delete(questionId);
        }
    }
}
```

어떤가? 도메인 객체로 로직을 이동했을 때의 이점이 약간은 느껴지는가? 객체지향 설계의 핵심은 여러 객체가 서로 협력하면서 로직을 구현하는 것이다. 객체지향 개발을 하기 위한 좋은 연습은 상태 값을 가지는 도메인 객체에서 값을 꺼내려고 하지 말고 객체에 메시지를 보내 작업을 위임한다는 생각으로부터 시작할 수 있다.

객체지향적으로 개발할 때 얻을 수 있는 장점 중의 하나는 테스트하기 쉽다는 것이다. Question의 canDelete() 메소드에 대한 테스트 코드는 다음과 같다.

```
public class QuestionTest {
    public static Question newQuestion(String writer) {
        return new Question(1L, writer, "title", "contents", new Date(), 0);
    }

    public static Question newQuestion(long questionId, String writer) {
        return new Question(questionId, writer, "title",
                            "contents", new Date(), 0);
    }

    @Test(expected = CannotDeleteException.class)
    public void canDelete_글쓴이_다르다() throws Exception {
        User user = newUser("javajigi");
        Question question = newQuestion("sanjigi");
```

```
        question.canDelete(user, new ArrayList<Answer>());
    }

    @Test
    public void canDelete_글쓴이_같음_답변_없음() throws Exception {
        User user = newUser("javajigi");
        Question question = newQuestion("javajigi");
        assertTrue(question.canDelete(user, new ArrayList<Answer>()));
    }

    @Test
    public void canDelete_같은_사용자_답변() throws Exception {
        String userId = "javajigi";
        User user = newUser(userId);
        Question question = newQuestion(userId);
        List<Answer> answers = Arrays.asList(newAnswer(userId));
        assertTrue(question.canDelete(user, answers));
    }

    @Test(expected = CannotDeleteException.class)
    public void canDelete_다른_사용자_답변() throws Exception {
        String userId = "javajigi";
        List<Answer> answers =
                Arrays.asList(newAnswer(userId), newAnswer("sanjigi"));
        newQuestion(userId).canDelete(newUser(userId), answers);
    }
}
```

QuestionTest를 보면 QuestionDao, AnswerDao에 대한 의존관계가 없기 때문에 굳이 Mockito와 같은 Mock 프레임워크를 사용할 필요도 없으며, 테스트 구현 또한 Mockito를 사용할 때보다 간단하다. 이와 같이 핵심 로직을 도메인 객체에 구현함으로써 로직 구현의 복잡도를 낮추고, 테스트하기 쉬운 코드로 구현할 수 있다. 만약 테스트에 대한 거부감이 있고, 아직 테스트가 습관화되어 있지 않다면 다른 부분에 대한 테스트는 진행하지 않더라도 도메인 객체에 대한 테스트만이라도 진행하면 좋겠다. 가장 중요한 로직을 포함하고 있기 때문에 이 부분에 대한 로직만이라도 테스트한다면 충분한 효과를 볼 수 있다. 도메인 객체를 테스트하기 쉬운 코드를 만들려고 고민하다보면 자연스럽게 좀 더 객체지향적인 코드를 구현할 수 있게 된다.

만약 여기서 한발 더 나아가 QnaService에 대한 테스트를 진행한다면 다음과 같이 테스트할 수 있다. 이미 핵심 비지니스 로직은 QuestionTest에서 모두 끝낸 상태이다. QnaServiceTest가 똑같이 모든 테스트를 반복할 필요는 없다. QnaServiceTest는 QnaService 로직에 대해서만 테스트하면 된다. 새롭게 구현한 QnaServiceTest는 다음과 같다.

```java
@RunWith(MockitoJUnitRunner.class)
public class QnaServiceTest {
    [...]

    @Test(expected = CannotDeleteException.class)
    public void deleteQuestion_없는_질문() throws Exception {
        when(questionDao.findById(1L)).thenReturn(null);

        qnaService.deleteQuestion(1L, newUser("userId"));
    }

    @Test
    public void deleteQuestion_삭제할수_있음() throws Exception {
        User user = newUser("userId");
        Question question = new Question(1L, user.getUserId(), "title",
                                "contents", new Date(), 0) {
            public boolean canDelete(User user, List<Answer> answers)
                    throws CannotDeleteException {
                return true;
            };
        };
        when(questionDao.findById(1L)).thenReturn(question);

        qnaService.deleteQuestion(1L, newUser("userId"));
        verify(questionDao).delete(question.getQuestionId());
    }

    @Test(expected = CannotDeleteException.class)
```

```
    public void deleteQuestion_삭제할수_없음() throws Exception {
        User user = newUser("userId");
        Question question = new Question(1L, user.getUserId(), "title",
                                    "contents", new Date(), 0) {
            public boolean canDelete(User user, List<Answer> answers)
                    throws CannotDeleteException {
                throw new CannotDeleteException("삭제할 수 없음");
            };
        };
        when(questionDao.findById(1L)).thenReturn(question);

        qnaService.deleteQuestion(1L, newUser("userId"));
    }
}
```

관계형 데이터베이스를 사용하면서 좀 더 객체지향적인 개발이 가능하도록 하려면 ORMObject-Relational Mapping 프레임워크를 사용할 필요가 있다. 하지만 ORM 프레임워크를 사용하지 않더라도 위 예제와 같이 메소드의 인자로 객체를 전달함으로써 일정 부분 객체지향적인 개발이 가능하다.

DI 기반으로 개발하지 않더라도 객체지향적인 개발은 가능하다. DI를 적용하는 것도 중요하지만 먼저 객체지향적인 개발을 하도록 연습해야 한다. 싱글톤 패턴을 활용하면서도 충분히 객체지향적으로 개발하고 테스트할 수 있다. DI를 적용한다고 해서 무조건적으로 테스트하기 쉬운 코드를 만들 수 있는 것은 아니다. DI를 적용하기에 앞서 먼저 객체지향적으로 개발하는 연습을 하고, 여기서 한 단계 더 개선하고 싶을 때 DI 적용을 고려해도 된다. 만약 서비스, 컨트롤러 클래스 등 도메인 객체를 제외한 다른 영역에 대한 테스트를 할 계획이 없거나, 자신이 개발하는 웹 애플리케이션에 대한 유연성이 그리 필요하다고 느끼지 않는다면 군이 DI를 적용하지 않아도 된다. 하지만 언제가 될지는 모르겠지만 DI를 적용함으로 얻게 되는 장점을 포기하는 것은 아쉬움으로 남는다.

11.4 DI 프레임워크 실습

11.4.1 요구사항

질문/답변 기능에 DI를 적용하는 작업은 LegacyHandlerMapping에서 프로그래밍을 통해 직접 구현했다. DI가 필요할 때마다 매번 직접 인스턴스를 생성해 전달하기 귀찮다. 좀 더 나은 방법이 있으면 좋겠다. 새로 추가한 MVC 프레임워크는 프로그래밍을 통해 직접 DI를 할 수도 없다. 자체적인 DI 프레임워크를 구현해보자. DI 프레임워크의 요구사항은 다음과 같다.

새로 만든 MVC 프레임워크는 자바 리플렉션을 활용해 @Controller 애노테이션이 설정되어 있는 클래스를 찾아 인스턴스를 생성하고, URL 매핑 작업을 자동화했다. 같은 방법으로 각 클래스에 대한 인스턴스 생성 및 의존관계 설정을 애노테이션으로 자동화한다.

먼저 애노테이션은 각 클래스 역할에 맞도록 컨트롤러는 이미 추가되어 있는 @Controller, 서비스는 @Service, DAO는 @Repository[3] 애노테이션을 설정한다. 이 3개의 설정으로 생성된 각 인스턴스 간의 의존관계는 @Inject 애노테이션을 사용한다. 개발자간의 원활한 소통을 위해 DI 프레임워크를 통해 생성된 인스턴스와 개발자가 new 키워드로 생성한 인스턴스를 분리하는 것이 좋겠다. 앞으로 DI 프레임워크를 통해 성성된 인스턴스는 빈Bean이라는 이름을 사용하자. 즉, 앞으로 빈이라는 용어가 등장하면 @Controller, @Service, @Repository 설정에 의해 DI 프레임워크가 자동으로 생성한 인스턴스로 정의한다.

위 요구사항을 만족하는 DI 프레임워크를 적용해 구현한 소스코드는 다음과 같다.

---

3 데이터베이스 접근 로직을 담당하는 클래스로 DAO와 Repository를 사용한다. 최근에는 Repository를 더 많은 곳에서 사용하고 있으며, 스프링 프레임워크 또한 DAO 대신 Repository 애노테이션을 사용하고 있어 이 책의 예제 또한 @DAO가 아니라 @Repository 애노테이션을 사용한다.

```java
@Controller
public class QnaController extends AbstractNewController {
    private MyQnaService qnaService;

    @Inject
    public QnaController(MyQnaService qnaService) {
        this.qnaService = qnaService;
    }

    @RequestMapping("/questions")
    public ModelAndView list(HttpServletRequest request,
                       HttpServletResponse response) throws Exception {
        return jspView("/qna/list.jsp");
    }
}
```

```java
@Service
public class MyQnaService {
    private UserRepository userRepository;
    private QuestionRepository questionRepository;

    @Inject
    public MyQnaService(UserRepository userRepository, QuestionRepository
                    questionRepository) {
        this.userRepository = userRepository;
        this.questionRepository = questionRepository;
    }

    [...]
}
```

```java
@Repository
public class JdbcQuestionRepository implements QuestionRepository {
}

@Repository
public class JdbcUserRepository implements UserRepository {
}
```

위와 같이 각 클래스 역할에 맞는 애노테이션을 사용하도록 설정하고, 클래스간의 의존관계는 @Inject 애노테이션 사용이 가능한 DI 프레임워크를 구현하면 된다.

제약사항은 빈은 @Inject 애노테이션을 가지는 생성자는 하나만 존재하며, @Inject 애노테이션이 설정되어 있지 않으면 인자가 없는 기본 생성자를 제공하는 것으로 한다.

DI 프레임워크 구현 실습은 https://github.com/slipp/jwp-basic 저장소의 step10-di-getting-started 브랜치에서 시작할 수 있다. 이 브랜치는 효과적인 실습을 위해 애노테이션(core.annotation 패키지), DI가 설정되어 있는 예제 코드(core.di.factory.example), 요구사항을 만족해야 하는 테스트 코드(core.di.factory.BeanFactoryTest)를 제공하고 있다. BeanFactoryTest의 di() 테스트가 성공하면 생성자를 활용하는 DI 프레임워크 구현을 완료한 것이다. 또한 구현 중 필요한 기능을 도와주기 위해 core.di.factory.BeanFactoryUtils 클래스를 제공하고 있다. 자바 클래스에 대한 인스턴스 생성은 자바 리플렉션 API를 직접 이용할 수도 있지만 이를 추상화한 Spring 프레임워크에서 제공하는 org.springframework.beans.BeanUtils의 instantiateClass() 메소드를 사용해도 된다.

이 실습은 자바 리플렉션 기능 중 생성자를 활용한 인스턴스 생성과 재귀함수에 대해서도 학습할 수 있으니 반드시 스스로의 힘으로 해결해 볼 것을 추천한다.

11.4.2 1단계 힌트

이 문제를 해결하려면 재귀함수를 사용해 구현할 수 있다. @Inject 애노테이션이 설정되어 있는 생성자를 통해 빈을 생성해야 한다. 그런데 이 생성자의 인자로 전달할 빈도 다른 빈과 의존관계에 있다. 이와 같이 꼬리에 꼬리를 물고 빈 간의 의존관계가 발생할 수 있다. 다른 빈과 의존관계를 가지지 않는 빈을 찾아 인스턴스를 생성할 때까지 재귀를 실행하는 방식으로 구현할 수 있다.

재귀를 통해 새로 생성한 빈은 BeanFactory의 Map<Class<?>, Object>에 추가해 관리한다. 인스턴스를 생성하기 전에 먼저 Class<?>에 해당하는 빈이 Map<Class<?>, Object>에 존재하는지 여부를 판단한 후에 존재하지 않을 경우 생성하는 방식으로 구현하면 된다. 이 같은 재사용 방법이 일반적인 캐시의 동작 원리이다.

11.4.3 2단계 힌트

빈Bean 인스턴스를 생성하기 위한 재귀 함수를 지원하려면 Class에 대한 빈 인스턴스를 생성하는 메소드와 Constructor에 대한 빈 인스턴스를 생성하는 메소드가 필요하다.

```
private Object instantiateClass(Class<?> clazz) {
    [...]

    return null;
}

private Object instantiateConstructor(Constructor<?> constructor) {
    [...]

    return null;
}
```

재귀함수의 시작은 instantiateClass()에서 시작한다. @Inject 애노테이션이 설정되어 있는 생성자가 존재하면 instantiateConstructor() 메소드를 통해 인스턴스를 생성하고, 존재하지 않을 경우 기본 생성자로 인스턴스를 생성한다. instantiateConstructor() 메소드는 생성자의 인자로 전달할 빈이 생성되어 Map<Class<?>, Object>에 이미 존재하면 해당 빈을 활용하고, 존재하지 않을 경우 instantiateClass() 메소드를 통해 빈을 생성한다.

```
private Object instantiateConstructor(Constructor<?> constructor) {
    Class<?>[] parameterTypes = constructor.getParameterTypes();
    List<Object> args = Lists.newArrayList();
    for (Class<?> clazz : parameterTypes) {
        [...]
        args.add(bean);
    }
    return BeanUtils.instantiateClass(constructor, args.toArray());
}
```

11.4.4 추가 요구사항 및 힌트

지금까지의 과정을 통해 DI 프레임워크를 완료했다면 다음 단계는 10장에서 구현한 MVC 프레임워크와의 통합이 필요하다. 이 장에서 구현한 DI 프레임워크를 활용할 경우 10장에서 @Controller가 설정되어 있는 클래스를 찾는 ControllerScanner를 DI 프레임워크가 있는 패키지로 이동해 @Controller, @Service, @Repository에 대한 지원이 가능하도록 개선한다. 클래스 이름도 @Controller 애노테이션만 찾던 역할에서 @Service, @Repository 애노테이션까지 확대 되었으니 BeanScanner로 이름을 리팩토링한다.

MVC 프레임워크의 AnnotationHandlerMapping이 BeanFactory와 BeanScanner를 활용해 동작하도록 리팩토링한다.

이 리팩토링 과정은 생각보다 간단하다. BeanScanner는 @Controller, @Service, @Repository가 설정되어 있는 모든 클래스를 찾아 Set에 저장하도록 하면 된다. 기존의 ControllerScanner와 같이 이 단계에서 빈 생성을 담당하지 않아도 된다. AnnotationHandlerMapping은 @Controller가 설정되어 있는 빈만 관심이 있다. 따라서 BeanFactory에 getControllers() 메소드를 추가해 @Controller가 설정되어 있는 빈 목록을 Map<Class<?>, Object>으로 제공하면 된다.

```
Class<?> clazz = QnaController.class;
Annotation annotation = clazz.getAnnotation(Controller.class);
```

위 코드를 실행할 경우 QnaController가 @Controller로 설정되어 있으면 반환 값은
null이 아니고, 설정되어 있지 않을 경우 null 값을 반환한다.

11.5 DI 프레임워크 구현

DI 프레임워크을 구현하기 위한 대부분의 기반 코드는 이미 제공하고 있기 때문에
이 절에서는 BeanFactory의 initialize() 메소드만 구현하면 된다. 재귀로 구현한
BeanFactory 소스코드는 다음과 같다.

```
public class BeanFactory {
    private static final Logger logger =
                        LoggerFactory.getLogger(BeanFactory.class);

    private Set<Class<?>> preInstanticateBeans;

    private Map<Class<?>, Object> beans = Maps.newHashMap();

    public BeanFactory(Set<Class<?>> preInstanticateBeans) {
        this.preInstanticateBeans = preInstanticateBeans;
    }

    @SuppressWarnings("unchecked")
    public <T> T getBean(Class<T> requiredType) {
        return (T)beans.get(requiredType);
    }

    public void initialize() {
        for (Class<?> clazz : preInstanticateBeans) {
            if (beans.get(clazz) == null) {
                instantiateClass(clazz);
            }
        }
```

```java
    }

    private Object instantiateClass(Class<?> clazz) {
        Object bean = beans.get(clazz);
        if (bean != null) {
            return bean;
        }

        Constructor<?> injectedConstructor =
                        BeanFactoryUtils.getInjectedConstructor(clazz);
        if (injectedConstructor == null) {
            bean = BeanUtils.instantiate(clazz);
            beans.put(clazz, bean);
            return bean;
        }

        logger.debug("Constructor : {}", injectedConstructor);
        bean = instantiateConstructor(injectedConstructor);
        beans.put(clazz, bean);
        return bean;
    }

    private Object instantiateConstructor(Constructor<?> constructor) {
        Class<?>[] pTypes = constructor.getParameterTypes();
        List<Object> args = Lists.newArrayList();
        for (Class<?> clazz : pTypes) {
            Class<?> concreteClazz =
            BeanFactoryUtils.findConcreteClass(clazz, preInstanticateBeans);
            if (!preInstanticateBeans.contains(concreteClazz)) {
                throw new IllegalStateException(clazz + "는 Bean이 아니다.");
            }

            Object bean = beans.get(concreteClazz);
            if (bean == null) {
                bean = instantiateClass(concreteClazz);
            }
            args.add(bean);
        }
        return BeanUtils.instantiateClass(constructor, args.toArray());
    }
}
```

BeanFactory에서 핵심 구현 로직은 instantiateClass(), instantiateConstructor() 메소드이다. 이 두 메소드의 재귀 호출을 통해 복잡한 의존관계에 있는 빈을 생성하는 과정을 완료할 수 있다.

애노테이션을 활용한 간단한 DI 프레임워크 구현을 완료했다. 다음 단계는 @Controller, @Service, @Repository로 설정되어 있는 빈을 찾는 BeanScanner를 다음과 같이 구현한다.

```java
public class BeanScanner {
    private Reflections reflections;

    public BeanScanner(Object... basePackage) {
        reflections = new Reflections(basePackage);
    }

    @SuppressWarnings("unchecked")
    public Set<Class<?>> scan() {
        return getTypesAnnotatedWith(Controller.class, Service.class,
                                Repository.class);
    }

    @SuppressWarnings("unchecked")
    private Set<Class<?>> getTypesAnnotatedWith(Class<? extends
                    Annotation>... annotations) {
        Set<Class<?>> preInstantiatedBeans = Sets.newHashSet();
        for (Class<? extends Annotation> annotation : annotations) {
            preInstantiatedBeans.addAll(
                        reflections.getTypesAnnotatedWith(annotation));
        }
        return preInstantiatedBeans;
    }
}
```

마지막 구현은 AnnotationHandlerMapping이 BeanFactory를 사용하도록 리팩토링해야 한다. 먼저 BeanFactory에 @Controller로 설정한 빈을 조회할 수 있는 getControllers() 메소드를 추가한다.

```
public class BeanFactory {
    private Set<Class<?>> preInstanticateBeans;
    private Map<Class<?>, Object> beans = Maps.newHashMap();

    [...]

    public Map<Class<?>, Object> getControllers() {
        Map<Class<?>, Object> controllers = Maps.newHashMap();
        for (Class<?> clazz : preInstanticateBeans) {
            Annotation annotation = clazz.getAnnotation(Controller.class);
            if (annotation != null) {
                controllers.put(clazz, beans.get(clazz));
            }
        }
        return controllers;
    }
}
```

AnnotationHandlerMapping에서 리팩토링할 부분은 BeanFactory를 초기화한 후 @Controller로 설정한 빈을 사용하면 끝이다.

```
public class AnnotationHandlerMapping implements HandlerMapping {
    private Object[] basePackage;

    public AnnotationHandlerMapping(Object... basePackage) {
        this.basePackage = basePackage;
    }

    public void initialize() {
        BeanScanner scanner = new BeanScanner(basePackage);
        BeanFactory beanFactory = new BeanFactory(scanner.scan());
        beanFactory.initialize();
        Map<Class<?>, Object> controllers = beanFactory.getControllers();

        [...]
    }
}
```

지금까지의 구현 과정을 통해 DI 프레임워크 구현을 완료했다. 10장에서 구현한 MVC 프레임워크와도 완벽하게 통합했다.

LegacyRequestMapping에서 직접 구현한 DI, URL 매핑 설정을 애노테이션 기반으로 변경할 수 있게 되었다. 시간나는 틈틈히 LegacyRequestMapping 코드를 새로운 DI 프레임워크와 MVC 프레임워크 기반으로 변경한다.

지금까지 구현한 DI 프레임워크와 리팩토링 결과는 https://github.com/slipp/jwp-basic 저장소의 step11-1st-di-framework 브랜치에서 확인할 수 있다.

11.6 추가 학습 자료

11.6.1 의존관계 주입(DI)

DI가 무엇이고, 왜 필요한 것인지에 대해 쉽게 공감하기 힘들 수 있다. 이에 대한 깨달음을 얻을 수 있는 가장 좋은 방법은 하나의 서비스를 지속적으로 운영해 보는 경험이 가장 좋다고 생각한다. 하지만 많은 경험과 시간이 필요하다. 따라서 이와 관련해 다양한 문서를 참고하다보면 어느 순간 깨달음을 얻을 수도 있기 때문에 몇 개의 문서를 추천해 본다.

- http://www.slideshare.net/baejjae93/dependency-injection-36867592: 의존관계가 무엇이고, 왜 필요한 것인지에 대해 그림을 통해 쉽게 설명하고 있는 문서이다. 다른 문서를 보기 전에 이 문서를 통해 의존관계 주입에 대한 대략적인 개념을 잡아볼 것을 추천한다.

- "토비의 스프링 3.1"(이일민 저, 에이콘/2012년) 1권 1,2장 : DI와 DI를 적용했을 때의 테스트 방법에 대해 잘 설명하고 있다. DI, 객체지향 설계, 스프링 프레임워크 학습을 위한 다음 단계로 읽을 책이다. 이 책은 1,2권으로 나눠져 있고, 상당히

두꺼운 책이기 때문에 모두 읽기보다 관심있는 부분부터 일부분씩 읽어 나가는 것도 좋은 선택이다. 이 책은 혼자 읽기보다 스터디와 같은 형식을 통해 여러 사람이 같이 읽을 것을 추천한다.

12장

확장성 있는 DI 프레임워크로 개선

긴 여정을 거쳐 MVC 프레임워크와 DI 프레임워크 구현을 완료했다. 힘든 과정이었지만 내가 직접 구현한 프레임워크로 웹 애플리케이션을 개발한다는 것은 재미있는 경험이다. 재미뿐만 아니라 역량을 키우는 측면에서는 많은 도움이 되었다.

지금 단계에서 멈출 수도 있지만 11장에서 추가한 DI 프레임워크에 기능을 좀 더 추가하고, 확장 가능하도록 구조를 개선한다면 앞으로 프레임워크 기능을 확장할 때 많은 도움이 되겠다. 앞에서 MVC 프레임워크를 몇 단계에 걸쳐 개선했듯이 이번 장에서는 DI 프레임워크를 개선하는 경험을 해보자.

이 장의 실습은 https://github.com/slipp/jwp-basic 저장소의 step11-1st-di-framework 브랜치에서 시작할 수 있다.

12.1 필드와 setter 메소드에 @Inject 기능 추가

12.1.1 요구사항

@Inject를 활용해 DI하는 방법은 빈 간의 의존관계를 쉽게 연결할 수 있어 유용하겠다. 단, 현재 DI 프레임워크에서 아쉬운 점이라면 생성자를 통해서만 DI가 가능하다는 것이다. 생성자 이외에 필드field, setter 메소드를 통해서도 DI를 할 수 있다면 좋겠다. 예를 들어 다음과 같은 방식으로 DI가 가능하도록 기능을 추가하려고 한다.

```
@Service
public class MyUserService {
    @Inject
    private UserRepository userRepository;

    public void setUserRepository(UserRepository userRepository) {
        this.userRepository = userRepository;
    }
}
```

위 예는 필드에 DI가 가능하도록 설정한 예제이다. 테스트를 하거나 다른 구현체를 DI하고 싶으면 setUserRepository() 메소드를 활용해 가능하다. 만약 테스트를 하지 않는다면 setUserRepository() 메소드는 구현하지 않고 필드만 구현할 수도 있다.

```
@Controller
public class MyUserController {
    private MyUserService userService;

    @Inject
    public void setUserService(MyUserService userService) {
        this.userService = userService;
    }
}
```

위 예는 setter 메소드를 활용해 DI를 설정한 예제이다.

이와 같이 3가지 방식으로 DI를 지원하는 것이 가능하다면 다음과 같이 한 클래스에서 서로 다른 DI 방식을 사용하는 것 또한 가능하도록 구현할 수 있다.

```
@Service
public class MyQnaService {
    private UserRepository userRepository;

    @Inject
    private QuestionRepository questionRepository;

    @Inject
    public MyQnaService(UserRepository userRepository) {
        this.userRepository = userRepository;
    }
}
```

하지만 위와 같이 구현할 경우 프레임워크 코드 복잡도가 증가해 이 책에서는 각 클래스가 한 가지 DI 방식만 지원하도록 제한을 두었다. 각 클래스가 한 가지 DI 방식만 지원하더라도 DI를 충분히 깊이 있게 이해할 수 있기 때문이다. 스프링 프레임워크는 한 클래스에서 다양한 방식의 DI를 사용하는 것이 가능하다.

이와 같이 생성자, 필드, setter 메소드를 활용해 DI하도록 설정이 가능하면 좋겠다. 어떻게 구현하면 좋을까? 지금까지 쌓은 경험을 통해 각 DI 방식 간에 영향을 최소화하도록 클래스를 설계해 보자.

이와 관련해 바로 1단계 힌트를 참고할 수 있지만 그보다는 클래스에 대한 설계 연습을 해보기 바란다. 본인이 이 기능을 구현할 경우 어떻게 설계할 것인가에 대해 대략적인 클래스 구조를 설계한 후 1단계 힌트에서 필자가 설계한 클래스 구조와 비교한 후 구현을 시작할 것을 추천한다.

12.1.2 1단계 힌트 - 클래스 설계

3가지의 경우의 수가 있다. 지금까지 경우의 수가 증가하는 경우 어떻게 구현했는가? 먼저 추상화 과정을 통해 인터페이스를 추가한 후 각 경우에 대한 구현체를 구현할 수 있다.

BeanFactory의 역할은 빈을 추가하고 조회하는 역할만 남기고 생성자를 활용해 DI를 하고 인스턴스를 생성하는 역할은 ConstructorInjector라는 이름으로 분리하면 어떨까?

Injector라는 인터페이스를 추가한다. 이 인터페이스는 생성자, 필드, setter 메소드 DI에 대한 추상 메소드로 inject()를 가진다.

```java
public interface Injector {
    void inject(Class<?> clazz);
}
```

생성자, 필드, setter 메소드에 대한 DI를 담당하는 클래스를 구현하다. 이 구현 클래스는 Injector 인터페이스를 구현한다.

BeanFactory는 BeanScanner를 통해 찾은 모든 빈 클래스에 대해 앞에서 구현한 3개의 Injector를 활용해 DI를 진행한다. 3개의 Injector 구현체를 구현하면 많은 중복이 발생한다. Injector 인터페이스와 3개의 구현체 사이에 AbstractInjector와 같은 추상 클래스를 생성해 중복을 제거한다.

지금까지의 요구사항을 만족하는 소스코드를 구현했을 때의 클래스 다이어그램은 다음과 같다.

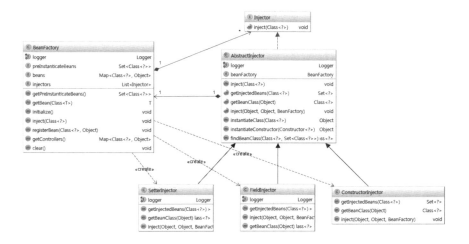

12.1.3 2 단계 힌트

3개의 Injector 구현체의 구현 과정은 다음과 같다. 생성자 구현체(Constructor Injector)는 @Inject가 설정되어 있는 생성자를 가지는 클래스를 찾는다. 생성자의 인자에 해당하는 빈이 BeanFactory에 등록되어 있는지 확인해 보고 빈이 등록되어 있지 않으면 빈 인스턴스를 생성한 후 DI를 한다.

필드 구현체FieldInjector와 setter 메소드 구현체SetterInjector도 같은 방식으로 구현하면 된다. 필드 구현체의 경우 클래스에 @Inject가 설정되어 있는 모든 필드는 찾는다. 필드를 순환하면서 필드 타입(클래스)에 해당하는 빈이 BeanFactory에 등록되어 있으면 이 빈을 활용하고, 등록되어 있지 않으면 빈 인스턴스를 생성한 후 DI를 한다.

```java
public class FieldInjector implements Injector {
    [...]

    @Override
    public void inject(Class<?> clazz) {
        instantiateClass(clazz);
        Set<Field> injectedFields =
                    BeanFactoryUtils.getInjectedFields(clazz);
```

```
            for (Field field : injectedFields) {
                Class<?> concreteClazz = ...// 인터페이스인 경우 구현 클래스 찾아야 함.
                Object bean = beanFactory.getBean(concreteClazz);
                if (bean == null) {
                    bean = instantiateClass(concreteClazz);
                }
                try {
                    field.setAccessible(true);
                    field.set(beanFactory.getBean(field.getDeclaringClass()), bean);
                } catch (IllegalAccessException | IllegalArgumentException e) {
                    logger.error(e.getMessage());
                }
            }
        }
    }
}
```

setter 메소드 구현체 또한 같은 방식으로 구현할 수 있다.

```
public class SetterInjector implements Injector {
    [...]

    @Override
    public void inject(Class<?> clazz) {
        instantiateClass(clazz);
        Set<Method> injectedMethods =
                            BeanFactoryUtils.getInjectedMethods(clazz);
        for (Method method : injectedMethods) {
            logger.debug("invoke method : {}", method);
            Class<?>[] paramTypes = method.getParameterTypes();
            if (paramTypes.length != 1) {
                throw new IllegalStateException("DI할 메소드 인자는 하나여야 합니다.");
            }

            Class<?> concreteClazz = ...// 인터페이스인 경우 구현 클래스 찾아야 함.
            Object bean = beanFactory.getBean(concreteClazz);
            if (bean == null) {
                bean = instantiateClass(concreteClazz);
            }
            try {
```

```
            method.invoke(beanFactory.getBean(
                            method.getDeclaringClass()), bean);
        } catch (IllegalAccessException | IllegalArgumentException |
                InvocationTargetException e) {
            logger.error(e.getMessage());
        }
    }
}
```

위 소스코드를 참고해 3개의 Injector를 구현한다. 구현 과정에서 Injector에 중복 코드가 발생한다. 중복 코드는 AbstractInjector와 같은 추상 클래스를 만들어 제거해 본다.

12.1.4 중복 제거를 위한 힌트

3개의 Injector가 구현하는 로직을 처리하는 과정은 같다. 다른 점은 @Inject가 설정되어 있는 위치가 다르다는 것뿐이다. 이와 같이 로직이 같은 경우 템플릿 메소드 패턴을 적용해 구현할 수 있다. 부모 클래스인 AbstractInjector는 로직 구현을 담당하고 3개의 하위 클래스는 각 클래스마다 다른 부분만 구현할 수 있다.

```
public abstract class AbstractInjector implements Injector {
    private BeanFactory beanFactory;

    public AbstractInjector(BeanFactory beanFactory) {
        this.beanFactory = beanFactory;
    }

    @Override
    public void inject(Class<?> clazz) {
        instantiateClass(clazz);
        Set<?> injectedBeans = getInjectedBeans(clazz);
        for (Object injectedBean : injectedBeans) {
            Class<?> beanClass = getBeanClass(injectedBean);
            inject(injectedBean, instantiateClass(beanClass), beanFactory);
```

```
        }
    }

    abstract Set<?> getInjectedBeans(Class<?> clazz);

    abstract Class<?> getBeanClass(Object injectedBean);

    abstract void inject(Object injectedBean, Object bean,
                        BeanFactory beanFactory);

    private Object instantiateClass(Class<?> clazz) {
        [...]
    }

    private Object instantiateConstructor(Constructor<?> constructor) {
        [...]
    }
}
```

12.2 필드와 setter 메소드 @Inject 구현

이미 앞의 힌트에서 많은 소스코드를 제공하고 있기 때문에 구현 과정에서는 핵심 코드만 살펴보도록 하겠다.

ConstructorInjector는 11장에서 구현한 BeanFactory의 instantiateClass(), instantiateConstructor() 메소드와 같다. 다른 점은 빈을 저장하기 위한 Map을 ConstructorInjector가 가지지 않고 BeanFactory를 통해 접근하도록 구현했다. ConstructorInjector의 instantiateClass()는 앞으로 추가할 FieldInjector와 SetterInjector도 필요한 메소드이기 때문에 AbstractInjector를 추가해 FieldInjector와 SetterInjector도 사용 가능하도록 구현했다. AbstractInjector의 inject() 메소드는 3개의 Injector 로직을 추상화해 구현했으며, 각 Injector마다 다른 부분은 하위 구현체에서 구현하도록 추상 메소드로 구현한다. Abstract Injector 소스코드는 힌트에서 제공했기 때문에 생략한다.

ConstructorInjector의 구현 로직이 모두 AbstractInjector로 이동했기 때문에
ConstructorInjector 구현은 다음과 같이 간단한다.

```java
public class ConstructorInjector extends AbstractInjector {
    public ConstructorInjector(BeanFactory beanFactory) {
        super(beanFactory);
    }

    @Override
    Set<?> getInjectedBeans(Class<?> clazz) {
        return Sets.newHashSet();
    }

    @Override
    Class<?> getBeanClass(Object injectedBean) {
        return null;
    }

    @Override
    void inject(Object injectedBean, Object bean, BeanFactory beanFactory) {
    }
}
```

FieldInjector와 SetterInjector의 경우 AbstractInjector가 핵심 로직을 구현하
고 있다. 따라서 두 Injector는 각 Injector마다 다른 부분만 구현하면 된다.

```java
public class FieldInjector extends AbstractInjector {
    private static final Logger logger =
                        LoggerFactory.getLogger(FieldInjector.class);

    public FieldInjector(BeanFactory beanFactory) {
        super(beanFactory);
    }

    Set<?> getInjectedBeans(Class<?> clazz) {
        return BeanFactoryUtils.getInjectedFields(clazz);
    }
```

```java
    void inject(Object injectedBean, Object bean, BeanFactory beanFactory) {
        Field field = (Field)injectedBean;
        try {
            field.setAccessible(true);
            field.set(beanFactory.getBean(field.getDeclaringClass()), bean);
        } catch (IllegalAccessException | IllegalArgumentException e) {
            logger.error(e.getMessage());
        }
    }

    Class<?> getBeanClass(Object injectedBean) {
        Field field = (Field)injectedBean;
        return field.getType();
    }
}
```

```java
public class SetterInjector extends AbstractInjector {
    private static final Logger logger =
                        LoggerFactory.getLogger(SetterInjector.class);

    public SetterInjector(BeanFactory beanFactory) {
        super(beanFactory);
    }

    Set<?> getInjectedBeans(Class<?> clazz) {
        return BeanFactoryUtils.getInjectedMethods(clazz);
    }

    Class<?> getBeanClass(Object injectedBean) {
        Method method = (Method)injectedBean;
        logger.debug("invoke method : {}", method);
        Class<?>[] paramTypes = method.getParameterTypes();
        if (paramTypes.length != 1) {
            throw new IllegalStateException("DI할 메소드 인자는 하나여야 합니다.");
        }

        return paramTypes[0];
    }

    void inject(Object injectedBean, Object bean, BeanFactory beanFactory) {
```

```
        Method method = (Method)injectedBean;
        try {
            method.invoke(beanFactory.getBean(
                        method.getDeclaringClass()), bean);
        } catch (IllegalAccessException | IllegalArgumentException |
                InvocationTargetException e) {
            logger.error(e.getMessage());
        }
    }
}
```

템플릿 메소드 패턴을 활용해 로직에 대한 중복을 제거했더니 하위 클래스는 자신
과 관련있는 작업만 구현하면 된다. 이와 같이 로직에 대한 중복이 있을 경우 템플
릿 메소드 패턴을 적용해 제거할 수 있다. BeanFactory에서 지금까지 구현한 3개의
Injector를 사용하도록 리팩토링해보자.

```
public class BeanFactory {
    private Set<Class<?>> preInstanticateBeans;
    private Map<Class<?>, Object> beans = Maps.newHashMap();
    private List<Injector> injectors;

    public BeanFactory(Set<Class<?>> preInstanticateBeans) {
        this.preInstanticateBeans = preInstanticateBeans;

        injectors = Arrays.asList(
                    new FieldInjector(this),
                    new SetterInjector(this),
                    new ConstructorInjector(this));
    }

    public void initialize() {
        for (Class<?> clazz : preInstanticateBeans) {
            if (beans.get(clazz) == null) {
                logger.debug("instantiated Class : {}", clazz);
                inject(clazz);
            }
        }
    }
```

```
        }

        private void inject(Class<?> clazz) {
            for (Injector injector : injectors) {
                injector.inject(clazz);
            }
        }
    }
```

지금까지의 리팩토링 과정을 통해 DI를 생성자, 필드, setter 메소드를 활용해 가능하도록 구현했다. 빈 간의 의존관계를 설정하는 DI 방식은 이 3가지로 분류할 수 있다. 각 DI 이름은 생성자를 활용하는 경우 Constructor Injection, setter 메소드를 활용하는 경우 Setter Injection, 필드를 활용하는 경우 Field Injection이라고 한다. 개발자의 취향에 따라 3개의 DI 중 하나를 사용하면 된다.

지금까지 구현한 소스코드는 https://github.com/slipp/jwp-basic 저장소의 step12-2nd-di-framework 브랜치에서 참고할 수 있다.

12.3 @Inject 개선

@Inject를 필드와 setter 메소드에도 설정 가능하도록 구현한 것은 기분 좋은 일이다. 그런데 BeanFactory와 AbstractInjector 코드를 보니 마음에 들지 않는다. 템플릿 메소드 패턴을 적용해 중복을 제거하기는 했지만 소스코드를 이해하기가 쉽지 않다. 더 문제라고 생각하는 부분은 현재 모든 빈과 관련한 정보는 BeanFactory가 관리하고 있는데 빈 인스턴스 생성과 주입Inject 작업을 Injector 구현 클래스가 담당하다 보니 BeanFactory에게 일을 시키는 것이 아니라 빈 정보를 조회하는 상황이 계속 발생한다. 이는 BeanFactory 객체를 제대로 활용하지 못하고 있다는 생각이 든다. 빈 인스턴스 생성과 주입 작업은 BeanFactory가 담당하고 현재 빈 클래스의 상태 정보

를 별도의 클래스로 추상화해 관리하는 것이 좀 더 객체지향적인 개발이 가능하겠다. 빈 클래스의 상태 정보를 관리하는 클래스를 BeanDefinition으로 추상화한다.

클래스패스에서 @Controller, @Service, @Repository 애노테이션이 설정되어 있는 클래스를 조회하는 역할을 담당했던 BeanScanner 클래스의 이름을 좀 더 명시적으로 ClasspathBeanDefinitionScanner로 Rename 리팩토링을 한다. ClasspathBeanDefinitionScanner는 애노테이션이 설정된 클래스를 조회한 후 BeanDefinition을 생성해 BeanFactory에 전달한다. BeanFactory에 BeanDefinition을 전달할 때 ClasspathBeanDefinitionScanner가 BeanFactory와 강한 의존관계를 가지지 않도록 설계한다. 즉, BeanFactory는 BeanDefinition을 저장하는 저장소의 역할과 BeanDefinition을 활용해 빈 인스턴스 생성, 의존관계 주입을 담당하는 역할로 나뉜다. ClasspathBeanDefinitionScanner와 BeanFactory의 의존관계는 단순히 BeanDefinition을 BeanFactory에 전달하는 부분에서만 발생한다. 따라서 BeanDefintion 저장과 관련한 인터페이스를 BeanDefinitionRegistry 이름으로 추가해 서로 간의 의존관계를 느슨하게 연결한다. 이 같은 설계 의도에 따라 다음과 같이 구조를 개선한다.

```java
public interface BeanDefinitionRegistry {
    void registerBeanDefinition(Class<?> clazz, BeanDefinition beanDefinition);
}
```

ClasspathBeanDefinitionScanner는 BeanDefinitionRegistry를 생성자를 통해 전달받은 후 다음과 같이 구현할 수 있다.

```java
public class ClasspathBeanDefinitionScanner {
    private final BeanDefinitionRegistry beanDefinitionRegistry;

    public ClasspathBeanDefinitionScanner(
                    BeanDefinitionRegistry beanDefinitionRegistry) {
        this.beanDefinitionRegistry = beanDefinitionRegistry;
```

```
    }

    @SuppressWarnings("unchecked")
    public void doScan(Object... basePackages) {
        Reflections reflections = new Reflections(basePackages);
        Set<Class<?>> beanClasses = getTypesAnnotatedWith(reflections,
                    Controller.class, Service.class, Repository.class);
        for (Class<?> clazz : beanClasses) {
            beanDefinitionRegistry.registerBeanDefinition(clazz,
                            new BeanDefinition(clazz));
        }
    }

    [...]
}
```

위와 같이 구현함으로써 각 객체의 역할을 분리할 수 있다. 즉, ClasspathBean DefinitionScanner는 클래스패스에서 빈을 조회하는 역할을 담당하고, 조회한 빈 정보를 BeanDefinition을 생성해 BeanDefinitionRegistry에 전달하면 BeanDefinitionRegistry 구현체가 BeanDefinition 저장소 역할을 담당하게 된다. ClasspathBeanDefinitionScanner는 BeanDefinitionRegistry 구현체가 BeanDefinition을 어떻게 저장하고 관리하는지에 대해서는 신경쓰지 않아도 된다.

BeanFactory는 빈 인스턴스를 생성하고, 의존관계 주입을 하려면 BeanDefintion 정보가 필요하다. 따라서 BeanFactory가 BeanDefinitionRegistry 구현체로 BeanDefintion 정보를 관리하도록 구현하는 것이 좋겠다.

```
public class BeanFactory implements BeanDefinitionRegistry {
    private static final Logger log = LoggerFactory.getLogger(BeanFactory.class);

    private Map<Class<?>, BeanDefinition> beanDefinitions = Maps.newHashMap();

    [...]

    @Override
```

```
    public void registerBeanDefinition(Class<?> clazz, BeanDefinition
            beanDefinition) {
        log.debug("register bean : {}", clazz);
        beanDefinitions.put(clazz, beanDefinition);
    }

    public void initialize() {
        for (Class<?> clazz : beanDefinitions.keySet()) {
            getBean(clazz);
        }
    }
}
```

BeanFactory와 ClasspathBeanDefinitionScanner의 의존관계에 대한 연결은 이 두 클래스를 활용하는 곳에서 담당한다. 지금까지 과정에서는 AnnotationHandler Mapping이 두 클래스의 의존관계를 다음과 같이 연결한다.

```
public class AnnotationHandlerMapping implements HandlerMapping {
    public AnnotationHandlerMapping(Object... basePackages) {
        this.basePackages = basePackages;
    }

    public void initialize() {
        BeanFactory beanFactory = new BeanFactory();
        ClasspathBeanDefinitionScanner scanner =
                        new ClasspathBeanDefinitionScanner(beanFactory);
        scanner.doScan(basePackages);
        beanFactory.initialize();

        [...]
    }
}
```

BeanFactory와 ClasspathBeanDefinitionScanner의 의존관계 또한 DI를 활용해 구현함으로써 유연성을 확보하고 있다. ClasspathBeanDefinitionScanner는 BeanDefinitionRegistry의 구현체로 어떤 구현 클래스가 전달될 것인지에 대해서는 관심 밖이다. ClasspathBeanDefinitionScanner는 단순히 클래스 패스에서 빈을 조회한 후 BeanDefinition을 생성해 BeanDefinitionRegistry의 registerBeanDefinition() 메소드로 전달하는 역할만 담당하면 된다. 이처럼 객체 간의 의존관계를 인터페이스를 통해 분리한 후 DI를 통해 연결하면 유연한 구조로 개발하는 것이 가능하다.

단, 이 경우의 단점은 객체 간의 DI를 담당하는 코드가 필요하다는 것이다. 객체 간의 의존관계를 연결하지 않은 상태로 API를 제공하면 이 API를 사용하는 개발자는 객체 간의 의존관계를 파악한 후 매번 DI를 해주어야 한다. 만약 객체 간의 의존관계를 연결하지 않거나, 잘못 연결하는 경우 정상적으로 동작하지 않게 된다. 따라서 이 같은 단점을 보완하기 위해 객체 간의 DI를 담당하는 새로운 객체를 추가하는 것이 좋겠다. 이 객체를 ApplicationContext라는 이름으로 추가한 후 BeanFactory와 ClasspathBeanDefinitionScanner의 의존관계를 연결한 후 초기화를 담당하도록 리팩토링한다.

```java
public class ApplicationContext {
    private BeanFactory beanFactory;

    public ApplicationContext(Object... basePackages) {
        beanFactory = new BeanFactory();
        ClasspathBeanDefinitionScanner scanner =
                    new ClasspathBeanDefinitionScanner(beanFactory);
        scanner.doScan(basePackages);
        beanFactory.initialize();
    }

    public <T> T getBean(Class<T> clazz) {
        return beanFactory.getBean(clazz);
    }
```

```
    public Set<Class<?>> getBeanClasses() {
        return beanFactory.getBeanClasses();
    }
}
```

ApplicationContext로 BeanFactory 초기화 과정을 옮긴 후 AnnotationHandler
Mapping에서 BeanFactory로 직접 접근하던 API를 ApplicationContext를 통해
접근하도록 리팩토링했다. 그런데 이 과정에서 BeanFactory가 담당하고 있던 get
Controllers() 메소드의 역할이 적합하지 않다는 생각이 들어 getControllers() 메
소드를 AnnotationHandlerMapping로 이동하고 getControllers() 메소드 구현을 위
해 필요한 기능만 ApplicationContext를 통해 접근 가능하도록 구현했다. Application
Context을 사용하도록 리팩토링한 AnnotationHandlerMapping은 다음과 같다.

```
public class AnnotationHandlerMapping implements HandlerMapping {
    public AnnotationHandlerMapping(Object... basePackages) {
        this.basePackages = basePackages;
    }

    public void initialize() {
        ApplicationContext ac = new ApplicationContext(basePackages);
        Map<Class<?>, Object> controllers = getControllers(ac);
        [...]
    }

    private Map<Class<?>, Object> getControllers(ApplicationContext ac) {
        Map<Class<?>, Object> controllers = Maps.newHashMap();
        for (Class<?> clazz : ac.getBeanClasses()) {
            Annotation annotation = clazz.getAnnotation(Controller.class);
            if (annotation != null) {
                controllers.put(clazz, ac.getBean(clazz));
            }
        }
        return controllers;
    }
}
```

ApplicationContext가 객체 간의 의존관계 연결을 담당하도록 구현함으로써 BeanFactory를 사용하는 개발자는 더 이상 의존관계에 대해 고민하지 않아도 된다. 지금까지 객체의 책임과 역할을 분리하는 리팩토링을 진행했다. 마지막으로 빈 클래스 정보를 담고 있는 BeanDefintion과 이 정보를 활용해 빈 인스턴스를 생성하고 의존관계 주입을 담당하는 BeanFactory를 어떻게 구현했는지 살펴보자.

```java
public class BeanDefinition {
    private Class<?> beanClazz;
    private Constructor<?> injectConstructor;
    private Set<Field> injectFields;

    public BeanDefinition(Class<?> clazz) {
        this.beanClazz = clazz;
        injectConstructor = getInjectConstructor(clazz);
        injectFields = getInjectFields(clazz, injectConstructor);
    }

    private static Constructor<?> getInjectConstructor(Class<?> clazz) {
        return BeanFactoryUtils.getInjectedConstructor(clazz);
    }

    private Set<Field> getInjectFields(Class<?> clazz, Constructor<?>
            constructor) {
        if (constructor != null) {
            return Sets.newHashSet();
        }

        Set<Field> injectFields = Sets.newHashSet();
        Set<Class<?>> injectProperties = getInjectPropertiesType(clazz);
        Field[] fields = clazz.getDeclaredFields();
        for (Field field : fields) {
            if (injectProperties.contains(field.getType())) {
                injectFields.add(field);
            }
        }
        return injectFields;
    }
```

```java
private static Set<Class<?>> getInjectPropertiesType(Class<?> clazz) {
    Set<Class<?>> injectProperties = Sets.newHashSet();
    Set<Method> injectMethod =
            BeanFactoryUtils.getInjectedMethods(clazz);
    for (Method method : injectMethod) {
        Class<?>[] paramTypes = method.getParameterTypes();
        if (paramTypes.length != 1) {
            throw new IllegalStateException("DI할 메소드 인자는 하나여야 합니다.");
        }

        injectProperties.add(paramTypes[0]);
    }

    Set<Field> injectField = BeanFactoryUtils.getInjectedFields(clazz);
    for (Field field : injectField) {
        injectProperties.add(field.getType());
    }
    return injectProperties;
}

public Constructor<?> getInjectConstructor() {
    return injectConstructor;
}

public Set<Field> getInjectFields() {
    return this.injectFields;
}

public Class<?> getBeanClass() {
    return this.beanClazz;
}

public InjectType getResolvedInjectMode() {
    if (injectConstructor != null) {
        return InjectType.INJECT_CONSTRUCTOR;
    }

    if (!injectFields.isEmpty()) {
        return InjectType.INJECT_FIELD;
    }
```

```
        return InjectType.INJECT_NO;
    }
}
```

BeanDefinition은 생성자로 전달되는 클래스에서 @Inject가 어떻게 설정되어 있는지에 따라 InjectType을 결정하도록 구현하고 있다. InjectType에서 필드와 setter 메소드를 활용한 @Inject는 필드 하나로 통합하고 있다. 굳이 둘을 분리해서 관리할 필요가 없겠다는 생각이 들었다. 개발자의 경우 필드와 setter 메소드 주입을 분리해서 사용하겠지만 프레임워크의 내부 구현에서는 둘의 차이점이 없다. BeanFactory는 BeanDefinition 정보를 활용해 다음과 같이 구현할 수 있다.

```java
public class BeanFactory implements BeanDefinitionRegistry {
    private static final Logger log = LoggerFactory.getLogger(BeanFactory.
class);

    private Map<Class<?>, Object> beans = Maps.newHashMap();

    private Map<Class<?>, BeanDefinition> beanDefinitions = Maps.newHashMap();

    public void initialize() {
        for (Class<?> clazz : getBeanClasses()) {
            getBean(clazz);
        }
    }

    public Set<Class<?>> getBeanClasses() {
        return beanDefinitions.keySet();
    }

    @SuppressWarnings("unchecked")
    public <T> T getBean(Class<T> clazz) {
        Object bean = beans.get(clazz);
        if (bean != null) {
            return (T)bean;
        }
```

```
        Class<?> concreteClass = findConcreteClass(clazz);
        BeanDefinition beanDefinition = beanDefinitions.get(concreteClass);
        bean = inject(beanDefinition);
        beans.put(concreteClass, bean);
        return (T)bean;
    }

    private Class<?> findConcreteClass(Class<?> clazz) {
        Set<Class<?>> beanClasses = getBeanClasses();
        Class<?> concreteClazz = BeanFactoryUtils.findConcreteClass(
                        clazz, beanClasses);
        if (!beanClasses.contains(concreteClazz)) {
            throw new IllegalStateException(clazz + "는 Bean이 아니다.");
        }
        return concreteClazz;
    }

    private Object inject(BeanDefinition beanDefinition) {
        if (beanDefinition.getResolvedInjectMode() == InjectType.INJECT_NO)
{
            return BeanUtils.instantiate(beanDefinition.getBeanClass());
        } else if (beanDefinition.getResolvedInjectMode() ==
                    InjectType.INJECT_FIELD){
            return injectFields(beanDefinition);
        } else {
            return injectConstructor(beanDefinition);
        }
    }

    private Object injectConstructor(BeanDefinition beanDefinition) {
        Constructor<?> constructor = beanDefinition.getInjectConstructor();
        List<Object> args = Lists.newArrayList();
        for (Class<?> clazz : constructor.getParameterTypes()) {
            args.add(getBean(clazz));
        }
        return BeanUtils.instantiateClass(constructor, args.toArray());
    }

    private Object injectFields(BeanDefinition beanDefinition) {
        Object bean = BeanUtils.instantiate(beanDefinition.getBeanClass());
        Set<Field> injectFields = beanDefinition.getInjectFields();
```

```java
        for (Field field : injectFields) {
            injectField(bean, field);
        }
        return bean;
    }

    private void injectField(Object bean, Field field) {
        log.debug("Inject Bean : {}, Field : {}", bean, field);
        try {
            field.setAccessible(true);
            field.set(bean, getBean(field.getType()));
        } catch (IllegalAccessException | IllegalArgumentException e) {
            log.error(e.getMessage());
        }
    }

    [...]
}
```

빈 클래스의 의존관계와 관련한 정보 처리를 BeanDefinition이 담당하고 있기 때문에 BeanFactory가 담당할 책임이 줄어들었다. 객체지향 설계의 핵심은 객체의 역할과 책임에 대해 계속해서 고민하면서 한 가지 역할과 책임을 가지도록 하는 것이다. 각 객체의 역할과 책임을 명확히 한 후 객체 간의 협업을 통해 동작하는 애플리케이션을 완성해 가는 것이다. 하지만 애플리케이션을 개발하는 시작 단계에서 객체의 역할과 책임을 명확히 설계하기 힘들다. 물론 초반 설계와 구현 단계에서 구체화할 수 있는 부분까지 최대한 명확하게 설계해야겠지만 인간이 신이 아닌 이상 불가능하다.

이 절의 @Inject에 대한 기능 추가와 개선 작업을 살펴보면 초반에 Injector 인터페이스를 추가하고 구현하는 것이 적합한 것으로 생각했다. 그 시점에는 적합한 설계라 판단했다. 하지만 막상 구현한 결과를 보니 개선할 부분이 보였다. 이는 초반 설계를 잘못한 것이 아니다. 초반 설계를 하는 시점에 개발자가 이해한 애플리케이션에 대한 관점으로는 맞는 설계였다. 하지만 개발자가 애플리케이션을 구현하는 과정에서 애플리케이션에 대한 이해도는 높아졌기 때문에 개선할 부분이 보인 것이다. 이와 같이 개발자는 애플리케이션을 개발하면서 애플리케이션에 대한 이해도가 높아지고 설계를 개선할 부분이 보인다. 따라서 초반 설계를 철저히 하는 것도 중요하지만 그 보다 애플리케이션은 언제든지 변경될 수 있다는 가정하에 변경이 발생했을 때 빠르게 대처할 수 있는 리팩토링 역량을 쌓는 것이 더 중요하다.

BeanFactory의 initialize() 메소드를 보면 빈 전체에 대한 인스턴스 생성과 DI를 진행하고 있다. 그런데 이 과정에서 사용하는 메소드가 getBean()이다. getBean()을 통해 반환되는 빈 인스턴스를 사용하지도 않으면서 getBean() 메소드를 활용해 빈 인스턴스 생성과 DI 작업을 하고 있다. 뭔가 찜찜하다. 메소드가 담당하는 역할과 메소드 이름이 맞지 않는다. 빈 인스턴스 생성과 DI 작업을 담당하는 메소드와 getBean() 메소드를 분리하는 것이 더 좋지 않을까?

맞다. 나 또한 그렇게 생각했다. 나는 꾸준히 스터디를 하고 있는데 책을 쓰고 있는 시점에 진행한 스터디는 스프링 프레임워크 소스코드를 분석하면서 스프링 프레임워크에 대한 이해도를 높이고, 객체지향 설계에 대해 학습하고 있다. 그런데 스프링 프레임워크 소스코드를 분석하다 BeanFactory의 똑같은 부분에서 getBean() 메소드로 빈 인스턴스 생성과 DI 처리를 하는 것을 보고 신랄하게 비판했던 기억이 난다. getBean()을 사용하지 말고 createBean(), getBean()으로 나눈 후 초기화 과정에서는 createBean()을 사용하는 것이 더 낫지 않을까? 뭔가 의도가 있겠지만 도저히 이해가 되지 않았다.

그런데 이 책을 쓰면서 BeanFactory를 직접 구현하다보니 초기화 과정에서 getBean()을 사용한 의도를 알게 되었다. createBean()과 같은 새로운 메소드를 추가하는 것보다 getBean()을 활용하는 것이 소스코드를 훨씬 더 깔끔하게 구현할 수 있다는 것을 느꼈다. getBean()은 빈 저장소에 빈이 존재하면 반환하고, 그렇지 않을 경우 빈 인스턴스를 생성, DI를 한 후 저장소에 저장, 반환하는 작업을 담당한다. 그런데 이 과정을 분리할 경우 복잡도만 높아지고 초기화 과정에서 저장소에 빈이 존재하는지를 매번 확인해야 하기 때문에 그리 좋은 선택이 아니었다.

그렇다고 스터디에서 스프링 프레임워크 코드를 비판한 내 행동을 부끄러워하지 않는다. 비판을 했기 때문에 나는 getBean() 메소드의 의도를 파악하기 위해 더 노력할 수 있었다. 오히려 코드를 비판적으로 보면서 나라면 어떻게 구현할 것인지에 대해 생각하는 것이 자신의 역량을 더 키울 수 있다. 상대방이 구현한 코드를 무조건적으로 받아들이지 말고 비판적인 시각으로 바라볼 때 자신만의 색깔을 만들 수 있고, 역량을 키울 수 있다. 이 책에서 구현한 코드 또한 부족한 부분이 많기 때문에 무조건 수용하기보다는 비판적인 시각으로 바라보면서 개선할 부분을 찾아보면 좋겠다.

지금까지 구현한 코드는 https://github.com/slipp/jwp-basic 저장소의 step13-3rd-di-framework 브랜치에서 확인할 수 있다. 다음 단계 실습도 step13-3rd-di-framework 브랜치에서 시작하면 된다.

12.4 설정 추가를 통한 유연성 확보

지속적인 리팩토링을 통해 객체의 역할과 책임을 분리했다. 지금까지 구현한 DI 프레임워크도 충분히 쓸만하다. step13-3rd-di-framework 브랜치에서 지금까지 구현한 소스코드를 비판적인 시각으로 분석해 보자. 정말 쓸만한가? 이 프레임워크를 다른 프로젝트에서도 재사용 가능한 상태인가?

다른 프로젝트에서도 사용할 수 있는 범용적인 프레임워크로 활용하려면 어떤 부분을 개선하면 좋을까? 먼저 개선할 부분을 찾아보자.

- MVC 프레임워크의 핵심인 DispatcherServlet의 init() 메소드를 보니 "next"라는 패키지 이름이 하드코딩되어 있다. 애플리케이션의 기본 패키지명을 외부에서 전달할 수 있도록 구현해야겠다.

- JDBC 공통 라이브러리인 JdbcTemplate이 아직까지 싱글톤 패턴이 적용되어 있다. 싱글톤 패턴을 사용하지 말고 DI 프레임워크의 빈으로 등록해 관리하도록 한다. 단, @Controller, @Service, @Repository가 JdbcTemplate을 표현하기에 적

합하지 않다. 이와 같이 각 레이어에 명확히 일치하지 않는 빈을 지원하는 애노테이션을 추가할 필요가 있겠다.

- JdbcTemplate를 분석하다보니 데이터베이스 Connection을 생성하는 부분도 static으로 구현되어 있다. 또한 데이터베이스 설정 정보 또한 하드 코딩으로 관리하고 있어 특정 데이터베이스에 종속되는 구조로 구현되어 있다. 데이터베이스에 종속되지 않도록 구현하고 Connection Pooling을 지원하기 위해 Connection 대신 javax.sql.DataSource 인터페이스에 의존관계를 가지도록 지원하면 좋겠다.

위 3가지 부분만 개선하면 다른 프로젝트에서 사용할 수 있는 범용적인 프레임워크가 가능하겠다. 어떻게 해결하면 좋을까?

첫 번째 이슈는 서블릿에 인자를 전달함으로써 문제를 해결할 수 있다. 서블릿 컨테이너의 경우 web.xml 설정을 통해 서블릿에 인자를 전달할 수 있다. web.xml을 사용하면 쉽게 해결할 수 있겠지만 서블릿 3.0 이후 버전에서는 web.xml을 사용하지 않고 설정이 가능한데 web.xml을 사용하지 않고 구현 가능하도록 구현하는 것이 좋겠다. 검색을 통해 찾아보니 ServletContainerInitializer 인터페이스를 구현해 해결할 수 있겠다.

두 번째 이슈는 @Controller, @Service, @Repository 애노테이션에 @Component 라는 애노테이션을 추가해 문제를 해결할 수 있겠다. 이 작업은 ClasspathBean DefinitionScanner 클래스에 @Component 애노테이션 설정만 추가하면 쉽게 해결할 수 있겠다.

세 번째 이슈 또한 쉽게 해결할 수 있겠다. DataSource 구현체로 Apache Commons 에서 제공하는 DBCP 라이브러리[1]를 활용해 데이터베이스 설정을 한 후 빈으로 등록해 사용하면 되겠다. 어! 그런데 빈으로 어떻게 등록하지? 지금까지 등록한 모든 빈은 애플리케이션을 개발할 때 개발자가 직접 구현한 클래스이기 때문에 애노테이션

---

1 https://commons.apache.org/proper/commons-dbcp/, 자바 진영에서 Connection Pooling을 지원하기 위해 많이 활용되는 라이브러리 중 하나이다

설정이 가능했다. 그런데 DBCP 구현체의 경우 외부 라이브러리로 우리가 직접 수정할 수 없다. DataSource 구현체인 BasicDataSource를 상속한 후 빈 설정하면 해결할 수 있겠다. 하지만 외부 라이브러리를 사용할 때마다 매번 클래스를 상속해야 한다는 것이 불합리하게 느껴진다. 이를 지원하기 위해 새로운 해결책을 찾아야겠다.

세 번째 이슈는 마지막에 해결하는 것으로 하고 첫 번째와 두 번째 이슈를 먼저 해결해 보자.

12.4.1 ServletContainerInitializer를 활용해 web.xml 없이 웹 개발하기

ServletContainerInitializer 인터페이스를 구현해 서블릿 컨테이너의 초기화 과정을 확장할 수 있도록 지원할 수 있다. ServletContainerInitializer 인터페이스를 구현하려면 먼저 확장을 위해 자체적으로 사용할 인터페이스를 정의해야 한다. WebApplicationInitializer 이름으로 인터페이스를 구현한다.

```java
public interface WebApplicationInitializer {
    void onStartup(ServletContext servletContext) throws ServletException;
}
```

위와 같이 인터페이스를 추가한 후 ServletContainerInitializer에 대한 구현체를 다음과 같이 구현한다.

```java
@HandlesTypes(WebApplicationInitializer.class)
public class MyServletContainerInitializer implements
        ServletContainerInitializer {
    @Override
    public void onStartup(Set<Class<?>> webAppInitializerClasses,
            ServletContext servletContext) throws ServletException {
        List<WebApplicationInitializer> initializers =
            new LinkedList<WebApplicationInitializer>();

        if (webAppInitializerClasses != null) {
            for (Class<?> waiClass : webAppInitializerClasses) {
```

```
        try {
            initializers.add((WebApplicationInitializer)
                            waiClass.newInstance());
        } catch (Throwable ex) {
            throw new ServletException("Failed to instantiate
                WebApplicationInitializer class", ex);
        }
    }
}

if (initializers.isEmpty()) {
    servletContext.log("No Spring WebApplicationInitializer types
                    detected on classpath");
    return;
}

for (WebApplicationInitializer initializer : initializers) {
    initializer.onStartup(servletContext);
}
    }
}
```

서블릿 컨테이너는 클래스패스에 존재하는 클래스 중 WebApplicationInitializer 인터페이스를 구현하는 모든 구현체를 찾아 MyServletContainerInitializer의 onStartUp() 메소드의 인자로 전달한다. onStartUp() 메소드는 서블릿 컨테이너에서 전달한 WebApplicationInitializer의 onStartUp() 메소드를 실행하고 있다. 따라서 개발자는 WebApplicationInitializer 인터페이스를 구현함으로써 서블릿 컨테이너 초기화 과정을 확장할 수 있다.

MyServletContainerInitializer의 onStartUp()을 실행하려면 서블릿 컨테이너가 이 클래스를 인식할 수 있도록 설정을 추가해야 한다. 설정 파일은 클래스패스의 META-INF/services 디렉토리에 javax.servlet.ServletContainerInitializer 파일을 추가한 후 core.web.MyServletContainerInitializer와 같이 추가하면 된다.

지금까지 과정을 통해 web.xml 없이도 서블릿 기반 웹 애플리케이션 개발이 가능한
상태가 되었다. DispatcherServlet에 하드코딩으로 구현되어 있던 패키지 이름을
WebApplicationInitializer에 대한 구현체를 만들어 다음과 같이 구현할 수 있다.

```java
public class MyWebApplicationInitializer implements
            WebApplicationInitializer {
    private static final Logger log =
                LoggerFactory.getLogger(MyWebApplicationInitializer.class);

    @Override
    public void onStartup(ServletContext servletContext) throws
                ServletException {
        ServletRegistration.Dynamic dispatcher =
          servletContext.addServlet("dispatcher",
              new DispatcherServlet("next"));
        dispatcher.setLoadOnStartup(1);
        dispatcher.addMapping("/");

        log.info("Start MyWebApplication Initializer");
    }
}
```

MyWebApplicationInitializer에서 DispatcherServlet을 직접 생성해 등록하
고 있기 때문에 DispatcherServlet의 @WebServlet 애노테이션 설정이 필요없다.
DispatcherServlet 구현 코드는 다음과 같다.

```java
public class DispatcherServlet extends HttpServlet {
    private List<HandlerMapping> mappings = Lists.newArrayList();
    private List<HandlerAdapter> handlerAdapters = Lists.newArrayList();

    private Object[] basePackages;

    public DispatcherServlet(Object... basePackages) {
        this.basePackages = basePackages;
    }

    @Override
```

```
public void init() throws ServletException {
    AnnotationHandlerMapping ahm =
                new AnnotationHandlerMapping(basePackages);
    ahm.initialize();
    mappings.add(ahm);
    handlerAdapters.add(new HandlerExecutionHandlerAdapter());
}

[...]
}
```

DispatcherServlet의 init() 메소드를 보면 AnnotationHandlerMapping과 직접적인 의존관계를 가진다. 이 부분도 DI를 통해 느슨한 의존관계를 가지도록 변경해 확장 가능하도록 개선할 수 있다. 생성자에 HandlerMapping을 인자로 전달할 수 있도록 다음과 같이 리팩토링할 수 있다.

```
public class DispatcherServlet extends HttpServlet {
    [...]

    private HandlerMapping hm;

    public DispatcherServlet(HandlerMapping hm) {
        this.hm = hm;
    }

    @Override
    public void init() throws ServletException {
        mappings.add(hm);
        handlerAdapters.add(new HandlerExecutionHandlerAdapter());
    }
}
```

위와 같이 리팩토링함으로써 DispatcherServlet 또한 HandlerMapping에 대한 구현체와 의존관계를 가지지 않도록 구현함으로써 유연성을 가질 수 있게 되었다. 이것이 DI가 가지는 유연함이다. DispatcherServlet이 어느 HandlerMapping 구현체와 의존관계를 가질 것인지는 DispatcherServlet을 생성하는 MyWebApplication Initializer가 결정하게 된다.

```java
public class MyWebApplicationInitializer implements
        WebApplicationInitializer {
    @Override
    public void onStartup(ServletContext servletContext) throws
            ServletException {
        AnnotationHandlerMapping ahm = new AnnotationHandlerMapping("next");
        ahm.initialize();
        ServletRegistration.Dynamic dispatcher =
                servletContext.addServlet("dispatcher",
                        new DispatcherServlet(ahm));

        [...]
    }
}
```

지금까지 과정을 통해 DispatcherServlet이 가지고 있던 문제점을 해결했다. 만약 DispatcherServlet을 확장하고 싶으면 WebApplicationInitializer을 구현함으로 써 확장 가능하다.

12.4.2 @Component 애노테이션 지원

이 문제에 대한 해결책은 너무 쉽다. 먼저 @Component를 추가한다.

```java
@Target({ElementType.TYPE})
@Retention(RetentionPolicy.RUNTIME)
public @interface Component {
    String value() default "";
}
```

ClasspathBeanDefinitionScanner의 doScan() 메소드에 @Component로 설정한 클래 스도 찾을 수 있도록 추가한다.

```
public class ClasspathBeanDefinitionScanner {
    @SuppressWarnings("unchecked")
    public void doScan(Object... basePackages) {
        Reflections reflections = new Reflections(basePackages);
        Set<Class<?>> beanClasses = getTypesAnnotatedWith(reflections,
            Controller.class, Service.class, Repository.class,
                Component.class);
        [...]
    }
}
```

@Component를 활용해 JdbcTemplate을 빈으로 등록 가능하도록 설정한 후 각 DAO 에서 JdbcTemplate을 DI로 사용하도록 리팩토링한다.

```
@Component
public class JdbcTemplate {
    [...]
}

@Repository
public class JdbcQuestionDao implements QuestionDao {
    private JdbcTemplate jdbcTemplate;

    @Inject
    public JdbcQuestionDao(JdbcTemplate jdbcTemplate) {
        this.jdbcTemplate = jdbcTemplate;
    }

    [...]
}
```

위와 같이 변경한 후 서버를 시작했더니 에러가 발생한다. 이유는 JdbcTemplate이 "next" 패키지가 아니라 "core" 패키지 아래에 있기 때문이다. MyWebApplication Initializer에 "core" 패키지도 인식할 수 있도록 구현해 해결할 수 있다.

```
public class MyWebApplicationInitializer implements
WebApplicationInitializer {
    @Override
    public void onStartup(ServletContext servletContext) throws
ServletException {
        AnnotationHandlerMapping ahm =
                    new AnnotationHandlerMapping("core", "next");

        [...]
    }
}
```

두 번째 이슈도 쉽게 해결했다. 마지막으로 세 번째 이슈가 남았다. 세 번째 이슈는
실습으로 진행해 보자.

12.5 외부 라이브러리 클래스를 빈으로 등록하기

12.5.1 요구사항

이 문제를 해결하는 좋은 방법은 개발자가 직접 빈을 생성해 관리할 수 있는 별도의
설정 파일을 만드는 방법이다. 예를 들어 설정 파일에 빈 인스턴스를 생성하는 메소
드를 구현해 놓고 애노테이션으로 설정한다. DI 프레임워크는 이 설정 파일을 읽어
BeanFactory에 빈으로 저장할 수 있다면 ClasspathBeanDefinitionScanner를 통해
등록한 빈과 같은 저장소에서 관리할 수 있겠다.

설정 파일은 자바 클래스로 하고 모든 설정은 애노테이션을 통해 관리할 수 있으면
좋겠다. 별도의 설정 파일을 만들면서 ClasspathBeanDefinitionScanner에서 사용할
기본 패키지 설정도 설정 파일에서 할 수 있도록 관리하면 좋겠다. 이 같은 설계에 따
른 설정 파일의 예는 다음과 같다.

```
@Configuration
@ComponentScan({ "next", "core" })
public class MyConfiguration {
    @Bean
    public DataSource dataSource() {
        BasicDataSource ds = new BasicDataSource();
        ds.setDriverClassName("org.h2.Driver");
        ds.setUrl("jdbc:h2:~/jwp-basic;AUTO_SERVER=TRUE");
        ds.setUsername("sa");
        ds.setPassword("");
        return ds;
    }

    @Bean
    public JdbcTemplate jdbcTemplate(DataSource dataSource) {
        return new JdbcTemplate(dataSource);
    }
}
```

자바 클래스가 설정 파일이라는 표시는 @Configuration으로 한다. 각 메소드에서 생성하는 인스턴스가 BeanFactory에 빈으로 등록하라는 설정은 @Bean 애노테이션으로 한다. ClasspathBeanDefinitionScanner에서 사용할 기본 패키지에 대한 설정을 하드 코딩했는데 설정 파일에서 @ComponentScan으로 설정할 수 있도록 지원하면 좋겠다.

위와 같이 @Configuration 설정 파일을 통해 등록한 빈과 ClasspathBeanDefinition Scanner를 통해 등록한 빈 간에도 DI가 가능해야 한다.

이 요구사항을 구현하기 위한 실습은 https://github.com/slipp/jwp-basic 저장소의 step13-3rd-di-framework 브랜치에서 시작할 수 있다.

12.5.2 1단계 힌트

바로 구현에 뛰어들기보다 위 요구사항을 테스트할 수 있는 단위 테스트를 먼저 구현할 것을 추천한다. AnnotatedBeanDefinitionReaderTest와 같은 이름으로 테스트 클래스를 만들고 앞의 설정 파일을 참고해 테스트용 설정 파일을 만든다.

설정 파일에서 사용할 애노테이션은 이미 앞에서 추가한 애노테이션을 참고해 @Configuration(@Controller 참고), @Bean(@Inject 참고), @ComponentScan을 추가한다. @ComponentScan은 배열을 값으로 전달할 수 있도록 다음과 같이 추가한다.

```
@Target({ElementType.TYPE})
@Retention(RetentionPolicy.RUNTIME)
public @interface ComponentScan {
    String[] value() default {};
    String[] basePackages() default {};
}
```

이 문제를 해결하려면 @Configuration 설정 파일을 읽어 BeanFactory에 Bean Defintion을 등록하는 역할을 하는 새로운 AnnotatedBeanDefinitionReader 클래스를 추가한다. AnnotatedBeanDefinitionReader는 @Configuration이 설정되어 있는 클래스에서 @Bean이 설정되어 있는 메소드를 찾는다. BeanFactory에 등록할 빈은 @Bean으로 설정되어 있는 메소드의 반환 값에 해당하는 클래스이다. 따라서 메소드 반환 클래스에 해당하는 BeanDefintion을 생성한 후에 BeanFactory에 등록하면 된다.

BeanDefintion을 생성할 때 고려할 부분은 빈 인스턴스를 생성하려면 @Bean으로 설정되어 있는 메소드(리플렉션의 Method) 정보가 필요하다. 따라서 기존의 BeanDefinition을 상속하는 AnnotatedBeanDefinition를 추가한 후 메소드 정보까지 같이 전달해야 한다.

이 과정까지 끝나면 가장 중요한 BeanFactory의 getBean() 메소드를 구현해야 한다. getBean() 메소드는 인자로 전달되는 빈 클래스에 해당하는 BeanDefinition이 AnnotatedBeanDefinition 인스턴스일 경우 기존과 다른 방식으로 빈 인스턴스를 생성하면된다.

마지막 작업은 ApplicationContext가 ClasspathBeanDefinitionScanner에서 사용할 기본 패키지 정보를 받는 것이 아니라 @Configuration에 설정되어 있는 설정 파일을 인자로 받도록 수정한 후 @ComponentScan 값을 구해 ClasspathBeanDefinition Scanner로 전달하고 AnnotatedBeanDefinitionReader를 통해 설정 파일에 등록된 @Bean을 BeanFactory에 등록하도록 구현해야 한다. 지금까지 과정을 통해 구현한 클래스의 관계를 클래스 다이어그램으로 살펴보면 다음과 같다.

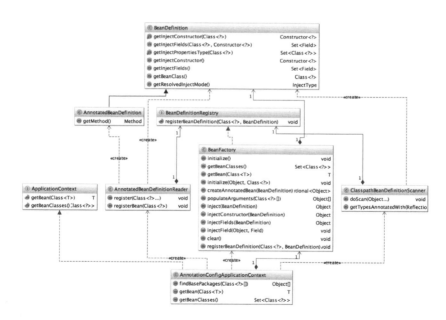

나머지는 정리 작업만 하는 자잘한 작업이 남았을 뿐이다. 가능하면 1단계 힌트만 보고 직접 구현해 볼 것을 추천한다. 앞의 다른 구현에 비해 다소 어려울 수 있지만 스프링 프레임워크가 빈을 관리하는 방식을 이해할 수 있는 중요한 실습이니 만큼 반드시 구현해 봤으면 한다.

12.5.3 2단계 힌트

12.5.3.1 단위 테스트 코드 만들기

먼저 src/test/java에 다음과 같이 테스트용 설정 파일을 추가한다.

```java
@Configuration
public class ExampleConfig {
    @Bean
    public DataSource dataSource() {
        BasicDataSource ds = new BasicDataSource();
        ds.setDriverClassName("org.h2.Driver");
        ds.setUrl("jdbc:h2:~/jwp-basic;AUTO_SERVER=TRUE");
        ds.setUsername("sa");
        ds.setPassword("");
        return ds;
    }
}
```

위 설정 파일을 읽어 BeanFactory에 등록한 후 getBean()을 통해 빈을 찾았을 때 null이 아닌지 여부를 판단하는 테스트를 추가한다.

```java
public class AnnotatedBeanDefinitionReaderTest {
    @Test
    public void register_simple() {
        BeanFactory beanFactory = new BeanFactory();
        AnnotatedBeanDefinitionReader abdr =
                    new AnnotatedBeanDefinitionReader(beanFactory);
        abdr.register(ExampleConfig.class);
```

```
        beanFactory.initialize();

        assertNotNull(beanFactory.getBean(DataSource.class));
    }
}
```

12.5.3.2 BeanFactory에 BeanDefinition 추가

@Configuration 설정 파일에서 @Bean으로 설정되어 있는 메소드를 먼저 찾는다.

```
    public static Set<Method> getBeanMethods(Class<?> clazz) {
        return getAllMethods(clazz, ReflectionUtils.withAnnotation(Bean.class));
    }
```

빈을 생성하려면 @Bean이 설정되어 있는 메소드 정보가 필요하다. 따라서 기존의 BeanDefinition을 상속하는 AnnotatedBeanDefinition을 추가한다.

```
public class AnnotatedBeanDefinition extends BeanDefinition {
    private Method method;

    public AnnotatedBeanDefinition(Class<?> clazz, Method method) {
        super(clazz);
        this.method = method;
    }

    public Method getMethod() {
        return method;
    }
}
```

AnnotatedBeanDefinition 생성시 주의할 점은 BeanFactory에 등록하는 빈은 @Bean이 설정되어 있는 메소드의 반환 클래스이다.

생성한 AnnotatedBeanDefinition 인스턴스를 BeanFactory에 추가한다.

12.5.3.3 빈 인스턴스 생성 및 의존관계 주입

BeanFactory에 BeanDefinition을 추가했으니 빈 인스턴스 생성과 의존관계를 주입해야 한다. BeanFactory의 getBean() 메소드에서 AnnotatedBeanDefinition을 고려해 개발한다.

```
public <T> T getBean(Class<T> clazz) {
    Object bean = beans.get(clazz);
    if (bean != null) {
        return (T)bean;
    }

    BeanDefinition beanDefinition = beanDefinitions.get(clazz);
    if (beanDefinition != null && beanDefinition instanceof
                        AnnotatedBeanDefinition) {
        bean = createAnnotatedBean(beanDefinition);
        beans.put(clazz, bean);
        return (T)bean;
    }

    [...]
}
```

위와 같이 구현을 완료한 후 앞에서 추가한 테스트가 성공하는지 확인한다. 실패한다면 원인을 찾아 해결한다.

테스트가 성공하면 더 복잡한 설정을 추가해 테스트한다. 설정 파일에 대한 테스트가 모두 성공하면 ClasspathBeanDefinitionScanner와의 통합 테스트를 진행한다. 즉, ClasspathBeanDefinitionScanner에서 추가한 빈과 AnnotatedBeanDefinitionReader를 통해 추가한 빈 사이에 DI가 가능한지 테스트할 수 있는 빈을 추가한 후 테스트를 진행한다.

12.5.3.4 ApplicationContext가 설정 파일을 사용하도록 리팩토링

ApplicationContext에서 @Configuration 설정 파일을 생성자 인자로 전달받을 수 있도록 수정하고 ClasspathBeanDefinitionScanner에서 사용할 기본 패키지 정보를 @ComponentScan에서 찾는다.

```java
public class ApplicationContext {
    [...]

    private Object[] findBasePackages(Class<?>[] annotatedClasses) {
        List<Object> basePackages = Lists.newArrayList();
        for (Class<?> annotatedClass : annotatedClasses) {
            ComponentScan componentScan =
                annotatedClass.getAnnotation(ComponentScan.class);
            if (componentScan == null) {
                continue;
            }
            for(String basePackage : componentScan.value()) {
                log.info("Component Scan basePackage : {}", basePackage);
            }
            basePackages.addAll(Arrays.asList(componentScan.value()));
        }
        return basePackages.toArray();
    }
}
```

ApplicationContext에서 ClasspathBeanDefinitionScanner와 AnnotatedBean DefinitionReader를 같이 사용할 수 있도록 통합한다.

12.5.3.5 AnnotationHandlerMapping에 ApplicationContext를 DI

AnnotationHandlerMapping에서 ApplicationContext를 직접 생성하고 있는데 ApplicationContext도 DI 하도록 수정한다. 이 둘 사이의 관계를 느슨한 결합으로 유지하려면 ApplicationContext라는 인터페이스를 추출하고, 기존의

ApplicationContext 클래스를 AnnotationConfigApplicationContext으로 이름을
변경한다.

```
public class MyWebApplicationInitializer implements
WebApplicationInitializer {
    @Override
    public void onStartup(ServletContext servletContext) throws ServletException {
        ApplicationContext ac =
                new AnnotationConfigApplicationContext(MyConfiguration.class);
        AnnotationHandlerMapping ahm = new AnnotationHandlerMapping(ac);
        ahm.initialize();
        [...]
    }
}
```

지금까지 구현을 완료했으면 MyConfiguration에서 설정한 JdbcTemplate을 사용하도
록 각 DAO 클래스를 수정하고 테스트한다. MyConfiguration은 앞에서 요구사항을
분석할 때 예제로 사용한 소스와 같다.

힌트를 통해 구현할 코드의 대부분을 공유했기 때문에 직접적인 구현 과정에 대한 설
명은 생략하겠다. 전체 통합된 코드는 https://github.com/slipp/jwp-basic 저장소의
step14-di-framework-completed 브랜치에서 확인할 수 있다.

12.6 초기화 기능 추가

끝났다. 정말 긴 여정이었다. 이제 필요없는 코드를 정리하는 작업만하면 끝나겠
다. 데이터베이스 Connection 관리를 설정 파일에서 하고 있기 때문에 더 이상
ConnectionManager가 필요없다. 클래스를 제거한다. 앗, 컴파일 에러가 발생했다.
뭐 쉽게 해결할거야라는 생각으로 ContextLoaderListener를 열었다. 생각보다 간단
한 문제가 아니다. BeanFactory에서 관리하는 DataSource를 사용하도록 변경하려면

ContextLoaderListener도 빈으로 등록해야겠다. 그런데 빈 등록을 하면서 초기화 작업이 필요하다.

BeanFactory에서 빈 인스턴스를 생성하고 DI가 끝난 후 초기화 작업을 진행하도록 기능을 추가해야겠다. 초기화가 필요한 메소드에 설정할 수 있도록 @PostConstruct 라는 애노테이션을 추가한다. 빈에 대한 DI가 끝난 후 @PostConstruct를 설정한 메소드가 존재하면 메소드를 실행해 초기화할 수 있도록 지원하면 되겠다.

```java
@Target({ ElementType.METHOD })
@Retention(RetentionPolicy.RUNTIME)
public @interface PostConstruct {
}
```

데이터베이스 초기화를 담당하는 ContextLoaderListener를 DBInitializer로 이름을 변경하고 다음과 같이 구현한다.

```java
@Component
public class DBInitializer {
    private static final Logger logger =
                        LoggerFactory.getLogger(DBInitializer.class);

    @Inject
    private DataSource dataSource;

    @PostConstruct
    public void initialize() {
        ResourceDatabasePopulator populator =
                                new ResourceDatabasePopulator();
        populator.addScript(new ClassPathResource("jwp.sql"));
        DatabasePopulatorUtils.execute(populator, dataSource);

        logger.info("Completed Load ServletContext!");
    }
}
```

마지막으로 BeanFactory의 getBean()에서 @PostConstruct 설정 메소드를 찾아 실행하면 빈에 대한 초기화 작업 구현은 끝이다.

```java
public class BeanFactory implements BeanDefinitionRegistry {
    public <T> T getBean(Class<T> clazz) {
        [...]

        beanDefinition = beanDefinitions.get(concreteClazz.get());
        bean = inject(beanDefinition);
        beans.put(concreteClazz.get(), bean);
        initialize(bean, concreteClazz.get());
        return (T)bean;
    }

    private void initialize(Object bean, Class<?> beanClass) {
        Set<Method> initializeMethods =
            BeanFactoryUtils.getBeanMethods(beanClass, PostConstruct.class);
        if (initializeMethods.isEmpty()) {
            return;
        }
        for (Method initializeMethod : initializeMethods) {
            log.debug("@PostConstruct Initialize Method : {}",
                    initializeMethod);
            BeanFactoryUtils.invokeMethod(initializeMethod, bean,
                populateArguments(initializeMethod.getParameterTypes()));
        }
    }
}
```

빈에 대한 초기화 작업은 위와 같이 간단히 구현을 완료했다. 이로써 애플리케이션 개발에 필요한 DI 프레임워크의 구현을 완료했다.

물론 아직까지 부족한 점이 많은 것 또한 사실이다. 하지만 부족한 부분은 지금까지의 과정을 통해 구현했듯이 부족한 부분이 보이면 개선하는 방식으로 접근할 수 있겠다.

지금까지 구현한 DI 프레임워크는 빈에 대한 인스턴스 생성, DI, 초기화 등을 담당하고 있다. 이는 서블릿 컨테이너가 서블릿 인스턴스를 생성하고 초기화 과정을 통해 서블릿의 생명주기를 관리한 것과 같다. 따라서 지금까지 구현한 DI 프레임워크 또한 빈 컨테이너 또는 DI 컨테이너라고 부른다.

최종 완료한 MVC 프레임워크와 DI 프레임워크 소스코드는 https://github.com/slipp/jwp-basic 저장소의 step14-4th-di-framework 브랜치에서 확인할 수 있다.

12.7 인터페이스, DI, DI 컨테이너

지금까지 구현한 DI 프레임워크의 핵심 설계와 구현은 가능한 스프링 프레임워크의 설계와 구현을 따르기 위해 노력했다. DI 프레임워크를 구현하면서 스프링 프레임워크에 대한 이해도를 높이는 측면도 있지만 스프링 프레임워크가 객체지향 설계에 대해 배울 점이 많은 코드이기 때문이다.

마지막 단계로 지금까지 구현한 DI 프레임워크를 스프링 프레임워크 코드를 참고해 패키지를 분리하고, 인터페이스화하는 작업을 진행해 보자. 이를 통해 인터페이스 기반 개발의 장점과 객체지향 설계에 대해 다시 한번 고민해 볼 수 있는 시간을 가져보자.

지금까지 MVC 프레임워크와 DI 프레임워크를 구현하는 과정을 돌아보면 유연성과 확장성이 필요한 경우 인터페이스를 추가하고 이 인터페이스를 구현하는 구현체를 추가하는 방식으로 확장했다. 대표적으로 MVC 프레임워크를 구현할 때 `View`, `HandlerAdapter`, `HandlerMapping` 인터페이스를 통해 확장하거나, 새로운 프레임워크로 자연스럽게 변화하는 경험을 했다. DI 프레임워크 또한 같은 방식으로 확장해 나가는 것이 가능하다. 스프링 프레임워크가 버전을 업그레이드하면서 하위 버전을 지원할 수 있는 이유 또한 잘 설계한 인터페이스에 있다.

DI 프레임워크의 경우도 각 기능마다 변화가 발생하는 시점이 다른 부분은 서로 다른 인터페이스로 분리함으로써 각 인터페이스마다 서로 다르게 변화, 발전할 수 있도록 유연성을 확보할 수 있다. 그 대표적인 예로 설정 파일에서 BeanDefinition을 읽어들이는 BeanDefinitionReader와 읽어들인 BeanDefinition 저장을 담당하는 BeanDefinitionRegistry을 들 수 있다.

```
package core.di.beans.factory.support;

public interface BeanDefinitionReader {
    void loadBeanDefinitions(Class<?>... annotatedClasses);
}
```

```
package core.di.beans.factory.support;

import core.di.beans.factory.config.BeanDefinition;

public interface BeanDefinitionRegistry {
    void registerBeanDefinition(Class<?> clazz, BeanDefinition beanDefinition);
}
```

물론 스프링 프레임워크는 더 많은 메소드를 가지고 있다. 이 2개의 인터페이스에서 눈여겨 볼 부분은 메소드의 많고 적음이 아니라 역할이 다르고, 변화 시점이 다른 부분을 인터페이스로 분리해 서로에게 영향을 미치지 않으면서 변화가 가능하도록 하는 것이다.

인터페이스를 분리함으로써 BeanDefinitionReader는 BeanDefinition을 생성하기 위해 애노테이션 설정만을 지원하는 것이 아니라 XML, Property 설정을 지원하도록 확장할 수 있다. BeanDefinitionRegistry 또한 BeanDefinitionReader의 변화에 영향을 받지 않으면서 독립적으로 확장하는 것이 가능하다.

BeanDefinition, BeanFactory 또한 인터페이스 기반으로 확장 가능하도록 구현하는 것이 가능하다.

```java
package core.di.beans.factory;

import java.util.Set;

public interface BeanFactory {
    Set<Class<?>> getBeanClasses();
    <T> T getBean(Class<T> clazz);
    void clear();
}
```

```java
package core.di.beans.factory.config;

import java.lang.reflect.Constructor;
import java.lang.reflect.Field;
import java.util.Set;

import core.di.beans.factory.support.InjectType;

public interface BeanDefinition {
    Constructor<?> getInjectConstructor();
    Set<Field> getInjectFields();
    Class<?> getBeanClass();
    InjectType getResolvedInjectMode();
}
```

이와 같이 확장이 필요하다고 생각하는 부분을 인터페이스로 구현하고 각 인터페이스 사이의 연결은 구현 클래스가 아닌 인터페이스를 통해서만 의존관계를 가지도록 연결함으로써 유연한 구조를 가져갈 수 있다. 각각의 인터페이스는 서로 다른 속도로 변화해 나가는 것이 가능하다. 이와 같이 서로 다르게 변화하는 구현 클래스 사이의 연결은 이 클래스의 연결을 담당하는 팩토리factory 클래스를 통해 담당하도록 구현함으로써 개발자의 편의성을 확보할 수 있다. 지금까지 구현 과정에서 대표적인 팩토리 클래스는 ApplicationContext였다. 이 팩토리 클래스 또한 구현 클래스의 연결 조합에 따라 다양한 조합이 가능하기 때문에 인터페이스를 추가한 후 확장 가능하도록 구현할 수 있다.

```
package core.di.context;

import java.util.Set;

public interface ApplicationContext {
    <T> T getBean(Class<T> clazz);
    Set<Class<?>> getBeanClasses();
}
```

ApplicationContext 인터페이스에 대한 구현 클래스는 애노테이션 설정을 기반으로 DI 컨테이너를 생성할 경우 AnnotationConfigApplicationContext라는 이름으로 다음과 같이 확장할 수 있다.

```
public class AnnotationConfigApplicationContext implements
ApplicationContext {
    private static final Logger log =
            LoggerFactory.getLogger(AnnotationConfigApplicationContext.class);

    private DefaultBeanFactory beanFactory;

    public AnnotationConfigApplicationContext(Class<?>... annotatedClasses) {
        Object[] basePackages = findBasePackages(annotatedClasses);
        beanFactory = new DefaultBeanFactory();
        BeanDefinitionReader abdr =
                        new AnnotatedBeanDefinitionReader(beanFactory);
        abdr.loadBeanDefinitions(annotatedClasses);

        if (basePackages.length > 0) {
            ClasspathBeanDefinitionScanner scanner =
                            new ClasspathBeanDefinitionScanner(beanFactory);
            scanner.doScan(basePackages);
        }
```

```
        beanFactory.preInstantiateSinglonetons();
    }

    private Object[] findBasePackages(Class<?>[] annotatedClasses) {
        [...]
    }

    @Override
    public <T> T getBean(Class<T> clazz) {
        return beanFactory.getBean(clazz);
    }

    @Override
    public Set<Class<?>> getBeanClasses() {
        return beanFactory.getBeanClasses();
    }
}
```

AnnotationConfigApplicationContext는 각 인터페이스에 대한 구현체를 조합하는 역할만 담당하고 있다. 애노테이션 설정 기반의 DI 컨테이너에 대한 실질적인 작업은 BeanFactory에 모두 위임하고 있다. 같은 방식으로 XML 설정 기반의 DI 컨테이너를 만들고 싶으면 XML 설정을 읽어 BeanDefinition으로 생성하는 XmlBeanDefinitionReader를 추가하고, 이 구현 클래스들을 조합해 XML 설정 기반의 DI 컨테이너를 만드는 XmlApplicationContext를 구현하면 된다. 이와 같이 확장함으로써 수많은 조합의 ApplicationContext를 생성하는 것이 가능하다.

수많은 조합이 가능한 이유는 인터페이스를 활용하고, 각 객체 간의 의존관계를 연결할 때 DI를 기반으로 했기 때문이다. 객체지향 개발에서 중복 코드를 제거하는 방법은 상속을 통한 중복 제거와 조합composition을 통해 중복을 제거할 수 있다. 우리가 지금까지 학습한 DI가 조합을 통한 중복 제거 방법이다. 앞의 AnnotationConfigApplicationContext 구현의 경우 DefaultBeanFactory를 상속할 수도 있다. 하지만 이와 같이 DefaultBeanFactory를 상속할 경우 DefaultBeanFactory 클래스에 대한 강한 의존관계tightly coupling를 가진다. 즉, DefaultBeanFactory와 AnnotationConfigApplica
tionContext의 변화 속도가 같아진다. 따라서 상속보다는 앞의 AnnotationConfigApp
licationContext 구현처럼 조합을 통해 클래스 간의 의존관계를 가지도록 구현함으
로써 의존관계를 느슨하게 유지할 수 있고, 변화에 유연하게 대응할 수 있다. 유연한
애플리케이션을 개발하려면 상속보다는 조합을 적극적으로 활용할 것을 추천한다.

객체 간의 의존관계를 조합으로 개발하더라도 구현 클래스를 통해 의존관계를 가지
는 것보다 인터페이스를 통해 의존관계를 가지는 것이 더 유연한 애플리케이션 개발
이 가능하다. 인터페이스 기반으로 의존관계를 가지도록 지원하려면 DI를 통해 가능
하다. 유연한 애플리케이션이 가능하다는 것은 테스트하기도 쉬워진다는 것을 의미
한다. 즉, 인터페이스를 활용하고, DI 기반으로 개발할 경우 자연스럽게 테스트하기
쉬운 코드가 된다.

앞에서 구현한 MVC 프레임워크 중 AnnotationHandlerMapping이 대표적인 예로 인
터페이스와 DI 기반으로 개발하고 있는 코드이다. AnnotationHandlerMapping 클래
스는 ApplicationContext 인터페이스와 의존관계를 가진다.

```java
public class AnnotationHandlerMapping implements HandlerMapping {
    private ApplicationContext applicationContext;

    public AnnotationHandlerMapping(ApplicationContext applicationContext) {
        this.applicationContext = applicationContext;
    }

    [...]
}
```

AnnotationHandlerMapping은 의존관계에 있는 ApplicationContext 인터페이스에
대한 구현체가 무엇인지에 대해 모른다. ApplicationContext에 대한 구현체를 결정
하는 부분은 AnnotationHandlerMapping를 사용하는 부분에서 결정한다.

```java
public class MyWebApplicationInitializer implements
WebApplicationInitializer {
    @Override
    public void onStartup(ServletContext servletContext)
            throws ServletException {
        ApplicationContext ac =
            new AnnotationConfigApplicationContext(MyConfiguration.class);
        AnnotationHandlerMapping ahm = new AnnotationHandlerMapping(ac);
        [...]
    }
}
```

인터페이스 기반 개발과 DI를 활용해 의존관계를 연결함으로써 애플리케이션의 유연성을 극대화할 수 있다. 유연성을 극대화하는 점은 좋지만 클래스를 사용하는 개발자 입장에서 클래스간의 의존관계를 파악해 매번 DI를 하는 것은 불편하고, 의존관계를 잘못 연결하는 경우 문제가 발생할 가능성도 크다. 이 같은 단점을 보완하기 위해 등장한 것이 DI 컨테이너다. 즉, 스프링 프레임워크가 DI 컨테이너 기능을 지원함으로써 객체 간의 의존관계 연결을 좀 더 쉽고, 안전하게 연결해 사용하는 것이 가능해졌다. 이 이야기는 약간의 불편함은 있지만 스프링 프레임워크와 같은 DI 컨테이너가 없어도 얼마든지 DI를 활용한 개발이 가능하다. 학습 측면에서는 처음부터 DI 컨테이너를 활용하기보다는 DI 컨테이너 없이 DI 기반으로 개발해 보는 경험이 DI 필요성을 느끼고, DI 컨테이너의 필요성을 느낄 수 있는 측면에서 더 좋을 수도 있겠다는 생각이 든다.

지금까지 스프링 프레임워크를 참고해 인터페이스를 분리하고, 패키지를 분리한 소스코드는 https://github.com/slipp/jwp-basic 저장소의 step15-di-framework-completed 브랜치에서 참고할 수 있다.

이 절에서 인터페이스를 적극 활용함으로써 유연하고, 확장 가능한 소스코드를 만들수 있다고 했다. 이 말을 오해해서 모든 곳에 인터페이스를 추가해야 한다는 우를 범하지 말았으면 한다. 유연하고, 확장 가능한 소스코드를 만들려면 그 만큼의 시간을 투자해야 한다. 시간은 돈이다. 또한 잘못 설계한 인터페이스는 변경이 발생하는 경우 더 큰 리팩토링 비용이 발생한다. 이 절에서 다룬 프레임워크는 모든 곳에서 사용할 수 있는 범용성 있는 코드를 목표로 했기 때문에 인터페이스를 통한 유연성과 확장성에 초점을 맞췄다. 하지만 우리가 흔히 개발하는 애플리케이션 코드의 경우 이 정도 수준의 유연성과 확장성이 필요한 경우는 거의 없고, 애플리케이션 자체에서만 활용해도 충분한 코드가 대부분이다. 혹시나 무조건 인터페이스가 정답이다라는 환상을 가졌다면 깨트렸으면 한다. 그보다는 자신의 코드 중 어느 부분에 유연성이 필요할 것인지를 인식하고 상황context에 맞춰 인터페이스를 도입하는 능력을 키우는 연습을 할 것을 추천한다.

정말 끝났다. 아무 것도 없는 상태에서 한 단계씩 개선하다보니 여기까지 올 수 있었다. 아직까지 부족한 부분이 많은 나만의 프레임워크이지만 내가 만든 프레임워크를 활용해 웹 애플리케이션을 개발할 수 있다는 것은 생각만 해도 즐겁다.

12.8 웹 서버 도입을 통한 서비스 운영

서비스 시작 단계에서는 사용자가 많지 않기 때문에 톰캣 서버로만 운영해도 괜찮다. 서비스에 접속하는 사용자가 없는 경우 톰캣 서버를 종료하고 소스코드를 배포하면 된다. 하지만 사용자가 점점 더 많아질 경우 이와 같이 운영하는 것은 바람직하지 않다. 톰캣 서버를 종료할 경우 사용자는 서비스에 접속할 수 없다는 에러 화면을 보게 된다. 그보다는 현재 서비스가 점검중이기 때문에 잠시 후에 다시 접속하라는 메시지를 보여주는 것이 사용자에게 더 좋은 경험을 제공해 줄 수 있다.

이와 같이 소스코드를 배포하는 중에 점검 메시지를 보여주려면 톰캣 서버 하나만으로 해결할 수 없다. 이를 해결하려면 아파치, nginx와 같은 웹 서버를 도입해 톰캣 서버와 통합해 운영해야 한다. 이 절에서는 nginx 웹 서버를 도입해 소스 배포 중 점검 페이지를 보여주는 작업을 자동화하는 과정에 대해 다룬다.

12.8.1 요구사항

요구사항은 앞에서 설명한대로 웹 서버를 추가해 톰캣 서버와 연결한 후 소스코드 배포 중 점검 페이지를 보여주도록 개선한다.

12.8.2 1단계 힌트

먼저 nginx를 설치하고 톰캣 서버와 연결한다.

nginx 설정 파일로 점검용 페이지를 위한 설정과 톰캣 서버와의 연결을 담당하는 설정 2개를 구현한다. 서비스 운영중일 때는 톰캣 서버와 연결하는 설정으로 운영하고, 소스코드 배포중에는 점검용 페이지를 위한 설정으로 변경 후 서버를 재시작한다. 소스코드 배포가 끝나면 점검용 페이지 설정을 톰캣 서버 설정으로 변경 후 서버를 재시작한다.

위 과정을 수동으로 진행해 성공하면 다음 단계는 쉘 스크립트를 통해 자동화한다.

12.8.3 2단계 힌트

12.8.3.1 nginx 설치

먼저 nginx 웹 서버를 설치한다.

- 구글에서 "ubuntu nginx 설치"로 검색해 nginx를 설치한다.

- `ps -ef | grep nginx` 명령을 통해 nginx가 실행 상태인지 확인한다.

- `curl http://localhost` 명령을 실행해 nginx 환영 메시지를 포함하는 HTML을 응답하는지 확인한다.

- 웹 브라우저에서 `http://{서버 IP 주소}`로 접근한다. 만약 접근이 되지 않는다면 방화벽 문제일 가능성이 높다. 80 포트에 대한 방화벽 설정을 해제한다.

12.8.3.2 nginx와 톰캣 서버 연결

nginx 웹 서버 설치가 끝나면 다음 단계는 nginx와 톰캣 서버를 연결해야 한다. 우분투 서버에서 nginx와 관련한 설정 파일은 /etc/nginx 디렉토리에서 할 수 있다.

- 구글에서 "ubuntu nginx tomcat 연동"으로 검색해 nginx와 tomcat 설정 내용을 찾는다.

- /etc/nginx/sites-available 디렉토리에 jwp-basic.conf와 같은 이름으로 파일을 생성한 후 앞의 검색을 통해 찾은 내용으로 설정한다.

- /etc/nginx/sites-enabled 디렉토리의 default 심볼릭 링크를 삭제한다.

- /etc/nginx/sites-enabled 디렉토리에 앞에서 생성한 설정 파일(위 예는 jwp-basic.conf)을 심볼릭 링크로 설정한다.

- `sudo nginx -s reload` 명령을 실행해 nginx를 재시작한다.

- 브라우저에서 `http://{서버 IP 주소}`로 접근해 톰캣에 배포한 웹 애플리케이션에 접근이 되는지 확인한다.

12.8.3.3 점검 페이지 준비 및 수동으로 점검 페이지 변경

지금까지 과정을 통해 nginx 웹 서버와 톰캣을 연결까지 완료했다. 다음 단계는 배포 중일 때는 점검 페이지를 보여주고, 배포가 끝나면 서비스 가능하도록 자동화하는 쉘 스크립트를 구현하면 된다.

배포 자동화 과정의 1단계는 먼저 nginx 웹 서버를 점검 페이지로 변경하는 작업을 수동으로 진행한다.

- 점검 페이지로 사용할 HTML, CSS, 이미지를 준비해야 한다. 이 책에서는 온라인에서 무료로 다운로드할 수 있는 점검용 HTML[2]을 활용해 실습을 진행한다.

---

2 이 책의 실습 동영상에서는 https://graygrids.com/item/level-responsive-coming-soon-template/ HTML 템플릿을 활용해 실습을 진행한다.

- /etc/nginx/sites-available 디렉토리의 default 설정 파일을 jwp-basic-pm. conf와 같은 이름으로 복사한다. 복사한 설정 파일의 root 설정을 점검 페이지를 위한 디렉토리로 변경한다.
- /etc/nginx/sites-enabled 디렉토리의 심볼릭 링크 설정을 삭제하고 앞 단계에서 추가한 설정 파일에 심볼릭 링크로 설정한다.
- `sudo nginx -s reload` 명령을 실행해 nginx를 재시작한다.
- 브라우저에서 `http://{서버 IP 주소}`로 접근해 점검 페이지에 접근되는지 확인한다.

12.8.3.4 쉘 스크립트를 통한 배포 자동화

점검 페이지를 수동으로 변경하는 작업까지 완료했으면 마지막 작업은 앞에서 구현한 배포 스크립트에 점검 페이지로 변경하는 과정만 추가하면 된다.

- 10장에서 실습한 deploy.sh 설정 파일에 다음 내용을 추가한다.
- /etc/nginx/sites-enabled 디렉토리의 심볼릭 링크 설정을 삭제하고 /etc/nginx/ sites-available 디렉토리의 점검용 설정 파일로 심볼릭 링크를 다시 설정한다.
- `sudo nginx -s reload` 실행해 nginx를 재시작한다.
- 배포를 완료하고 톰캣 서버가 정상인지 확인한 후 nginx 설정을 점검 페이지에서 서비스 연결로 변경한다. 이를 처리하기 위한 쉘 스크립트를 작성한다.
- deploy-finish.sh와 같은 이름의 새로운 쉘 스크립트를 추가한다.
- /etc/nginx/sites-enabled 디렉토리의 점검용 심볼릭 링크 설정을 삭제하고 / etc/nginx/sites-available 디렉토리의 서비스용 설정 파일로 심볼릭 링크를 다시 설정한다.
- `sudo nginx -s reload` 실행해 nginx를 재시작한다.

12.8.4 동영상을 통한 배포 실습

- YouTube

https://youtu.be/7GlCo6RHBns nginx 웹 서버 설치 과정과 설정 디렉토리, 파일에 대한 간략한 설명을 다루고 있다.

https://youtu.be/QRqm5Xlw1HQ nginx와 tomcat 웹 서버 연동 방법에 대해 다루고 있다.

https://youtu.be/XEaqMl7eZT4 수동으로 nginx 웹 서버에 점검 페이지를 설정하는 방법을 다룬다.

https://youtu.be/ZeY0xpnXF7w 쉘 스크립트를 통해 점검 페이지를 자동화하는 과정에 대해 다룬다.

12.8.5 빌드/배포 자동화와 관련한 단상

몇 번의 과정을 통해 빌드, 배포와 관련한 자동화 실습을 진행했다. 이 실습을 추가한 이유는 리눅스 운영체제, 터미널 환경, 쉘 스크립트에 대한 두려움을 극복했으면 하는 바람 때문이다.

이 책에서 다룬 내용은 빌드/배포 자동화와 관련한 최소한의 내용이다. 빌드, 배포 자동화와 관련해, 특히 무중단 배포를 하려면 이 책에서 다룬 내용보다 몇 배의 시간과 노력을 투자해야 한다. 이를 위한 좋은 도구도 많다. 배포 작업에 특화된 fabric, ansible과 같은 도구도 있으며, 배포 자동화를 위해 언젠가는 활용할 것으로 생각하는 docker 컨테이너도 있다. 이와 관련한 도구들은 빠르게 발전하고 있다.

자신이 좋아하는 소스코드 개발에 더 많은 시간을 투자하고 싶다면 빌드, 배포 자동화와 관련해서도 꾸준히 관심을 가지고 학습할 것을 추천한다.

프레임워크를 직접 구현하고, 배포 중에 점검 페이지를 설정하는 과정까지 마치면서 두 번째 양파 껍질을 벗는 단계를 마치려고 한다. 여기까지 오는 길에 많은 어려움이 있었을 텐데 잘 극복하고 껍질 하나를 벗겨버린 이들에게 수고했다는 말을 전한다. 다음 장은 두 번째 양파 껍질 이후 도전해 봤으면 좋겠다고 생각하는 세 번째 양파 껍질에 대한 방향을 제시하면서 이 책을 끝낸다.

13장

세 번째
양파 껍질 벗기기

개발자가 역량을 쌓아나가는 데 정답이 있을 수 없다. 지속적으로 역량을 쌓고 성장하는 데 있어 가장 좋은 방법은 스스로 동기부여를 하면서 학습해 나가는 것이다. 또한 자신만의 학습 스타일을 찾아 자신의 속도로 학습하는 것이다. 이 과정에서 다른 사람과 비교하지 않고 어제의 나보다 나은 오늘을 만들기 위해 노력한다면 그 보다 더 좋은 것은 없다. 누구나 다 알고 있다. 하지만 실천하기 어렵다.

나 또한 학습 의욕이 충만했다 외부 요인에 의해 좌절한 경험이 한두 번이 아니다. 좌절하게 만든 중요한 이유 중의 하나는 다음 단계로 무엇을 학습해야 할지 막막할 때이다. 내가 경험했던 이런 막막함을 조금이나마 덜어주고 싶은 마음에 다음 단계로 학습할 내용들을 정리해 본다. 하지만 여기서 정리한 내용이 모든 개발자에게 적합한 것은 아닐 수 있기 때문에 단순히 참고 자료로만 활용했으면 한다.

나는 학습에 대한 가장 큰 동기부여는 필요에 의한 학습이라 생각한다. 즉, 현재 내가 안고 있는 문제를 해결하기 위해 무엇인가를 학습할 때 가장 큰 동기부여가 되고, 이 때 학습하고 문제를 해결한 경험이 진정 나의 것이 될 수 있다. 따라서 가장 큰 학습

동기를 만들려면 현재 내가 해결해야 할 문제가 무엇인지를 인식할 필요가 있다. 내가 해결해야 할 문제가 무엇인지 인식했다면 다음 단계는 이 장에서 제시하는 내용이나 검색을 통해 학습할 자료를 찾는 과정을 거치면 된다.

13.1 스프링과 ORM[1] 프레임워크

프레임워크를 직접 구현하는 경험을 했다면 다음 단계는 프레임워크에 대한 이해도를 높여 효과적으로 사용하는 방법을 익혀야 한다. 개인적으로 한 단계 더 깊이 있게 학습해봤으면 하는 프레임워크 조합은 스프링과 ORM 프레임워크를 활용해 웹 애플리케이션을 개발하는 경험을 해봤으면 한다.

스프링과 관련해 더 깊이 있는 학습을 하려면 "토비의 스프링 3.1"(이일민 저, 에이콘/2012년) 책을 추천한다. 이 책은 스프링 프레임워크뿐만 아니라 객체지향 설계와 개발, 스프링이 등장하게 된 배경에 대해 정말 자세하게 설명하고 있다. 책이 1,2권으로 되어 있고, 상당한 분량을 자랑하기 때문에 컴퓨터 받침대로 전락하는 사태를 막으려면 반드시 스터디와 같은 방식을 통해 여러 명이 같이 학습할 것을 추천한다.

자바 진영에서 웹 애플리케이션을 개발하는 데 있어 스프링을 빼놓고 이야기할 수가 없다. 스프링 프레임워크를 학습하라는 것이 스프링 프레임워크 자체를 학습하라는 것이 아니라 스프링 진영에서 제공하는 수 많은 서브 프로젝트를 학습하고 활용하라는 것을 의미한다. https://spring.io/projects을 참고하면 스프링 진영에서 제공하는 다양한 서브 프로젝트를 참고할 수 있다.

"토비의 스프링" 책을 통해 객체지향 개발과 스프링에 대해 학습하면서 추가적으로 학습했으면 하는 프로젝트는 다음과 같다.

---

1 ORM은 Object-Relational Mapping을 줄인 말이다. ORM은 객체와 관계형 데이터베이스 테이블 간에 발생하는 이질감을 해결하기 위해 등장했다. ORM에 대한 적용 여부는 자바 진영 개발자들에게 뜨거운 감자 중의 하나이다.

- **스프링 Boot**(http://projects.spring.io/spring-boot/): 아무것도 없는 상태에서 스프링을 설정하는 과정은 쉽지 않다. 스프링 Boot를 활용하면 초반 설정을 쉽게 할 수 있으며, 서비스 운영시 활용할 수 있는 기능을 제공한다. 새로 시작하는 프로젝트라면 스프링 Boot로 시작할 것을 추천한다.

- **스프링 Security**(http://projects.spring.io/spring-security/): 대부분의 애플리케이션 개발에서 인증Authentication과 인가Authorization 기능은 반드시 필요하다. 많은 부분이 추상화되어 있어 초반 설정과 개념을 잡는 데 어려움이 있지만 일단 적용한 후에는 그만큼의 보상을 받을 수 있다. 만약 OAuth 기반의 소셜 로그인을 지원해야 한다면 스프링 Social(http://projects.spring.io/spring-social/)과 통합해 적용할 수 있다.

- **스프링 Data**(http://projects.spring.io/spring-data/): 다양한 데이터베이스에 대한 추상 API를 제공하고 있다. 대부분의 웹 애플리케이션이 데이터베이스와 의존관계를 가지기 때문에 스프링 Data에서 제공하는 API는 많은 도움이 될 것이다. 특히 최근에는 다양한 NoSQL을 사용하는 경우가 많기 때문에 더 많은 도움을 받을 수 있다.

위 3개의 서브 프로젝트를 학습한 후 프로젝트 요구사항에 따라 다른 서브 프로젝트로 범위를 넓혀나가면 된다. 스프링이 제공하는 서브 프로젝트는 웹 애플리케이션을 개발하는 데 있어 필요한 구성요소들이기 때문에 애플리케이션 아키텍처 관점에서도 충분히 학습할 만한다.

국내 자바 진영의 안타까운 점 중의 하나는 세계적으로 널리 사용되고 있는 ORM 프레임워크에 대한 활용도가 낮다는 것이다. 이와 같은 문제의 원인은 개발자의 문제가 아니라 대한민국 IT업계의 구조적인 문제점 때문이다. ORM 프레임워크를 도입할 경우 초반 학습 비용이 든다. 하지만 프로젝트 초반 학습 비용을 허용하지 않는 국내 IT 현실에서의 ORM 도입은 쉽지 않다.

ORM 프레임워크의 경우 초반 학습 비용은 다소 들지만 투자에 비해 얻을 수 있는 이점은 너무 많다. 특히 무상태 프로토콜 기반의 웹 애플리케이션을 좀 더 객체지향적인 개발이 가능하도록 하려면 ORM을 사용해야 한다. ORM을 사용하지 않은 상태에서 객체지향적으로 개발하려면 정말 많은 노력이 필요하다.

물론 국내 개발자의 경우 ORM에 대한 호불호가 나뉘는 것으로 안다. 하지만 ORM에 대한 학습을 추천하는 이유는 온라인에 떠도는 선배 개발자의 말을 믿기보다 본인이 직접 경험을 통해 ORM을 학습하고 적용해본 후 사용할 것인지의 여부를 판단했으면 하는 바람 때문이다.

ORM과 관련해 더 깊이 있는 학습을 하고 싶다면 "자바 ORM 표준 JPA 프로그래밍" (김영한 저, 에이콘출판사/2015년) 책을 통해 학습할 것을 추천한다.

ORM을 적용하면 애플리케이션 개발 초기의 설계와 개발 과정의 효율성을 높이는 데 많은 도움을 받을 수 있다. 이와 관련한 더 자세한 내용은 https://youtu.be/VjbBGjVRxfk 동영상에서 참고할 수 있다.

12장까지 구현한 질문/답변 게시판을 스프링, ORM 프레임워크 기반으로 개발한 소스코드를 https://github.com/slipp/jwp-basic 저장소의 step16-spring-orm-framework 브랜치를 통해 제공하고 있으니 프레임워크를 적용했을 때 어떻게 달라지는지 분석해 보는 것도 학습에 많은 도움이 될 것이다. 특히 Question 클래스의 canDelete() 메소드가 ORM 프레임워크를 적용했을 때와 적용하지 않았을 때 어떻게 다른지 확인해 보는 것도 객체지향 개발에 도움이 될 것이다.

13.2 성능과 보안

자신이 생각하는 기능을 프로그래밍으로 구현할 능력을 갖춘 후 다음 단계로 고민해야 할 부분은 성능과 보안이다. 지금까지 첫 번째와 두 번째 양파 껍질을 벗기는 단계는 어떻게 하면 웹 애플리케이션을 효율적으로 개발하는 것에 집중되었다. 웹 애플리케이션 개발에 자신감이 생기면 다음 단계는 보안에 안전하면서 대량의 사용자 요청에도 안정적으로 서비스를 운영할 수 있는 방법을 학습할 필요가 있다.

프레임워크 사용법이나 리팩토링을 통해 코드를 깔끔하게 구현하는 역량도 중요하지만 그보다 성능과 보안에 대한 최소한의 역량을 쌓을 필요가 있다. 시작 단계부터 모든 성능, 보안 관련한 내용을 적용하기 힘들겠지만 최소한의 기능은 적용해야 안정적으로 서비스를 운영할 수 있다.

성능, 보안과 관련해 첫 단계부터 거창하게 생각할 필요는 없다. 현재 자신이 운영하고 있는 서비스에 가장 우선순위가 높다고 생각하는 부분부터 개선해 나가면 된다. 필자가 생각했을 때 먼저 적용하면 좋겠다고 생각하는 우선순위대로 정리해 보려고 한다. 단, 성능, 보안과 관련해 우선순위가 정해진 것은 없기 때문에 서비스 상황에 따라 조정해 적용할 것을 추천한다.

13.2.1 보안

성능과 보안 중 우선순위를 두고 먼저 고려해야 할 부분은 보안이다. 물론 성능도 중요하지만 먼저 고려할 부분은 보안이다. 성능은 서비스를 오픈한 후 사용자가 증가하는 시점에 고려해도 괜찮지만 보안과 관련해서는 문제가 발생하면 서비스의 성패를 좌우하는 경우가 많기 때문이다.

13.2.1.1 비밀번호 암호화

서비스 자체적으로 회원가입 기능이 있는 서비스라면 반드시 비밀번호 암호화에 대해 고려해야 한다. 최근에는 라이브러리를 활용해 생각보다 쉽게 적용할 수 있기 때문에 반드시 적용할 것을 추천한다.

안전하게 비밀번호를 저장하는 방법과 관련해서는 http://d2.naver.com/helloworld/318732 문서의 내용을 읽고 적용해도 기본적인 적용은 가능하다.

자바 진영에서 인증/인가, 비밀번호 암호화를 적용할 때 "스프링 Security" 라이브러리를 많이 사용한다. 위 문서에서 제시하는 비밀번호 암호화와 관련한 라이브러리도 지원하고 있다. 단, 초반 설정 과정이 복잡한데 시간 투자 대비 얻을 수 있는 이점이 많기 때문에 스프링 프레임워크 기반으로 개발하고 있다면 적용해 볼 것을 고려해보면 좋겠다. 스프링 Security를 적용하지 않더라도 스프링 Security의 라이브러리의 암호화 라이브러리만 활용하는 것도 의미있겠다.

13.2.1.2 XSS, CSRF, SQL Injection 대응 코드

이 내용과 관련해서는 6장의 추가 학습 자료를 다루면서도 일부 다루었다. 다양한 웹 공격 방법과 이에 대한 대응 전략에 대해 더 깊이 있게 학습하고 싶다면 "안전한 웹을 위한 코딩 한줄의 정석"(Hiroshi Tokumaru 저/박건태, 신대호 공역, 로드북/2012년) 책을 통해 추가 학습할 수 있다.

13.2.1.3 SSL/TLS 적용

다음 단계로 적용했으면 하는 보안 강화 방안은 SSLSecure Socket Layer 적용이다. SSL을 적용하려면 인증서가 필요한데 비용을 지불해야 한다. 비용 부담 때문에 SSL을 적용하는 것이 꺼려진다면 최근에는 Let's Encrypt(https://letsencrypt.org/)와 같이 무료로 사용할 수 있는 인증서도 있다.

대칭키, 공개키, 개인키 등 SSL 처리 방식에 대한 기본 개념에 대해 더 깊이 있게 학습하고 싶다면 http://minix.tistory.com/395, http://minix.tistory.com/397 두 편의 웹툰을 통해 학습할 것을 추천한다. 웹툰으로 작성되어 있기 때문에 읽는 데 부담감도 적고, 어려운 개념을 쉽게 이해할 수 있다.

13.2.2 성능

13.2.2.1 서버에 로컬 캐시 적용

먼저 서버 측 성능을 개선하기 위한 1단계로 캐시를 적용할 것을 추천한다. 대부분의 웹 애플리케이션은 최근에 사용한 데이터가 또 다시 사용되는 경향을 갖고 있다. HTTP가 무상태 프로토콜이기 때문에 웹 애플리케이션에 캐시를 적용함으로써 상당한 성능 향상을 높일 수 있다.

로컬 캐시는 ehcache(http://www.ehcache.org/)와 같은 라이브러리를 사용하고 스프링 프레임워크의 캐시 라이브러리를 적용해 구현한다. "spring @cacheable"로 검색해 관련 문서를 찾아 적용할 수 있다.

13.2.2.2 프론트엔드 성능 개선

서버에서 성능을 개선했다면 다음은 클라이언트와 서버 사이, 클라이언트에서 성능을 개선할 필요가 있다. 예를 들어 대부분의 자바스크립트, CSS, 이미지는 일정 기간 동안 변경되지 않는 것이 일반적이다. 따라서 매 요청마다 정적인 웹 자원을 다시 요청해 다운로드하기보다 웹 브라우저 캐시를 적용하는 것이 성능 측면에서 상당한 개선 효과를 볼 수 있다. 서버에 요청이 많아지면 많아질수록 성능에 좋지 않다. 따라서 여러 개의 이미지를 하나로 묶어 서비스하는 CSS 이미지 스프라이트 적용도 고려해볼 수 있다.

이와 관련한 주제는 "웹사이트 최적화 기법 : UI 개발자를 위한 필수 지침서"(스티브 사우더스 저/박경훈 역, ITC/2008년) 책에 잘 정리되어 있다. 이 책이 제시하는 내용만 적용하더라도 상당한 성능 개선 효과를 볼 수 있다. 이 책이 제안하는 항목을 체크할 수 있는 YSlow(http://yslow.org/)라는 도구도 있다. 이 도구를 통해 자신의 웹 애플리케이션이 부족한 부분을 확인하고 개선해 나갈 수 있다.

13.2.2.3 한 대의 서버를 n대의 서버로 확장

앞에서 살펴본 방법은 서버 한 대의 성능을 최대한 높이기 위해 적용해야 할 방법이다. 서버 한 대의 성능을 최대화하더라도 사용자가 많아지면 서버 한 대로 모든 사용자의 요청을 처리하기 힘들다. 이 시점에는 여러 대의 서버를 통해 서비스 함으로써 성능을 개선할 수 있다. 여러 대의 서버로 하나의 서비스를 하는 방법은 로드 밸런서를 활용해 가능하다.

한 대의 서버로 서비스를 하다 2대 이상의 서버로 늘어나는 순간 고려해야할 부분이 많아진다. 이 주제와 관련해서는 앞에서 소개한 "IT 인프라 구조 : 그림으로 공부하는"(야마자키 야스시, 미나와 요시코, 아제카츠 요헤이, 사토 타카히코 공저/오다 케이지 감수/김완섭 역, 제이펍/2015년) 책을 통해 기본적인 서버 아키텍처 설계를 학습한 후 사용자 규모와 우선순위에 따라 하나씩 적용해 나갈 수 있다.

13.3 프론트엔드 학습

웹이 처음 등장하고 상당 기간 동안 한 명의 개발자가 프론트엔드부터 백엔드까지 전체 영역을 담당했다. 그런데 프론트엔드 기술이 빠르게 발전하면서 한 명의 개발자가 프론트엔드와 백엔드 전체를 감당할 수 없는 상태에 이르러 프론트엔드 개발자와 백엔드 개발자로 전문화되어 가고 있는 상태이다. 하지만 최근의 경향은 수많은 스타트업이 생기면서 두 영역을 모두 개발 가능한 풀 스택 개발자를 찾는 곳이 많아지고 있다.

프론트엔드와 백엔드 영역이 빠르게 발전하고 있기 때문에 두 영역에 대한 역량을 쌓는 것이 쉽지 않다. 하지만 각 영역에 대해 이해하고 있을 때 좀 더 효과적인 웹 애플리케이션 개발이 가능하다. 따라서 벡엔드 개발자라도 최소한의 프론트엔드 지식은 학습하는 것이 좋겠다. 프론트엔드 개발자 또한 같다. 그런 측면에서 프론트엔드 학습을 높은 우선순위에 두었다.

프론트엔드의 경우 HTML, CSS, 자바스크립트 3개의 영역으로 나뉜다. 이 중에서도 백엔드 개발자가 반드시 학습해야 할 부분은 자바스크립트이다. 특히 자바스크립트는 최근에 백엔드 영역에서도 사용되고 있고, 데스크탑 애플리케이션이나 모바일 앱 개발 등 다양한 영역에서 활용 가능하기 때문에 충분히 투자할 만하다. 백엔드 아키텍처를 구성할 때 서비스 요구사항에 따라 자바 백엔드와 자바스크립트 백엔드를 같이 사용하는 경우도 있다.

프론트엔드와 관련해 다음 단계의 학습은 웹 브라우저에서 동작하는 간단하지만 동적인 웹페이지를 만들어 보는 것이다. 특히 Event, AJAX, DOM을 많이 다뤄볼 수 있는 기능을 구현해 보면 좋다. 대표적인 예로 탭Tab UI나, "더보기" 버튼과 같은 UI 구현을 통해 이벤트가 발생하면 AJAX를 통해 데이터를 요청하고 받은 데이터를 웹페이지에 동적으로 추가하는 것과 같은 것이 있다.

자바스크립트와 관련해 더 깊이 있는 학습을 하고 싶다면 "자바스크립트 프로그래밍 : 프론트엔드 개발자를 위한"(니콜라스 C. 자카스 저/한선용 역, 인사이트/2013년)과 "자바스크립트 완벽 가이드"(데이비드 플래너건 저/구경택, 박경욱, 변치훈, 이의호 공역, 인사이트/2016년) 두 권의 책 중 한권을 활용해 학습할 수 있다. 이 책들은 모두 무척 두껍다. 따라서 웹사이트 개발을 하면서 궁금한 부분을 찾아서 학습하는 방법이 좋다.

동적인 웹 페이지 개발을 완료하는 단계가 끝나면 다음 단계는 좀 더 복잡한 웹 페이지를 개발하는 경험을 해본다. 이와 같은 복잡한 웹 페이지를 개발할 때 jQuery만을 활용해보거나, react.js, angular.js와 같은 자바스크립트 프레임임워크를 활용하는 경험을 해볼 것을 추천한다.

13.4 설계, 테스트, 리팩토링

개발자가 갖추어야할 중요한 역량 중 하나는 사람이 읽을 수 있는 깔끔한 코드를 구현하는 것이다. 가장 중요하지만 쉽게 쌓을 수 없는 역량 중의 하나이기도 하다. 어쩌면 개발자로서의 생을 마감하는 순간까지 끊임없이 노력해야 하는 부분이 내가 만족할 수 있는 수준의 코드를 구현하는 것일 수도 있다.

깔끔한 코드를 구현하는 가장 빠른 지름길은 지속적인 리팩토링을 통해 설계를 개선하는 연습을 하는 것이다. 코드를 많이 구현하는 것보다는 의도적 수련[2]을 통해 코드를 개선해 나갈 때 자신이 만족하는 깔끔한 코드를 구현하는 단계에 도달할 수 있다. 다음에 추천하는 책들은 개발자로 성장하면서 계속해서 읽어야 할 책들이다. 반드시 지금 단계가 아니더라도 경험이 쌓이면서 언젠가 한번쯤 읽었으면 하는 책들을 소개한다.

깨끗한 코드를 작성하는 방법은 배우기 어렵다. 단순히 원칙과 패턴을 안다고 깨끗한 코드가 나오지 않는다. 고생을 해야 한다. 스스로 연습하고 실패도 맛봐야 한다. 남들이 시도하다 실패하는 모습도 봐야 한다. 그들이 넘어지고 일어서는 모습도 봐야 한다. 결정을 내리느라 고민하는 모습, 잘못된 결정으로 대가를 치르는 모습도 봐야 한다.[3] 이런 경험을 간접적으로나마 할 수 있도록 도와주는 책이 "Clean Code 클린 코드 : 애자일 소프트웨어 장인 정신"(로버트 C. 마틴 저/박재호,이해영 공역, 인사이트/2013년)이다. 이 책에는 많은 소스코드를 제공하고 있으며, 어떤 코드가 좋은 코드인지, 나쁜 코드인지에 대해 생각하도록 하는 좋은 책이다.

"클린 코드" 책과 더불어 같이 읽었으면 하는 책은 "켄트 벡의 구현 패턴 : 읽기 쉬운 코드를 작성하는 77가지 자바 코딩 비법"(켄트 벡저/전동환역, 에이콘출판사/2008년)이다. 이 책 또한 좋은 코드를 구현하기 위한 다양한 패턴에 대해 설명하고 있다. 단

---

2 당신이 제자리 걸음인 이유 : 지루하거나 불안하거나(http://egloos.zum.com/agile/v/5749946) 글을 통해 의도적 수련이 무엇이며, 의도적 수련을 하는 방법에 대해 살펴볼 수 있다.

3 이 내용은 "Clean Code 클린 코드 : 애자일 소프트웨어 장인 정신"(로버트 C. 마틴 저/박재호,이해영 공역, 인사이트/2013년) 책의 '들어가면서' 중에서 발췌한 내용이다.

클린 코드처럼 많은 예제를 제공하고 있지 않기 때문에 초보 개발자에게는 다소 어려울 수 있다. 따라서 클린 코드와 병행해 읽을 것을 추천한다.

이 단계에서 한 단계 더 나아가고 싶은 독자들을 위해 몇 권의 책을 더 추천한다.

테스트 주도 개발은 나무를 보는 것에 집중하고 있다. 좀 더 큰 숲을 보면서 설계하고 개발하는 과정을 경험하고 싶다면 "테스트 주도 개발로 배우는 객체지향 설계와 실천"(스티브 프리먼, 냇 프라이스 공저, 인사이트(insight)/2013년) 책을 추천한다. 이 책은 테스트 주도 개발에서 한 단계 더 나아가 ATDD(Acceptance TDD) 기반으로 애플리케이션을 개발하는 과정을 다룬다.

네이버에 입사한 첫 해 사내 스터디에서 읽었던 두 권의 책이 있다. 그 당시만 하더라도 번역서가 나오지 않아 원서로 책을 읽었는데 정말 힘들었던 기억이 난다. 힘들게 읽었던 만큼 기억에도 많이 남고 나를 한 단계 성장시키는 데도 많은 도움이 되었다. 그 당시 읽었던 두 권의 책은 "도메인 주도 설계 : 소프트웨어의 복잡성을 다루는 지혜"(에릭 에반스 저/이대엽 역, 위키북스/2011년)와 "레거시 코드 활용 전략 : 손대기 두려운 낡은 코드, 안전한 변경과 테스트 기법"(마이클 C. 페더스 저/이우영, 고재한 공역, 에이콘출판사/2008년)이다. 이 두 권 모두 경험이 쌓인 후 언젠가는 읽어봤으면 하는 책이다.

자기가 구현한 코드의 문제점을 파악하고 리팩토링하는 과정은 생각보다 쉽지 않다. 따라서 소스코드에 대한 리뷰를 주고 받고, 토론할 수 있는 동료 개발자를 찾을 것을 추천한다. 나 또한 위 책을 읽을 때 혼자 읽기보다는 스터디를 통해 읽으면서 토론하는 과정을 거쳤다. 혼자 코드를 분석하고, 이해하는 것에 비해 몇 배로 더 많은 것을 배우고 느낄 수 있다. 회사 내에서 스터디할 동료를 찾기 힘들다면 외부 커뮤니티에 참여하면 된다. 혼자 학습하지 말고 세상 밖으로 나와 더 많은 개발자들을 만나볼 것을 추천한다.

13.5 빌드, 배포 자동화 및 지속적 통합

이 책에서도 배포 자동화와 관련해 일부 다루기는 했지만 배포 자동화를 위한 최소한의 내용만 다뤘다. 애플리케이션 개발을 해보면 애플리케이션 로직을 구현하는 시간보다 환경 세팅, 배포와 같은 작업이 계속해서 발생한다. 시간이 지나면서 이와 같은 부수적인 작업에 더 많은 시간을 투자하고 있는 자신의 모습을 볼 수도 있다.

이와 같이 단순, 반복적으로 발생하는 업무에 최소한의 시간을 투자하고 더 많은 시간을 핵심 로직을 구현하는 데 투자하려면 꾸준히 자동화에 시간을 투자해야 한다. 이 작업을 담당하는 전담 개발자가 있으면 좋겠지만 대부분의 조직은 이 작업만을 전담하는 개발자가 없고 백엔드 개발자가 겸하는 것이 일반적이다. 또한 이에 대한 학습이 자신이 단순, 반복적으로 발생하는 업무를 자동화할 수도 있기 때문에 반드시 회사, 프로젝트만을 위한 투자가 아니다. 자신을 위해서라도 충분히 투자할 만한 가치가 있다.

배포 자동화와 지속적 통합을 하기 위해 활용해야 하는 도구가 많다. 활용해야 하는 도구와 필요성, 사용 방법과 관련한 전반적인 내용은 "성공으로 이끄는 팀 개발 실천 기술"(이케다 타카후미, 후지쿠라 카즈아키, 이노우에 후미아키 공저/김완섭 역, 제이펍/2014년) 책으로 학습할 수 있다.

이 책을 통해 기본적인 학습이 끝났다면 다음 책을 통해 깊이를 더할 수 있다.

- "지속적인 통합: 소프트웨어 품질을 높이고 위험을 줄이기"(폴 M. 듀발, 스티븐 M. 마티야스, 앤드류 글로버 공저/최재훈 역, 위키북스/2008년) - 오래된 책이지만 지속적 통합에 대한 필요성, 지속적 통합을 위해 필요한 도구와 환경에 대해 설명하고 있다.

- "신뢰할 수 있는 소프트웨어 출시: 효과적이고 지속적인 소프트웨어 개발의 모든 것"(제즈 험블, 데이비드 팔리 공저/유석문, 김은하, 설현준 공역, 에이콘출판사/2013년) - 지속적 통합 다음 단계는 지속적 배포 단계이다.

지속적 배포와 관련해 정말 빠르게 발전하고 있다. 특히 AWS와 같은 클라우드 서비스가 등장하고, 도커(docker)가 등장하면서 그 속도는 더 빨라진 듯하다. 접근 방식 자체도 변화하고 있다. 따라서 앞에서 추천한 두 권의 책은 현재 흐름과 맞지 않을 수 있다. 이 두 권의 책을 통해 지속적 통합과 지속적 배포에 대한 필요성과 과정을 파악하는 용도로 활용하고, 최근에 새롭게 등장하는 좋은 도구를 활용해 지속적 배포 환경을 구축해 나가면 된다. 이와 같이 빠르게 발전하는 분야의 지식을 습득하려면 책보다는 다양한 온라인 문서를 활용하는 것도 좋은 방법이다.

지속적 배포를 하려면 정말 많은 노력을 기울여야 하고, 개발자 간에 개발 문화가 정착될 때 가능하다. 현실에서 달성하기 힘들 수도 있다. 하지만 이상적인 꿈을 꾸면서 현재 상태에서 실행가능한 부분을 조금씩 개선해 나간다면 언젠가 이상적인 환경을 구축할 수 있을 것이다.

13.6 개발 문화 및 프로세스 학습

기술적인 내용을 다루고 있는 이 책에 개발 문화, 개발 프로세스에 대한 주제를 넣을까 한참을 망설이다 넣기로 결정했다. 나는 개발자의 길을 걷기 시작했을 때부터 대한민국 개발 환경의 불합리함을 경험하면서 개발 문화와 개발 프로세스에 관심이 많았다. 불합리한 환경을 개선하기 위해 새로운 시도를 하고 실패와 성공을 맛보는 경험을 했다. 조금씩 조금씩 나아지고는 있지만 아직도 많이 부족하다. 개발자들이 이와 관련해 좀 더 많은 관심을 가지고 변화를 시도했으면 하는 바람으로 추가했다.

나는 다른 어떤 기술적인 부분보다 개발 문화와 프로세스에 대해 관심을 가지고 역량을 쌓고 경험을 하는 것이 중요하다고 생각한다. 아무리 많은 기술적인 역량을 가지고 있더라도 같이 일하는 주변 개발자 혹은 내 자신이 행복하지 않다면 그 얼마나 불행한 일인가? 직장과 가정에 조화를 이루면서 일을 할 수 없다면 얼마나 불행한 일인가? 개발자로서 지속적인 성장을 할 수 없고 보람을 느끼지 못한다면 얼마나 불행한 일인가? 이 모든 것이 개발 문화와 개발 프로세스를 통해 결정된다.

좋은 개발 문화, 개발 프로세스는 내가 아닌 다른 사람이 만들어 주지 않는다. 내 자신부터 관심을 가지고 시도하고, 실천할 때 조금씩 전진할 수 있다. 내가 꿈꾸는 세상을 실현할 수 있다. 개발 문화, 개발 프로세스는 리더, 팀장만 관심을 가지고 만들어 가는 것이 아니다. 구성원 전체가 만들어 가는 것이다. 초보 개발자일 때부터 조금씩 관심을 가지면서 기존 권위에 맞서 싸울 수 있는 용기를 키웠으면 한다.

내가 이 주제와 관련해 처음 읽었던 책은 "피플웨어"(톰 드마르코, 티모시 리스터 공저/박재호, 이해영 공역, 인사이트/2014년)이다. 3,4년 정도 개발 경험을 한 상태에서 읽었는데 그 당시 고민하고 있던 많은 부분에 대한 해결책을 얻을 수 있었다. 하지만 현실에 적용하는 데는 나의 영향력도 적었으며, 한계가 있었다. 그럼에도 불구하고 언젠가 나의 영향력이 커지면 실현해 보겠다는 마음은 남았다.

개발 문화, 개발 프로세스에 대한 주제에 대한 학습은 일정 기간 경력이 쌓이고, 리더의 역할을 맡는 순간이 가장 학습 효과가 좋았다. 초보 개발자일 때는 프로세스를 통해 뭔가 자유를 억압하는 듯한 느낌이 들어 거부감이 든다. 나 또한 이와 관련해 많은 고민을 하고 집중적으로 학습한 시기는 팀장 역할을 맡았던 때이다. 내가 팀장 역할을 맡았을 때 나의 고민을 덜어준 책을 소개한다.

- "익스트림 프로그래밍"(켄트 벡, 신시아 안드레스 공저/김창준, 정지호 공역, 인사이트/2006년) – 책 제목을 통해서도 느껴지듯 새로운 시각과 프랙티스를 많이 접할 수 있었다. 특히 소프트웨어 개발에서 가장 중요한 역할을 하는 사람에 대한 배려가 느껴지는 책이었다.

- "린 소프트웨어 개발"(메리 포펜딕, 톰 포펜딕 공저/김정민, 김현덕, 김혜원, 박영주 공역/김창준 감수, 인사이트/2007년) – 이 책은 도요타라는 자동차 회사의 일하는 방식을 소프트웨어 개발에 적용하는 과정을 소개한다. "익스트림 프로그래

밍"을 통해 대략적인 방향을 잡았다면 이 책을 통해 소프트웨어 프로젝트를 어떻게 효율화하는 것이 좋겠는지에 대한 구체적인 방법을 찾을 수 있었다. 이 책이 소개하고 있는 린 사고방식은 최근 "린 스타트업" 문화로까지 발전했다.

위 2권의 책을 통해 개발 문화, 개발 프로세스를 만드는 것이 효율적인 프로젝트를 위해, 우리 개발자들의 행복을 위해 얼마나 중요한 것인지를 느낀 후 애자일 프로세스, 지속적 통합, 지속적 배포와 같은 자동화와 관련한 다양한 분야로 관심사를 넓혀 갈 수 있다.

좋은 개발 문화, 개발 프로세스를 만들기 위해 이와 관련한 책 몇권 읽고 실천한다고 되는 것이 아니다. 좋은 개발 문화, 개발 프로세스를 만들고 정착시키려면 현재 자신의 조직, 팀이 안고 있는 가장 큰 문제가 무엇인지를 찾는 것이 우선이다. 우리가 리팩토링을 할 때 나쁜 냄새가 나는 코드를 찾아 개선했듯이 조직, 팀의 문제점을 인식하는 것이 중요하다. 다음 단계는 이 문제 중 우리의 영향력하에서 실천할 수 있으며, 적은 비용을 투자해 가장 큰 효과를 볼 수 있는 문제를 찾아 실천해야 한다. 작은 시도라도 괜찮다. 한 번에 큰 변화를 하는 것보다 더 중요한 것은 작은 시도라도 해서 성공을 맛보는 경험이 중요하다. 이런 작은 성공 경험이 쌓이면 더 큰 변화도 수용할 수 있는 힘이 생긴다. 이와 같은 단계를 반복하면서 지속적으로 개선할 때 자기 조직, 팀에 맞는 개발 문화와 개발 프로세스가 만들어진다. 다른 회사, 조직에서 성공한 문화, 프로세스를 무조건적으로 수용하는 것은 실패의 지름길이다.

먼저 자신의 영향력하에서 해결 가능한 문제를 찾아라. 이 문제를 해결하기 위한 해결책을 찾기 위한 방법으로 개발자들의 사례, 책을 활용한다면 개발 문화, 개발 프로세스에 대한 관심도 높아지고, 성공하는 순간의 짜릿함도 느낄 수 있다. 이는 개발 문화, 개발 프로세스뿐만 아니라 다른 기술적인 지식을 학습할 때도 같다. 우리가 새로운 지식을 학습하기 위한 가장 큰 동기부여는 내가 해결하고 싶은 문제가 있을 때이다. "린 소프트웨어 개발" 책을 보면 "가능한 늦게 결정하라"는 내용이 있다. 학습 또한 다른 사람들의 속도에 맞추지 말고 자신의 속도에 맞춰, 현재 해결하고 싶은 문제가 발생할 때까지 학습할 주제에 대한 결정을 최대한 늦춰보는 것은 어떨까? 그런 의미에서 "내가 무엇을 학습하는 것이 좋을까?"에 대해 고민하기보다 "내가 소프트웨어를 통해 해결하고 싶은 문제는 무엇인가?"에 대해 먼저 고민해 보면 어떨까?